U0959067

证据科学技术译丛/丛书主编：李玉基　郑志祥/丛书主审：魏克强　郭武

Forensic DNA Typing Protocols
(Second Edition)

法医 DNA 分析操作指南
（原书第二版）

〔英〕W. 古德温(William Goodwin)　著
马丽英　主译
张子龙　主审
甘肃省证据科学技术研究与应用重点实验室　组译

科学出版社
北京

图字：01－2023－0355号

内 容 简 介

该书系统介绍了一系列的法医DNA分析方法和最新进展，深入讨论了DNA分析过程可能涉及的所有操作步骤、潜在问题以及应对措施，详细描述了DNA分析在法医鉴定中的应用类型。全书共20章，系统介绍了以下三方面内容：DNA分析的操作流程（第1章，第4~10章），包括生物样本的采集、运送、储存、DNA提取、PCR反应、毛细管电泳及图谱分析等；DNA分析的技术手段（第11~16章），包括STR、SNP、InDel、Y-STR和线粒体DNA等分型方法；DNA分析的法医应用（第2~3章，第17~20章），包括个体识别、体液识别、祖先信息推断、表型画像等。

本书可为司法鉴定人员及对法医DNA分型感兴趣的各学科专家、学生提供技术指导。

图书在版编目(CIP)数据

法医DNA分析操作指南：原书第二版／（英）W.古德温（William Goodwin）著；马丽英主译；甘肃省证据科学技术研究与应用重点实验室组译.—北京：科学出版社，2023.10

（证据科学技术译丛／李玉基，郑志祥主编）

书名原文：Forensic DNA Typing Protocols (Second Edition)

ISBN 978－7－03－076001－2

Ⅰ.①法…　Ⅱ.①W…②马…③甘…　Ⅲ.①脱氧核糖核酸一法医学鉴定一指南　Ⅳ.①D919.4－62

中国国家版本馆CIP数据核字（2023）第130566号

责任编辑：谭宏宇／责任校对：郑金红
责任印制：黄晓鸣／封面设计：殷　靓

科学出版社 出版
北京东黄城根北街16号
邮政编码：100717
http://www.sciencep.com

南京展望文化发展有限公司排版
广东虎彩云印刷有限公司印刷
科学出版社发行　各地新华书店经销

*

2023年10月第　一　版　开本：B5（720×1000）
2024年 8 月第二次印刷　印张：21 1/4
字数：367 000

定价：160.00元

（如有印装质量问题，我社负责调换）

First published in English under the title
Forensic DNA Typing Protocols, edition: 2
edited by William Goodwin
Copyright © Springer Science+Business Media New York 2005, 2016
This edition has been translated and published under licence from
Springer Science+Business Media, LLC, part of Springer Nature.

编委会

丛书主编： 李玉基　郑志祥

丛书主审： 魏克强　郭　武

编　　委：（按姓氏笔画顺序）

丁要军　史玉成　安德智

李玉基　郑永红　郑志祥

秦冠英　郭　武　魏克强

证据科学技术译丛之《法医 DNA 分析操作指南》为甘肃省级一流学科——证据科学学科建设成果之一。

丛 书 序

证据是“以审判为中心的刑事诉讼制度改革”的核心要素。证据科学是研究证据采集、物证鉴定、证据规则、证据解释与评价的一门证据法学与自然科学的交叉学科，其理论体系与应用研究是一个具有创新性和挑战性的世界性课题。证据科学是发现犯罪、证实犯罪的重要手段，是维护司法公正和公平正义的有力武器之一。随着科学技术的迅速发展和我国法治化进程的快速推进，我国证据科学技术研究、学科发展和人才培养取得了长足发展，国内专家也已出版多部证据科学技术领域的著作，并形成了一套相对完善的证据科学理论和方法体系。然而，相对欧美等国家对证据科学研究和应用，我国对于证据科学的研究仍处于起步阶段，对国外证据科学体系了解相对欠缺，在一定程度上限制了我国证据科学技术与国际前沿的有效衔接。为顺应学科交叉融合发展和司法实践需要，甘肃省证据科学技术研究与应用重点实验室以甘肃省级一流学科“证据科学”为依托，历时三年完成“证据科学技术译丛”系列丛书的编译工作，为我国证据科学技术注入了国外血液，有力推动了我国证据科学技术的发展与实践应用。

该译丛遴选了国外证据科学技术领域最前沿或影响力较大(多次再版)的经典著作，其内容涵盖了犯罪现场勘查技术、血迹模拟技术、枪伤法庭科学技术、文件检验技术、毒品调查技术、反恐程序与技术、火灾现场证据解读技术、网络及数字取证与调查技术、指纹技术、法医植物学、法医微生物学、法医毒理学、法医病理学、爆炸物识别调查与处理技术、法医影像技术、法医人类学、毒品物证信息解读技术、犯罪现场毛发和纤维、爆炸物和化学武器鉴定技术、法医埋葬学土壤分析技术、环境物证及犯罪心理学技术等多个领域。该译丛是我国第一套证据科学技术领域的译著，是一套物证信息解读技术研究与应用及我国法庭科学/司法鉴定高层次专业人才培养和科学研究工作非常有价值的国外参考资料，对推动我国证据科学学科发展、法学与自然科学的深度交叉融合发展具有十分重要的意义。该译丛汇集了领域多位知名专家学者的集体智慧，可供广大法庭科学/司法鉴定从业人员和相关研究人员借鉴和参考。

中国工程院院士，法医毒物分析学家

2023 年 1 月 16 日

译者前言

随着基因技术的飞速发展,法医 DNA 分型技术凭借高度的科学性、客观性和唯一性,为我国司法实践提供了强有力的支撑,并将继续发挥难以替代的作用。例如,STR 分型技术提供的高精度个体识别,使无数嫌犯俯首认罪,让大量无辜者沉冤得雪;RNA 分析提供的体液识别信息,可以精准识别案件现场的生物样本类型,如唾液、血液、经血、宫颈阴道液和精液等,对法医证据的解释至关重要;SNP 分型提供的祖先信息推断、表型画像等,虽然给出的信息量不如个体识别大,但可以缩小刑事侦查的范围、降低侦查工作强度,从而提高清案效率。因此,法医 DNA 分型技术现已成为侦破案件和法庭定罪不可或缺的重要手段。而由 William Goodwin 教授所著的这本《法医 DNA 分析操作指南》详细描述了一系列的 DNA 分析方法,其中,一部分是国内法医 DNA 实验室的常规工作方法,一部分是尚未采用的新方法,我们认为把该书翻译为中文无疑将使更多的读者受益。

本书作为法医 DNA 分析的一本操作指南书籍,全书分为 20 章与 1 个附录,全面系统地介绍了一系列的 DNA 分析方法和最新进展。从标记类型来看,由传统主流的 STR 分型技术介绍到非标准标记的 SNP、InDel、Y 染色体 STR 和线粒体 DNA 等分型方法,全书涵盖了目前法医 DNA 实验室使用的绝大多数分型技术手段。从法医应用来看,由应用于个体识别的 DNA 分析,到应用于体液识别的 RNA 分析,以及应用于祖先信息推断、表型画像等的 SNP 分型,本书详细阐述了 DNA 分析技术在法医领域的主要应用场景。从 DNA 分析技术的发展历程来看,全书依次介绍了自 1985 年法医 DNA 检验技术建立后的第一代 VNTR 技术、第二代 STR 技术以及第三代 SNP 技术。从 DNA 分析的操作流程来看,由生物样本的采集、运送、储存到 DNA 提取、PCR 反应、毛细管电泳及图谱分析等,本书深入细致地讨论了 DNA 分析过程可能涉及的所有操作步骤、潜在问题以及应对措施。

本书既是一本可供司法鉴定一线技术人员使用的专业技术手册，也可作为综合类大学、医科大学及政法院校的法医学教材，同时可作为警官、法官、检察官和律师的参考书。对于想深入了解法医DNA分型的各学科专家及学生也会有所帮助。

本书的翻译和出版得到了甘肃政法大学学科建设项目及甘肃省自然科学基金项目（21JR1RA278）的支持，在此表示衷心的感谢。感谢甘肃政法大学司法警察学院丁潇、蔺全保和张艳三位硕士研究生对本书翻译的帮助，感谢甘肃省证据科学技术研究与应用重点实验室刘迪副研究员、张子龙副研究员和姚宏兵副研究员在本书翻译过程中给予专业方面的指导。由于时间和水平有限，错误和疏漏在所难免，恳请批评指正。

前　言

自 1985 年法医 DNA 鉴定技术建立以来,在过去近 40 年得到了飞速发展。前十年人们见证了技术的快速变化,短串联重复多态性(short tandem repeats,STR)取代可变数目串联重复多态性(variable number tandem repeats,VNTR)成为 DNA 标记的首选。从 20 世纪 90 年代中期至今,尽管试剂、设备和实践方面都在不断改进,但技术上的变化不算太大,STR 仍然是世界各地法医实验室使用的主要工具。这些变化使 DNA 检测更强大、更敏感、对聚合酶链反应(polymerase chain reaction, PCR)抑制剂更有抵抗力。

虽然 STR 仍然是法医分析的主流技术,但已经开发了一些可以作为现有技术的补充或增强的分析工具。例如,以 RNA 为靶点的体液分析,补充了经典的推断和确征测试,也已经取得了良好的成果。基于 RNA 的方法大大提高了对犯罪现场遗留的“血液、唾液或精液”等生物样本的分类效率;例如,使用基于 RNA 的方法,有可能区分月经血和循环血,这在性侵犯案件中至关重要。随着人们对人类基因组的进一步理解,一系列更易识别的遗传标记,例如单核苷酸多态性(single nucleotide polymorphisms, SNP)和插入/缺失多态性(insertion-deletion polymorphisms,InDel)等被发现。这两类遗传标记因其扩增片段长度更短,所以在分析低质量或降解 DNA 时相较于 STR 具有更大的优势。虽然目前二者在法医界的使用并不广泛,但当需要提高识别率时,SNP 和 InDel 均可作为补充工具与 STR 一同使用;为了满足这一需要,已经选择并验证了标记面板。

本书还选择了其他一些 SNP 和 InDel 检测系统,这些系统主要应用于祖先信息的推断,而非个体识别。这些检测系统中位点在不同人群中的分布频率不同,因此可以对地理起源、生物样本或遗传祖先进行概率估计。从这种类型的分析中获得的信息远不如直接进行个体识别获得的信息强大,但却可以为调查人员提供线索,从而缩小侦查范围。为调查人员提供未知样本信息的另一种方法是构建生物样本来源个体的表型画像。已筛选出可帮助确定外部可见性状的 SNP 位点,例如眼睛和头发的颜色,并已应用于案件工作中(仅限眼睛和头发颜色显著变化的特定人群)。

撰写本书时,仅一种商业试剂盒可用于常染色体 InDel 的分析,而 SNP 试剂盒还没有(使用毛细管电泳),这对此类标记的广泛采用构成了障碍。二代测序(next generation sequencing,NGS)技术为替代性标记在更多实验室的应用提供了平台。NGS 已经在基因组分析中应用多年,但因其价格昂贵,又需要相对大量且高质量的 DNA,因而不太适用于法医分析。然而,伴随着更便宜、更成熟的技术发展,它提供了在单一反应中分析多个 SNP、InDel 和 STR 的潜力,为每个分析的样本提供大量的信息。Illumina 和 Life Technologies 公司已经发布了第一批专门为法医鉴定设计的商用试剂盒(与 NGS 平台配套使用),并且正在世界范围内的多个实验室进行评估。

Y 染色体 STR 分析和线粒体分析(mtDNA)持续取得进展,例如,快速变异 Y 染色体 STR 的识别,可以更好地区分来自同一父系的男性。基于 NGS 的分析为部分或全部线粒体基因组的测序提供了一条途径,同时增加了它的鉴定潜力。

本书提出了一系列 DNA 分析方法。其中,有一些已经是部分实验室的常规工作方法,但对尚未采用或正在考虑该方法的其他实验室可能有用。即使是已经熟悉的方法,与其他实验室的实践进行比较也仍然具备参考价值。还有一些方法未被广泛使用,因此所提出的方法,特别是在已发表的论文中增加了额外细节的注释,希望能对不同技术的实施有所帮助。

本书被编成一系列相关的章节。第 1 章是生物样本的采集和储存:由于 DNA 鉴定变得更敏感,因此,在样本的采集、储存和处理过程中需要降低使其污染或变质的可能性。在此基础上,第 2~3 章研究了 RNA 分析用于体液识别的两个应用。第 4~7 章介绍了生物材料的储存和 DNA 的提取方法,第 6、7 章的重点是从硬组织中提取 DNA。第 8~10 章介绍了监测 DNA 提取质量的方法、纯化 DNA 的步骤,使其更适合下游分析。第 11~16 章详细介绍了非标准标记的分型方法,包括 InDel、Y 染色体 STR 和线粒体 DNA。第 17~19 章涉及表型和祖先,包括数据分析和详细的评估流程。最后一章(第 20 章)探讨了 DNA 分型在非人类材料物种鉴定中的应用。本书未包含详细的 NGS 方法(该方法还不够完善,许多实验室正在评估该方法数据生成过程中涉及的不同参数),但本书介绍的许多方法可以纳入 NGS 的工作流程中。

在此感谢所有参编本书的作者分享经验并提供书稿,感谢丛书主编 John Walker 教授提供及时的指导和建议。

Preston, Lancashire, UK

William Goodwin

贡 献 者

WAFA ALTAYARI · *Abu Dhabi Police, Forensic Evidence Department, Abu Dhabi, United Arab Emirates*

J. ALVAREZ-DIOS · *Faculty of Mathematics, University of Santiago de Compostela, Galicia, Spain*

JACK BALLANTYNE · *National Center for Forensic Science, Orlando, FL, USA; Department of Chemistry, University of Central Florida, Orlando, FL, USA*

KAYE N. BALLANTYNE · *Office of the Chief Forensic Scientist, Victoria Police Forensic Services Department, Melbourne, Victoria, Australia*

DAVID BALLARD · *Faculty of Life Sciences and Medicine, King's College London, London, UK*

MAJID BASHIR · *The Forensic Laboratory Department, Ministry of Interior, Doha, Qatar*

B. BEKAERT · *Department of Imaging & Pathology, Forensic Biomedical Sciences, KU Leuven —University of Leuven, Leuven, Belgium; Department of Forensic Medicine, Laboratory of Forensic Genetics and Molecular Archaeology, University Hospitals Leuven, KU Leuven — University of Leuven, Leuven, Belgium*

ÁNGEL CARRACEDO · *Forensic Genetics Unit, Luis Concheiro Institute of Forensic Sciences, Genomic Medicine Group, University of Santiago de Compostela, Galicia, Spain; Center of Excellence in Genomic Medicine Research, King Abdulaziz University, Jeddah, Saudi Arabia*

R. DECORTE · *Department of Imaging & Pathology, Forensic Biomedical Sciences, KU Leuven — University of Leuven, Leuven, Belgium; Department of Forensic Medicine, Laboratory of Forensic Genetics and Molecular Archaeology, University Hospitals Leuven, KU Leuven — University of Leuven, Leuven,*

Belgium

KENNETH DREES · *Department of Biology, University of North Dakota, Grand Forks, ND, USA*

SUNI M. EDSON · *Armed Forces DNA Identification Laboratory (AFDIL), American Registry of Pathology (ARP) Contractors supporting the Armed Forces medical Examiner System (AFMES), Dover AFB, DE, USA*

R. ELLERINGTON · *Faculty of Health and Medical Sciences, University of Surrey, Guildford, UK*

MANUEL FONDEVILA · *Forensic Genetics Unit, Luis Concheiro Institute of Forensic Sciences, Genomic Medicine Group, University of Santiago de Compostela, Galicia, Spain*

A. GOMEZ-TATO · *Faculty of Mathematics, University of Santiago de Compostela, Galicia, Spain*

WILLIAM GOODWIN · *School of Forensic and Investigative Science, University of Central Lancashire, Preston, UK*

CORDULA HAAS · *Institute of Legal Medicine, University of Zurich, Zurich, Switzerland*

SIBTE HADI · *School of Forensic and Investigative Sciences, University of Center Lancashire, Preston, UK*

ERIN K. HANSON · *National Center for Forensic Science, Orlando, FL, USA*

NUR HALIZA BT HASSAN · *Department of Chemistry Malaysia, Jalan Sultan, Selangor, Malaysia*

WILLIAM R. HUDLOW · *California department of Justice, Jan Bashinski DNA Laboratory, Richmond, CA, USA; California Criminalistics Institute, Rancho Cordova, CA, USA*

JOANNA JAKUBOWSKA · *Department of Forensic Medicine, Laboratory of Forensic Biology and Genetics, Medical University of Gdansk, Gdan'sk, Poland*

MANFRED KAYSER · *Department of Forensic Molecular Biology, Erasmus MC University Medical Center Rotterdam, Rotterdam, The Netherlands*

KATELYN KJELLAND · *Department of Biology, University of North Dakota, Grand Forks, ND, USA*

MARIA VICTORIA LAREU · *Forensic Genetics Unit, Luis Concheiro Institute of Forensic Sciences, Genomic Medicine Group, University of Santiago de Compostela, Galicia, Spain*

JAMES CHUN- I LEE · *Department of Forensic Medicine, College of Medicine, National Taiwan University, Taipei, Taiwan, ROC*

ADRIAN LINACRE · *Department of Biological Sciences, Flinders University, Adelaide, South Australia*

AGNIESZKA MACIEJEWSKA · *Department of Forensic Medicine, Laboratory of Forensic Biology and Genetics, Medical University of Gdansk, Gdan'sk, Poland*

MATHEW J. MALEK · *Department of Biology, University of North Dakota, Grand Forks, ND, USA*

TIMOTHY P. MCMAHON · *Armed Forces DNA Identification Laboratory (AFDIL), American Registry of Pathology (ARP), Contractors supporting the Armed Forces Medical Examiner System (AFMES), DE, USA*

DENNIS MCNEVIN · *National Centre for Forensic Studies, Faculty of Education, Science, Technology and Mathematics, University of Canberra, Canberra, Australia*

ROLAND A.H. VAN OORSCHOT · *Office of the Chief Forensic Scientist, Victoria Police Forensic Services Department, Melbourne, Victoria, Australia*

IGOR V. OVCHINNIKOV · *Department of Biology, University of North Dakota, Grand Forks, ND, USA*

IRENA ZUPANIČ PAJNIČ · *Laboratory of Molecular Genetics, Institute of Forensic Medicine, Ljubljana, Slovenia*

RYSZARD PAWLOWSKI · *Department of Forensic Medicine, Laboratory of Forensic Biology and Genetics, Medical University of Gdansk, Gdan'sk, Poland*

CHRIS PHILLIPS · *Forensic Genetics Unit, Luis Concheiro Institute of Forensic Sciences, Genomic Medicine Group, University of Santiago de Compostela, Galicia, Spain*

AMY D. ROEDER · *Cellmark, Blacklands Way, Abingdon, Oxfordshire, UK*

CARLA SANTOS · *Forensic Genetics Unit, Luis Concheiro Institute of Forensic*

Sciences, genomic Medicine Group, University of Santiago de Compostela, Galicia, Spain

L. VAN DEN ABBEELE · *Faculty of Medicine and Pharmacy, Free University of Brussels, Brussels, Belgium*

TIMOTHY J. VERDON · *Office of the Chief Forensic Scientist, Victoria Police Forensic Services Department, Melbourne, Victoria, Australia*

SUSAN WALSH · *Department of Biology, Indiana University-Purdue University Indianapolis (IUPUI), Indianapolis, IN, USA*

NATHALIE ZAHRA · *School of Forensic and Investigative Science, University of Central Lancashire, Preston, UK*

目 录

第一章

DNA 分析的样本采集

Roland A. H. van Oorschot, Timothy J. Verdon 和 Kaye N. Ballantyne

摘要： 生物检材的有效提取对于获取具有证据价值的 DNA 图谱至关重要。检材提取方法主要有擦拭、剥离或剪切。本章介绍了在应用这些方法时需要考虑的主要因素，以及擦拭和胶带剥离的建议步骤；并论述了检材采集过程中涉及的一些重要问题，如检材分类、鉴定准备、污染风险、检材定位、检材鉴定、鉴定顺序以及记录保存、包装和储存等问题。

关键词： 检材提取，检材定位，污染风险，拭子，胶带提取，法医

1.1 引言

用于脱氧核糖核酸(deoxyribonucleic acid，DNA)分析的生物检材的采集不仅仅是使用拭子擦拭明显污渍，然后将其放入试管，再进行 DNA 分析这么简单。确定需要采集的检材类型以及有效的提取方法也是 DNA 分析过程中的关键问题。错误或不完整的检材定位和提取将使生成的 DNA 图谱质量及其证据价值都大打折扣，并最终限制其在司法鉴定中的贡献。

围绕 DNA 证据采集的问题远不止于生物检材的鉴定和提取方法。鉴定人员必须认识到，相对于其他法医学鉴定，DNA 鉴定的时间是相互影响的，在检材提取/鉴定以及记录保存、包装和储存之前或期间存在污染风险，在检材提取前需要进行推定和确证测试。

本章将重点介绍对用于 DNA 分析的生物检材的主要提取方法，包括整体载体提取、部分载体剪切、拭

子擦拭和胶带剥离（见注释 1）；提供了关于法医物证鉴定和回收的其他因素信息，以使读者充分理解检材采集工作的复杂性。需要注意的是，在检材提取领域进行的实证研究相对较少，因此许多常见做法都是基于假设、传闻或从业者的经验，而非基于确认、质控和测试数据。本章将为读者列举能够获取此类数据的相关参考资料。

1.2 检材分类、定位和鉴定准备

1.2.1 多学科取证

对于许多犯罪现场或物证来说，DNA 并不是法医调查可用或需要的唯一证据。然而，生物检材的发现和提取可能会影响其他证据的获取。例如，它可能会去除其他形式的痕迹物证（如纤维、玻璃或植物材料）、抹去压痕或文字、损坏电子设备、去除或掩盖指纹和工具痕迹，并使得损伤和血型分析复杂化。因此，在进行任何检验之前，应与送检人及其他相关法医学科专家进行适当沟通。基于所需的鉴定类型来确定证据采集的相对顺序，而这一顺序可能具有高度的个案针对性。一般来说，采用"痕迹物证优先策略"（如微量 DNA、枪击残留物或纤维）可能有助于防止因过度处理或操作而污染或丢失微量或容易转移的证据。

在考虑鉴定的相对顺序时，不仅要考虑 DNA 分析对其他鉴定的影响，还要考虑其他鉴定对潜在 DNA 证据的影响。例如，由于存在检材被移除[1]或目标区域被污染[1,2]的潜在风险，使用指纹刷和指纹粉进行指纹可视化处理可能会降低从指纹中获取 DNA 图谱的概率（无论该指纹是否提供证据价值）。一些指纹鉴定方法甚至会抑制 DNA 分析过程[3~7]。使用静电检测仪（electrostatic detection apparatus，ESDA）对枪痕或枪柄进行提取，可能会去除物品上存在的大量 DNA。

1.2.2 污染风险

在检材提取和鉴定过程中尽量减少污染风险对于保存 DNA 证据的完整性至关重要。PowerPlex ESI/X 和 GlobalFiler 等二代检验试剂盒具有极高的灵敏度，甚至可以检测到微小的背景痕迹或污染物。因此，必须制定严格的法医物证检验程序以防止证据的丢失或污染。

检材进行 DNA 鉴定之前的其他检测时，应采用与 DNA 鉴定相同等级的污染风险降低程序。也有人建议，在检材的 DNA 后检测过程中，也应该采用这些程序，以便在需要复检或再鉴定时保持检材的完整性。

案件现场提取检材时，应尽快做好检材周边区域的安全防护并限制出入；实验室提取检材时，检验区域应隔离或半隔离，减少人员流动，检验台面气流应接近中性。

无论是案件现场还是实验室，任何进入检验区的人员都应提前穿戴全套防护装备，包括工作服、口罩、帽子和一次性手套。这些防护装备可以保护检材免受工作人员或其他人员生物样本的影响（例如，说话/咳嗽的唾液、脱落的毛发、衣服上脱落的皮肤细胞、皮肤上的油脂/脱落 DNA）。手套是最有可能接触到检材的防护设备，必须经去核酸处理。从包装中取出手套时应防止手套与裸手/皮肤（尤其是新手套的手指和手掌部位）或潜在的污染表面（如手套盒外部）接触。双层手套的做法，即在第一层手套上再戴一层手套，可进一步降低污染风险。

另外，还需注意穿戴防护服的顺序，应先戴帽子和口罩（以防止头发/唾液等掉落至工作服上），然后穿工作服，最后戴手套，确保手套覆盖手腕和前臂，并戴过工作服袖口。

确保环境洁净并将污染风险降至最低，在实验室检验区仅放置特定工作所必备的工具和设备。每次使用前后所有设备及台面均应彻底清洁。将物品分为高、中、低风险,有助于提高对污染概率的认知,并确保对每件物品采取适当的清洁措施。高风险物品是指有可能直接接触检材的物品(如镊子、剪刀、手套等);中风险物品包括可能作为非检材表面与检材之间的一步载体(如手套盒、笔、放大灯、滴管等)[8,9];低风险物品是指需要多个转移步骤才能将 DNA 转移到检材表面的物品(通常涉及中、高风险载体)。检材提取中使用的工作台和设备的所有表面应定期清洁、每次使用前后清洁,并将重点放在高、中风险物品上。清洁剂应具有足够清洁强度以确保将 DNA 从物品表面完全清除,以防止目标 DNA 的转移和破坏[10]。常用试剂/方法包括次氯酸钠(0.5%～10% *v/v* 溶液[11,12])、紫外线[13]和环氧乙烷[14],除此之外还有许多其他商业试剂可用。剪刀、镊子和架子等建议使用一次性、经认证的无 DNA 物品,当然,没有任何一种清洁方法 100%有效,因此需要格外谨慎。检材和清洁工具应存放在指定的单独区域,远离潜在的污染物品,如检材包装、文书工作和生物危废/垃圾。应确保污染物品的摆放位置即使在检验期间使用它们,亦不会在样本上方有任何移动轨迹。

在整个检验过程中,应定期更换手套,特别是在接触检材(以防止将 DNA 从检材转移到实验室表面)或可能污染的中、低风险物品(如实验室家具、文书和包装)后。同理,如条件允许,应使用不同工具处理不同污渍——使用处理过血渍的镊子或剪刀继续处理痕迹物证很可能会造成两种污渍的人为混合[8,15]。

在处理检材时,应尽可能减少操作,并尽量避开潜在的目标提取区域。

做到以下两点,可追踪潜在污染源:1) 记录每个案件/检材由谁,何时,使用哪些工作台、工具和设备完成检验;2) 建立实验室所有相关人员的 DNA 数据库。

1.2.3 检材定位与排序

基于调查需求,应明确定义检材提取区域,根据案件背景假定个体识别相关(或不相关)的污渍和痕迹区域。可视化或增强技术,如替代光源[16~18]和/或近红外摄像机[19]可辅助潜在生物检材的定位。在 DNA 分析的检材提取之前,可以使用推定或确征测试排除不相关污渍、筛选优先提取区域。如条件允许,应采用不接触潜在提取区域的测试或方法,最大限度地减少损失和污染检材的风险(见注释 2)。

检材提取的排序应基于: 1) 最有可能提供相关信息的检材(如生物样本类型、数量、年龄、位置);2) 痕迹物证优先原则(此类样本最容易被污染);3) 特定体积或尺寸的生物检材可能产生的 DNA 含量,以及载体类型和检材提取方法的提取效率(见注释 3)。

可能需要对污渍或载体进行剪切,并单独提取,以防止检材混合或扩散。导致检材混合的错误示例,如将刀柄和刀刃一起擦拭;在很多情况下,这样做可能会使受害者和犯罪者的 DNA 混合,并且混淆了每个个体在物品上位置的正确归属。将微量检材扩散到目标区域以外也会降低回收率,从而降低获取具有证据价值的检材概率。

此外,必须考虑到司法机构或实验室对每个案件类型或检材数量的具体要求、由独立实验室进行再鉴定的可能性、或在进一步调查后重新检验的潜在需求。

1.3 检材提取

1.3.1 提取方法选择

检材提取方法或装置的选择很大程度上取决于检材的类型和尺寸、需要提取的表面以及目标沉积物的位置。包括:

(1) 直接提取法: 切割部分载体(如纺织物)或使用整件物品(如弹壳[20])。

(2) 拭子擦拭法：主要用于从无孔表面提取生物检材,如刀刃和刀柄、瓶子、马克杯、手表、陶瓷等,见 1.3.2 节。

(3) 胶带剥离法：主要用于从多孔表面(大多数纺织物材质)提取生物检材,如衣物、床上用品等,见 1.3.3 节。

由于载体类型或尺寸限制,使得特定 DNA 提取方法有其相匹配的提取设备,因此了解实验室中可用、首选的 DNA 提取方法非常重要。

检材提取方法的选取和检材或物品的保存应考虑到提取 DNA 的潜在数量和质量。例如,如果用棉签擦拭衣服上的血迹就可以获得足量 DNA,那么切除部分血迹可能会对检材所有者造成不必要的损害,甚至会使后续检验复杂化。

1.3.2　拭子擦拭法

很多实验室通过拭子擦拭法提取生物检材时往往在所有应用场景中都使用同一种拭子(最常见的是棉签)[22]。但事实上,用于生物检材提取的拭子类型有很多种,在很多情况下,根据载体类型选用不同拭子非常必要(尽管这种特定情况的组合数据还不够完善)[21]。关于从不同类型载体上提取不同形式生物证据时拭子的选取建议见表 1.1。拭子法擦拭时建议采用以下步骤,以提取最大数量的生物检材。

表 1.1　建议的拭子类型。已有证据表明可从不同载体中有效提取各种形式的生物证据[21]

证据	质地				生物性液体污渍			
孔隙率	多孔		无孔		多孔		无孔	
纹理	粗糙	平滑	粗糙	平滑	粗糙	平滑	粗糙	平滑
拭子类型	棉布缠绕	泡沫套	棉布缠绕	聚酯纤维缠绕	人造纤维缠绕	泡沫套	聚酯纤维缠绕	棉布缠绕

孔隙率和质地分别与载体允许液体渗透的能力和载体的粗糙程度有关。缠绕式拭子由紧紧包裹在拭子上的长纤维(通常是棉、聚酯纤维或人造纤维)组成;套筒拭子是由粘在拭子末端的泡沫或编织纤维组成。关于不同类型的拭子在不同载体上的相对性能,见参考文献[21]。

（1）用不含核酸酶的水充分浸湿拭子（见注释 4），但切忌过饱和到滴水的程度。使用的水容器或滴管不应接触拭子，以防止污染。

（2）握住拭子棒，将拭子头按压在载体上。但手指不应过于靠近拭子头（尽量避免接触拭子头），而且必须确保手指、手掌和/或手腕不接触采集 DNA 的载体。

（3）用中等力度多次擦拭整个目标区域。在此过程中，保持拭子与载体的相对角度，使拭子的大部分区域与载体接触，并不断旋转拭子。

（4）确保所有水分都被拭子吸收。

（5）经验证据表明，单个拭子不足以收集载体上所有可用的 DNA[23~26]。因此，应使用第二根拭子重复步骤 1~3，并确保载体上没有水分残留。为了尽可能多地提取到采集的 DNA，两根拭子应同时提取（最好放置在同一管提取）。虽然一些实验室会建议第二根拭子应保持干燥状态而非潮湿，但本书认为拭子无法从干燥载体中提取到更多的生物检材；因此，只有在完成第一次擦拭后，由于某种原因，载体仍然非常潮湿的情况下（见注释 5），才建议采用干燥拭子方法。

（6）如果需要擦拭的表面区域很大，在擦拭完整个区域之前，拭子就已经干燥，应使用额外拭子。且重复以上操作，直到擦拭干净整个目标区域。所有拭子应一同提取，如不方便或效率低，则应分开提取，然后将提取后的 DNA 集中起来。

1.3.3 胶带剥离法

（1）选择不含 DNA 或至少能在使用前进行洗涤的胶带。有研究表明，黏性较强的胶带比黏性较弱的胶带能收集更多高质量的 DNA[21,27]。确保可以用实验室现有的方法从采样胶带中有效提取和分析 DNA。

（2）如果使用市面上售卖的、预切割的胶带机，请直接执行步骤 4；如果使用整卷胶带，应选择适合采样区域的长度,但不要太长,以免造成提取困难。建议最大长度约为 5 cm(2 in)。剪下比所选尺寸长的胶带约为 5~10 cm(2~4 in)。

(3) 利用额外的长度,将胶带的两个黏性末端向后折叠,使得采样胶带两侧形成两个非黏性手柄(每个手柄大约为总长的四分之一)。胶带机也应该是中间为黏性表面,两边各有一个非黏性把手。

(4) 将胶带的黏性部分贴在载体上,沿胶带背面轻轻按压;撕下胶带并继续粘贴在采样区域的相邻区域上,并以此类推。

(5) 采样覆盖整个目标区域后,再重复操作步骤(4),直到整个目标区域被采样数次。据观察,在胶带机两倍大小的区域采样约 8 次,可获得较为理想的回收率[27](见注释 6)。

(6) 在采集完成前的任何阶段,如果胶带不再黏附在载体上,则使用新的胶带。

(7) 使用不含 DNA 的手术刀或剪刀去除手柄,直接从包含生物检材的胶带黏合部分提取 DNA。如果采集了多条胶带,则多条胶带共同提取 DNA;如果不方便或效率低,则应分开提取,然后再将提取的 DNA 集中起来。

1.4　记录保存、包装和存储

1.4.1　记录保存

必须记录关于采集了什么(假定的生物样本类型)、来自哪个检材、来自检材的哪个位置、使用什么类型的采集设备、何时以及由谁采集等信息。这些信息可以通过不同的方式记录,包括手写或电子打印的笔记和图片、照片、视频和/或语音记录的任意组合。许多司法机构都有特定的表格文件和相关程序,以协助记录相关信息。这些信息除了对该检材所在的特定案件有价值,此外,整理实验室内部或司法系统中的所有检材提取信息不仅有助于定期进行基准评估，还有助于推动检材提取成功率（获得具有证据价值的数据）、检材质量、效率和培训方面等的改进，以及确定研究方向[28]。

在采样和 DNA 提取后，采样装置和/或存放该装置的包装需要贴上适当的标签（物证/检材编号或条形码），以便与其他记录标签相互参照。

1.4.2　包装和储存

任何采集后仍然潮湿的检材都应尽快干燥或立即冷冻，以防止真菌和细菌生长，因为微生物会损害目标 DNA 影响后续的 DNA 分析。

为方便干燥，一些拭子中会提供预穿孔或带干燥剂的容器。但也有很多拭子并不提供，所以必须对容器进行改进，使拭子能够风干，比如在拭子头附近的容器壁上穿孔。在进行这步操作时，应使用无 DNA 的工具（剪刀、手术刀）以防止污染。对容器的任何改良都应确保拭子头不能接触到容器内表面以外的任何表面。为防止半开放容器中的拭子受到污染，应将其放入单独的信封/纸袋中。但不能放在塑料袋中，因为塑料袋不利于拭子的干燥。提取检材同一目标区域的拭子可以放在同一个信封中，但不同目标区域的拭子必须放在不同的信封里。所有信封都要有适当标签。

在大多数实验室，装有拭子的信封可以储存在室温下；但是，在湿度较高的地区，建议储存在湿度较低的储藏室。标记使用的任何标签都不能松动，墨水不能在潮湿或冰冻条件下发生污损或褪色。

1.5　注释

（1）还有一些检材提取方法虽然不太常用，但在特定情况下非常有用，例如吸尘法，可用于从大面积纺织物表面（如汽车座椅或床上用品[29]）采集痕量样本；激光显微切割法，可用于将少量相关的靶细胞从大量其他细胞中分离出来，可避免共提取中，靶细胞 DNA 被其他细胞 DNA 覆盖[30~32]。

（2）大多数司法机构目前仍采用检材提取前的推定测试，如 Hemastix（Siemens Healthcare Diagnostics 公司）、精液酸性磷酸酶测试和 Phadebas（Magle Life Sciences 公司）分别检测血液、精液和唾液。也有很多实验室在进行检材提取后的确征测试，如 ABAcard® Hematrace®（Abacus Diagnostics 公司）、RSID™－Saliva（Independent Forensics 公司）分别检测血液和唾液，ABAcard® p30（Abacus Diagnostics 公司）或 RSID™－Semen（Independent Forensics 公司）可用于检测精液。一些推定和确征测试会对样本数量有损耗，并且对不同生物样本类型只能单独进行测试。因此，一些实验室开始考虑使用 mRNA 作为检材提取后生物样本鉴定的替代方法。该方法的优势在于，不仅可以推断出常规免疫学/酶学/化学推定或确征测试检验的生物体液和组织类型，而且还可以推断出无法进行常规检验的其他相关生物体液和组织，如经血和皮肤[33~35]。此外，mRNA 提取与 DNA 提取可同时进行，并且 mRNA 分型在 DNA 分型前后均可进行[36,37]。

（3）根据生物来源的不同，从给定体积或尺寸的污渍中提取的 DNA 数量也有所不同。例如，每一体积的液体或污渍，预期可从精液中获得最多的 DNA（约 150～300 μg/mL），其次是血液（约 20～40 μg/mL，250～500 ng/cm^2），然后是唾液（约 1～10 μg/mL），在手掌大小区域上留下的触摸 DNA（<0.1～169 ng）含量通常比以上所有样本类型的 DNA 含量都少[38~40]。虽然触摸 DNA 含量通常相对较低，但根据定义不应被视为痕量样本。“痕量样本”或“痕量 DNA”是指在采集、提取、扩增、检验和解释过程的任何阶段可能低于建议阈值的任何样本[41]。

（4）此处的水可用其他润湿剂来代替，以便提高样本回收率[42,43]。进一步的研究表明替代性润湿剂提供了令人期待的高回收率。任何此类替代品都应被纳入标准操作程序中。

（5）通常情况下，基于拭子及其附着的拭子棒类型，在将拭子放入提取管之前，最好将拭子头从拭子棒上取下。此外，根据拭子的类型，特别是那些由紧密缠绕的材料制成的拭子，如常用的棉签。如果在 DNA 提取过程开始之前已经干燥，那么在放入提取管之前，梳理拭子头可能有助于 DNA 的提取。

（6）载体采样的最有效次数取决于载体的类型、大小和胶带机的尺寸。研究表明，使用胶带的次数过多会减少提取液中的 DNA 数量[27]，而对于具有大量可分离纤维的纺织物（如绒布）来说，胶带剥离法一般不会成功。通常认为“直到胶带不再有黏性”是胶带剥离的终点，否则，可能会导致胶带剥离不足或过度。

免责声明

本章观点仅代表作者，不代表其他任何组织的观点或政策。

参考文献

[1] van Oorschot RAH, Treadwell S, Beaurepaire J, Holding NL, Mitchell RJ. Beware of the possibility of fingerprinting techniques transferring DNA. J Forensic Sci, 2005, 50: 1417–1422.

[2] Gibb C, Gutowski SJ, van Oorschot RAH. Assessment of the possibility of DNA accumulation and transfer in a superglue chamber. J Forensic Ident, 2012, 62: 409–424.

[3] van Hoofstat DE, Deforce DL, Hubert De Pauw IP, van den Eeckhout EG. DNA typing of fingerprints using capillary electrophoresis: effect of dactyloscopic powders. Electrophoresis, 1999, 20: 2870–2876.

[4] Stein C, Kyeck SH, Henssge C. DNA typing of fingerprint reagent treated biological stains. J Forensic Sci, 1996, 41: 1012–1017.

[5] Roux C, Gill K, Sutton J, Lennard C. A further study to investigate the effect of fingerprint enhancement techniques on the DNA analysis of bloodstains. J Forensic Ident, 1999, 49: 357–376.

[6] Frégeau CJ, Germain O, Fourney RM. Fingerprint enhancement revisited and the effects of blood enhancement chemicals on

subsequent profiler plus (TM) fluorescent short tandem repeat DNA analysis of fresh and aged bloody fingerprints. J Forensic Sci, 2000, 45: 354－380.

[7] Raymond JJ, Roux C, Du Pasquier E, Sutton J, Lennard C. The effect of common fingerprint detection techniques on the DNA typing of fingerprints deposited on different surfaces. J Forensic Ident, 2004, 54: 22－44.

[8] Poy AL, van Oorschot RAH. Trace DNA presence, origin, and transfer within a forensic biology laboratory and its potential effect on casework. J Forensic Ident, 2006, 56: 558－576.

[9] Ballantyne KN, Poy AL, van Oorschot RAH. Environmental DNA monitoring: beware of the transition to more sensitive typing methodologies. Aust J Forensic Sci, 2013, 45: 323－340.

[10] Bright JA, Cockerton S, Harbison S, Russell A, Samson O, Stevenson K. The effect of cleaning agents on the ability to obtain DNA profiles using the identifiler™ and PowerPlex® Y multiplex kits. J Forensic Sci, 2011, 56: 181－185.

[11] Harris KA, Thacker CR, Ballard D, Court DS. The effect of cleaning agents on the DNA analysis of blood stains deposited on different substrates. Int Congr Ser, 2006, 1288: 589－591.

[12] Vandewoestyne M, van Hoofstat D, De Groote S, van Thuyne N, Haerinck S, van Nieuwerburgh F et al. Sources of DNA contamination and decontamination procedures in the forensic laboratory. J Forensic Res, 2011, S2: 001. doi: 10.4172/2157－7145. S2－001.

[13] Tamariz J, Voynarovska K, Prinz M, Caragine T. The application of ultraviolet irradiation to exogenous sources of DNA in plasticware and water for the amplification of low copy number DNA. J Forensic Sci, 2006, 51: 790－794.

[14] Shaw K, Sesardic I, Bristol N, Ames C, Dagnall K, Ellis C et al. Comparison of the effects of sterilisation techniques on subsequent DNA profiling. Int J Legal Med, 2008, 122: 29－33.

[15] Szkuta B, Harvey mL, Ballantyne KN, van Oorschot RAH. The potential transfer of trace DNA via high risk vectors during exhibit examination. Forensic Sci Int Genet Suppl Ser, 2013, 4: e55－e56.

[16] Lennard C, Stoilovic M. Application of forensic light sources at the crime scene. In: Horswell J (ed) The practice of crime scene investigation. CRC Press, Boca Raton, FL, 2004, pp 97－124.

[17] Vandenberg N, van Oorschot RAH. The use of polilight((R)) in the detection of seminal fluid, saliva, and bloodstains and comparison with conventional chemical-based screening tests. J Forensic Sci, 2006, 51: 361－370.

[18] Ben Yosef N, Almog J, Frank A, Springer E, Cantu AA. Short UV luminescence for forensic applications: design of a real-time observation system for detection of latent fingerprints and body fluids. J Forensic Sci, 1998, 43: 299－304.

[19] Albanese J, Montes R. Latent evidence detection using a combination of near infrared and high dynamic range photography: an example using bloodstains. J Forensic Sci, 2011, 56: 1601－1603.

[20] Dieltjes P, Mieremet R, Zuniga S, Kraaijenbrink T, Pijpe J, De Knijff P. A sensitive method to extract DNA from biological traces present on ammunition for the purpose of genetic profiling. Int J Legal Med, 2011, 125: 597－602.

[21] Verdon TJ, Mitchell RJ, van Oorschot RA. Swabs as DNA collection devices for sampling different biological materials from different substrates. J Forensic Sci, 2014, 59(4): 1080－1089.

[22] Raymond JJ, van Oorschot RAH, Walsh SJ, Roux C. Trace DNA analysis: do you know what your neighbour is doing? A multi-jurisdictional survey. Forensic Sci Int Genet, 2008, 2: 19－28.

[23] van Oorschot RAH, Weston RK, Jones MK. In: Retrieval of DNA from touched objects. In: Proceedings of the 14th International Symposium of Forensic Sciences

of the Australian and New Zealand Forensic Science Society, 1998, Adelaide.

[24] van Oorschot RAH, Szepietowska I, Scott DL, Weston RKM, Jones J. In: Retrieval of genetic profiles from touched objects. In: Proceedings of the First International Conference on Forensic Human Identification in the Millennium, London. Forensic Science Service (UK), 1999.

[25] Sweet D, Lorente M, Lorente JA, Valenzuela A, Villanueva E. An improved method to recover saliva from human skin: the double swab technique. J Forensic Sci, 1997, 42: 320 - 322.

[26] Pang BCM, Cheung BKK. Double swab technique for collecting touched evidence. Leg Med, 2007, 9: 181 - 184.

[27] Verdon TJ, Mitchell RJ, van Oorschot RAH. Evaluation of tapelifting as a collection method for touch DNA. Forensic Sci Int Genet, 2014, 8: 179 - 186.

[28] van Oorschot RAH. Assessing DNA profiling success rates: need for more and better collection of relevant data. Forensic Sci Pol Manag, 2012, 3: 37 - 41.

[29] Garrett AD, Patlak DJ, Gunn LE, Brodeur AN, Grgicak CM. Exploring the potential of a wet-vacuum collection system for DNA recovery. J Forensic Ident, 2014, 64: 429 - 448.

[30] Anoruo B, van Oorschot RAH, Mitchell RJ, Howells D. Isolating cells from nonsperm cellular mixtures using the PALM® microlaser micro dissection system. Forensic Sci Int, 2007, 173: 93 - 96.

[31] Anslinger K, Bayer B, Mack B, Eisenmenger W. Sex-specific fluorescent labelling of cells for laser microdissection and DNA profiling. Int J Legal Med, 2007, 121: 54 - 56.

[32] Vandewoestyne M, van Hoofstat D, van Nieuwerburgh F, Deforce D. Suspension fluorescence in situ hybridization (S-FISH) combined with automatic detection and laser microdissection for STR profiling of male cells in male/female mixtures. Int J Legal Med, 2009, 123: 441 - 447.

[33] Haas C, Klesser B, Maake C, Bär W, Kratzer A. mRNA profiling for body fluid identification by reverse transcription endpoint PCR and realtime PCR. Forensic Sci Int Genet, 2009, 3: 80 - 88.

[34] Fleming RI, Harbison S. The development of a mRNA multiplex RT-PCR assay for the definitive identification of body fluids. Forensic Sci Int Genet, 2010, 4: 244 - 256.

[35] Lindenbergh A, De Pagter M, Ramdayal G, Visser M, Zubakov D, Kayser M, et al. A multiplex (m) RNA-profiling system for the forensic identification of bodyfluids and contact traces. Forensic Sci Int Genet, 2012, 6: 565 - 577.

[36] Bauer M, Patzelt D. A method for simultaneous RNA and DNA isolation from dried blood and semen stains. Forensic Sci Int, 2003, 136: 76 - 78.

[37] Bowden A, Fleming R, Harbison S. A method for DNA and RNA co-extraction for use on forensic samples using the promega DNA IQ™ system. Forensic Sci Int Genet, 2011, 5: 64 - 68.

[38] Lee HC, Ladd C. Preservation and collection of biological evidence. Croat Med J, 2001, 42: 225 - 228.

[39] van Oorschot RAH, Jones MK. DNA fingerprints from fingerprints [6]. Nature, 1997, 387: 767.

[40] Daly DJ, Murphy C, McDermott SD. The transfer of touch DNA from hands to glass, fabric and wood. Forensic Sci Int Genet, 2012, 6: 41 - 46.

[41] van Oorschot RAH, Ballantyne KN, Mitchell RJ. Forensic trace DNA: a review. Investig Genet, 2010, 1: 14.

[42] Prinz M, Schiffner L, Sebestyen JA, Bajda E, Tamariz J, Shaler RC, et al. Maximization of STR DNA typing success for touched objects. Int Congr Ser, 2006, 1228: 651 - 653.

[43] Collopy C. Mini-popule developed to maximize DNA recovery for robotic forensic analysis. Forensic Mag, 2008.

第二章

利用 mRNA 分型进行体液识别

Amy D. Roeder 和 Cordula Haas

摘要：RNA 分析是识别法医相关体液——唾液、血液、经血、宫颈阴道液和精液的重要工具。目前，已开发了多种可用于相关体液识别的人类 mRNA 和细菌 RNA 标记。由于 RNA 可以和 DNA 使用同一部分样本进行共同提取，并且不同体液的 RNA 标记可在单次 PCR 中进行复合扩增，因此，可以最大限度地利用有限的样本材料进行分析。

关键词：法医，体液识别，mRNA 分析

2.1 引言

在一些情况下，生物样本的组成对法医证据的解释至关重要。尽管 DNA 分析被广泛用于识别留下生物学证据的个体，但基于 DNA 的方法还不能用于识别所有与法医相关的体液。目前，免疫学或酶学分析被广泛用于识别唾液、血液和精液；一些商业化检验方法可用于识别尿液和月经血（menstrual blood，MB）；以及已发表的识别阴道细胞的组织学方法。然而，所有这些测试都会在不同程度上产生假阳性结果。此外，每种体液的测试都需要单独进行，因此，每次测试都要消耗额外的样本材料。

利用信使 RNA（messenger RNA，mRNA）分析识别体液/组织的存在主要依赖于不同组织中 mRNA 的差异化表达。在法医学应用中，已开发了多种用于精液、血液、经血、宫颈阴道液（cervicovaginal fluid，CVF）、唾液和皮肤识别的 mRNA 标记[1~11]。与酶学或免疫学分析不同，

mRNA分析可以在单次PCR中复合扩增多种体液/组织标记物;并且RNA可以和DNA使用同一部分样本进行共同提取。由于在共提取过程中,RNA分离自一部分DNA提取物,在单独的DNA提取过程中,该部分通常会被丢弃;因此,mRNA分析并不会损耗用于DNA分析的样本材料的数量。

目前,市面上已有几种RNA和RNA/DNA共提取试剂盒,适用于法医样本分析[7,12~14]。下文将描述两种RNA和一种RNA/DNA商用共提取试剂盒,其中一种用于从少量生物样本中分离总RNA。柱上纯化或RNA后纯化步骤建议使用DNA酶处理,以避免引物和核苷酸滴定被DNA污染。

此外,已有几种反转录PCR(reverse transcription PCR, RT-PCR)试剂盒可用于法医学生物样本[7,12~14],在2.3方法一节中详细描述了其中一种方法。减去RT的对照品(不添加反转录酶)可用于检测DNA污染。

事实证明,从法医案件检材类型中提取的RNA定量存在问题。迄今为止,还没有任何已发表的人类特异性RNA定量方法能够准确预测法医检材mRNA分析的成功率。因此,本章不讨论RNA定量方法。

由于不同体液/组织的mRNA标记物对降解的敏感性及其在细胞内拷贝数的不同,使得即便在相同类型的样本之间mRNA标记物表达也有所不同。mRNA表达并不是绝对依赖于目标体液/组织,因此设计mRNA分析的PCR多路复用系统比以基因组DNA为目标的分析更具挑战性。在针对单一目标体液/组织的多标记检验中,这些标记物在单一来源体液中产生的mRNA图谱的峰高通常不平衡,甚至相差巨大(图2.1)。因此,建议在每个目标体液/组织中使用多个标记,以减少某个标记在非目标体液/组织中意外扩增而产生假阳性结果的可能性。表2.1列出了适用于体液识别的RNA标记。

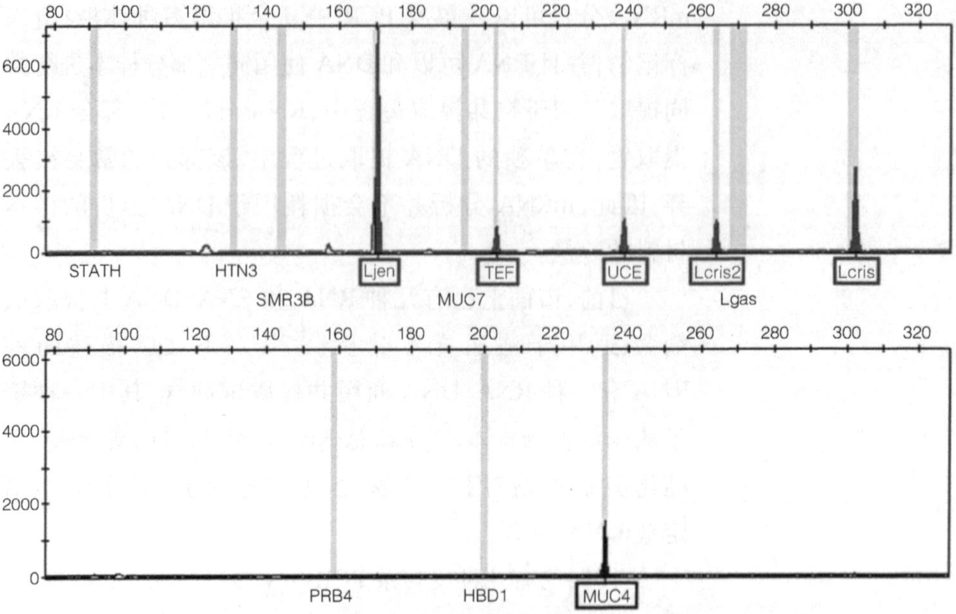

图 2.1　阴道拭子 RNA 图谱。该多重标记系统仅包括唾液(STATH、HTN3、SMR3B、Muc7、PRB4)、CVF(Ljen、Lcris2、Lcris、Lgas、HBD1、MUC4)和管家基因(UCE、TEF)标记[1]。如本章前言所讨论,该样本的唾液评分为 0(未扩增到任何唾液标记物)。该样本的 CVF 评分,即 Ljen、Lcris2、Lcris 和 MUC4 的预定值之和(HBD1 和 Lgas 评分为 0);如果 CVF 评分≥CVF 最低预定评分,则确定样本中该体液为阳性。

表 2.1　体液 RNA 和管家基因标记的引物序列

目标体液	标记(基因名称)	引　物　序　列	长度(bp)	参考文献
精液	LK3(激肽蛋白相关肽酶 3)	F：5′ TTGTCTTCCTCACCCTGTCC	100	[1]
		R：5′ CAGGGTTGGGAATGCTTCT		[1]
	PRM1(鱼精蛋白 1)	F：5′ GCCAGGTACAGATGCTGTCGCAG	153	[2]
		R：5′ TTAGTGTCTTCTACATCTCGGTCT		[2]
	SEMG1(生精蛋白 I)	F：5′ ACAACGACCGAAACCCATTA	158	[1]
		R：5′ GTGTCATCCATGGACCAAGA		[3]
	TGM4(转谷氨酰胺酶 4)	F：5′ TGAGAAAGGCCAGGGCG	215	[1]
		R：5′ AATCGAAGCCTGTCACACTGC		[1]
	PRM2(鱼精蛋白 2)	F：5′ GTGAGGAGCCTGAGCGAACGC	294	[2]
		R：5′ TTAGTGCCTTCTGCATGTTCTCTTC		[2]

续 表

目标体液	标记(基因名称)	引物序列	长度(bp)	参考文献
唾液	STATH(富酪蛋白)	F: 5′ TTTGCCTTCATCTTGGCTCT	93	[4]
		R: 5′ CCCATAACCGAATCTTCCAA		[4]
	HTN3(组蛋白 3)	F: 5′ GCAAAGAGACATCATGGGTA	134	[5]
		R: 5′ GCCAGTCAAACCTCCATAATC		[5]
	SMR3B(颌下腺雄性激素调节蛋白 3B)	F: 5′ GCAACTGAAAGGATGAAATCACTGACTTG	147	[1]
		R: 5′ AAATCCTGGGCCAAAAGGTTGAGGAG		[1]
	PRB4(富脯氨酸蛋白 BstN1 亚家族 4)	F: 5′ GCAGGCCACCCAGACCTGCCCAGG	160	[1]
		R: 5′ GGTATATTAAAGTTAGAGCTATGATGACCTTG		[1]
	MUC7(黏蛋白 7)	F: 5′ GTTTGTGTGCATCTGTGCACTGAGTG	197	[1]
		R: 5′ GCCTACAGCGTTTGTGCAGACATTTATAGG		[1]
CVF	Ljen(16s 核糖体 RNA)	F: 5′ AAGTCGAGCGAGCTTGCCTATTGAAAT	171	[1]
		R: 5′ CGCCTTTTAAACTTCTTTCATGCGAAAGTAGC		[1]
	HBD1(β 防御素 1)	F: 5′ CCTGGGTGTTGCCTGCCAGTCGC	200	[1]
		R: 5′ CAGGTGCCTTGAATTTT**GGT**[a]		[6]
	MUC4(黏蛋白 4)	F: 5′ GGACCACATTTTATCAGGAA	235	[5]
		R: 5′ TAGAGAAACAGGGCATAGGA		[5]
	Lgas(16S ~ 23S 基因间隔区)	F: 5′ ATGATGGAGAGTGCGAGAGC	311	[7]
		R: 5′ CCGGATCATTGCTTACTTAC		[7]
	Lcris(16S ~ 23S 基因间间隔区)	F: 5′ GAGAGCAGGAATGCTAAGAG	292	[7]
		R: 5′ CCGGATCATTGCTTACTTAC		[7]
	MYOZ1	F: 5′ GGGTTGGTGAGACAGGATCA	81	[8]
		R: 5′ TCCCATGGGGAAATATAGGT		[8]
	CYP2B7P1	F: 5′ TCCTTTCTGAGGTTCCGAGA	198	[8]
		R: 5′ TTTCCATTGGCAAAGAGCAT		[8]
血液	HBB(血红蛋白亚单位 β)	F: 5′ GCACGTGGATCCTGAGAAC	61	[4]
		R: 5′ ATGGGCCAGCACACAGAC		[4]
	ALAS2(δ-氨基酮戊酸合酶)	F: 5′ GCCAATGACTCTACTCTCTTCACCTTGGC	81	[1]
		R: 5′ GGAAGCATGGTTGCCTGCGTCTGAG		[1]
	PRF1(穿孔蛋白 1)	F: 5′ GGACCAGTACAGCTTCAGCACTGACACG	102	[1]
		R: 5′ CCGAGGGCCCTCTTGAAGTCAGGGTG		[1]

续 表

目标体液	标记(基因名称)	引物序列	长度(bp)	参考文献
	GlycoA(糖蛋白 A)	F：5′ GGGTGATGGCTGGTGTTATTGGAACGATC	115	[1]
		R：5′ GGCACGTCTGTGTCAGGTGAGGGGAG		[1]
	PF4(血小板因子 4)	F：5′ GGTCCGTCCCAGGCACATCACCAGC	124	[1]
		R：5′ CAGCGGGGCTTGCAGGTCCAAG		[1]
	SPTB(β-血影蛋白)	F：5′ AGGATGGCTTGGCCTTTAAT	150	[5]
		R：5′ GGTCGAGGAGCGGGATGATGCC		[1]
	PBGD(羟甲基双烷合酶)	F：5′ TGGATCCCTGAGGAGGGCAGAAG	177	[6]
		R：5′ TCTTGTCCCCTGTGGTGGACATAGCAAT		[6]
MB	MMP11(金属蛋白酶 11)	F：5′ GGTGCCCTCTGAGATCGAC	92	[4]
		R：5′ TCACAGGGTCAAACTTCCAGT		[4]
	MSX1(肌节同源盒基因 1)	F：5′ CCCCGTGGATGCAGAGCCCCCG	96	[1]
		R：5′ GCTTACGGTTCGTCTTGTGTTTGCGGAG		[1]
	SFRP4(分泌型卷曲相关蛋白 4)	F：5′ GCGACGAGCTGCCTGTCTATGACC	136	[1]
		R：5′ CAGTCAACATCAAGAGGCCTTTCCTGTAC		[1]
	LEFTY2(左右决定因子 2)	F：5′ GCCCACGTGAGGGCCCAGTATGTAGT	130	[1]
		R：5′ GGTGTGTGCTGGCCTCCGACGC		[1]
	MMP10(金属蛋白酶 10)	F：5′ TGCCATCAGCACTCTGAGGGGAGAATAT	143	[1]
		R：5′ CATATGCAGCATCCAAATATGATGGAAGAGAG		[1]
	MMP7(金属蛋白酶 7)	F：5′ CATGAGTGAGCTACAGTGGGAACAGGC	161	[1]
		R：5′ CTATGACGCGGGAGTTTAACATTCCAG		[1]
	Hs202072[b](未表征的 LOC100505776)	F：5′ CTCTGACGTTTCATCTCCTGTTTATGAGGAC	168	[1]
		R：5′ GATGAAAATGTCACCACTCTAATTCAGGCC		[1]
管家基因	TEF[c](转录延伸因子 SII)	F：5′ TGGGCCATCAACTGAGAAAGA	206	[9]
		R：5′ TCTCCCTACACTTCAACTGCACA		[9]
	UCE(E2 泛素结合酶 UbcH5B)	F：5′ AATGATCTGGCACGGGACC	241	[9]
		R：5′ ATCGTAGAATATCAAGACAAATGCTGC		[9]

续　表

目标体液	标记(基因名称)	引　物　序　列	长度(bp)	参考文献
	B2M(β-2 微球蛋白)	F: 5′ GGCATTCCTGAAGCTGACA	120	[7]
		R: 5′ AAACCTGAATCTTTGGAGTACG		[7]
	UBC(泛素 C)	F: 5′ GGGTCGCAGTTCTTGTTTGT		[7]
		R: 5′ TCCAGCAAAGATCAGCCTCT		[7]

a 加粗碱基与引用的引物不同
b UGID: 162601(http://www.ncbi.nlm.nih.gov/unigene)
c 除了 TEF cDNA 外,该引物组还扩增了一个与 cDNA 大小相同的 TEF 假基因

每种检验方法均须制定其 mRNA 图谱的解释指南,以避免因标记物偶尔的非靶标扩增导致的假阳性。每次测定条件下,应使用每个目标体液的大量对照样本确定每种标记物在目标体液/组织和非目标样本中的表达状况,结果可用来设计解释指南。有许多已发表的方法可以解释这些图谱[1,15,16]。使用多标记系统分析单一体液时,可根据目标体液每个对照样本的结果为每种标记生成阳性预测值[positive predictive values,PPV=真阳性/(真阳性+假阳性)][1]。使用该方法时,在对照样本中很少观察到的标记将得到接近 1 的分数,而在目标体液中显示较少偏倚表达的标记物则得到较低的分数。图谱中观察到的所有标记,都将获得一个预先分配的分数;如果该标记未被扩增,则得分为 0。添加针对同一体液的标记物。使用该方法测定每种体液,利用对照样品的结果,可为每种体液/组织设定阳性结果的最低分数。

2.2 材料

2.2.1 仪器与设备

(1) 涡旋振荡仪。

(2) 超声振荡仪(如 Ultrawave U300H)。

(3) 通风橱。

(4) 温控器/加热块。

(5) 微型离心机。

(6) 热循环仪。

(7) ABI (Applied Biosystems Incorporated,是早期开发测序仪的公司) Prism 3130 或 3500 遗传分析仪(Life Technologies 公司)。

(8) RNaseZap® 湿巾和喷雾剂(Ambion®)(见注释 1)。

(9) 离心管[如 DNA LoBind®(Eppendorf)管](见注释 2)。

(10) 离心柱。

(11) 镊子。

2.2.2 RNA 提取和 RNA/DNA 共提取

(1) RNA 提取和 RNA/DNA 共提取分别使用 RNeasy® Plus 迷你试剂盒(QIAGEN 公司)和 AllPrep® DNA/RNA 迷你试剂盒(QIAGEN 公司),两种试剂盒均提供所需的缓冲液。使用前需按照试剂盒手册向 AW1、AW2 和 RPE 缓冲液中添加 96%~100%的乙醇。

(2) 在 RLT Plus 缓冲液中添加 14.3 mol/L β-巯基乙醇(β-mercaptoethanol, βME)。该缓冲液的工作溶液为每 1 mL RLT Plus 缓冲液含有 10 μL βME。由于 RLT Plus 缓冲液/βME 混合物在室温下只能稳定 1 个月,所以要将 βME 加入到分装后的 RLT Plus 缓冲液小样中。

(3) 70% 乙醇[使用无核糖核酸酶(ribonucleases, RNase)的 H_2O 稀释乙醇]。

(4) 建议采用柱上或 RNA 提取后 DNA 酶(deoxyribonuclease, DNAase)消化方法(见注释 3)。RNase-free DNase set(QIAGEN 公司)可用于柱上 DNA 消化。根据制造商的说明配制 DNase 溶液。或在 RNA 提取后使用 TURBO DNA-free Kit™(Life Technologies 公司,见 2.2.4 节)。

2.2.3　RNA 提取

使用 Arcturus® PicoPure® RNA 分离试剂盒（Life Technologies 公司），所有试剂均随试剂盒提供。

2.2.4　DNase 消化

使用 TURBO DNA-free Kit™（Life Technologies 公司），所有试剂均随试剂盒提供。

2.2.5　反转录

（1）SuperScript® Ⅲ反转录酶（Life Technologies 公司）：反转录酶提供 5×第一链缓冲液和 0.1 mol/L 二硫苏糖醇（dithiothreitol，DTT）。

（2）RNaseOUT™（40 U/μL）（Life Technologies 公司）。

（3）随机引物（50 ng/μL）（Life Technologies 公司）。

（4）无 RNase H_2O。

（5）10 mmol/L dNTP 混合物（QIAGEN 公司）。

（6）冰箱或冰块。

2.2.6　cDNA-PCR

（1）QIAGEN 多重 PCR 试剂盒（QIAGEN 公司）。该试剂盒提供 2×QIAGEN 多重 PCR 主混合物，5×Q 溶液和无 RNase H_2O。

（2）用于 RNA 标记扩增的引物对（表 2.1）。对每对引物中的其中一个进行 5′荧光标记，以便在毛细管电泳时进行检测（见注释 4）。

2.2.7　PCR 纯化

MinElute® PCR 纯化试剂盒（QIAGEN 公司）。该试剂盒包含 MinElute 纯化柱以及缓冲液 PB、PE 和 EB。首次使用前按说明向缓冲液 PE 中加入指定量的乙醇（96%～100%）。

2.2.8　mRNA 图谱分析：毛细管电泳

（1）GeneScan® 500 Liz™ 或 GeneScan® 400HD ROX™荧光标记分子量内标（Life Technologies 公司，见注释 4）。

（2）Hi－Di™甲酰胺（Life Technologies 公司）。

（3）POP－4 性能优化分离胶（Life Technologies 公司）。

（4）GeneMapper®软件（Life Technologies 公司）。

2.3　方法

预防 RNase 污染，应注意以下几个方面：实验前使用 RNaseZap®擦拭工作台、设备（包括移液器和镊子）和试剂瓶（见注释 1）；在 RNA 提取和反转录过程中，经常更换新手套，并用 RNaseZap®擦拭/喷洒手套；使用无 RNase 的移液头和离心管。

由于 βME 有毒性，因此与之相关的操作均应于通风橱内进行。

2.3.1　RNA/DNA 共提取

使用 AllPrep® DNA/RNA 迷你试剂盒（QIAGEN 公司）进行 RNA/DNA 共提取。该试剂盒适用于从单个样本中纯化 RNA 和 DNA。如果不需要提取 DNA，可使用 RNeasy® Plus 迷你试剂盒（QIAGEN 公司，见 2.3.2 节）；或在模板样本极低的情况下，使用 Arcturus® PicoPure® RNA 分离试剂盒（Life Technologies 公司，见 2.3.3 节）更适合。

（1）开始提取前，将洗脱缓冲液 EB（50 μL/样本）预热至 70℃。

（2）将样本（拭子头或样本切片）分别放入 1.5 mL 离心管中。

（3）加入 400 μL 裂解液 RLT Plus/βME 混合物。

（4）涡旋样品。

（5）室温放置 10 min。放置期间，样品先涡旋约 2 min，然后超声处理 5 min，再涡旋 1～2 min。如果 10 min 后污渍还没有溶解，可重复超声和涡旋步骤。或者，将样品涡旋 1～2 min，56℃下孵育 3 h。

（6）快速离心样品。

（7）将拭子头/样本切片转移到离心柱上，离心柱放入收集管内,然后以最大速度离心 5 min。

(8) 移除离心柱/样本(见注释 5)。将洗脱产物转移到 AllPrep® DNA 吸附柱上。移液时应注意避免产生气泡(溶液容易产生泡沫)。如果由于起泡而无法将全部洗脱液转移至吸附柱上,轻弹管壁可使气泡消散。

(9) 11 000×*g* 离心 30 s。确保离心后液体全部滤过去,膜上没有残留,如有必要,可重新离心样品。

(10) 保留含有洗脱液的收集管用于 RNA 提取(步骤 12~34)。

(11) 将 AllPrep® DNA 吸附柱(膜上附有基因组 DNA)放入新的 2 mL 收集管中,将用于 DNA 纯化(步骤 35~45)。

RNA 提取

(12) 向第 9 步生成的洗脱液中,加入 400 μL 70%乙醇;用移液器混合。

(13) 避开气泡,将混合物立即转移到 RNA 吸附柱 RA 中。

(14) 小心关闭离心管,11 000×*g* 离心 15 s。

(15) 弃掉滤液,将吸附柱放回收集管中。

(16) 柱上 DNase 消化,进行步骤 17~21。如果样品不进行柱上 DNase 消化,则加 700 μL 去蛋白液 RW1,转步骤 22。

(17) 加 350 μL 去蛋白液 RW1。

(18) 11 000×*g* 离心 15 s。

(19) 弃掉废液,在吸附膜中间部位加 80 μL DNase 溶液[10 μL DNase I 储备液(储存于 4℃)和 70 μL 缓冲液 RDD]。轻拍管壁进行混合。不要涡旋或使用移液器混合(见注释 6)。

(20) 室温(20~30℃)放置 15 min。

(21) 加 350 μL 去蛋白液 RW1。

(22) 11 000×*g* 离心 15 s。

（23）弃掉废液，将吸附柱放回收集管中。

（24）加 500 μL 漂洗液 RPE；确保漂洗液 RPE 中已加入乙醇。

（25）11 000×g 离心 15 s。

（26）弃掉废液，将吸附柱放回收集管中。

（27）加 500 μL 漂洗液 RPE，11 000×g 离心 2 min。

（28）弃掉废液和收集管，取出吸附柱，放入新的 2 mL 收集管中。

（29）最大速度离心 1 min。尽量去除漂洗液，避免残留乙醇抑制下游 RT－PCR 反应（见注释 7）。

（30）弃掉废液和收集管，取出吸附柱，放入新的 1.5 mL 收集管中。

（31）在吸附膜的中间部位加 30 μL 无 RNase H_2O。

（32）室温放置 1～5 min，11 000×g 离心 1 min，以洗脱 RNA。

（33）可选：为提高产量，将洗脱液加回吸附柱，重复步骤 32。

（34）洗脱液中包含纯化的 RNA。此 RNA 可用于互补 DNA（complementary DNA，cDNA）的合成（见 2.3.5 节），如果在 RNA 纯化过程中没有进行 DNase 处理，则可对其进行处理（见 2.3.4 节）。

DNA 纯化

（35）加 500 μL 缓冲液 AW1 到步骤 11 的 DNA 吸附柱中。确保缓冲液 AW1 中已添加乙醇。

（36）11 000×g 离心 15 s。

（37）弃掉废液，加 500 μL 缓冲液 AW2 到吸附柱中。确保缓冲液 AW2 中已添加乙醇。

（38）最大速度离心 2 min。

（39）弃掉废液，13 000 r/min 离心 1 min。

（40）取出 DNA 吸附柱，放入新的 1.5 mL 收集管中。

（41）在吸附膜中间部位加 50 μL 洗脱缓冲液 EB（预

热至 70℃），洗脱 DNA。

（42）室温放置 1 min。

（43）11 000×g 离心 1 min。

（44）可选：为提高 DNA 产量，将洗脱液加回吸附柱，重复步骤 42~43。

（45）丢弃吸附柱。洗脱液中包含纯化的 DNA。

2.3.2 RNA 提取-RNeasy® Plus 迷你试剂盒

使用 RNeasy® Plus 迷你试剂盒（QIAGEN 公司）进行 RNA 提取。该试剂盒适用于不需要共提取 DNA 的情况。在模板样本极低的情况下，使用 Arcturus® PicoPure® RNA 分离试剂盒（Life Technologies 公司，见 2.3.3 节）更适合。

（1）将样本（拭子头或样本切片）分别放入 1.5 mL 离心管中。

（2）加入 400 μL 裂解液 RLT Plus/βME 混合物。

（3）涡旋样品。

（4）室温放置 10 min。

（5）孵化期间，样品涡旋约 2 min，然后超声处理 5 min，再涡旋 1~2 min。如果 10 min 后污渍还没有溶解，可重复超声和涡旋步骤。或者，将样品涡旋 1~2 min，在 56℃下孵育 3 h。

（6）快速离心样品。

（7）将拭子头/样本切片转移到离心柱上。

（8）最大速度离心 5 min。

（9）移除离心柱（见注释 5）。将洗脱物转移到基因组 DNA（genomic DNA，gDNA）吸附柱上。移液时应注意避免产生气泡（溶液容易产生泡沫）。如果由于起泡而无法将全部洗脱液转移至吸附柱上，轻拍管壁使气泡消散。

（10）11 000×g 离心 30 s。确保离心后液体全部滤过去，膜上没有残留，如有必要，可重新离心样品。

（11）丢弃吸附柱，加 400 μL 70% 乙醇到洗脱液中。用移液器混合。

（12）避开气泡，将混合物立即转移到 RNeasy®吸附柱中。

（13）小心地关闭离心管，11 000×*g* 离心 15 s。

（14）弃掉滤液，将吸附柱放回收集管中。

（15）柱上 DNase 消化，进行步骤 16～19。如果样品不进行柱上 DNase 消化，则加 700 μL 去蛋白液 RW1，转步骤 20。

（16）加 350 μL 去蛋白液 RW1。11 000×*g* 离心 15 s。

（17）弃掉废液，在吸附膜中间部位加 80 μL DNase 溶液[10 μL DNase I 储备液（储存于 4℃）和 70 μL 缓冲液 RDD]。轻拍管壁进行混合。不要涡旋或使用移液器混合（见注释 6）。

（18）室温（20～30℃）放置 15 min。

（19）加 350 μL 去蛋白液 RW1。

（20）11 000×*g* 离心 15 s。

（21）弃掉废液，将吸附柱放回收集管中。

（22）加 500 μL 漂洗液 RPE。确保漂洗液 RPE 中已加入乙醇。

（23）11 000×*g* 离心 15 s，弃掉废液，将吸附柱放回收集管中。

（24）加 500 μL 漂洗液 RPE。

（25）11 000×*g* 离心 2 min。

（26）弃掉废液和收集管，取出吸附柱，放入新的 2 mL 收集管中。

（27）最大速度离心 1 min。尽量去除漂洗液，避免残留乙醇抑制下游 RT－PCR 反应（见注释 7）。

（28）弃掉废液和收集管，取出吸附柱，放入新的 1.5 mL 收集管中。

（29）在吸附膜的中间部位加 30 μL 无 RNase H_2O。

（30）室温放置 1～5 min，11 000×*g* 离心 1 min，以洗脱 RNA。

（31）可选：为提高产量，将洗脱液加回吸附柱，重复步骤 30。

（32）洗脱液中包含纯化的 RNA。此 RNA 可用于 cDNA 的合成（见 2.3.5 节），如果在 RNA 纯化过程中没有进行 DNase 处理，则可对其进行处理（见 2.3.4 节）。

2.3.3 RNA 提取-Arcturus™ PicoPure™ RNA 分离试剂盒

使用 Arcturus™ PicoPure™ RNA 分离试剂盒（Life Technologies 公司）进行 RNA 提取。该试剂盒适用于从生物物质含量极低（少于十个细胞甚至单个细胞）的样本中回收总 RNA。

（1）预处理纯化柱，加 250 μL 调理液 CB 到纯化柱滤膜上，室温放置 5 min。

（2）13 000 r/min 离心 1 min。

（3）将样本（拭子头/样本切片）分别放入 1.5 mL 离心管中。

（4）在拭子头/样本切片处加 100 μL 提取液 XB。

（5）42℃孵育 30 min。

（6）使用干净/不含 RNase 的镊子，将浸泡过提取液 XB 的拭子头/样本切片取出，放入吸附柱中。吸附柱放入收集管，13 000 r/min 离心 5 min。丢弃吸附柱和干拭子（见注释 5）。

（7）加 100 μL 70%乙醇，上下移液混合均匀。

（8）将细胞提取物和乙醇混合物转移到预处理过的纯化柱中。

（9）1 000 r/min 离心 2 min，紧接着 13 000 r/min 离心 30 s。

（10）弃掉废液，加 100 μL 漂洗液 W1 至纯化柱中，9 000 r/min 离心 1 min。

（11）弃掉废液，加 100 μL 漂洗液 W2 至纯化柱中，9 000 r/min 离心 1 min。

（12）弃掉废液，加 100 μL 漂洗液 W2 至纯化柱中，

13 000 r/min 离心 2 min。纯化柱如有漂洗液残留，则 13 000 r/min 重新离心 1 min。

（13）弃掉废液和收集管，取出纯化柱，放入新的 0.5 mL 离心管中。

（14）在吸附膜的中间部位加 12 μL 洗脱液 EB 或无 DNase/RNase H_2O。

（15）3 500 × *g* 离心 1 min，然后 13 000 r/min 离心 1 min。

（16）丢弃纯化柱。RNA 洗脱液可用于进行 DNase 处理（见 2.3.4 节）或反转录（见 2.3.5 节）。

2.3.4 RNA 纯化后的 DNase 处理

使用 TURBO DNA-Free Kit™（LifeTechnologies 公司）进行 DNase 处理。该方法比柱上 DNase 处理能更彻底地去除污染 DNA（见注释 3）。这种纯化后的 DNase 处理方法对含有大量生物样本的样品尤为重要。

（1）将 30 μL RNA 加入 0.5 mL 离心管中。

（2）加 3 μL 10×TURBO DNase 缓冲液和 1 μL TURBO DNase。

（3）37℃孵育 20～30 min。

（4）加 3.4 μL 重悬的 DNase 灭活剂 Inactivation Reagent，混合均匀。

（5）室温放置 5 min，偶尔搅拌以重新分散灭活剂。

（6）10 000×*g* 离心 1.5 min。

（7）在不转移粒状 DNase 灭活剂的前提下。转移上清液（约 30～32 μL）到新的 0.5 mL 离心管中（见注释 8）。可能无法回收所有 RNA。

2.3.5 cDNA 合成

在反转录过程中，RNA 被作为模板用于合成互补 DNA（complementary DNA，cDNA）链。由此产生的 cDNA 可以作为 PCR 的模板。

为每个 RNA 样品分别建立反转录酶阳性（RT+）和无

酶(RT-)反应。(RT-)反应是对样品中是否存在 gDNA 的质控。

RNaseOUT™和 Superscript™ Ⅲ反转录酶应保存在冰上或冰箱中,并在使用后立即放回冰箱。

(1) 将一个加热块设置为 65℃,另一个加热块设置为 50℃。如果温控器可设置多个温度,则将其设置为 50℃ 45 min,然后 70℃ 15 min(或使用热循环仪)。

(2) 解冻随机引物(50 ng/μL)、dNTP(10 mmol/L)、DTT(0.1 M)和 5×第一链缓冲液。

(3) a) 如果样品未经过 DNA 酶处理或未在 RNA 纯化过程中进行柱上 DNA 酶处理,则将 25 μL RNA 转移到 1.5 mL 的离心管中;b) 如果 RNA 已经使用 TURBO DNA-free Kit™处理过,则将最多 16.8 μL 的 RNA 转移到 1.5 mL 离心管中,加无 RNase H_2O 使最终体积为 25 μL(见注释 9)。

(4) 样品中加入 2 μL 随机引物和 2 μL dNTP。

(5) 65℃孵育 5 min 使 RNA 变性。

(6) 孵育期间,准备反转录混合物,包括:8.4 μL 5×第一链缓冲液、2 μL 0.1 mol/L DTT 和 2 μL RNaseOUT™(40 U/μL)。

(7) 孵育后,将样品在冰块或冰箱中冷藏 1~2 min。切勿让样品冷冻。

(8) 快速离心样品。

(9) 将反转录混合物加入样品中,用移液器混合。

(10) (RT+)反应:加 1 μL Superscript™ Ⅲ反转录酶(200 U/μL)到新的 0.5 mL 离心管或 0.2 mL PCR 管(管子体积取决于所使用的温控器/热循环仪)中。

(11) (RT -)反应:加 1 μL 无 RNase H_2O 到另一新的0.5 mL 离心管或 0.2 mL PCR 管(管子体积取决于所使用的温控器/热循环仪)中。

(12) 将每个样品的 20 μL 反转录混合物转移到相应

的(RT+)和(RT-)管中。

(13) 轻轻混合样品,然后快速离心。

(14) 室温放置 5 min。

(15) 50℃孵育 45 min,70℃酶灭活 15 min。

(16) 快速离心样品。

(17) 如要立即进行 PCR,则将样品放在室温下;否则将样品保存在-20℃。

2.3.6 cDNA PCR

该过程旨在扩增样品中存在的特定体液标记。

多路复用 PCR 系统的设计应保证无论是否使用不同荧光染料标记,PCR 扩增子都不会在大小上重叠(见注释 10)。

在检测中应针对每种体液设计多个标记,以应对标记在目标体液中的表达可变性,以及在非目标体液中的扩增可能性。每个系统中纳入管家标记作为阳性对照(见注释 11)。

当每种体液均使用多个标记时,可能需要设计多个多重标记系统。所有样品都应该使用所有的多重检测系统进行检测,这样可以根据情况对结果进行解释。

应进行的初步工作是确定检测系统中每个标记的最佳引物浓度。一般来说,PCR 中每个引物的起始浓度可设定为 0.2 μmol/L。每个样品的(RT+)和(RT-)反应都应该进行 PCR。

(1) 解冻 cDNA(RT+)和(RT-)对照,混合并离心。

(2) 解冻 QIAGEN 多重混合液、引物混合液和 H_2O。使用前将解冻的多重混合液和引物混合液涡旋混合。

(3) 调整需要加入的 cDNA 数量/体积从而对每个 PCR 进行优化。加入等量 cDNA 和(RT-)到各自的 PCR 中。

(4) PCR 反应体系,以 10 μL PCR 示例:

5 μL 2×QIAGEN 多重混合液;

3 μL cDNA;

1 μL 引物混合液;

1 μL H_2O。

（5）应对每个引物混合液和热循环仪的扩增条件进行优化。PCR 扩增程序举例如下：

95℃ 15 min		
30~35 循环：	94℃	15 s
	58℃	90 s
	72℃	60 s
72℃ 20 min		
15℃保持		

（6）扩增完成后，PCR 产物可储存于 4℃（短期）或−20℃。

2.3.7 PCR 产物纯化

使用 MinElute® PCR 纯化试剂盒（QIAGEN 公司）进行 PCR 产物纯化。

（1）在 25 μL PCR 反应液中加 125 μL 缓冲液 PB。

（2）样品转移至 MinElute®吸附柱中，13 000 r/min 离心 1 min，弃掉废液。

（3）加 750 μL 缓冲液 PE 至吸附柱，13 000 r/min 离心 1 min，弃掉废液。

（4）再 13 000 r/min 离心 1 min，将 MinElute®吸附柱置于新的 1.5 mL 离心管中。

（5）在吸附膜中间位置加 10~30 μL 缓冲液 EB 或水。室温放置 1 min，13 000 r/min 离心 1 min，丢弃吸附柱，此时，洗脱液中含 DNA。

2.3.8 mRNA 图谱分析：毛细管电泳

（1）对 PCR 产物进行毛细管电泳，电泳体系为：

- 1 μL PCR 产物，
- 8.5 μL Hi-Di™甲酰胺（Life Technologies 公司），
- 0.5 μL GeneScan® 500 Liz™荧光标记分子量内标或 GeneScan® 400HD ROX™荧光标记分子量内标

(Life Technologies 公司)(见注释 4)。

(2) 以 ABI Prism 3130xl 遗传分析仪(Life Technologies 公司)为例,参数设置为:

- 进样时间 10 s。
- 进样电压 3 kV。
- 运行电压 15 kV。
- 运行温度 60℃。
- 运行时间 23.5 min(根据检测中扩增子长度调整时间)。

(3) 电泳后使用 GeneMapper® 软件(Life Technologies 公司)分析原始数据,以确定每个复合扩增系统的标记评分阈值。

图 2.1 显示了从阴道拭子中产生的 mRNA 图谱。所描述的评分系统(见 2.1 节)可应用于该污渍的图谱解释。

2.4 注释

(1) RNaseZap®溶液可腐蚀金属,应避免长时间接触金属表面,使用后用清水彻底洗涤所有物品,以去除 RNaseZap®。

(2) DNA LoBind®离心管的设计可有效降低样品处理和储存过程中对管内核酸的吸收。

(3) 根据以往经验,使用柱上 DNase 消化的 RNase-free DNase Set 都无法完全清除细胞物质含量相对较大的样本中的污染 DNA。而 TURBO DNA-free Kit™ 可以有效消化 RNA 提取过程中携带的任何 DNA。

(4) 荧光染料有 5 - FAM™、JOE™、NED™和 ROX™(染料组 F)或 6 - FAM™、VIC®、NED™、PET®和 LIZ®(染料组 G5)。荧光标记分子量内标 GeneScan® 500 LIZ™或 GeneScan® 400HD ROX™是根据标记 PCR 引物的染料来选择的。

(5) 离心管和拭子头/样本切片可以丢弃或冷冻保存。

（6）DNase I 易受物理变性的影响。

（7）乙醇的存在会抑制反转录反应。

（8）由于 DNase 灭活剂具有封存二价阳离子的能力，因此它的存在会影响后续的酶促反应。

（9）由于 DNase 消化后的携带试剂会干扰 PCR 反应，因此制造商建议 TURBO DNA-free Kit™ 处理后的 RNA 不超过最终反转录体积的 40%。

（10）每种标记物的扩增水平在由相同体液组成的样品中差异可能也很大。由于这个原因，过度放大的峰和由此导致的其他染料通道的拉升现象并不罕见。

（11）迄今为止，还没有任何管家标记可在精液、血液、经血、唾液和 CVF 样本中均有效扩增。管家标记在唾液和精液中的检验效果特别差。在这些样本类型中，管家标记可能无法扩增，而其各自的体液标记则均能检测到。

参考文献

[1] Roeder AD, Haas C. mRNA profiling using a minimum of five mRNA markers per body fluid and a novel scoring method for body fluid identification. Int J Legal Med, 2013, 127: 707-721.

[2] Steger K, Pauls K, Klonisch T, Franke FE, Bergmann M. Expression of protamine-1 and -2 mRNA during human spermiogenesis. Mol Hum Reprod, 2000, 6: 219-225.

[3] Haas C, Muheim C, Kratzer A, Bär W, Maake C. mRNA profiling for the identification of sperm and seminal plasma. Forensic Sci Int Genet Suppl Ser, 2009, 2: 534-535.

[4] Haas C, Klesser B, Maake C, Bär W, Kratzer A. mRNA profiling for body fluid identification by reverse transcription endpoint PCR and realtime PCR. Forensic Sci Int Genet, 2009, 3: 80-88.

[5] Alvarez M, Juusola J, Ballantyne J. An mRNA and DNA co-isolation method for forensic casework samples. Anal Biochem, 2004, 335: 289-298.

[6] Juusola J, Ballantyne J. Multiplex mRNA profiling for the identification of body fluids. Forensic Sci Int, 2005, 152: 1-12.

[7] Haas C, Hanson E, Anjos MJ, Ballantyne K, Banemann R, et al. RNA/DNA co-analysis from human vaginal and menstrual blood stains-results of a fourth and fifth collaborative EDNAP exercise. Forensic Sci Int Genet, 2014, 8(1): 203-212.

[8] Hanson EK, Ballantyne J. Highly specific mRNA biomarkers for the identification of vaginal secretions in sexual assault investigations. Sci Justice, 2013, 53: 14-22.

[9] Fleming RI, Harbison SA. The development of a mRNA multiplex RT-PCR assay for the definitive identification of body fluids. Forensic Sci Int Genet, 2010, 4: 244-256.

[10] Hanson E, Haas C, Jucker R, Ballantyne J. Specific and sensitive mRNA biomarkers for

the identification of skin in 'touch DNA' evidence. Forensic Sci Int Genet, 2011, 6: 548－558.

[11] Visser M, Zubakov D, Ballantyne KN, Kayser M. mRNA-based skin identification for forensic applications. Int J Legal Med, 2011, 125: 253－263.

[12] Haas C, Hanson E, Anjos MJ, Banemann R, Berti A, et al. RNA/DNA co-analysis from human saliva and semen stains-results of a third collaborative EDNAP exercise. Forensic Sci Int Genet, 2013, 7: 230－239.

[13] Haas C, Hanson E, Anjos MJ, Bär W, Banemann R. RNA/DNA co-analysis from blood stains-results of a second collaborative EDNAP exercise. Forensic Sci Int Genet, 2012, 6: 70－80.

[14] Haas C, Hanson E, Bär W, Banemann R, Bento AM, et al. mRNA profiling for the identification of blood-results of a col laborative EDNAP exercise. Forensic Sci Int Genet, 2011, 5: 21－26.

[15] Lindenbergh A, de Pagter M, Ramdayal G, Visser M, Zubakov D, et al. A multiplex (m)RNA-profiling system for the forensic identification of body fluids and contact traces. Forensic Sci Int Genet, 2012, 6: 565－577.

[16] Lindenbergh A, Maaskant P, Sijen T. Implementation of RNA profiling in forensic casework. Forensic Sci Int Genet, 2013, 7: 159－166.

第三章

阴道液和月经期血液鉴定的 mRNA 分型

Joanna Jakubowska, Agnieszka Maciejewska 和 Ryszard Pawłowski

摘要： 近年来，普遍建议将 mRNA 分析作为生物体液识别的通用工具。本章描述了一种用于阴道液鉴定的测试，该测试可检测以下转录物：人 β 防御素 1（*HBD1*）、黏蛋白 4（*MUC4*）、基质金属蛋白酶 11（*MMP11*）、管家基因葡萄糖 6-磷酸脱氢酶（*G6PDH*）以及 *L. crispatus* 和 *L. gasseri/L. johnsonii* 的 16S～23S rRNA 基因间隔区。同时分析 5 种阴道标记和一个管家基因，可确保阴道液检测的高特异性和可靠性，这是单一标记检测无法比拟的。

关键词： 阴道液，月经血液，mRNA 分型，乳酸菌，多重 PCR，法医遗传学

3.1 引言

阴道液和月经期血液鉴定在法医生物学中非常重要，尤其是在性犯罪案件中。遗憾的是，在经典的阴道分泌物检验方法中没有确征性测试[1]。近年来，mRNA 分析被广泛提议作为生物体液鉴定（Body Fluid Identification）的通用工具。由于每个组织和体液都有自己特定的 mRNA 标记，因此可以使用特定的 mRNA 标记来识别体液。与经典的确征方法相比，PCR 技术的应用增加了检验的灵敏度。mRNA 分析包括以下步骤：RNA 分离、定量、反转录、扩增和扩增子检验。

mRNA 分析使用人 β 防御素 1（human beta-defensin 1, *HBD1*）、黏蛋白 4（Mucin 4, *MUC4*）、雌激素受体 1（estrogen receptor 1, *ESR1*）和基质金属蛋白酶 7、10、11（matrix metalloproteinase 7/10/11, *MMP7*、*MMP10*、*MMP11*）

转录物[2~8]，以及 *L. crispatus* 和 *L. gasseri/L. johnsonii* 的 16S~23S 核糖体 RNA（ribosomal，rRNA）基因间隔区（intergenic spacer regions，ISR）作为阴道液和月经血的标记物[9~12]。事实证明，没有任何一个标记对阴道分泌物具有完全的特异性或存在于所有女性体内。因此，将细菌和人体组织特异性转录物的检验相结合，将获得更可靠、更特异的阴道液识别数据。基于这一假设和前人的报道[2,3,12,13]，开发出了能够检验以下 mRNA 标记的六重 PCR：*HBD1*、*MUC4*、经血标志物 *MMP11*、管家基因葡萄糖 6－磷酸脱氢酶（glucose 6－phosphate dehydrogenase，*G6PDH*）以及 *L. crispatus* 和 *L. gasseri/ L. johnsonii* 的 16S~23S rRNA ISR（图 3.1）。

HBD1、*MUC4* 和 *MMP11* 表达的高度差异、细菌菌群的变化以及对这些标志物特异性的争议，使得无法将任何标记单独作为阴道分泌物存在的决定因素。但可将 *HBD1*、

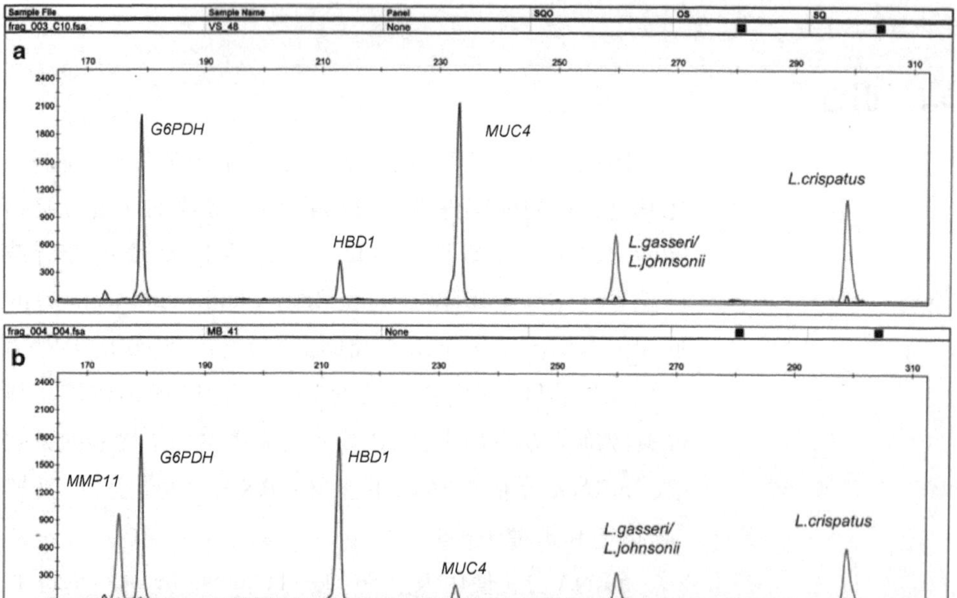

图 3.1 阴道液和经血生物标志物检测的六重检测示例（*MMP11*、*HBD1*、*MUC4*、*L. gasseri/L. johnsonii*、*L. crispatus* 和 *G6PDH*）。图 a：无经血的阴道拭子（月经周期第 22 天）。图 b：月经血液拭子（月经周期第 2 天）

MUC4、*MMP11*、*L. crispatus* 和 *L. gasseri/L. johnsonii* 的 16S ~ 23S rRNA ISR 进行共同扩增，以增加检验的可信度。

3.2 材料

3.2.1 仪器与设备

（1）涡旋震荡仪。

（2）通风橱。

（3）微型离心机。

（4）热循环仪。

（5）ABI Prism 310、3100、3130 或 3500 遗传分析仪（Life Technologies 公司）。

（6）RNaseZap®湿巾和喷雾（Ambion®）。

（7）离心管。

（8）吸附柱。

（9）镊子。

3.2.2 RNA 分离

RNeasy 迷你试剂盒（QIAGEN 公司）（见注释 1），所有试剂均随试剂盒提供。

（1）首次使用前需按照制造商的说明向缓冲液 RPE 中添加 96%~100%乙醇。

（2）在缓冲液 RLT Plus 中添加 14.3 mol/L β-巯基乙醇（βME）。该缓冲液的工作溶液为每 1 mL RLT Plus 缓冲液含有 10 μL βME。由于 RLT Plus 缓冲液/βME 混合物在室温下只能稳定 1 个月，所以要将 βME 加入到分装后的 RLT Plus 缓冲液小样中。

（3）70%乙醇（使用无 RNase H_2O 稀释乙醇）。

（4）RNase-Free DNase Set（QIAGEN 公司）。首次使用 RNase-Free DNase Set 时，需准备 DNase 储备液：用 RNase-Free 针和注射器将 550 μL 无 RNase H_2O 注入 DNase I 小瓶（1 500 ku）中，并轻轻混合（请勿涡旋）。

3.2.3 反转录

SuperScript VILO cDNA 合成试剂盒(Life Technologies 公司)(见注释 1)。所有试剂均随试剂盒提供。

3.2.4 PCR

(1) 荧光标记引物(表 3.1)。

(2) 多重 PCR 试剂盒(QIAGEN 公司)(见注释 1)。

3.2.5 电泳

(1) 毛细管电泳平台，如 ABI Prism 310、3100、3130 或 3500 遗传分析仪。

(2) Hi - Di 甲酰胺(Life Technologies 公司)。

(3) GeneScan® 500 Liz™分子量内标(Life Technologies 公司)。

(4) POP - 4 性能优化分离胶(Life Technologies 公司)。

表 3.1 用于六重 PCR 反应的引物

	引物序列	PCR 反应中引物浓度	预期扩增子长度(bp)	观察扩增子长度(bp)	参考文献
MMP11 金属蛋白酶 11	F: 5′- PET -CAAGACTCACCG AGAAGGGG R: 5′-TAGCGAAAGGTGTAG AAGGCG	0.2 μmol/L	174	175(红色)	[13]
HBD1 人类 β 防御素 1	F: 5′- 6 - FAM -CCCAGTTCC TGAAATCCTGA R: 5′-CAGGTGCCTTGAATTTTG GT	0.3 μmol/L	215	213(蓝色)	[2]
MUC4 黏蛋白 4	F: 5′- 6 - FAM -GGACCACAT TTTATCAGGAA R: 5′-TAGAGAAACAGGGCA TAGGA	0.02 μmol/L	235	233(蓝色)	[3]
L. gasseri/L. johnsonii 16S~23S rRNA ISR	F: 5′- PET -GAGAAAGCCAAG CGGAAGC R: 5′-TTGCTTACTTACTGCTCC CCG	0.1 μmol/L	260~267	259~268 (见注释 2) (红色)	[12]
L. crispatus 16S~23S rRNA ISR	F: 5′- PET -CAGAGCAAGCGG AAGCACA R: 5′-CATCTCTGCATTGGGTTC CC	0.05 μmol/L	299	299(红色)	[12]
G6PDH 管家基因葡萄糖 6 -磷酸脱氢酶	F: 5′- VIC -ATCATCGTGGAG AAGCCCTTC R: 5′-GTTCCAGATGGGGCCGA	0.1 μmol/L	180	179(绿色)	[13]

3.3 方法

3.3.1 生物污渍中的 RNA 提取

RNA 提取过程中的一大难题是难以灭活的 RNase 的存在导致 RNA 的稳定性较差。因此，必须使用不含 RNase 的设备和缓冲液。市面上售卖的试剂盒通常会附带不含 RNase 的缓冲液和离心管，极大地方便了后续工作。否则，必须使用焦碳酸二乙酯（diethylpyrocarbonate，DEPC）处理与提取物接触的缓冲液和容器，使酶失活。

虽然可以使用其他方法，但建议使用 RNeasy®迷你试剂盒（含 RNase-Free DNase Set）进行 RNA 分离，使用 SuperScript VILO 试剂盒进行反转录。如果使用 RNeasy®迷你试剂盒和 RNase-Free DNase Set，请遵循制造商的说明（见注释 3）。

（1）操作开始前，准备好 DNase 溶液，加 βME 到缓冲液 RLT 中，加 70%乙醇到缓冲液 RPE 中，具体如 3.2.1 节所述。

（2）用无菌剪刀和镊子剪下一块 1 cm×1 cm 的污渍（纺织品或棉签），并转移到无 RNase 的 2 mL 离心管中。

（3）加 400 μL 缓冲液 RLT（含 βME）到污渍上。

（4）充分涡旋 10 min，加入 400 μL 乙醇，并将尽可能多的液体转移到 RNase 吸附柱中。

（5）遵循 RNeasy 试剂盒中 DNase I 消化的说明：

- 10 000×*g* 离心 15 s，弃掉废液。
- 向吸附柱中加入 350 μL 缓冲液 RW1，10 000×*g* 离心 15 s，弃掉废液。
- 准备 DNase I 溶液（将 10 μL DNase I 原液加入 70 μL 缓冲液 RDD 中，轻轻混合）；将 DNase I 溶液加入吸附柱。
- 向吸附柱中加入 350 μL 缓冲液 RW1，10 000×*g* 离心 15 s，弃掉废液。
- 向吸附柱中加入 500 μL 缓冲液 RPE，10 000×*g* 离

心 15 s,弃掉废液。

- 向柱中加入 500 μL 缓冲液 RPE,10 000×*g* 离心 2 min,弃掉废液。吸附柱放入新的 1.5 mL 离心管。加 30 μL 无 RNase H_2O,室温放置 5 min。
- 10 000×*g* 离心 1 min。

(6) 使用 NanoDrop－1000 或其他仪器测定 RNA 浓度(见注释 3),并稀释至 2 ng/μL。立即进行反转录或将 RNA 提取液保存在-20℃。

以上所有步骤均于冰上进行,并快速操作,以避免 RNA 降解。

3.3.2 反转录

(1) 根据表 3.2,使用 SuperScript VILO cDNA 合成试剂盒制备反应混合物。包括阴性对照(水)、阳性对照(已知的、先前确定特征的阴道 RNA)和反转录对照。

(2) 在无 RNase 的 0.5 mL 离心管中加入 18 μL 反应混合物,然后加入 RNA。

(3) 轻轻涡旋,并旋转样本。

(4) 25℃孵育 10 min,然后 42℃孵育 60 min,最后在 85℃灭活 5 min。

(5) 将 cDNA 保存在-20℃。

3.3.3 多重 PCR

(1) 根据表 3.1 制备引物混合物(见注释 6)。

(2) 根据表 3.3 制备反应混合物,包括一个阴性对照。

(3) 将 18.5 μL 反应混合物加入 0.2 mL 离心管中。

(4) 加入 6.5 μL 的 cDNA 和对照反应产物。

(5) PCR 反应条件: 95℃预变性 15 min;(94℃变性 30 s,55℃退火 90 s,72℃延伸 60 s)30 个循环;60℃最终延伸 30 min。

3.3.4 毛细管电泳

(1) 将 1 μL PCR 产物加入 12 μL Hi－Di 甲酰胺和 0.5 μL GeneScan® 500 Liz™分子量内标中。

表 3.2　反转录反应组分(见注释 5)

	含量(每样品)	
	样品/阳性对照/阴性对照	反转录对照
5×VILO 反应混合液	4 μL	4 μL
10×上标酶混合液	2 μL	-
RNA(2 ng/μL)或水	5 μL	5 μL
无 RNase 水	9 μL	11 μL
总反应体积	20 μL	20 μL

表 3.3　PCR 反应混合物(见注释 5)

试　　剂	体积(每样品)
2×QIAGEN 多重 PCR 主混合液	12.5 μL
引物混合液(表 3.1)	6 μL
cDNA 或无 RNase 水	6.5 μL
总反应体积	25 μL

(2) 样品可以使用 ABI Prism 310、3100、3130、3500 或更新的遗传分析仪处理。以 ABI Prism 3130 机器示例，运行条件如下：默认运行模块，36 cm 毛细管和 G5 染料组(POP－4 分离胶，进样时间 5 s，进样电压 3.0 kV，电泳温度 60℃，电泳时间 1 000 s，滤光片设置 G5 模式)。使用 GeneMapper 或 Genotyper 软件(Life Technologies 公司)分析样品。

3.3.5　数据分析

为检验结果建立分析阈值(见注释 7)。低于此值的峰值视为特定标记的阴性结果。检查 DNA 内标是否正确调用。

表 3.1 显示了每对引物的产物长度(见注释 8)。管家基因 *G6PDH* 峰的存在表明生物样本为人类来源且扩增正确。如果 *G6PDH* 产物不存在，则测试无效。在 *G6PDH* 峰存在的前提下，其他 5 个标记中至少有 3 个出

现峰值,则可得出结论,样本中很可能存在阴道液或/和经血(如果 *MMP11* 是阳性标记之一)(见注释 9)。*MMP11* 是经血中的标志物,在月经周期开始时出现在阴道分泌物中。而鉴于阴道分泌物的性质,所有标记均可表明阴道液和经血的存在。虽然 *MMP11* 阳性结果是决定经血的一个重要因素,但当其他标记存在时,*MMP11* 的阴性结果视为不确定(见注释 10)。

3.4 注释

(1) 在法医遗传学中,由于只能采集到少量生物样本,方法的灵敏度非常重要。除了本章建议的方法外,还可以使用其他具有类似或更好灵敏度的方法。

(2) 当使用本章所建议的引物时, *L. gasseri/L. johnsonii* 扩增子的正确长度为 259~268 bp。然而,由于世界上不同地区的细菌菌株可能存在差异,因此这些扩增子的长度范围应谨慎对待。甚至在同一女性的一个月经周期中 *L. gasseri/L. johnsonii* 扩增子的长度也有所不同。不同菌株也可能具有不同的扩增子长度(图 3.2)[14]。

(3) DNase 处理步骤虽然有可能导致 RNA 的完整性降低,但可以有效清除 RNA 提取液中任何可能产生干扰信号的 DNA,因此非常重要且必要。通过适当操作将 DNA 从 RNA 提取液中清除后,PCR 反应中的 *MMP11*、*HBD1*、*MUC4* 和 *G6PDH* 引物则只扩增 cDNA。如果 RNA 提取液中仍残留 DNA,那么,虽然 *HBD1* 和 *MUC4* 引物仅对 cDNA 有特异性,但 *MMP11* 和 *G6PDH* 引物将产生额外的、更长的扩增子,分别为 317 bp 和 357 bp。此外,*MMP11*、*HBD1* 和 *MUC4* 基因存在于每个有核的人类细胞中,但只有明确来源于 cDNA 模板的 PCR 产物才是阴道液的阳性标记。

(4) 使用仅消耗 1.7 μL RNA 样品的 NanoDrop -

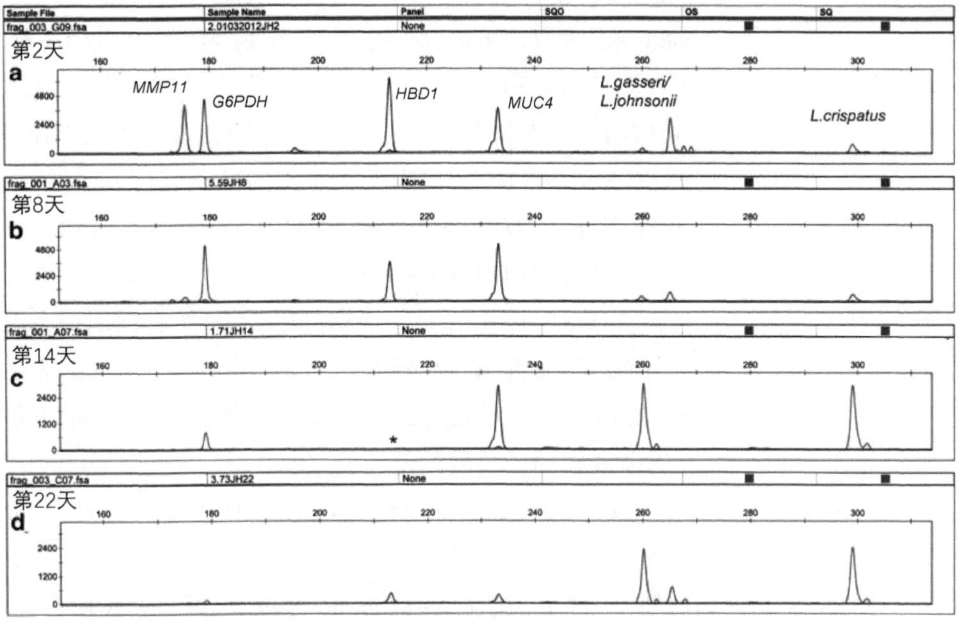

图 3.2　普通女性在一个月经周期(第 2、8、14 和 22 天)中阴道液标记物和细菌菌群的表达差异。观察到 *L. gasseri/L. johnsonii* 扩增子的长度差异和标记物的表达差异,包括峰值差异。值得注意的是,在月经周期的第 14 天没有 *HBD1* 产物,在月经周期的后半段没有 *MMP11* 产物。

1000 仪器(或更高型号机型)检测 RNA 浓度。虽然它不是现有方法中最准确的,但根据经验,它给出的结果相对来说令人满意。也可以使用其他技术来获得更可靠的结果。此处对 RNA 的完整性不作评估。

(5) 反应可在一半体积下成功进行。

(6) 新制备的引物混合物应分装后保存于-20℃,以避免多次的冻融循环。

(7) 本章例子中,使用 50 相对荧光单位(relative fluorescent unit, RFU)。

(8) 注意可能出现的假象,如拔起峰或嘈杂的基线,以及使用不同测序仪可能出现的产物长度之间的微小差异。需在购买后仔细检查引物。

(9) 研究表明,在不同女性及月经周期中,基因和菌群的表达差异显著。在不同月经周期阶段、不同女性的 41 份阴道拭子中，检测到 *MMP11*、*HBD1*、*MUC4*、*L. gasseri/L. johnsonii* 和 *L. crispatus* 的概率分别为 36.6%、85.4%、95.1%、73.2%和 68.3%。所有样品均扩增到内源性对照 *G6PDH*。对 5 名女性(25~45 岁)分别在月经周期的第 2 天、第 8 天、第 14 天和第 22 天采集的拭子进行分析，结果表明，除了 *MMP11* 的表达外(*MMP11* 的表达只出现在第 8 天)，月经周期和 mRNA 图谱之间并未显示明确的相关性。如图 3.2 所示，在月经周期的第 2 天，所有标记都出现了，而在第 14 天，*HBD1* 转录物未被扩增。特定基因的表达水平和菌群水平都发生了变化，表现在峰高和 *L. gasseri/L. johnsonii* 扩增子长度的差异上[14]。

(10) 对 4 名女性月经周期第 1 天至第 5 天的 18 份经血拭子的分析表明，其中 16 例(89%)存在 *MMP11*。在另外 2 例中，绝大多数标记均被扩增，但未检测到 *MMP11*。在这种情况下，则不能排除经血的存在，尤其是当生化血液测试也为阳性时[14]。

致谢

本研究由欧盟通过欧洲社会基金在人力资本业务计划框架内共同资助。

参考文献

[1] Virkler K, Lednev IK. Analysis of body fluids for forensic purposes: from laboratory testing to non-destructive rapid confirmatory identification at a crime scene. Forensic Sci Int, 2009, 188: 1-17.

[2] Haas C, Klesser B, Maake C, Bär W, Kratzer A. mRNA profiling for body fluid identification by reverse transcription endpoint PCR and realtime PCR. Forensic Sci Int Genet, 2009, 3: 80-88.

[3] Juusola J, Ballantyne J. Multiplex mRNA profiling for the identification of body fluids. Forensic Sci Int, 2005, 152: 1-12.

[4] Fang R, Manohar CF, Shulse C, Brevnov M, Wong A, Petrauskene OV, et al. Real-time PCR assays for the detection of tissue and body fluid specific mRNAs. International Congress【改缩写?】, 2006, 1288: 685-687.

[5] Bauer M, Patzelt D. Identification of menstrual blood by real time RT-PCR: technical improvements and the practical value of negative test results. Forensic Sci

Int, 2008, 174: 54 – 58.

[6] Bauer M, Patzelt D. Evaluation of mRNA markers for the identification of menstrual blood. J Forensic Sci, 2002, 47: 1278 – 1282.

[7] Juusola J, Ballantyne J. mRNA profiling for body fluid identification by multiplex quantitative RT – PCR. J Forensic Sci, 2007, 52: 1252 – 1262.

[8] Setzer M, Juusola J, Ballantyne J. Recovery and stability of RNA in vaginal swabs and blood, semen, and saliva stains. J Forensic Sci, 2008, 53: 296 – 305.

[9] Giampaoli S, Berti A, Valeriani F, Gianfranceschi G, Piccolella A, Buggiotti L, et al. Molecular identification of vaginal fluid by microbial signature. Forensic Sci Int Genet, 2012, 6: 559 – 564.

[10] Akutsu T, Motani H, Watanabe K, Iwase H, Sakurada K. Detection of bacterial 16S ribosomal RNA genes for forensic identification of vaginal fluid. Leg Med, 2012, 14: 160 – 162.

[11] Benschop CCG, Quaak FCA, Boon ME, Sijen T, Kuiper I. Vaginal microbial flora analysis by next generation sequencing and microarrays: can microbes indicate vaginal origin in a forensic context? Int J Legal Med, 2012, 126: 303 – 310.

[12] Fleming RI, Harbison S. The use of bacteria for the identification of vaginal secretions. Forensic Sci Int Genet, 2010, 4: 311 – 315.

[13] Fleming RI, Harbison S. The development of a mRNA multiplex RT – PCR assay for the definitive identification of body fluids. Forensic Sci Int Genet, 2010, 4: 244 – 256.

[14] Jakubowska J, Maciejewska A, Pawlowski R, Bielawski KP. mRNA profiling for vaginal fluid and menstrual blood identification. Forensic Sci Int Genet, 2013, 7: 272 – 278.

第四章

肌肉组织的保存和 DNA 提取

Dennis McNevin

摘要： 理想的组织保存方法除了保护用于后续分析的 DNA 之外，还应该安全、易得、易于运输，且成本相对较低。福尔马林（甲醛溶液）广泛用于保存医疗和博物馆标本，但会不可逆地损害 DNA。研究表明，固体盐、盐饱和 DMSO－EDTA 溶液、乙醇溶液和乙醇－EDTA 溶液等四种组织防腐剂在 35℃ 下可保存肌肉组织长达 1 个月：保存后可获得完整的 STR 图谱。此外，从肌肉组织周围的盐饱和 DMSO－EDTA 防腐剂溶液中也可获得完整的 STR 图谱。

关键词： 组织保存，DNA 提取，DNA 分析，盐，乙醇，DMSO，EDTA

4.1 引言

用于法医目的的组织保存通常与受害者识别有关，目的是识别和遣返所有受害者及身体部位。法医 DNA 分析是国际刑警组织（International Criminal Police Organisation，INTERPOL）推荐的与指纹和牙齿并列的三种主要鉴定方法之一，在识别受害者方面发挥着至关重要的作用。发生在偏远地区的大规模灾害会带来特殊问题[2~4]，而热带气候下的大规模灾害又亟需在身体降解加速时迅速处理样品。

DNA 分析应尽可能简单、有效，避免因 DNA 模板量低、PCR 抑制剂等问题而重复分析。保存方法需保证可使用商业化多重 PCR 试剂盒生成图谱。通常会采集骨骼肌组织用于 DNA 分析[1,5]，在样本采集后到运送至实验室冰箱/冷冻室期间，需要对组织样本进行保存。INTERPOL 指南指出，福尔马林或甲醛溶液可降解 DNA，不应作为防腐剂。国际法医遗传学学会也不建议使用福尔马林。

DNA 防腐剂的成分应在防止 DNA 降解中发挥作用(见综述[6])。氯化钠(NaCl)是一种已经使用了几个世纪的常见防腐剂。固体形态的 NaCl,可以干燥样品,导致核酸酶失活,并减缓微生物的生长;其他干燥剂如二氧化硅也有类似的效果[7,8]。在水溶液中,NaCl 也会使蛋白质变性,包括核酸酶[7]。乙二胺四乙酸(ethylenediamine tetra-acetic acid,EDTA)等螯合剂可以和金属离子结合,而这些金属离子(如 Mg^{2+} 和 Ca^{2+})正是核酸酶的正常功能所必需的,因此这类螯合剂会减缓或停止核酸酶作用于 DNA 的活性[9,10]。吐温 20 等表面活性剂可以溶解细胞,从而使核酸酶失活,尽管其机制尚未完全阐明[11]。乙醇可从样品中去除水分,使蛋白质和核酸酶变性[9,12];乙醇也是一种抗菌剂,可以防止细菌对样品的降解。众所周知,二甲基亚砜[dimethyl sulfoxide,DMSO,$(CH_3)_2SO$]可以促进与其混合的化学物质的透皮吸收[13,14],因此,虽然它不直接保存 DNA,但它可增强其他防腐剂通过生物膜进入细胞的吸收[15]。最后,缓冲 pH 可通过降低酸催化脱嘌呤的速率来稳定 DNA[16,17]。

将肌肉组织置于四种防腐剂(固体盐、饱和盐 DMSO－EDTA 溶液、70%乙醇溶液、70%乙醇－EDTA 溶液)中,35℃保存 1 个月,仍可获得完整的短串联重复多态性(short tandem repeats,STR)图谱(见图 4.1 和注释 1)。此外,从肌肉组织周围的 DMSO 防腐剂溶液中也获得了完整的 STR 图谱(见图 4.2 和注释 2)。从两种商用组织防腐剂——DNA Genotek Tissue Stabilsing Kit(DNA Genotek 公司,见注释 3)[18]和 DNA gard(Biomatrica 公司)[19]——中也获得了完整的 STR 图谱(组织和液体防腐剂等)。

直接从液体防腐剂中提取 DNA,具有非常明显的优势。不需要处理保存的组织,既节省了处理时间,又最大限度地降低了样品交叉污染的概率。用于 DNA 提取的

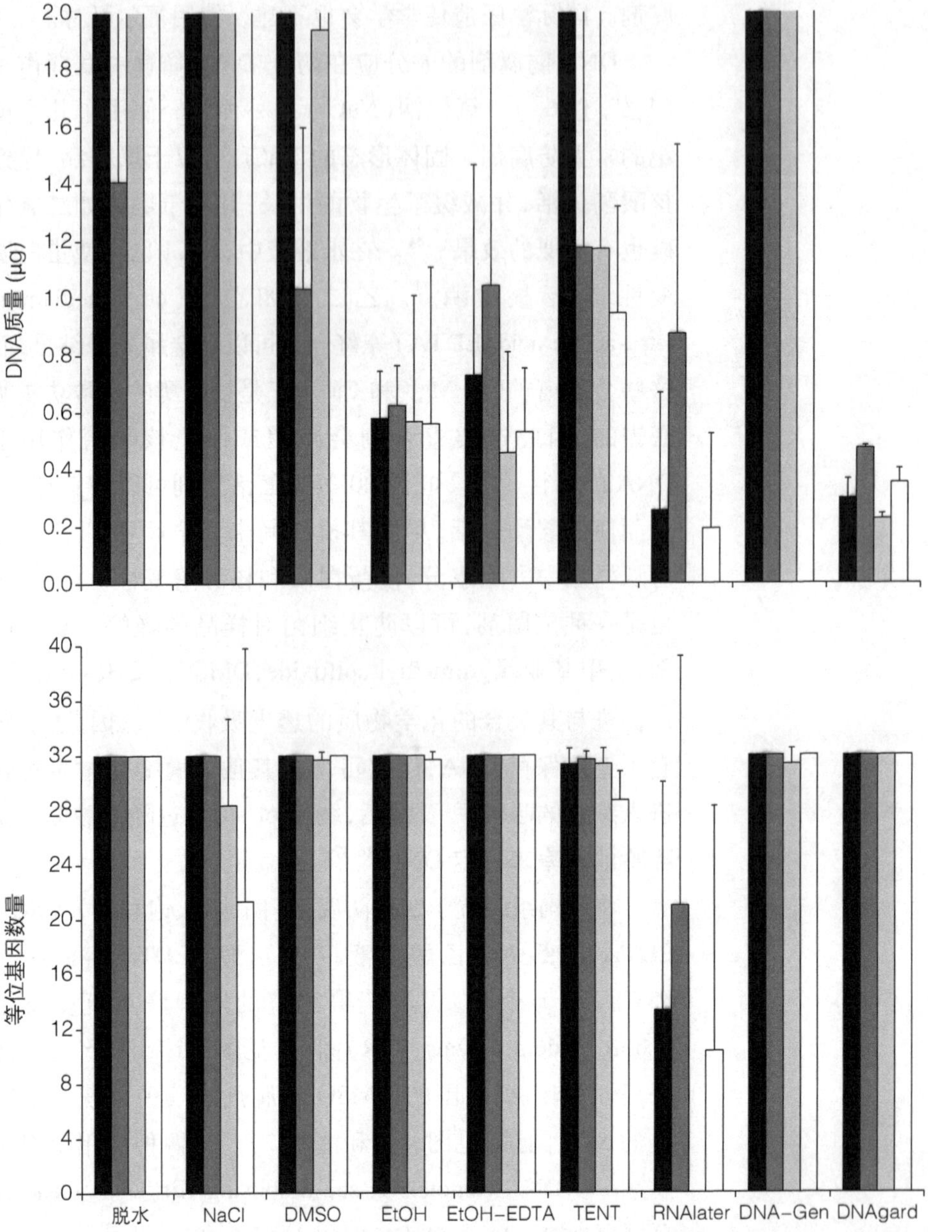

图 4.1　从不同防腐剂储存的组织切片中提取的平均 DNA 质量(上)以及观察到的平均等位基因数量(下,最多 32 个,相对于组织捐赠者的口腔拭子);误差条表示标准偏差;转载自 Allen-Hall 和 McNevin[24],已获得 Elsevier 的许可。NaCl 为固体盐,DMSO 为二甲基砜,EtOH 为乙醇,EtOH - EDTA 为乙醇- EDTA 溶液,TENT 为 TENT 缓冲液,RNAlater 为 RNAlater®溶液,DNA - Gen 为 DNA Genotek®组织稳定试剂盒,DNAgard 为 DNAgard®组织稳定剂。

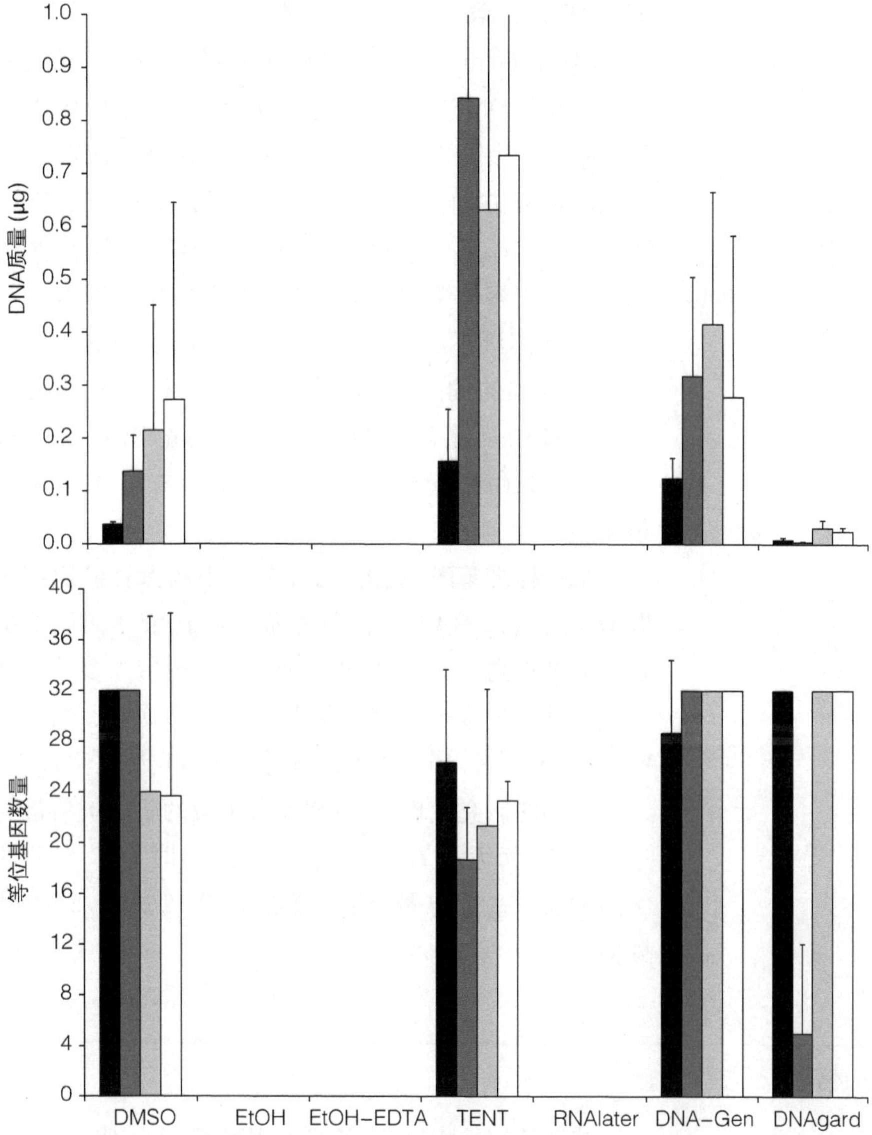

图 4.2 从组织切片周围 50 μL 防腐剂中提取 DNA 的平均质量(上)以及观察到的等位基因的平均数量(最多 32 个,相对于组织捐赠者的口腔拭子)(下)。误差条表示标准偏差。转载自 Allen-Hall 和 McNevin[24],已获得 Elsevier 的许可。

样本来自离心管收集的液体防腐剂，而非从防腐剂中提取并切除的部分组织。组织样本会带来相关的细胞碎片，可能使 DNA 提取过程与污染样本混淆。

Michaud 和 Foran[20] 给出了支持证据，该研究发现 70%乙醇和 DMSO 是有效的防腐剂，在猪的组织中，一个 257 bp 目标片段的扩增率大于 90%。DMSO 在较长 DNA 片段的恢复方面明显更好（642 bp 目标片段的扩增率：DMSO>90%，乙醇<90%）。虽然 DMSO 本身毒性很低[21]，但它容易穿透皮肤，促进相关物质的吸收。尽管 DMSO 水溶液不起作用，但大量含有该成分的防腐剂仍然存在处理的危险，乙醇属于易燃品；这两种化合物往灾难现场的运输都可能受到限制。此外，普通食盐供应广泛，不存在安全问题，随时间流失或蒸发的概率很小。

采用标准苯酚-氯仿/乙醇沉淀法从保存的组织中提取 DNA。结果表明，组织样本提取物比液体防腐剂提取物混浊度更高。其他 DNA 提取方法，包括大多数磁珠和二氧化硅柱技术也适用。其中大多数都有自己的蛋白酶 K（proteinase K, proK）和 DTT 裂解缓冲液（见注释 4）。

近期的研究发现，可以添加一定量的防腐剂溶液直接进行 PCR，而无需 DNA 提取[22]。用实时 PCR 对防腐剂中的 DNA 进行定量，然后适当稀释以进行 STR 基因分型。

4.2　材料

溶液使用纯水制备，25℃电阻率至少为 18 MΩ · cm。实验使用的所有试剂和化学品至少应为分析试剂（A.R.）分级，并尽量达到分子生物学分级（后者可以降低引入核酸酶降解 DNA 的风险）。

试剂和离心管应在适当情况下预先高压灭菌，并在层流工作台中处理，以尽量减少操作人员对 DNA 的污染。所有表面应使用 0.4%次氯酸钠（漂白剂）和 70%乙醇洗涤，层流工作台在使用前用紫外光照射 30 min（见注释 5）。

4.2.1 防腐剂

百分比浓度指体积百分比（*v/v*）。

（1）盐：实验室级氯化钠（MW = 58.44 g/mol）（见注释 6）。

（2）DMSO 溶液：20% DMSO，0.25 mol/L EDTA，饱和 NaCl，pH 8.0。将 93 g 二水乙二胺四乙酸二钠（Na_2 · EDTA · $2H_2O$，MW = 372.24 g/mol）加入 500 mL 水中，加热混合溶解（见注释 7 和 8）。待 EDTA 溶液恢复至室温。使用 NaOH 混合并调节 pH 到 8.0（见注释 9）。在混合时缓慢加入 200 mL DMSO（MW = 78.13 g/mol）和 150 g 盐（NaCl、MW = 58.44 g/mol）（见注释 10）。重新调整 pH 到 8.0（见注释 11）。用水补充至1 L（见注释 12）。在混合时逐渐添加氯化钠，直到不再溶解，同时将 pH 调整到 8.0（见注释 13）。通过高压灭菌法进行消毒，室温保存。使用前允许有盐沉淀的存在。

（3）乙醇溶液：70% 乙醇。将 700 mL 乙醇（MW = 46.07 g/mol）加入到 300 mL 水中（见注释 12）。可在室温下保存。

（4）乙醇－EDTA 溶液：70% 乙醇，0.1 mmol/L EDTA。在 300 mL 水中加入 0.037 g Na_2 · EDTA · $2H_2O$（MW = 372.24 g/mol），搅拌至 EDTA 溶解（见注释 7）；加入 700 mL 乙醇（CH_3CH_2OH，MW = 46.07 g/mol）（见注释 12）。可在室温下保存。

4.2.2 DNA 提取

（1）缓冲液 TENT：10 mmol/L Tris-HCl，10 mmol/L EDTA，100 mmol/L NaCl，2%吐温 20，pH 8.0。将 1.21 g Tris 碱（MW = 121.14）、3.72 g Na_2 · EDTA · $2H_2O$（MW = 372.24 g/mol）、5.84 g NaCl（MW = 58.44 g/mol）和 20 mL

吐温 20 加入到约 900 mL 水中(见注释 7)。用 NaOH 混合并调节 pH 至 8.0(见注释 9)。用水补充至 1 L(见注释 12)。采用高压灭菌法进行消毒,室温下保存。

(2) 缓冲液 TE: 10 mmol/L Tris-HCl, 0.1 mmol/L EDTA, pH 8.0。将 1.21 g Tris 碱(MW=121.14)和 0.037 g Na_2 · EDTA · $2H_2O$ (MW = 372.24 g/mol) 加入到约 900 mL 水中(见注释 7)。用 HCl 调节 pH 至 8.0(见注释 14)。加水至 1 L(见注释 12)。采用高压灭菌法进行消毒,室温下保存。

(3) 乙酸钠: 3 mol/L 乙酸钠, pH 5.2。将 24.61 g CH_3COONa(MW=82.03 g/mol)加入到约 90 mL 水中。在通风橱中用冰醋酸调节 pH 至 5.2。用水补充至 100 mL(见注释 12)。采用高压灭菌法消毒,室温下保存(见注释 15)。

(4) 乙醇溶液: 70% 乙醇。将 70 mL 乙醇(MW = 46.07 g/mol)加入到 30 mL 水中(见注释 12)。存储在-20℃。

4.3 方法

试剂和离心管在适当情况下预先高压灭菌处理,并在层流工作台中处理,以减少操作人员对 DNA 的污染。所有表面均用 0.4%次氯酸钠(漂白剂)和 70%乙醇洗涤,层流工作台在使用前用紫外光照射 30 min(见注释 5)。苯酚/氯仿/异戊醇在通风橱中处理,防止接触有毒蒸气。

4.3.1 参考样本

如果需要鉴定参考样本,应尽可能收集参考样本(见注释 16)。参考样本可能包括口腔(颊内侧上皮细胞)拭子、血液样本(肝素或 EDTA 保存)、全面型号认证(full type approval, FTA)卡片[23],或其他可能积累 DNA 的物品(例如,牙刷)。如果无法获得已故受害者参考样本,也可以通过近亲遗传获得。

4.3.2　野外组织保存

（1）使用无菌器械切取每个组织的样本。理想情况下，更推荐不暴露在环境中的深层肌肉组织。

（2）每块组织取 300 mg 置入无菌的 10 mL 螺口管中，加入 4 g 盐或 2 mL 液体防腐剂（见注释 17）。确保组织表面覆盖盐或浸没在防腐剂中（见注释 18）。这些试管可以在环境温度下储存和/或运输。

4.3.3　制备参考样本和对照品

（1）准备阴性对照（空微量离心管）和阳性对照（例如，5 μL 人类女性基因组 DNA：Promega，G1521）。

（2）取下参考样本的口腔拭子头，放入无菌 1.5 mL 离心管中。

（3）在 FTA 卡的样品区域打孔，并单独放置在 1.5 mL 无菌离心管中。FTA 卡保存的样本也可直接进行 PCR（见制造商说明）[23]。

（4）将其他参考样本（如牙刷刷毛）放在 1.5 mL 无菌离心管中。

4.3.4　制备组织样本

在无菌环境中，从每个保存的组织样本中取出一张组织切片，置于 1.5 mL 无菌离心管中（见注释 19）。

4.3.5　制备盐饱和 DMSO－EDTA 溶液

取 50 μL 盐饱和 DMSO－EDTA 防腐剂溶液（各组织样本周围）放入 1.5 mL 无菌离心管中。

4.3.6　DNA 提取（见注释 20）

（1）使用前准备好裂解缓冲液。每毫升缓冲液 TENT 中加入 30 μL 20 mg/mL 蛋白酶 K 和 30 μL 1 mol/L DTT（见注释 21）。轻轻混匀，不要涡旋，因为蛋白酶 K 对机械剪切非常敏感。

（2）每个 1.5 mL 离心管中加入 400 μL 裂解缓冲液，倒置混匀。56℃孵育过夜，间歇倒置。

（3）第二天，每管加入 10 μL 20 mg/mL 蛋白酶 K 和 10 μL 1 mol/L DTT，倒置混匀。56℃孵育 1 h。

（4）在通风橱中，向每个离心管加入 400 μL 的苯酚/氯仿/异胺醇（24∶25∶1，pH 8.0）（见注释 22）。涡旋振荡 1 min，12 000×g 离心 15 min，分离水相和溶剂相。

（5）从上（水）层吸取 300 μL，转移至新的 1.5 mL 无菌离心管中，注意不要干扰分界面（见注释 23）。

（6）每移取 100 μL 水层，加入 10 μL 乙酸钠（3 mol/L，pH 5.2）和 300 μL 预冷（−20℃）无水乙醇（见注释 24）。倒置混匀，−20℃孵育 15 min。

（7）12 000×g 离心 45 min。

（8）立即从管中取出液体，加入 60 μL 预冷（−20℃）的 70 %乙醇。倒置混匀，−20℃孵育 15 min。

（9）12 000×g 离心 15 min。

（10）立即弃去管内液体，风干 DNA 颗粒。

（11）在 50 μL 的 TE 缓冲液中重悬 DNA 颗粒。如果在 1 周内进行基因分型，则可存储在−4℃；如果基因分型超过一周，则需存储于−20℃。

4.3.7 基因分型

基因分型可以使用任何标准方法进行，但通常使用 Quantifiler™人类 DNA 定量试剂盒［Applied Biosystems 公司，是赛默飞世尔科技（Thermo Fisher Scientific）旗下的一个主要品牌，现在称作生命科技（Life Technologies）］或同等方法对提取的 DNA 进行定量。DNA 标准品用于制备稀释系列以建立标准曲线，并用于计算每个样品的 DNA 浓度。然后将 DNA 提取物适当稀释，使其在基因分型试剂盒的推荐浓度范围内（例如，AmpFlSTR® Identifiler®，Life Technologies 公司，浓度范围 0.05～0.125 ng/μL）。扩增后的 PCR 产物通过毛细管电泳（如 3500 遗传分析仪，Life Technologies 公司）分析。

近期的研究发现，可以添加一定量的防腐剂溶液直接进行 PCR，而无需 DNA 提取[22]。采用实时荧光定量 PCR

(如 Quantifiler)对防腐剂中的 DNA 进行定量,并适当稀释后进行 STR 基因分型(如 Identifiler)。

4.4 注释

(1) 在第 4、7、14 和 28 天时,从保存在固体 NaCl、盐饱和 DMSO－EDTA 溶液、70%乙醇和 70%乙醇－EDTA 防腐剂中的三种不同组织中分别提取 50 μL DNA,结果表明,均能检测到完整的 AmpFlSTR® Identifiler® (Life Technologies 公司)基因型(共 32 个等位基因,与参考基因型一致)。

(2) 从 50 μL 的液体防腐剂中,DMSO 可持续获得完整的基因型。基于乙醇的防腐剂(70%乙醇和 70%乙醇－EDTA)可从组织中获得 DNA,但在液体防腐剂的提取物中未能获取 DNA。

(3) 另一种由 DNA Genotek(GenoFix™)公司生产的防腐剂,虽然目前还未发售,但已被证明可以长时间保存 DNA,并可获得完整的 STR 分型。

(4) 以下商业试剂盒也可成功提取 DNA: ChargeSwitch® 核酸纯化技术(Life Technologies 公司),QIAamp DNA 提取试剂盒(QIAGEN 公司),ISOLATE Ⅱ 核酸试剂盒(BIOLINE 公司)。

(5) 在Ⅱ类生物安全柜(Biologica Safety Cabinet, BSC, Gelaire 公司)中使用 G30T8 30 W UV－C 灭菌灯(Sankyo Denki 公司)。

(6) 可以使用商品盐,但因质量无保证可能存在 DNA 污染的风险。

(7) 许多干试剂具有吸湿性,在称重时会从大气中吸收水分,从而使重量的准确测定存在问题。为了避免这种情况,尽可能使用完全水合试剂。因此,使用 EDTA · $2H_2O$ 代替 EDTA。水合程度会改变 EDTA 的分子量,也会改变其互补阳离子，即 EDTA 二钠（Na_2 · EDTA）或 EDTA 四钠（Na_4 · EDTA）。这将改变 0.25 mol/L 浓度所需的 EDTA 的质量。

（8）高浓度 EDTA 在室温下不溶于水。

（9）pH 调节时，应先使用较低浓度的 NaOH（如 1 mol/L）。若 pH 无明显变化，则更换较高浓度（如 5 mol/L）调节。在接近所需 pH 时，切换较低浓度进行微调，以免超出所需 pH（如果超出，可用 HCl 向下重新调整）。

（10）在酸性 pH 条件下加入 DMSO 会使 EDTA 沉淀。

（11）添加 DMSO 和盐会改变 pH[26]。

（12）对于其他体积，请相应地乘以所有试剂量。

（13）可能还需要 50 g NaCl。

（14）pH 调节时，应先使用较低浓度的 HCl（如 0.1 mol/L）。若 pH 无明显变化，再用较高浓度（如 1 mol/L）调节。在接近所需的 pH 时，切换较低浓度进行微调。以免超出所需 pH。

（15）体积较小时可长期冷冻储存。

（16）需要现场采集样本时，应尽量控制这些条件，最好是在停尸间，以避免样本交叉污染。

（17）使用聚丙烯尿液收集管（Sarstedt，Cat. #62.9924.284）。

（18）组织必须完全浸没在防腐剂溶液中，而组织的质量和防腐剂的体积并不重要。对于盐饱和 DMSO - EDTA 溶液，浸泡组织所需的少量防腐剂将使防腐剂溶液中 DNA 的产量最大化。

（19）任何组织块都可以切除，可留一部分进行重复分析。例如，本章切除了大约 30 mg（约占组织采集总量的 10%）。

（20）采用苯酚-氯仿/乙醇沉淀法从保存的组织中提取 DNA。也可采用其他 DNA 提取方法，包括大多数磁珠和硅胶柱技术。这些方法大都随附蛋白酶 K 和 DTT 裂解缓冲液。

（21）蛋白酶 K 和 DTT 溶液可购买，也可在实验室中制备。蛋白酶 K 溶液必须含有钙离子才能发挥活性（例如，1 mmol/L 氯化钙）。

（22）苯酚/氯仿/异戊醇具有疏水性，会从亲水性移液管尖端滴出。

（23）体积是否精确并不重要。重要的是苯酚/氯仿/异戊醇不能随水溶液的移取被带出；与其冒着结转的风险，不如少抽取一些水溶液。如果取出的水溶液不澄清，可以加入新的苯酚/氯仿/异戊醇，并再次吸出水相。

（24）可选：每移取 100 μL 水相，加入 10 μL 125 mmol/L EDTA（高压灭菌）。保持乙醇的总浓度>65%很重要。

致谢

感谢澳大利亚联邦警察法医和数据中心的资助。澳大利亚堪培拉医院创伤和骨科研究室（TORU）Paul Smith 副教授和 Jennie Scarvell 博士以及澳大利亚堪培拉行动骨库 Maria Hartley 女士为骨骼肌组织的采集提供了帮助。

参考文献

[1] INTERPOL. Disaster victim identification guide. INTERPOL, Lyon. (2009)

[2] Morgan OW, Sribanditmongkol P, Perera C, et al. Mass fatality management following the South Asian tsunami disaster: case studies in Thailand, Indonesia and Sri Lanka. PLoS Med, 2006, 3(6): 808 - 815.

[3] Tsokos M, Lessig R, Grundmann C, et al. Experiences in tsunami victim identification. Int J Leg Med, 2006, 120(3): 185 - 187.

[4] Gilpin G. Personal account from the ice—Inspector Gilpin. New Zealand Air Line Pilot's Association, 2009. http://www.erebus.co.nz/TheAccident/TheRecoveryOperation/InspectorGilpinsAccount.aspx.

[5] Prinz M, Carracedo A, Mayr WR, et al. DNA Commission of the International Society for Forensic Genetics (ISFG): recommendations regarding the role of forensic genetics for disaster victim identification (DVI). Forensic Sci Int Genet Suppl Series, 2007, 1(1): 3 - 12.

[6] Allen-Hall A, McNevin D. Noncryogenic forensic tissue preservation in the field: a review. Aust J Forensic Sci, 2013, 45(4): 450 - 460.

[7] Nagy ZT. A hands-on overview of tissue preservation methods for molecular genetic analyses. Org Divers Evol, 2010, 10(1): 91 - 105.

[8] Grassberger M, Stein C, Hanslik S, et al. Evaluation of a novel tagging and tissue preservation system for potential use in forensic sample collection. Forensic Sci Int, 2005, 151(2-3): 233-237.

[9] Seutin G, White BN, Boag PT. Preservatin of avian blood and tissue samples for DNA analysis. Can J Zool, 1991, 69: 82-90.

[10] Giannakis C, Forbes IJ, Zalewski PD. Ca^{2+}/Mg^{2+} - dependent nuclease: tissue distribution, relationship to inter-nucleosomal DNA fragmentation and inhibition by Zn^{2+}. Biochem Biophys Res Commun, 1991, 181(2): 915-920.

[11] Muralidharan K, Wemmer C. Transporting and storing field-collected specimens for DNA without refrigeration for subsequent DNA extraction and analysis. Biotechniques, 1994, 17(3): 420, 422.

[12] Flournoy LE, Adams RP, Pandy RN. Interim and archival preservation of plants pecimens in alcohols for DNA studies. Biotechniques, 1996, 20(4): 657-660.

[13] Stoughton RB, Fritsch W. Influence of dimethylsulfoxide (DMSO) on human percutaneous absorption. Arch Dermatol, 1964, 90: 512.

[14] Elfbaum SG, Laden K. The effect of dimethyl sulfoxide on percutaneous absorption: a mechanistic study, part I. J Soc Cosmet Chem, 1968, 19: 119-127.

[15] Kilpatrick CW. Noncryogenic preservation of mammalian tissues for DNA extraction: an assessment of storage methods. Biochem Genet, 2002, 40(1-2): 53-62.

[16] Suzuki T, Ohsumi S, Makino K. Mechanistic studies on depurination and apurinic site chain breakage in oligodeoxyribonucleotides. Nucleic Acids Res, 1994, 22(23): 4997-5003.

[17] Lindahl T, Nyberg B. Rate of depurination of native deoxyribonucleic acid. Biochemistry, 1972, 11(19): 3610-3618.

[18] DNA Genotek. Superior samples-proven performance. DNA Genotek, Inc, 2016. http: //www. dnagenotek. com/ROW/index.htmL.

[19] Biomatrica. DNAgard ® tissue. Biomatrica, 2016. http: //www.biomatrica.com/dnagardtissue.php.

[20] Michaud CL, Foran DR. Simplified field preservation of tissues for subsequent DNA analyses. J Forensic Sci, 2011, 56(4): 846-852.

[21] Vignes R. Dimethyl sulfoxide (DMSO): a "new" clean, unique, superior solvent. American Chemical Society, Washington, DC, 2000.

[22] Sorensen A, Berry C, Bruce D, et al. Direct-to-PCR tissue preservation for DNA profiling. Int J Leg Med, 2015. doi: 10.1007/s00414-015-1286-z.

[23] Whatman Ltd. FTA elute sample collection cards. GE Healthcare Life Sci, 2016. http: //www. gelifesciences. com/webapp/wcs/stores/servlet/catalog/en/GELife Sciencesau/products/AlternativeProduct Structure_18503.

[24] Allen-Hall A, McNevin D. Human tissue preservation for disaster victim identification (DVI) in tropical climates. Forensic Sci Int Genet, 2012, 6(5): 653-657.

[25] Fregeau CJ, Vanstone H, Borys S, et al. AmpFlSTR profiler plus and AmpFlSTR COfiler analysis of tissues stored in GenoFix, a new tissue preservation solution for mass disaster DNA identification. J Forensic Sci, 2001, 46(5): 1180-1190.

[26] Matthews WS, Bares JE, Bartmess JE, et al. Equilibrium acidities of carbon acids. VI. Establishment of an absolute scale of acidities in dimethyl sulfoxide solution. J Am Chem Soc, 1975, 97(24): 7006-7014.

第五章

DNA 提取：有机相和固相

Wafa Altayari

摘要：对于从犯罪现场采集的生物检材的DNA分析，DNA提取仍然是关键步骤。Chelex®法、有机法和固相萃取法等是法医界广泛应用的几种方法。虽然一些实验室为了简化流程，仅使用一种方法，但本章保留了几种方法，并使用这些方法处理不同的样本类型。本章将介绍作者实验室中已经使用多年的三种方法。

关键词：DNA提取法，苯酚-氯仿法，固相萃取法，PrepFiler®，EZ1® DNA Investigator®

5.1 引言

在生物检材发现和提取之后，下一步就是提取DNA，当然，有时也可能提取RNA（见第二、三章）。在分子生物学领域，有多种方法可用于DNA提取，其中很多都基于相同的原理。Chelex-100是法医学界在PCR时代最早采用的方法之一[1]；它操作简单、经济适用，并可产生相对较高浓度的DNA[2]。然而，Chelex-100在去除PCR抑制剂方面能力有限[3]。有机萃取，尤其是基于苯酚-氯仿的萃取，在分子生物学中得到了广泛的应用，也可产生高分子量的DNA（前提是起始材料未降解）；在处理法医样本时，已有证据表明有机方法可有效去除多种PCR抑制剂（见第六、七章）。近年来有机方法的普及率有所下降，很大程度上是由于苯酚具有剧毒而导致的健康和安全问题，以及自动化潜力不足。固相DNA提取技术在法医实验室中的应用越来越广泛，受益于其自动化潜力，以及高效去除多种PCR抑制剂的能力[3~8]。DNA提取方法的选择取决于多个变量，包括样品中可能存在的DNA含量、承载样品的载体、生物样本的类型以及潜在PCR抑制剂的存在[3,9,10]。

5.2 有机萃取(苯酚-氯仿)

尽管苯酚具有毒性，并且会在专业设备、安全预防措施和废弃试剂处理方面给实验室带来额外负担，但苯酚-氯仿法在许多法医实验室仍然很受欢迎，特别是从低质量样本中提取DNA。表5.1详细介绍了可使用此方法的样本类型。

表5.1 使用Abu Dhabi法医证据部开发的有机萃取方法进行样品制备

样品类型	样品制备
全血	在室温(15~25℃)下解冻并混匀全血样本。取10 μL样本至1.5 mL离心管中
口腔拭子	剪下1/4~1/2拭子，放入1.5 mL离心管中
血液拭子	如果拭子上的血液被稀释，将整个拭子切断并放入1.5 mL离心管中；如果血液拭子未稀释，则从拭子中剪切一小部分并放入1.5 mL离心管中
唾液(织物上)	剪切指示的唾液区域(25 mm^2)
血液(织物上)	剪切指示的唾液区域(25 mm^2)
成品香烟	将烟嘴末端的0.5~1 cm纸片放入1.5 mL离心管中
卷烟(已吸)	在香烟底部取1 cm纸放入1.5 mL离心管中。避免放入任何烟草抑制提取和PCR过程
卷烟(未吸)	取1~2 cm的接缝。分装于1.5 mL离心管中
邮票和信封	在邮票的拐角标记4个点，用烘焙纸的背面接触胶层，点可以通过反面背衬纸看到。使用灭菌手术刀，在4点之间轻柔划线，切勿刺穿。小心剥离背衬纸以露出胶层；表面纹理应从纤维状的纸张到有光泽、光滑和轻微着色。小心剥去胶层，直到留下完整的邮票。将其放入1.5 mL离心管中
口香糖	剪下口香糖的三分之一到一半，放入1.5 mL离心管中。使用不含DNA的金属棒涂抹在管内壁
毛发	将发根端1 cm毛发放入1.5 mL离心管中
指甲碎屑	如果是刮擦碎屑，直接放入1.5 mL离心管；如果是剪切碎片，则将碎片切割成小块后，放入1.5 mL离心管中。放入碎屑的量不超过1.5 mL离心管的一半
骨骼/牙齿/肌肉	将50 mg骨骼/牙齿粉末放入1.5 mL离心管中。将一小块肌肉加入1.5 mL离心管中

5.2.1　材料与设备

（1）1.5 mL 离心管（无 DNA）。

（2）2 mL Phase-Lock 凝胶管（见注释 1）。

（3）手术刀/手术剪（无 DNA）。

（4）DNA 提取缓冲液［2% 十二烷基硫酸钠（sodium dodecyl sulfate，SDS），0.01 mol/L EDTA，pH 8.0］。

（5）蛋白酶 K，20 mg/mL（Sigma-Aldrich 公司）。

（6）0.4 mol/L DTT（Sigma-Aldrich 公司）。

（7）苯酚-氯仿-异戊醇（25∶24∶1）（Sigma-Aldrich 公司）。

（8）正丁醇（Sigma-Aldrich 公司）。

（9）Microcon－100 吸附柱（Merck Millipore）。

（10）台式涡旋仪。

（11）台式迷你离心机。

（12）培养箱（37～56℃）。

5.2.2　方法

（1）根据表 5.1 准备样品。

（2）在样品管中加入所需数量的提取缓冲液，通常加入 400 μL，但必要时可增加反应体积。

（3）提取缓冲液和蛋白酶 K（20 mg/mL）的比例按 10∶1 添加，例如 400 μL 的提取缓冲液中，加入 40 μL 蛋白酶 K。

（4）如果提取液中存在精液、头发、指甲或骨骼（Bone），则加入还原剂 DTT（0.4 mol/L）和等体积蛋白酶 K。

（5）涡旋样品 5 s，然后快速离心。

（6）将样品置于 37℃孵育过夜或 56℃孵育 2 h。

（7）用苯酚－氯仿对样品进行纯化之前，使用 Spinaroo 工艺过滤任何含有吸收性材料的样品，例如棉签或织物（见注释 2）。

（8）将苯酚/氯仿/异戊醇（25∶24∶1）加入到样品管中，并加入等量的含有蛋白酶 K 和 DTT 的提取缓冲液。短暂涡旋，14 000×g 离心 5 min。重复此步骤 2～3 次，直到中间无可见膜（见注释 1）。

（9）加入与苯酚/氯仿/异戊醇等量的正丁醇（见注释 3）。

（10）短暂涡旋，14 000×g 离心 5 min。

（11）将下层水相转移至 Microcon－100 吸附柱，重新浓缩 DNA。以 4 000×g 离心 20～30 min，或直到液体减少至最小保留体积（见注释 4）。

（12）加入 500 μL 无 DNA 水洗涤过滤后的 Microcon，并以 4 000×g 离心 20～30 min。重复此步骤 2～3 次。

（13）将 Microcon 倒置在 1.5 mL 试管中，用 25～50 μL 无 DNA 水（或 Tris－EDTA 缓冲液）洗脱 DNA；4 000×g 离心 3～5 min。利用有机萃取法从上皮细胞中提取 DNA 的方案如图 5.1 所示。

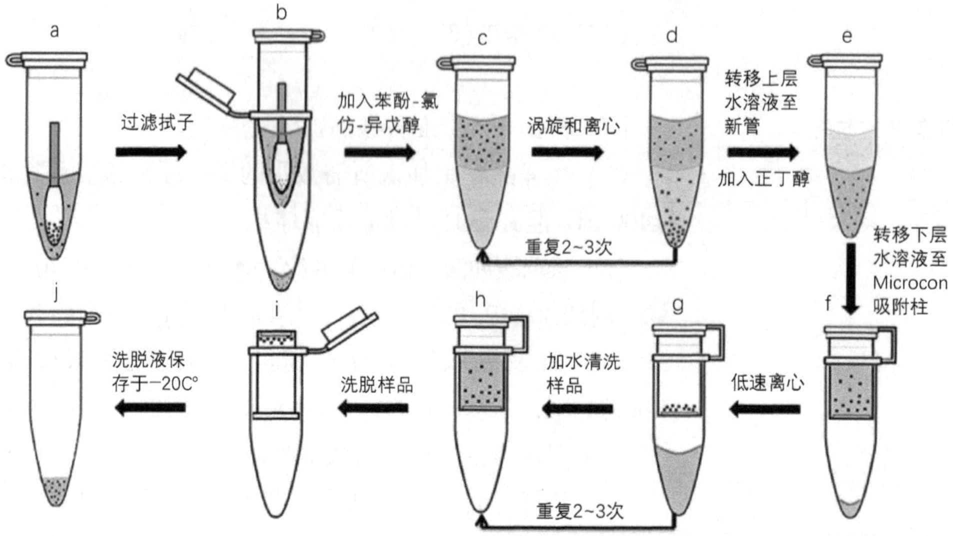

图 5.1　使用苯酚-氯仿从上皮细胞（拭子）中有机提取 DNA。（a）将细胞材料加入裂解液和蛋白酶 K 中，在 56℃下孵育至少 2 h。（b）通过管底打孔过滤消化后的拭子，然后放入新的 1.5 mL 管中（Spinaroo），4 000×g 离心。（c～d）向过滤液中加入苯酚-氯仿-异戊醇，涡旋，离心；重复此步骤 2～3 次，直到界面处无可见材料（在进行此步骤时可使用 Phase-Lock 凝胶管）。（e）加入正丁醇，去除任何抑制下游过程（如 PCR 反应）的残留苯酚-氯仿-异戊醇。（f）将水相转移到 Microcon－100 吸附柱中，低速离心。（g～h）然后用无 DNA 水洗涤样品，4 000×g 离心 20～30 min，根据样品情况和纯度，重复此步骤 2～3 次；在 Microcon 中加入洗脱缓冲液，然后将 Microcon 倒置在洗脱管中。将倒置的 Microcon 组件离心 3～5 min，以便在洗脱管底部收集 DNA。（i）关闭洗脱管，产物可在 4℃下短期保存，直到下游分析完成；或在−20℃下长期保存。

5.3 固相核酸提取法

固相核酸纯化是目前广泛使用的从抑制剂中分离 DNA 的最洁净、最简便的技术。目前已有多种商用试剂盒采用固相萃取法。该方法之所以普及，是基于其自动化水平的提高，该方法能够去除多种类型的 PCR 抑制剂，并且可以从多种类型的证据中提取到相对较高的 DNA 产量。这些方法都依赖于从细胞物质中释放出 DNA，然后结合到固体载体上；例如，QIAamp 的磁性硅基磁珠法和 PrepFiler®的聚合物嵌入磁珠法（Life Technologies 公司）。结合后非 DNA 组分可被洗掉，再将 DNA 从固体载体上释放出来，以获得高纯度的 DNA。该技术适用于多种样品（表 5.2）。

表 5.2　试剂盒制造商推荐以及 Abu Dhabi 警方实验室根据 ISO17025 标准认证的样品类型

样品类型	制造商推荐		内部验证	
	PrepFiler®	DNA 提取试剂盒	PrepFiler®	DNA 提取试剂盒
全血	√	√	NT*	√
干血	√	√	√	√
口腔细胞	√	√	NT	√
表面和接触细胞		√	√	X
指甲碎屑		√	√	X
口香糖	√	√	√	√
烟蒂	√	√	√	√
邮票和信封		√	√	NT
毛发	√	√	√	X
骨骼或牙齿	√	√	√	X
土壤		√	NT	NT
面料污渍	√	√	√	√
人体组织		√	NT	NT
混合精斑	√	√	√	X
胶带机	√		NT	NT

* NT 代表“未测试”。

5.3.1 基于 EZ1® Bio-Robot 工作站的 QIAGEN 提取试剂盒

QIAGEN 公司开发的一种基于二氧化硅包覆珠固相萃取的自动化 DNA 提取方法[11]。

5.3.2 材料与设备

（1）1.5 mL 离心管（无 DNA）。

（2）裂解液 G2（随试剂盒提供）。

（3）蛋白酶 K（随试剂盒提供）。

（4）超纯水（无 DNA）。

（5）EZ1 样品管、洗脱管、移液头、支架以及试剂条。

（6）台式涡旋仪。

（7）台式迷你离心机。

（8）温控器（56~95℃）。

（9）EZ1 Bio-Robot 工作站。

5.3.3 方法

（1）根据表 5.3 准备样品。

（2）加入试剂盒提供的推荐量裂解液和蛋白酶 K，对样品进行预消化（见表 5.4）。从吸水性材料中提取 DNA 时，用超纯水 1∶1 稀释裂解液（见注释 6）。

（3）将样品彻底涡旋 10 s 并脉冲旋转。

（4）在推荐温度和裂解时间下孵育样品（表 5.4）。

（5）在孵育过程中涡旋样品 1~2 次，或将其置于振荡培养箱中。

（6）如要提高 DNA 产量，可将样品在 95℃下孵育 5 min。

（7）轻敲管壁或快速离心，以清除管盖内的液滴。

（8）当从吸水性材料中提取 DNA 并使用微量程序时，使用 Spinaroo 方法将上清液从预消化管（1.5 mL 管）转移到 2 mL EZ1 管中（见注释 2）。

（9）将 2 mL EZ1 样品管、洗脱管、移液头和支架按说明书装入 EZ1 Bio-Robot。

（10）选择 EZ1 微量程序。

表 5.3　可用于 EZ1® DNA 提取试剂盒的样品制备类型（改编自产品手册-附加样品类型详见产品手册）

样品类型	样品制备
全血	在室温（15～25℃）下解冻并混匀全血样本。取 10 μL 血样至 2 mL EZ1 样品管中，加入 10 μL 蛋白酶 K 和 180 μL G2 缓冲液（见注释 5）
FTA 卡或织物上的干血	从干燥的血卡上打出 4 个圆盘，每个直径为 3 mm，并将其放入 1.5 mL 离心管中。如果血液在织物上，则剪下约 25 mm^2 的截面
口腔拭子	将 1/4～1/2 的口腔拭子放入 1.5 mL 离心管中
口香糖	剪下口香糖的三分之一到一半，置于 1.5 mL 离心管中。使用无 DNA 的金属棒在管内侧涂抹口香糖
烟蒂	将烟蒂末端的 1 cm^2 纸放入 1.5 mL 离心管中
织物上的污渍	将织物样品（25 mm^2）放入 1.5 mL 离心管中

表 5.4　EZ1® DNA 提取试剂盒的推荐实验方案，改编自产品手册

样品类型	裂解液 G2（μL）	蛋白酶 K（μL）	孵育温度和时间	推荐的 EZ1 程序
全血（见注释 5）	180	10	56℃ 15 min	微量程序
FTA 或织物上的干血	190	10	56℃ 15 min	微量程序（见注释 7）
口腔拭子	190	10	56℃ 15 min	微量程序（见注释 7）
口香糖	190	10	56℃ 15 min	微量程序
烟蒂	190	10	56℃ 15 min	微量程序（见注释 7）
织物上的污渍	190	10	56℃ 15 min	微量程序（见注释 7）

（11）按说明书操作。

（12）在仪器中：

首先，将样品添加到裂解缓冲液中；该裂解液中含有：硫氰酸胍（guanidine thiocyanate，GuCN）和盐酸胍（guanidine hydrochloride，GuCl），二者作为变性剂，可以裂解任何残余细胞，使蛋白质变性，抑制核酸酶以及提供环境条件促进 DNA 与顺磁硅珠结合。其次，将顺磁珠加入裂解缓冲液中。之后，结合的 DNA 将被洗涤去除杂质两次。最后，在碱性条件下使用 Tris－EDTA 缓冲液洗脱。使用 EZ1 仪器提取大约需要 20 min。使用 EZ1 仪器从上皮细胞中提取 DNA 的示意图如下（图 5.2）。

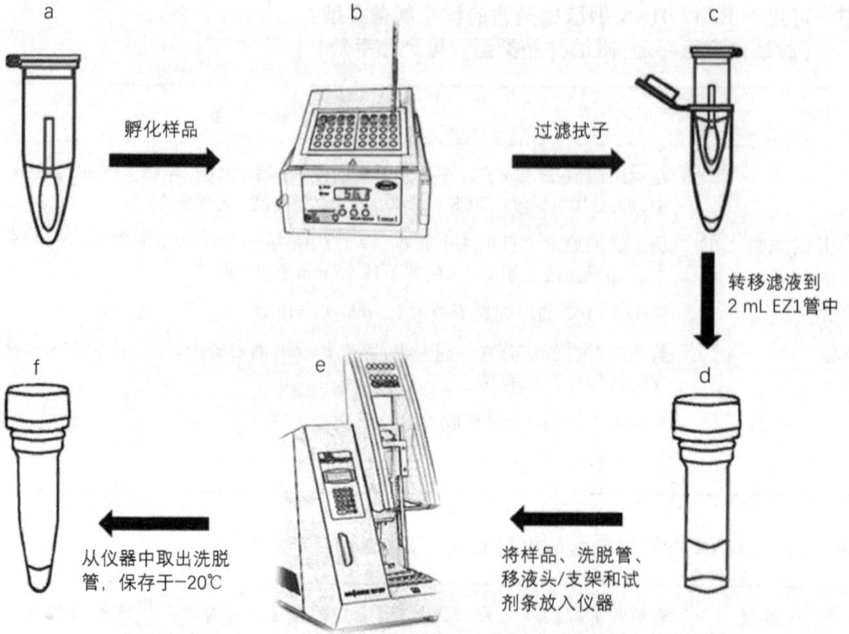

图 5.2 使用基于顺磁性硅胶珠的固相萃取法从上皮细胞(拭子)中提取 DNA。(a) 将细胞材料加入到 QIAGEN 试剂盒提供的裂解液和蛋白酶 K 中。(b) 然后将样品在 56℃下孵育 15 min。(c) 通过管底打孔过滤消化后的拭子,然后放入新的 1.5 mL 离心管中。此步骤中也可使用离心柱。(d) 将滤液转移到 2 mL EZ1 管中。(e) 将预先消化的样品、洗脱管、移液头/支架以及试剂条装入 EZ1 仪器中。提取过程使用仪器内置的微量程序。如果未执行过滤步骤,则可以使用 Tip Dance 协议。(f) 运行完成后,关闭洗脱管,产物可在 4℃下短期保存,直至下游分析完成(不超过 1 周);或在−20℃下长期保存。

5.4 基于 AutoMate Express™ 仪器的 PrepFiler® Express™ 和 Express BTA™ 法医 DNA 提取试剂盒

PrepFiler®最初作为手动 DNA 提取方法引入;随后,美国 Applied Biosystems 公司开发了一款类似于 QIAGEN EZ1 Bio-Robot 工作站的小型液体处理平台(AutoMate Express™)。除结合材料外,该仪器采用与 QIAGEN EZ1 试剂盒类似的 PrepFiler®化学成分。PrepFiler®使用聚合物封装磁珠,这种类型的磁珠具有更大的表面积、更高的 DNA 结合能力,从而提高了一些挑战性样品的提取率。

本章描述了两种试剂盒：PrepFiler® Express™和 PrepFiler® Express BTA™法医 DNA 提取试剂盒。

5.4.1 材料与设备

（1）1.5 mL 离心管（无 DNA）。

（2）PrepFiler 裂解液（随试剂盒提供）。

（3）蛋白酶 K（随试剂盒提供）。

（4）1.0 mol/L DTT（Sigma-Aldrich 公司）。

（5）PrepFiler LySep、PrepFiler 离心管、骨骼/牙齿裂解液管、试剂条。

（6）台式涡旋仪。

（7）台式迷你离心机。

（8）振荡培养箱（56～95℃）。

（9）AutoMate Express™仪器。

5.4.2 方法

（1）准备好吸附柱/收集管组件，将名为 PrepFiler LySep 的吸附柱插入到 PrepFiler 无盖离心管中。值得注意的是，该组件适用于除骨骼和牙齿（需使用专用裂解管）外的所有样品。

（2）根据表 5.5 准备样品。

表 5.5 使用 PrepFiler®试剂盒和 AutoMate Express™仪器的样品制备建议（附加样品类型信息在产品手册中提供）。改编自产品手册——已注明与制造商建议的差异

样品类型	样品制备
FTA 或织物上的血渍	在吸附柱/收集管组件上打孔，面积最大为 25 mm²
织物上的体液（精液，唾液）	在吸附柱/收集管组件上打孔，面积最大为 25 mm²
拭子上的体液	将最多 1 个拭子头加入到吸附柱/收集管组件中
毛发	将最多 5 mm 的根部毛发加入到吸附柱/收集管组件中
骨骼和牙齿	将 50 mg 骨骼或牙齿粉末加入 PrepFiler 骨头和牙齿裂解液管中
口香糖	将三分之一到一半的口香糖，剪碎后放入 1.5 mL 离心管中；使用无 DNA 金属棒将口香糖涂抹在管子内侧；添加推荐量的 PrepFiler 裂解液，并在推荐的温度和裂解时间下孵育样品（表 5.6）；然后将裂解液转移到 PrepFiler 样品管中（见注释 8）
烟蒂	取烟蒂末端的 5 mm 纸，切成小块，然后将碎片转移到吸附柱/收集管组件上

（3）准备 PrepFiler 裂解液。每个样品需要准备：

- PrepFiler 裂解液（随试剂盒提供），推荐用量如表 5.6 所示。
- 1.0 mol/L DTT（试剂盒未提供），推荐用量见表 5.6。
- 蛋白酶 K（随试剂盒提供），推荐用量见表 5.6。

（4）加入推荐量的 PrepFiler 裂解液对样品进行预消化（表 5.6）。

（5）在推荐的裂解温度、时间和摇床转速下孵育样品，参数选择取决于样品类型（表 5.6）。

注意，当温度高于 56℃时，裂解液中不添加蛋白酶 K。温度高于 50℃会使大部分蛋白质发生变性，因此当孵育温度较高（70℃）时，无需添加蛋白酶 K。可采取预防措施，在溶液中加入 1.0 mol/L DTT，通过分解载体中可能存在的任何二硫键最大限度地提高 DNA 产量。

（6）以 10 000×g 分别离心柱/管组件或骨骼/牙齿裂解管 2 min 或 90 s。

如果柱/管组件离心后的体积小于 300 μL，则将柱/管组件再离心 5 min 以收集剩余样品，然后丢弃吸附柱。若仍

表 5.6　AutoMate Express™ PrepFiler®试剂盒的推荐参数（改编自产品手册，已注明与建议的差异）

样品类型	PrepFiler 裂解液（μL）	PrepFiler 裂解缓冲液（μL）	1.0 mol/L DTT（μL）	蛋白酶 K（20 mg/mL）	孵育温度和时间	转速
FTA 或织物上的血渍	500	500	5	–	70℃ 40 min	750 r/min
织物上的体液（精液、唾液）	500	500	5	–	70℃ 40 min（见注释 9）	750 r/min
拭子上的体液	500	500	5	–	70℃ 40 min	750 r/min
毛发	500	500	5	–	70℃ 40 min	750 r/min
骨骼和牙齿	230	220	3	7 μL	56℃ 2～18 h	1 100 r/min
口香糖	230	220	3	7 μL	56℃ 40 min	750 r/min
烟蒂	230	220	3	7 μL	56℃ 40 min	750 r/min

小于 300 μL，则加入 PrepFiler 裂解液，定容至 300 μL。如果是骨骼/牙齿裂解管，将透明裂解液转移到新的 PrepFiler 样品管；若裂解液小于 150 μL，则通过加入 PrepFiler 裂解液使溶液达到 150 μL。

（7）根据说明书将 AutoMate Express 样品管、洗脱管、移液头和支架以及试剂条装入仪器。

（8）按说明书启动仪器。

（9）在仪器中：

首先，将样品添加到试剂盒的裂解缓冲液中；该裂解液含有变性剂，可裂解任何残余细胞，使蛋白质变性，抑制核酸酶以及促进 DNA 与聚合物包埋磁珠的结合。其次，将磁珠加入到裂解缓冲液中，DNA 将与磁珠结合，并进行洗涤以去除杂质。最后，使用 TE 缓冲液在碱性条件下洗脱 DNA。AutoMate Express 仪器需要大约 30 min 完成提取。使用 AutoMate Express 仪器从上皮细胞中提取 DNA 的示意图如图 5.3 所示。

5.5 注释

（1）该步骤可使用 Phase-Lock 凝胶管（Phase-Lock Gel Tube，Eppendorf 公司）使分离更清洁、更容易。该技术是利用管内凝胶在有机相和水相之间的迁移。

（2）利用 Spinaroo 工艺从任何吸收材料中过滤预提取的样品。Spinaroo 是一种通过在含有预提取样品的管子顶部和底部分别开两个孔的过滤过程。然后将该管放入另一管中，4 000×g 离心 3～5 min。使用无菌金属针穿孔——在本生灯中加热针头，即可轻松刺穿塑料管。

（3）正丁醇洗涤非必需步骤，但它有助于去除可能成为 PCR 抑制剂的任何微量苯酚。

（4）水相中的 DNA 可使用标准乙醇沉淀法进行回收；

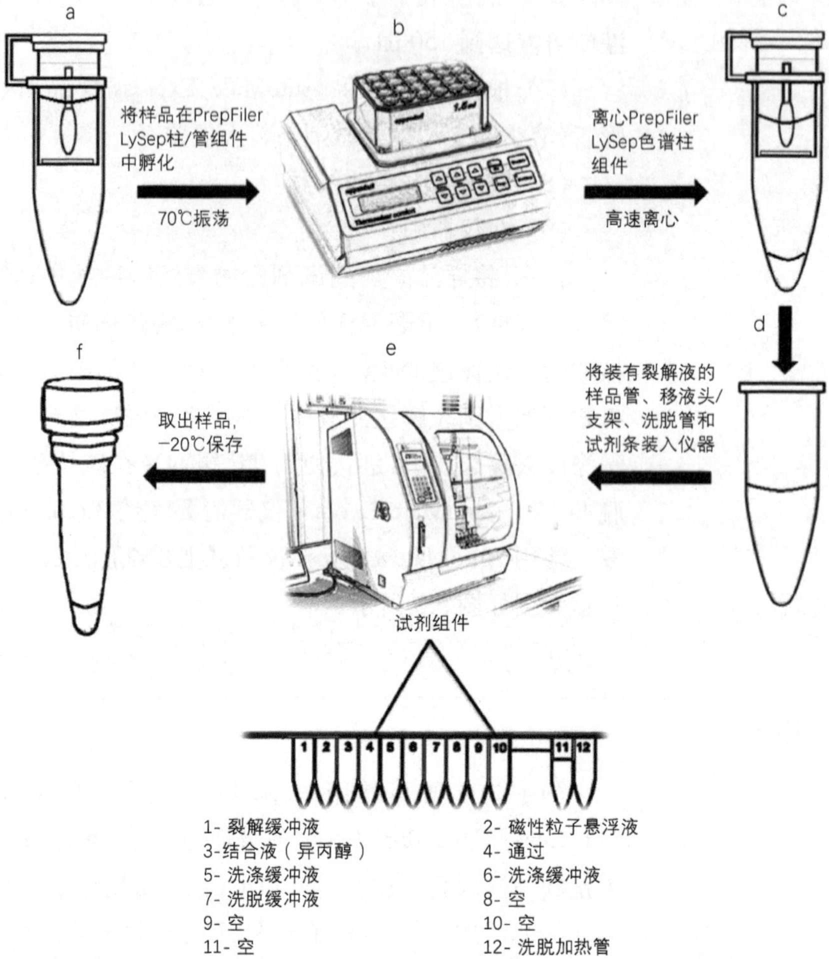

图 5.3 基于聚合物嵌入磁珠的固相萃取方法从上皮细胞（拭子）中提取 DNA。（a）向PrepFiler LySep 吸附柱/收集管组件中加入细胞材料，并加入 PrepFiler 裂解缓冲液和 DTT 溶液。（b）在 70℃下孵育 40 min。（c）消化后的拭子以 10 000×*g* 离心 2 min。（d）检查滤液，看样品管内的体积是否超过 300 μL，如果没有，则用 PrepFiler 裂解液调至 300 μL。（e）将样品管、洗脱管、移液头和支架以及试剂条装入 AutoMate Express 仪器中。使用仪器内置程序开始提取过程。（f）仪器运行完毕后，关闭各洗脱管，置于 4℃短期保存，直至下游分析完毕，或在−20℃长期储存。

然而，研究发现，使用 Microcon – 100 吸附柱浓缩和洗涤的 DNA 提取物产量更高，并且 PCR 抑制剂更少。

（5）制造商建议直接提取 200 μL 的液体血，而无需进行预消化步骤，但实际应用中会产生抑制剂，导致某些 STR 基因座丢失。

（6）如果细胞材料在吸收性载体上，裂解缓冲液则应该用无 DNA 水 1∶1 稀释。

（7）验证研究的结果表明，在任何情况下都推荐 EZ1 的微量（Trace）程序。使用 Spinaroo 处理吸收性材料时，与“Tip Dance”程序相比，“Trace”程序提供了更高的 DNA 产量。

（8）在处理口香糖时，本章方案与制造商的建议不同。制造商的建议如下：A）使用 AutoMate Express 仪器时，将口香糖置于洁净的培养皿中，将口香糖压扁成大约 5 mm 厚的圆饼形状；盖上培养皿，然后放入-80℃冰箱至少 2 h；切下 50 mg 转移至柱/管组件。B）将 40 mg 口香糖切成小块放入 2 mL EZ1 样品管中。

（9）验证研究表明，精液样本推荐孵育温度为 90℃、裂解时间为 40 min。

参考文献

[1] Walsh PS, Metzger DA, Higuchi R. Chelex® 100 as a medium for simple extraction of DNA for PCR-based typing from forensic material. Biotechniques, 1991, 10: 506 – 513.

[2] Phillips K, McCallum N, Welch L. A comparison of methods for forensic DNA extraction: Chelex-100® and the QIAGEN DNA investigator kit (manual and automated). Forensic Sci Int Genet, 2012, 6: 282 – 285.

[3] Stangegaard M, Hjort BB, Hansen TN, Hoflund A, Mogensen HS, Hansen AJ, et al. Automated extraction of DNA from biological stains on fabric from crime cases. A comparison of a manual and three automated methods. Forensic Sci Int Genet, 2013, 7: 384 – 388.

[4] Amory S, Huel R, Bilic A, Loreille O, Parsons TJ. Automatable full demineralization DNA extraction procedure from degraded skeletal remains. Forensic Sci Int Genet, 2012, 6: 398 – 406.

[5] Anslinger K, Bayer B, Rolf B, Keil W, Eisenmenger W. Application of the BioRobot EZ1 in a forensic laboratory. Leg Med, 2005, 7: 164 – 168.

[6] Davis CP, King JL, Budowle B, Eisenberg AJ, Turnbough MA. Extraction platform evaluations: a comparison of automate

express™, EZ1® advanced XL, and maxwell® 16 bench-top DNA extraction systems. Leg Med, 2012, 14: 36 - 39.

[7] Keijzer H, Endenburg SC, Smits MG, Koopmann M. Automated genomic DNA extraction from saliva using the QIAxtractor. Clin Chem Lab Med, 2010, 48: 641 - 643.

[8] Montpetit SA, Fitch IT, O'Donnell PT. A simple automated instrument for DNA extraction in forensic casework. J Forensic Sci, 2005, 50: 555 - 563.

[9] Jakubowska J, Maciejewska A, Pawlowski R. Comparison of three methods of DNA extraction from human bones with different degrees of degradation. Int J Legal Med, 2012, 126: 173 - 178.

[10] Verdon TJ, Mitchell RJ, van Oorschot RAH. Evaluating the efficiency of DNA extraction methods from different substrates. Forensic Sci Int Genet, 2011, 3: e93 - e94.

[11] Butler JM, Shen Y, McCord BR. The development of reduced size STR amplicons as tools for analysis of degraded DNA. J Forensic Sci, 2003, 48: 1054 - 1064.

第六章

骨骼 DNA 提取

Suni M. Edson 和 Timothy P. McMahon

摘要：从陈旧骨骼中获取 DNA 可能是一个微妙的过程。随着改良的提取缓冲液的出现，可以实现骨骼样本的完全脱钙，使得几乎可以从任何骨骼部位提取总基因组 DNA。本章描述了针对新鲜骨骼和干燥遗骸的传统有机和新开发无机提取方法。

关键词：骨骼遗骸 DNA 提取，有机提取，无机提取，PCIA

6.1 引言

双链 DNA 是一种稳定的惰性化学物质，它的活性化学基团被包埋在螺旋内部，通过氢键稳定。构成 DNA 本身的碱基受到磷酸盐和糖外壳的保护，这些外壳通过强大的内部堆叠力得到加强。DNA 坚固的包装可以保护它免受大多数细胞内分解过程的影响，这使得它在案件取证和个体识别中具有理想用途。

虽然化学性质稳定，但 DNA 分子本身在物理上是不稳定的，容易受到流体剪切力的影响。DNA 在水介质中是一种凝聚的超螺旋分子，通过单个碱基对之间的堆积力和 DNA 骨架中磷酸分子之间的负电荷排斥来稳定。由于移液、涡旋或搅拌，液体在 DNA 双链上的流动阻力产生了足够的能量使 DNA 断裂。DNA 分子越长，将 DNA 破碎成较小片段所需的力就越小。平均而言，任何大于 200 bp 的 DNA 分子都容易受到流体剪切力的破坏。然而，在罪犯和人类身份 DNA 法医检验中，DNA 剪切几乎不受影响,因为大多数短串联重复序列和线粒体测序方法检测的DNA 片段均在 100~500 bp 之间。

对法医个体识别影响最大的是 DNA 分子的降解(DNA 酶、细菌、尸体分解等)以及环境危害(酸性土壤、温度、湿度等)。为了对抗与不同样品相关的降解和环境因素,科学家可以对样品的选择进行优化。一旦样品选择得到优化,实验室就可以通过改进提取方法以保证细胞的完全裂解、改进扩增方法来对抗降解和抑制从而提高成功率。

法医 DNA 实验室从细胞中提取 DNA 通常有四种主要提取方法,包括有机法、Chelex-100 法、FTA® 法和固相(无机)方法。提取方法的选择取决于生物样本以及该样本可能接触过的环境或化学危害情况。实验室可以选择不同的提取方法组合进行检验,以确保最大成功率。本章内容将主要涉及有机和固相萃取。

有机萃取法,俗称酚氯仿抽提或苯酚∶氯仿∶异戊醇(phenol∶chloroform∶iso)提取法,自 20 世纪 50 年代末开始,一直用于 DNA 纯化。虽然耗时长、转移步骤多、需使用有害化学物质,但有机萃取仍然是所有新提取方法比较的金标准。有机萃取首先加入含有缓冲剂(通常是 Tris)、洗涤剂(SDS 或 N-月桂基肌氨酸)、蛋白酶 K 和螯合剂(EDTA 或 EGTA)的裂解缓冲液。洗涤剂和蛋白酶 K 用于溶解细胞膜及变性蛋白质,并保护细胞核中的 DNA。蛋白酶 K 是蛋白质的有效变性所必需的,在 0.5%~1.0%的洗涤剂和 56℃条件下活性最佳。

DNA 一旦释放就很容易受到 DNase 活性的影响。EDTA 的加入通过结合 Mg^{2+} 等二价阳离子来抑制 DNase 的活性。酶解后,以 50∶50 的比例加入苯酚∶氯仿∶异酰醇(24∶24∶1)提取缓冲液。苯酚是一种比重为 1.07 的有机溶剂,与水溶液混合后形成较低的有机相,充当蛋白质溶剂;氯仿可作为蛋白质和 RNA 的有机溶剂;而异戊醇则作为泡沫还原剂。将裂解液/PCIA 混合物涡旋,直到形成乳液,然后经离心分离成水相(上层)和有机相(下层)。变性的蛋白质和细胞碎片被拉入有机相,脂质会在水相和有机相之间的界面上累积,DNA 将累积在水相中。由于 PCIA 的化学性质,为了使蛋白质变性远离 DNA,可将溶液调节到 pH>7.8,以防止 DNA 在有机相累积。经过多次 PCIA 洗涤后,水相可以用氯仿或正丁醇纯化,以去除残留苯酚(它是下游扩增过程的有效抑制剂);然后通过乙醇或吸附柱/收集管组件对 DNA 进行纯化和浓缩。

近年来固相(无机)方法和超滤膜浓缩技术的进步使得 DNA 可直接在裂解液中纯化而无需 PCIA 纯化步骤,从而减少了处理时间,优化了转移步骤的数量,并消除了与危险化学品的相互作用。

本章将概述干燥和陈旧骨骼样本的有机和无机提取方法,以及新鲜骨骼样本的无机提取方法。下面概述的方法使用提取(脱钙)缓冲液(0.5 mol/L EDTA, pH 8.0; 1%N -月桂基肌氨酸);大量 EDTA 主要有两个作用,一是抑制 DNase 活性,二是完全溶解富含 Ca^{2+} 的骨基质,并释放出可能包含在受挑战的骨骼样本中的所有 DNA[1]。然而,与 Chelex 或 FTA 等快速裂解和纯化方法相比,以下脱钙提取缓冲液和步骤可用于任何生物样本,以获得更高的 DNA 浓度。

6.2　材料

所有材料均可在室温下储存,除非另有说明。

建议:实验开始前通过紫外线(UV)照射包括 Waring 搅拌机杯、50 mL 和 15 mL 锥形管及 1.7 mL 离心管等实验用品,照射时间取决于所使用的设备,参数设置为

6.0 J/cm²。移液器不能照射紫外线，反复暴露在紫外线下会导致塑料被腐蚀，推荐使用 8.5%（v/v）的漂白剂（70 mmol/L 次氯酸钠）或其他 DNA 去除溶液擦拭移液器外部。所使用的提取试剂，无论是购买或实验室制备，都可以进行紫外线照射，但 QIAquick 和 MinElute 试剂盒的自带试剂绝不可进行紫外线照射。

为了降低污染概率，所有通风（层流工作台、通风橱和生物安全柜）和耐漂白设备的表面应先用 8.5%（v/v）商用漂白剂擦拭，再用 95% 乙醇擦拭，以减少漂白液腐蚀性影响。此外，参与提取的工作人员，包括所有进入实验室的人员，至少应佩戴以下个人防护装备（personal protective equipment，PPE）：一次性防水实验服、乳胶或丁腈手套、一次性防水套袖、护目镜以及面罩。洗涤时，应更换手套和套袖，以减少污染。在干燥骨骼样本的制备过程中，建议佩戴两层手套，因为在洗涤过程中损坏外部手套相当常见。头发较长的工作人员应梳理头发使其远离面部；可使用发网/发帽，但非必需品。实验服应于一天实验结束时丢弃，或在实验人员认为有必要时提前丢弃。

6.2.1 骨骼样本（干燥）的制备与洗涤

（1）Dremel® 旋转工具（Bosch 公司）。

（2）使用与 Dremel® 旋转工具兼容的氧化铝砂钻头（尺寸视需要而定）和砂轮。

（3）外科/牙科槌和骨凿/牙周凿。

（4）Parafilm® M 吸附膜。

（5）50 mL 聚丙烯锥形管（BD 公司）。

（6）99.8% 无水乙醇（Pharmco-AAPER 公司）。

（7）Waring 搅拌机 700S/700G，配备适当大小的迷你容器（MC1、MC2 或 MC3）（Waring 公司）。

（8）15 mL 聚丙烯圆锥管（Sarstedt 公司）。

（9）利喹诺酮（Alconox 公司）。

6.2.2 完整牙体(干燥)的制备与洗涤

（1）无水乙醇。

（2）50 mL 聚丙烯锥形管。

（3）小型超声振荡仪。

（4）牙科手柄(Forza L50K 实验室微电机,Brasseler 公司)。

（5）2 号、4 号和 6 号牙刺。

（6）牙周凿。

（7）镊子或挖勺。

（8）15 mL 聚丙烯锥形管。

（9）4 mm×4 mm 无菌纱布垫。

6.2.3 骨骼或牙齿粉末样本(干燥)的有机提取

（1）15 mL 聚丙烯锥形管(见注释 1)。

（2）提取(脱钙)缓冲液：0.5 mol/L EDTA,pH 8.0;1% N-月桂基肌氨酸。

（3）蛋白酶 K(20 mg/mL)。

（4）培养箱/摇床维持 56℃。

（5）苯酚：氯仿：异戊醇(25：24：1),pH 8.0±0.2。

（6）离心机。

（7）正丁醇。

（8）Amicon® Ultra－4/30K 离心装置(Millipore 公司)。

（9）TE 缓冲液(10 mmol/L Tris,1 mmol/L EDTA,pH 7.5)(又名 TE^{-4})。

（10）Costar® 1.7 mL 聚丙烯微离心管(Corning 公司)。

6.2.4 骨骼或牙齿(干燥)样本的非有机提取

（1）15 mL 聚丙烯锥形管。

（2）提取(脱钙)缓冲液：0.5 mol/L EDTA,pH8.0;1% N-月桂基肌氨酸。

（3）蛋白酶 K(20 mg/mL)。

（4）Parafilm® M 吸附膜。

（5）培养箱/摇床维持 56℃。

（6）Amicon® Ultra－4/30K 离心装置。

（7）Costar® 1.7 mL 聚丙烯微离心管。

（8）QIAquick PCR 纯化试剂盒（QIAGEN 公司）。

a）PB 缓冲液

b）PE 缓冲液

c）EB 缓冲液（提供，但未使用）

d）QIA 快速离心柱

（9）微量离心机。

（10）95%～100%乙醇。

（11）TLE（10 mmol/L Tris，0.01 mmol/L EDTA；pH 7.5）。

6.2.5 骨骼样本（新鲜）的制备与洗涤

（1）15 mL 聚丙烯锥形管。

（2）手术刀。

（3）95%乙醇。

（4）砂浆。

（5）外科/牙科槌和骨凿/牙周凿。

（6）Waring 搅拌机 700S/700G，配有适当大小的迷你容器（MC1、MC2 或 MC3）。

6.2.6 完整牙体（新鲜）的制备与清洁

（1）15 mL 聚丙烯锥形管。

（2）手术刀。

（3）95%乙醇。

（4）MM200 搅拌器/研磨机（德国 Retsch 公司）。

6.2.7 骨骼和牙齿（新鲜）样本的无机提取

（1）15 mL 聚丙烯锥形管。

（2）提取（脱钙）缓冲液：0.5 mol/L EDTA，pH 8.0；1% N－月桂基肌氨酸。

（3）蛋白酶 K（20 mg/mL）。

（4）培养箱/摇床维持 56℃。

（5）Amicon® Ultra － 4/50K 离心装置（Millipore

公司)。

(6) MinElute PCR 纯化试剂盒(QIAGEN 公司)。

a) PB 缓冲液

b) PE 缓冲液

c) EB 缓冲液

d) MinElute 离心柱

(7) Costar® 1.7 mL 聚丙烯微量离心管。

(8) 微量离心机。

(9) 95%~100%乙醇。

6.3 方法

所有步骤均可在室温下进行,除非另有说明。

6.3.1 样本选择

在提取之前,选择最佳骨骼样本进行检验将提高结果的成功率。如果条件允许,建议从完整骨骼样本中提取之前先与人类学家研讨。一般来说,物理结构密集的致密骨骼,如股骨、胫骨和肱骨,往往提供更高的 DNA 产量[2~4]。修改后的提取方案可抵消样本类型的影响,因此,几乎任何骨骼部位都可以提供足够质量的 DNA[1,5]。

对于牙齿选择需慎重,受损的外部结构可能会在个体死亡后引入细菌或其他腐烂因素。死前的牙科手术或疾病同样可能会损害牙齿结构的内在完整性,消除或减少 DNA 回收量[6,7]。

6.3.2 骨骼样本(干燥)的制备与洗涤

本节描述适用于除牙齿以外的任何干燥骨骼。有关牙齿的制备工作见下节。

以下步骤应在有足够通风条件的通风橱或其他层流工作台中进行(见注释 2)。

(1) 使用洁净的氧化铝砂钻头,使用 Dremel®旋转工具砂磨骨骼外表面(见注释 3)。骨骼的所有可见表面均需打磨以去除污垢、植物材料或其他外源性污染物。所有骨小梁(海绵状)均应磨除。海绵状骨可能含有污染或抑制提取的碎屑。在致密骨(如颅顶)层之间存在可见骨小梁的情况下,应使用切割轮分离致密骨层,以去除海绵状骨。残留骨小梁可能长期暴露于环境中,而增加引入污染物的概率。

(2) 使用砂轮或适当大小的槌和凿子,从较大的磨砂样本中取出约 0.2~0.5 g 的骨骼样本。剩余骨样可用 Parafilm 重新包装或放置在无菌锥形管中。因此,剩余的样本可以保留以供进一步处理、返回提交机构或长期储存。下列步骤应在层流工作台中进行(见注释 2)。

(3) 将取出的骨骼碎片放入含 25 mL 无菌去离子水(deionized water, diH_2O)的 50 mL 锥形管中。用力反复摇晃管子数次。

(4) 将水倒入废液瓶中。

(5) 重复步骤 4 和 5,直到水不再混浊(见注释 4)。

(6) 用无水乙醇覆盖锥形管中的骨骼碎片。用力摇晃容器几次,并将液体倒入废液瓶中。

(7) 将骨样倒入清洁过的称量盘或其他无孔、宽口的容器中,在进行操作前完全干燥样本。根据骨密度的不同,该过程可能需要 1~2 h。

(8) 样品干燥后,放置在一个小的无菌搅拌杯中(见注释 5)。取下并盖上之前放置在搅拌机底座上的密封盖。

(9) "混合"骨样,直到产生细粉末(见注释 6)。

(10) 在拆卸盖子之前,将搅拌机杯放回罩子里。将骨粉倒入洗涤过的称量盘中,然后转移约 0.2 g 至 15 mL 无菌锥形管中。其他剩余粉末应转移到单独的 15 mL 锥形管中储存(见注释 7)。

此过程可以暂停,骨粉储存在-20℃。

6.3.3　完整牙体（干燥）的制备与洗涤

本节描述适用于干燥的完整牙体。粉状牙齿可使用下文中任何一种方法提取，而不涉及其他准备工作。理想情况下，实验室应收集足够的牙粉以备重复提取。

（1）检查牙齿外观，如果牙齿完好无损，继续步骤 3。

（2）如果牙齿破裂、损坏或龋齿未经治疗，应使用由 8.5%（*v/v*）商业漂白剂湿润的 4 mm×4 mm 无菌纱布垫清洁牙齿外部；然后立即使用由无水乙醇润湿的 4 mm×4 mm 无菌纱布垫去除残留漂白剂。继续步骤 5。

（3）将完好无损的整牙放入 50 mL 无菌锥形管中，并覆盖 25 mL 8.5%（*v/v*）商用漂白剂。将密封试管放入超声水浴中 5 min。

（4）从漂白剂中取出牙齿，先用 8.5%（*v/v*）商业漂白剂湿润的 4 mm×4 mm 无菌纱布垫擦拭，再用无水乙醇润湿的无菌纱布垫擦拭。

（5）将洗涤过的牙齿放在洁净的称量盘中，并在层流工作台内的紫外线照射下干燥 15 min。如果 15 min 后牙齿仍未干燥，关闭紫外线灯，待完全干燥后再继续下一步。以下步骤应在通风良好的通风橱或其他层流工作台中进行（见注释 2）。

（6）使用 2 号或 4 号牙钻，沿着牙冠底部慢慢切开。如有必要，可用止血钳夹住完整牙齿（但手持牙齿在切割时更易操作）；尽量避免切开牙釉质或在牙根上切得太低，导致牙根不能一次性清除。在牙冠周围切割，直到切割大约完好无损的 1 mm。切割操作需要在一个洁净的称量盘上进行。从外部切口回收的粉末应保存在一个 15 mL 的无菌锥形管中，但除非必要，否则该部分不用于提取。

（7）在牙冠和牙根之间放置一把小的牙周凿，轻轻扭转，将牙冠从牙根中取出（见注释 8）。

（8）如果有可见的牙髓，用挖勺或镊子将其移至洁净的 15 mL 锥形管中。

（9）使用 4 号或 6 号牙钻，从牙冠和牙根内部钻取牙本质,放入无菌称量盘(见注释 9)。尽可能多地取出牙本质,注意不刺穿牙根或牙冠。

(10) 随着钻孔的进行,定时将产生的粉末移至紫外线照射过的 15 mL 锥形管中。粉末收集至大约 0.2 g 时,更换新的经紫外线照射的 15 mL 锥形管,再收集 0.2 g 粉末,直到没有牙本质残留。如果牙齿太小,如门牙,可能最多只能回收 0.2 g 的牙本质粉末。

(11) 将剩余牙齿结构储存在紫外线照射过的 15 mL 锥形管中,以防止进一步损伤。

此过程可暂停,牙齿粉末储存在-20℃。

6.3.4 骨骼或牙齿(干燥)样本的有机提取

下列步骤应在层流工作台中进行。

(1) 准备大约 0.2 g 的骨粉或牙本质作为样本,空白试剂作为对照。

a) 如果样本质量为 0.3~0.5 g,则需要相应调整部分试剂的体积。

b) 如果样本质量小于 0.2 g,操作仍可按指示进行,但最终体积可能会减少。

(2) 每管加入 3 mL 提取缓冲液和 100 μL 蛋白酶 K。根据需要,可将缓冲液预热至 56℃。

如果样本质量为 0.3~0.5 g 粉末,提取缓冲液的体积保持不变,但 proK 增加至 200 μL。

(3) 轻轻摇晃或翻转管子,使骨粉完全饱和。继续轻轻摇匀,直至粉末中看不到干斑。

(4) 将管子放入培养箱/摇床中,温度设定为 56℃。试管放置为大约 45°的角度,并轻轻搅拌过夜。确保液体不接触管盖(见注释 10)。

下列步骤应在化学通风橱中进行。

(5) 每管加入 3 mL PCIA。

(6) 用力搅拌,直至完全乳化。

(7) 4 000×g 离心 3 min。各层之间应有清晰的界面。

（8）将每个样品的水相（上层）转入洁净的 15 mL 锥形管中（见注释 11）。

（9）重复步骤 5~8，直到界面干净（或至少两次，见注释 12）。

（10）每管加入 3 mL 正丁醇。

（11）混合均匀。

（12）4 000×g 离心 3 min。同样，各层之间应有清晰的界面。

（13）将上层的大部分移至废液瓶中。这有助于彻底移出所需的水（底）层。

（14）将每个样品/空白试剂的底层移到洁净的 Ultra－4/30K 过滤装置中。注意不要转移任何残留的正丁醇。正丁醇可能会在滤膜上形成孔洞，从而导致 DNA 丢失。

（15）2 000×g 旋转过滤 40~50 min（见注释 13）。此时剩余大约 200 μL 的样品；如果剩余量明显偏多，则应将过滤装置再旋转过滤一段时间，直至达到该体积（见注释 14）。

（16）弃掉滤液。以下步骤应在通风橱中进行。对通风橱类型没有具体要求。

（17）过滤装置中加入 2 mL 无菌 TE^{-4}缓冲液。

（18）每个过滤装置在 2 000×g 旋转过滤 10~15 min。保留液体积应再次达到约为 200 μL；如果不是，则将过滤单元放回离心机，继续离心，直至达到 200 μL 体积。

（19）弃掉滤液。

（20）重复步骤 17~19。

（21）回收保留液并转移至洁净的 1.7 mL 离心管中。P－100 移液器的尖端可能无法触及过滤装置的底部；这种情况下，则可用 P－100 回收大部分样本，剩余少量样本使用 P－10 回收。

（22）测定最终体积，并根据需要使用缓冲液 TE 补至 200 μL。如果骨粉/牙齿样品的初始质量明显较低(小于 0.1 g),则建议最终体积仅设置为 100 μL。

(23) 此时的样品可进行下一步处理。

6.3.5 骨骼和牙齿(干燥)样本的无机提取

下列步骤应在层流工作台中进行。

(1) 准备大约 0.2 g 的骨粉或牙本质作为样本,以及空白试剂作为对照样本。如果样本质量为 0.3~0.5 g,则需要相应调整部分试剂的体积。如果样本质量小于 0.2 g,操作仍可按指示进行,但最终回收体积可能会减少。

(2) 如果提取 0.26 g 骨/牙粉,在样品和空白试剂中加入 4 mL 提取缓冲液。如果提取的骨/牙粉超过 0.26 g,则加入 7.5 mL 提取缓冲液。根据需要,可将缓冲液预热至 56℃。

(3) 每管加入 200 μL 的蛋白酶 K。

(4) 轻轻摇晃或翻转试管,使骨粉完全饱和。继续轻轻摇匀,直到粉末中看不到干斑。

(5) 将试管放入培养箱/摇床中,温度设定为 56℃。试管放置为大约 45°的角度,并轻轻搅拌过夜。确保液体不接触管盖(见注释 15)。

(6) 4 000×g 离心 3 min。剩余骨粉将沉至管底。

以下步骤应在层流工作台中进行。

(7) 将最多 4 mL 上清液转移至洁净的 Ultra－4/30K 吸附柱。

(8) 2 000×g 离心 40~60 min(见注释 13)。

(9) 弃掉滤液。

(10) 如果上清液超过 4 mL,则再次转移多余体积到相应的吸附柱中,2 000×g 离心 40~60 min。

(11) 重复步骤 7~10,直到所有上清液均加入到吸附柱中。

(12) 最终保留液体积约为 120 μL(见注释 16)。如果不是,则可 2 000×*g* 继续离心,直至达到 250 μL 或更小体积。

(13) 将保留液从吸附柱直接转移到 1.7 mL 离心管中。P－100 移液管的尖端可能无法触及吸附柱的底部;这种情况下,可用 P－100 回收大部分样本,剩余的少量样本用 P－10 回收(见注释 17)。

(14) 测量并记录回收的体积。

(15) 向 1 体积样品中加入 5 体积 PB 缓冲液。例如,如果样品回收体积为 100 μL,则加入 500 μL PB 缓冲液。

(16) 混匀,轻敲管壁,除去管盖上的液滴。

(17) 将适当数量的 QIAquick 吸附柱放入随试剂盒提供的 2 mL 收集管中。

(18) 将最高 750 μL 缓冲液/样品混合物加载至每个 QIAquick 吸附柱中。

(19) 在微离心机中,17 900×*g* 离心 30 s。如果在此步骤之后吸附膜上仍然有可见液体,则 17 900×*g* 再离心 30 s。

(20) 弃掉滤液(见注释 18)。

(21) 重复步骤 18～20,直到将所有样品添加到吸附柱中。

(22) 向每个吸附柱中加入 750 μL PE 缓冲液(见注释 19)。

(23) 在微离心机中,17 900×*g* 离心 30 s。如果在此步骤之后,吸附膜上仍有可见液体,则 17 900×*g* 再离心 30 s。

(24) 弃掉滤液。

(25) 17 900×*g* 离心 60 s。

(26) 将吸附柱放入新的、洁净的 1.7 mL 离心管中。

(27) 在吸附膜中心加入 100 μL 无菌 TLE。

(28) 静置至少 1 min。

(29) 17 900×*g* 离心 1 min(见注释 20)。

（30）丢弃吸附柱，并将洗脱液转移到新的 1.7 mL 离心管中。

（31）在 100 μL 洗脱液中加入 500 μL PB 缓冲液。

（32）重复步骤 16~26。

（33）在吸附膜中心部位加入 50~200 μL 无菌 TLE，静置至少 1 min（见注释 21）。

（34）17 900×g 离心 1 min。

（35）根据需要将洗脱液转移至一个新的、洁净的微量离心管中，并丢弃吸附柱。

（36）此时的样品可以进行下一步处理。

提取物可长期储存于-20℃或-80℃中，也可在 4℃下短期储存。尽量减少冻融循环，因为冷冻可能会损害 DNA。

6.3.6 骨骼样本（新鲜）的制备与洗涤

除非怀疑骨骼样本暴露于化学或其他制剂中，否则不需要在防护罩中执行以下步骤。当然，实验人员可自行决定是否使用生物安全柜。

（1）用手术刀去除可能黏附在样品上的组织或碎片。根据来源或实验室需要，移除的组织可以储存在一个 15 mL 锥形管中，以便取证或提取。

（2）将样品放入 50 mL 锥形管中，并加入足够量的 95%乙醇以覆盖样品。

（3）用力摇晃试管。

（4）倒掉乙醇。

（5）重复步骤 2~4 两次。

（6）将样品置于干燥、洁净的称量盘中，并在层流工作台中干燥。样品必须完全干燥。过程大约需要 1 h。

（7）将样品放入洁净的研钵中，用封口膜覆盖研钵（见注释 22）。

（8）使用手术锤和截骨器，在复合材料上打一个小孔，将骨骼样本分割成碎片。收集大约 1.0 g 骨碎片。

如果有剩余骨骼，可以放置在一个 50 mL 锥形管中储存。

(9) 将 1.0 g 骨碎片放入搅拌杯中，小心密封盖子(见注释 5)。

(10) 将搅拌杯置于搅拌机底座上，“粉碎”骨样，直至产生细粉末(见注释 6)。

(11) 将粉末倒入洁净的称量盘，并转移到 15 mL 锥形管中(见注释 23)。

此过程可暂停，骨粉储存在−20℃。

6.3.7 完整牙体(新鲜)的制备与洗涤

除非怀疑牙齿标本暴露于化学或其他制剂中，否则无需在防护罩中执行以下步骤。当然，实验人员可自行决定是否使用 BSC。

(1) 将一颗完整的牙齿放在洁净的称量盘上。

(2) 用 95%的乙醇覆盖牙齿。

(3) 用手术刀去除任何附着的污垢或组织。

(4) 先用含 8.5%(*v*/*v*)漂白剂的 4×4 无菌纱布垫彻底擦拭牙齿表面，再用含乙醇酸的无菌纱布垫擦拭。

(5) 将清洁的牙齿放入洁净的称量盘中，干燥至少 30 min 或直至完全干燥。

(6) 把整个牙齿和金属研磨珠一起放在搅拌机中。小心密封盖子，并按照制造商说明将罐子固定在搅拌机底座上(见注释 24)。

(7) 搅拌机参数设置如下：频率−1/*S* 为 25.0；时间为 30~45 s。

(8) 粉碎牙齿。

(9) 将牙粉倒入一个洁净的称量盘，然后转移到一个洁净的 15 mL 锥形管中。

(10) 如果回收的粉末明显超过 1.0 g，则应将剩余粉末转移到第二个 15 mL 锥形管中储存。

此过程可暂停，牙粉储存在−20℃。

6.3.8 骨骼和牙齿(新鲜)样本的无机提取

(1) 骨骼或牙齿粉末样本初始质量约为 1.0 g。

(2) 加入 3.0 mL 预热的提取缓冲液和 100 μL 蛋白酶 K(见注释 25)。

(3) 颠倒混匀,直至管子里无干粉末,尤其最底部。

(4) 将管子放入培养箱/摇床中,温度设定为 56℃。试管放置为大约 45°的角度,并轻轻搅拌过夜(见注释 26)。确保液体不接触管盖。

(5) 4 000×*g* 离心 3 min,剩余骨粉将沉至管底。

下列步骤应在层流工作台中进行。

(6) 将上清液转移到洁净的 Ultra-4/50K 吸附柱中。注意不要将骨粉液化,因为这样很容易堵塞吸附柱。

(7) 2 700×*g* 离心约 60 min(见注释 13)。体积应为 120 μL 或更低(见注释 14)。

(8) 将保留液从吸附柱直接转移至 1.7 mL 收集管中。P-100 移液器的尖端可能无法触及吸附柱的底部;这种情况下,则可用 P-100 回收大部分样本,剩余的少量样本用 P-10 回收。

(9) 测量并记录回收体积(见注释 17)。

(10) 向 1 体积样品中加入 5 体积 PB 缓冲液。例如,样品回收体积为 100 μL,则应加入 500 μL 的 PB 缓冲液。

(11) 混匀,轻敲管壁,去除管盖上的液滴。

(12) 将干净的吸附柱放入 2.0 mL 收集管中。

(13) 将 DNA/PB 缓冲液转移到柱子上。

(14) 17 900×*g* 离心 1 min。

(15) 弃掉滤液,将柱子放入原收集管中(见注释 18)。

(16) 在吸附膜中心加入 750 μL PE 缓冲液,室温放置 5 min(见注释 19)。

(17) 17 900×*g* 离心 1 min。

(18) 弃掉滤液,将柱子放入原收集管中。

(19) 17 900×*g* 离心 1 min。

（20）将吸附柱放入洁净的 1.7 mL 微量离心管中（见注释 20）。

（21）将 EB 缓冲液最终体积的一半加入柱中，室温放置 1 min。目标体积通常为 50 μL，也可低至 10 μL。

（22）17 900×*g* 离心 1 min。

（23）重复步骤 21～22。

（24）此时的样品可用于定量和/或扩增。

提取物可长期储存于−20℃或−80℃，或在 4℃短期储存。尽量减少冻融循环，因为冷冻可能会损害 DNA。

6.4　注释

（1）用于 PCIA 提取的 15 mL 锥形管的品牌和尺寸由实验室自行选择，但锥形管材料必须为聚丙烯。聚苯乙烯等其他组成材料，在暴露于苯酚时会溶解。

（2）碎片的打磨应在骨砂罩或层流工作台内进行。最重要的是打磨骨头时产生的粉末在罩内收集或通过管道式真空系统取出。打磨产生的粉末非常细，在实验室内存在样品交叉污染的风险。

（3）取样部位通常由人类学家或法医在提取前决定。而 DNA 鉴定人通常不参与 DNA 提取使用部位的决定。用于 DNA 处理的骨骼碎片至少 0.5 g 为最佳，更小的碎片在洗涤过程中很难拿捏。

（4）洗涤步骤的目的是清除可能仍残留在样品上的污垢和碎片，以及可能残留在骨片上的骨粉。洗涤和打磨过程同时进行，可降低提取过程中回收污染 DNA 的可能性，污染 DNA 会与内源 DNA 混合，甚至会掩盖真实的 DNA 图谱[8]。

（5）用于粉碎骨样的设备应在两次使用之间彻底清洗。建议搅拌杯用以下液体依次清洗至少一次：1% Liquinox 清洁剂、8.5%（*v*/*v*）商用漂白剂、水和 95%乙醇，然后进行紫外线照射。研磨罐在研磨样品之前应完全干燥。

（6）要确定骨头的粉碎程度，可以在电机运行时，将戴手套的手放在搅拌机杯盖上，感觉较大的骨头碎片在橡胶盖上的反弹，不要将搅拌机杯移到发动机罩上确认。注意不要“过度打磨”样品。过热可能会损害内源性 DNA。判断如果骨粉变热，先关闭搅拌机，使其冷却后，再重新打开搅拌机。骨骼样本也有可能夹在搅拌刀片下面，如果发生这种情况，先关闭搅拌机，并尝试通过敲击杯壁或从下面旋转刀片取出样品。如果仍然无法取出样品，请拆卸搅拌机杯的盖子（如果处理干燥标本，请在罩内进行），并使用牙周凿或镊子手动取出骨头。

（7）当使用 Waring 搅拌机时，粉末整体不会非常细腻。也可使用其他用于粉化的工艺或工具，如冷冻/磨粉机（SPEX 公司）或搅拌/磨粉机。将粉末转移到 15 mL 锥形管中使用时，可将较大颗粒装入不同锥形管中保存。建议使用 0.2～0.5 g 骨粉进行提取，骨粉质量建议不超过 0.5 g，骨粉过量会导致在脱钙缓冲液中的溶解度明显降低，抑制作用增加。

（8）在牙冠和牙根上开一个小缺口是为了正确地重组牙齿。虽然牙根的牙骨质可能是牙齿中最好的 DNA 来源[7,9]，但获得该组织需要破坏牙根。本章所述方法旨在尽量减少外部牙齿损伤，以便于将完整的牙齿结构归还给失踪者亲属（去除牙本质后，可以将牙齿结构重新黏合在一起）。如果不考虑牙齿的结构完整性，请跳过步骤 9 和步骤 10。可将牙根放入乳胶或丁腈手套的手指中，用锤子、搅拌机/磨粉机（如新鲜牙齿制备中所述）或其他等效设备粉碎。牙冠可以按照步骤 11 存储，然后正常进行操作。

（9）在钻牙过程中会产生大量静电，如何在不损失粉末的前提下消除这种能量是一项挑战。为了改善这个问题,可以在实验室内,距离处理罩约 1 m 范围,放置一个可产生水蒸气的大烧杯。在手边放 1 条湿巾用 8.5%(*v/v*)漂白剂溶液浸湿,以定期湿润指尖,防止电荷堆积。注意,切勿将漂白剂引入粉末中。

(10) 0.2 g 骨/牙粉大约 8 h 左右溶解。如果时间紧迫,可在孵化过程中观察试管。一旦粉末完全溶解,就可继续进行本方案中的有机提取步骤。但值得注意的是,有些骨粉即使过夜孵化后仍会残留在溶液中,且这种情况并不罕见。

(11) PCIA 溶液必须保持 pH>7.8。根据所使用的 PCIA 来源,将提供一个单独的缓冲液来平衡溶液 pH。在高消耗量的实验室中,正常条件下储存的 PCIA 通常会在发生明显氧化——这会改变溶液的 pH——之前耗尽;然而,在低容量实验室中一瓶 PCIA 可能会使用几个月,就会存在发生氧化的可能性。当 pH<5.0 时,PCIA 被氧化呈现黄色或红色;这种情况下,纯化过程中的 DNA 将会积累在有机相而非水相。

(12) 每次 PCIA 洗涤后吸取水层时,注意不要收集任何脂-蛋白界面或有机相,尤其是在最后一次洗涤中,因为界面上的蛋白质和其他废弃物会抑制下游扩增反应。每进行一次 PCIA 洗涤都会丢失一些 DNA,因此,如果条件允许,应尽可能减少 PCIA 洗涤的次数。

(13) 将吸附柱/收集管组件放入离心机时,应注意将该装置的最大部分对准离心机的中心柱,使洗涤废液更有效地通过。如果滤液的流动速度比预期的更快或更完全,那么很有可能在滤膜上有孔洞。这种情况下,可回收滤液并将其转移到新的、洁净的吸附柱中,继续进行离心。

(14) 在一些情况下,废液通过吸附柱所需的时间要远超过规定的时间。原因可能是溶液中存在过量的高质量DNA或额外的废弃物,或滤膜堵塞导致TE无法通过。如果发生这种情况,应将保留液转移到另一洁净的吸附柱进行额外洗涤。

(15) 随着液体体积增大,可能会有从管盖渗漏的风险,并且骨骼或牙齿粉末残留在帽纹中会增加这种可能性。因此,为了防止提取物的损失,盖上盖子后可以用封口膜封闭管盖。孵育后用剪刀拆掉封口膜。

(16) 加入QIAquick吸附柱的最大提取液体积是250 μL。最佳状况是,步骤7~12中的保留液体积等于或小于该体积。如果保留液体积大于250 μL,则应将超过250 μL后的体积转移至新的QIAquick吸附柱中,并回收产物。

(17) 应注意,保留液会有一定黏性。如果形成的气泡不足,移液会相当困难;不要过度处理液体,因为下游步骤需要准确测量保留液体积。如果形成气泡过多,可以通过在台面上轻轻敲击试管或用P-10移液器吸头戳破以减少气泡。

(18) 离心后弃掉废液非常关键。否则在接下来的离心过程中,液体将无法通过吸附柱。

(19) 试剂盒中提供了浓缩液形式的PE缓冲液,首次使用前需要按照制造商的说明加入96%~100%乙醇。

(20) 当在1.7 mL离心管中离心柱子时,离心管的盖子很可能会被离心机扯掉。最好额外准备几个洁净的1.7 mL离心管用于下游处理和存储。如果需要多次离心这组试管,则在该过程完成前,无需转移洗脱液到新的离心管中。

(21) 此步骤中加入的TLE体积将取决于样品的下游处理。根据案件历史和/或样本质量情况,如仅用于线粒体DNA鉴定的样本应加至200 μL;仅对样本的核DNA进行处理则可加入更小的体积。

(22) 虽然刚开始没必要用封口膜覆盖研钵和骨碎

片,但在用截骨器敲击骨片时对比明显,封口膜覆盖后可有效阻止骨碎片和碎屑蹦出研钵。

(23) 根据遗骸的新鲜程度,骨粉的黏性有所不同。干燥残骸粉末的黏性低,可轻松从搅拌杯中倒出;新鲜遗骸的骨粉更加黏稠,可能需要使用铲刀从搅拌杯中刮取粉末。

(24) 搅拌/磨粉机必须保持平衡,同时装载两个罐子。如果只粉碎一个样品,则在另一个位置上放置一个只装有研磨珠的罐子。

(25) 提取缓冲液应预热至 56℃。可将所需缓冲液置于培养箱摇床中约 45 min。这是在处理干燥的骨骼遗骸时使用的一种方案,但建议在处理新鲜骨骼时也采用。

(26) 与处理干燥骨骼遗骸的方案不同,由于 1 g 骨粉在 8 h 内无法充分溶解,故过夜孵育在很大程度上是必要的。

致谢

感谢武装部队 DNA 鉴定实验室(AFDIL)、美国病理学登记处(ARP)和武装部队法医系统(AFMES)的所有工作人员。

免责声明

本章所表达的意见均为作者意见,不代表美国政府、海军部、陆军部、美国陆军医疗和发展司令部(MRDC)、武装部队法医系统(AFMES)、美国病理学登记处(ARP)或武装部队 DNA 鉴定实验室(AFDIL)的意见。提及任何产品仅仅是一种使用声明,无宣传作用。

参考文献

[1] Loreille OM, Diegoli TM, Irwin JA, et al. high effificiency DNA extraction from bone by total demineralization. Forensic Sci Int Genet, 2007. 1: 191 - 195.

[2] Edson SM, Ross JP, Coble MD, et al. naming the dead-confronting the realities of rapid identification of degraded skeletal remains. Forensic Sci Rev, 2004, 16: 63 - 90.

[3] Leney MD. Sampling skeletal remains for ancient DNA (aDNA): a measure of success. Hist Archaeol, 2006, 40: 31 - 49.

[4] Mundorff AZ, Bartelink EJ, Mar-Cash E. DNA preservation in skeletal elements from the World Trade Center disaster: recommendations for mass fatality management. J Forensic Sci, 2009, 54: 739 - 745.

[5] Huel R, Amory S, Bilić A, et al. DNA extraction from aged skeletal samples for STR typing by capillary electrophoresis. Methods Mol Biol, 2012, 830: 185 - 198.

[6] Gilbert MTP, Rudbeck L, Willerslev E, et al. biochemical and physical correlates of DNA contamination in archeological human bones and teeth excavated at Matera, Italy. J Archaeol Sci, 2005, 32: 785 - 793.

[7] Higgins D, Kaidonis J, Townsend G, et al. Targeted sampling of cementum for recovery of nuclear DNA from human teeth and the impact of common decontamination measures. Investig Genet, 2013, 4: 18.

[8] Edson SM, Christensen AF. Field contamination of skeletonized human remains with exogenous DNA. J For Sci, 2013, 58: 206 - 209.

[9] Adler CJ, Haak W, Donlon D, et al. Survival and recovery of DNA from ancient teeth and bones. J Archaeol Sci, 2011, 38: 956 - 964.

第七章

人类骨骼材料的 DNA 提取

Irena Zupanič Pajnič

摘要： 近年来，从骨骼遗骸中提取和分析 DNA 的方法已应用于从灾难受害者身份识别到冲突受害者身份识别等多个领域。本章描述了处理骨骼和牙齿样本的程序，包括机械和化学洗涤、液氮存在下切割和磨粉、骨骼和牙齿粉末的完全脱钙、DNA 提取、磁珠法 DNA 纯化，以及避免检测污染而采取的预防措施和策略。事实证明，该方案在分析斯洛文尼亚集体坟墓中挖掘出的二战受害者的骨骼和牙齿样本时非常成功，也适用于相对新鲜的人类骨骼的基因鉴定。

关键词： 骨骼，牙齿，DNA 提取，第二次世界大战受害者，个体识别，污染

7.1 引言

对于身份未知的白骨化尸体，在经典法医学方法无法进行尸源鉴定的情况下，利用骨骼或牙齿进行分子遗传鉴定。在骨骼和牙齿中，DNA 与羟基磷灰石的结合有助于其保存[1]。然而，DNA 确实会随着时间推移而降解，环境条件（温度、湿度、pH、土壤理化性质和微生物等）决定了分子保存的水平[2~4]。DNA 保存的关键因素是环境温度和湿度，从生物体死亡开始，直至被挖掘甚至随后的分子遗传测试，骨骼遗骸都处于环境温度和湿度下。温度和湿度变化不大的高稳定性环境有利于 DNA 的保存。DNA 保存最好的例子是位于洞穴或冻土层的样本，其中低温为保存提供了最佳条件。温暖、潮湿的环境极大地增加了 DNA 的降解，导致普遍的损伤和断裂。影响骨骼遗骸中 DNA 质量和数量的另一个方面是挖出后的存储方法[7,8]。

新挖掘出的骨骼比在室温下保存数年的骨骼基因分型效果要高很多，特别是在环境温度较高并且在存储前对骨骼遗骸进行过洗涤的情况下，因为这会降低样本的 pH 和盐含量。为确保 DNA 的最佳保存，冷冻骨骼是首要选择[9]。根据 Fulton[10] 的说法，长期保存陈旧标本的方法选择取决于标本的采集方式。如果样本采集自冷冻环境，理想做法是保持低温；如果样本采集自室温，则应储存在阴凉干燥的环境中，对这类样本来说，冷冻可能是无益的，特别是在预期要进行多次冻融循环的情况下。一般来说，简单地避免已知可促进 DNA 损伤的环境条件是样本保存的关键。理想的环境条件是凉爽、干燥、温度稳定，应避免高温、潮湿和冻融循环。

用于法医鉴定的骸骨状况往往不是 DNA 恢复的理想条件。在陈旧骨骼和牙齿中，少量降解的内源性 DNA、PCR 抑制剂，以及异常的污染风险都限制了 DNA 的成功分型[11~13]。随着时间的推移，水解和氧化损伤也可能会影响 DNA。氧化损伤导致碱基修饰，而水解损伤导致碱基的脱氨化、脱嘌呤和脱嘧啶化。两种机制都会减少 PCR 可扩增片段的数量和大小[14]。DNA 提取方法应避免过于激烈的处理——如高温或强洗涤剂——以减少已受损骨 DNA 的进一步降解[15]。DNA 扩增失败也可能是由于存在抑制性的低分子量化合物，这些化合物与 DNA 共提取并抑制 PCR 中的 DNA 聚合酶。现代 DNA 污染是对陈旧骨骼样本进行遗传分析的另一个主要限制，由于现代 DNA 的浓度和质量较高，因此，现代 DNA 的扩增比样本中的内源性 DNA 更有优势[14]。

核 DNA 是法医鉴定的首选基因组，因其具有个体特异性，并提供双亲的亲缘关系信息[16]。过去，线粒体 DNA 检验常被用于陈旧骨骼的鉴定[17~19]。最近，一些研究人员（其中包括作者团队）报道了从旧骨骼材料中成功分型核 STR[20~25]。例如，该研究成功地从 Auersperg 教堂考古遗址出土的 300 多年的骨骼遗骸中获得了用于 STR 分型的核 DNA。此外,该研究成功地鉴定了发生在第二次世界大战期间和之后的斯洛文尼亚大屠杀中的受害者身份[27,28]。该研究从在世的亲属中采集参考样本,从而确定第二次世界大战集体坟墓中受害者的身份,并对位于喀斯特洞穴"孔芬 1 号万人坑"的 88 名受害者、喀斯特洞穴"孔芬 2 号万人坑"的 62 具骸骨,以及斯托尔基奇森林(4 人)、博多夫列吉峡谷(25 人)、莫切尔吉(5 人)和马约科维奇(16 人)等 4 处万人坑的受害者进行了骸骨分析。

提取方法应尽可能多地去除抑制剂,并应最大限度获取可用 DNA[29]。用 0.5 mol/L EDTA 脱钙可使骨细胞与骨量分离[30]。在处理新鲜骨骼和牙齿时,不需要进行脱钙处理;但对陈旧骸骨非常重要,脱钙对于获得更多的 DNA 至关重要[31]。Loreille 和同事[32]通过对旧骨骼的完全脱钙处理,成功获得了足够数量的 DNA,而缺少此步骤则无法获得阳性结果。最新研究表明,完全脱钙是从陈旧骨骼中提取 DNA 的最佳方法[33,34],完全脱钙显著提高了获得完整图谱的比例,这也反映了与更高 DNA 质量的相关性。基于脱钙的优势,本章方案均采用完全脱钙法。

上述 DNA 提取方法,可用于从二战遗骸和考古遗址的骨骼样本中获取高质量 DNA。采用同样的方法,对常规法医案件工作中的无名尸——只有骨骼和牙齿适合进行 DNA 分型——进行分子遗传学鉴定。为评估该方法,分别选取从部分脱钙到完全脱钙的提取方法,分析了 111 块来自二战时期集体坟墓的骨骼和牙齿[35]、54 块二战时期的骨骼遗骸以及一些考古遗址中约 300 年前的骨骼和牙齿样本[26,36]。使用部分脱钙法分析了 111 份二战受害者的骨骼和牙齿,从牙齿、股骨和胫骨中提取的 DNA 含量分别高达 55 ng DNA/g、100 ng DNA/g 和 30 ng DNA/g。这些样本中常染色体和 Y 染色体 STR 分型的成功率高达 95%(约有 20% 为不完整图谱),线粒体 DNA (mitochondrial DNA, mtDNA)高可变序列区Ⅰ(hypervariable sequence region Ⅰ, HVS－Ⅰ)和高可变序列区Ⅱ(hypervariable sequence region Ⅱ, HVS－Ⅱ)基因座的分型成功率分别为96%和98%。使用完全脱钙法从二战的54块骨骼样本中提取基因组DNA,其中52个样本获得了几乎完整的常染色体STR分型;与部分脱钙法获得的DNA的STR分型相比,几乎未观察到等位基因的丢失[35,36]。该项研究成功鉴定了更多二战后发生在斯洛文尼亚的大屠杀受害者的身份[27,28]。针对从二战万人坑挖掘的骨骼样本的常染色体STR分型,还评估了不同的商用定量和扩增试剂盒的效率,并得出结论,在使用上述优化的DNA提取方法后,这些商用试剂盒对于人类陈旧骨骼和牙齿的DNA定量及STR分型都非常可靠[36~38]。添加牛血清白蛋白(bovine serum albumen, BSA)(终浓度为40 ng/μL)——BSA具有与DNA提取物中酶抑制剂结合的能力——或增加扩增循环次数可以提高扩增效率。本章在一些骨骼和牙齿提取物中使用BSA以克服PCR抑制,并在低模板量的骨骼和牙齿DNA样本中增加三个扩增循环,使用商用扩增试剂盒进行STR分型[28,38]。当使用扩展欧洲标准系列(European Standard Set, ESS)位点扩增试剂盒在102例70年的骨骼和牙齿样本中进行性能测试时,几乎所有样本的DNA分型均获得成功。本章描述的DNA提取方法,在骨骼样本中可获得高达131 ng DNA/g的浓度,并且在大多数二战样本中可获得常染色体STR的完整分型,结果表明该方法非常有效[37]。

当使用50℃烘箱或培养箱干燥骨骼和牙齿时,该方案可在28 h内产生DNA提取物;若在室温下干燥,则需要超过两天的时间完成提取。该方法对相对少量的骨粉或牙粉(0.5 g)仍然有效,在样本较少情况下,可使用低于0.5 g的样品,此时,EDTA溶液的体积应按比例调整。Biorobot EZ1全自动核酸提取工作站(QIAGEN公司)的纯化过程不使用任何侵蚀性的有机溶剂，如苯酚或氯仿；该过程全自动化，仅需 20 min 即可完成。该系统基于硅包埋磁性颗粒技术，对结合 DNA 非常有效，特别是在对核酸洗涤非常高效的嗜潮性盐（chaotropic salts，如 GuSCN 或 GuHCl）存在时[39]。嗜潮性盐可溶解细胞、使蛋白质变性、灭活核酸酶，并加速 DNA 与硅包埋顺磁性颗粒的结合。整个提取过程均在一个巨大的过滤头中完成，提取结束后扔掉滤嘴。其余的提取试剂被安全地放置在容器盒中，仅供一次性使用。无需手动移液，对预防污染来说非常重要。磁性颗粒在 DNA 提取中的高效性已在多项研究中得到证实[40~43]。使用磁性颗粒进行纯化也适用于其他自动化系统或手动试剂盒。本章使用 Applied Biosystems 公司的 AutoMate Express 系统成功地从陈旧骨骼样本中纯化出 DNA[44]。

该提取方法可应用于任何经过验证的人类定量和多重 STR 试剂盒。有研究表明，对于从斯洛文尼亚二战集体坟墓中挖掘出的骨骼样本的常染色体 STR 分型，特别是包含扩展 ESS 位点的新扩增试剂盒高度可靠[36,37]。根据参考样本的不同，可能需要不同的多重 STR 试剂盒（常染色体 STR 和 Y 染色体 STR）以及 mtDNA 测序，以提供足够的遗传标记，在遗传亲缘关系鉴定中获得足够显著的结果。

7.2　材料

7.2.1　试剂

（1）6%次氯酸钠漂白剂（Kemika 公司）。

（2）5% Alconox 清洁剂（Sigma-Aldrich 公司）。

（3）双蒸水（Sartorius-Stedim Biotech 公司或 Millipore 公司）。

（4）液氮。

（5）80%乙醇（Merck 公司）。

（6）0.5 mol/L EDTA（Promega 公司），pH 8.0。

（7）EZ1 DNA 检测试剂盒（QIAGEN 公司），包含：缓冲液 G2 和蛋白酶 K。

（8）1 mol/L DTT 溶液（Sigma-Aldrich 公司）。

（9）cRNA（EZ1 DNA 检测试剂盒，QIAGEN 公司）。

（10）超纯蒸馏水 HPLC 级（Gibco 公司）。

（11）DNA Away™（Molecular BioProducts 公司）。

（12）1 mol/L 盐酸溶液（Merck 公司）。

（13）2 mol/L 乙酸钠溶液（Merck 公司），pH 5.2。

（14）5 mol/L 氢氧化钠溶液（Merck 公司）。

7.2.2　耗材

（1）过滤头。

（2）pH 指示条。

（3）50 mL 锥形离心管（Sarstedt 公司）。

（4）1.5 或 2.0 mL 离心管（Eppendorf 公司）。

（5）手术刀刀片。

（6）餐具海绵的粗糙部分。

（7）塑料瓶。

（8）纤维素（薄层）。

（9）无菌乳胶手套。

（10）EZ1 DNA 检测试剂盒（QIAGEN 公司），包含：

a）含纯化试剂的试剂条

b）样品管

c）洗脱管

d）移液头和移液头支架

7.2.3　设备

- 锯（Aesculap 公司）。
- 无菌锯片（Aesculap 公司）。
- 标准实验室设备，如用于储存提取物和化学品的冰箱和冰柜。
- 微生物安全柜 MC3（IskraPio 公司）。

- 层流罩 MC1(Iskra Pio 公司)。
- 骨钳(Proxxon 公司)。
- 高速磨床(Dremel 公司)。
- 圆形金刚石锯(Proxxon 公司)。
- 钻头(Proxxon 公司)。
- 摇床。
- 天平(A&D 公司)。
- 带金属研磨珠(2 r=20 mm)的金属研磨罐(25 mL)(Tehtnica-Domel 公司)。
- MillMix 20 研磨珠均质器(Tehtnica-Domel 公司)。
- 镊子。
- 钳子。
- 缝针。
- 铁锤。
- 舀勺。
- 移液器。
- 涡旋振荡仪。
- Thermomixer comfort 舒适型恒温混匀仪(Eppendorf 公司)或其他任何可设置温度的摇床(适用于 50 mL 试管)。
- Megafuge 1.0 离心机(Heraeus 公司)或其他任何适用于 50 mL 试管的离心机。
- Biorobot EZ1 全自动核酸提取工作站(QIAGEN 公司)。
- EZ1 DNA 检测试剂盒(QIAGEN 公司)。

7.3 方法

7.3.1 预防和检测 DNA 污染的措施

在 DNA 分型过程中，不仅会遇到高度降解 DNA，还可能遇到极少量 DNA(内源性)，因极易受到现代 DNA(外源性)的污染很难区分。遗憾的是，对陈旧骨骼样本进行 DNA 鉴定时污染问题严重[45~49]。许多化学和物理环境因素(比如细菌和真菌)都对骨骼样本的 DNA 污染造成影响,造成线粒体 DNA 和核 DNA 分型的成功率,且不可预防。鉴定人员只能通过实验操作,尽量减少被现代人类 DNA 污染的可能性。骨骼和牙齿内源性 DNA 的现代 DNA 污染可能发生在骨骼样本的挖掘、不当储存和人类学调查中[50]。表面污染通常由不恰当的徒手处理骨骼残留物引起。在分子遗传实验室的 DNA 分型过程中,也可能发生污染,污染 DNA 可能位于实验室塑料制品和试剂上,也可能存在于空气的气溶胶颗粒中[51];因此,必须考虑到污染的预防。需建立一个包括参与遗骸挖掘和后续分析的工作人员档案的排除数据库,用于检查从旧骨骼中获得的遗传基因特征的真实性,并可在污染后进行追溯。每个提取批次均需包含阴性提取对照,每次 PCR 扩增反应也应包含阴性对照,以验证提取/扩增试剂和塑料制品的纯净度,好处是可以在污染发生时进行追踪[52]。根据 Rohland 和 Hofreiter[15]的研究,在处理 7 个以上骨骼或牙齿样本时,应该在分析中包含 2 个或 2 个以上提取对照。每个骨骼至少鉴定两份样本,并且必须从两个样本中获得相同的基因分型[52]。PCR 前和 PCR 后区域的物理分离对降低由先前扩增产物引起的污染风险至关重要。

可通过不同方法消除表面污染,最有效的做法是:使用 ddH_2O、洗涤剂和乙醇洗涤,用紫外线照射,并去除骨表面,直接从样本内部获取骨骼或牙齿材料。为了成功去污,通常会使用所列方法的组合。在严格遵循污染预防建议的前提下[1,2,52~62],卢布尔雅那法医研究所分子遗传学实验室,采取以下措施预防实验室污染:

(1) 为了预防鉴定人自身的生物样本污染,应始终使用洁净的无菌手套(双层使用),并在开始处理每个样品前更换;使用一次性医用口罩、鞋套和手术衣帽。

(2) 在进行任何工作前后,分别用漂白剂(6%次氯酸钠)、无菌 ddH_2O 和 80%乙醇洗涤整个工作台面,并在夜间进行紫外线照射。每组骨骼样本之间均以相同方式清洁台面。

(3) 用漂白剂(6%次氯酸钠)或 DNA Away™,清洁所有用于清洁、打磨和研磨骨头和牙齿的工具,这是非常有效的去污操作。工具必须浸泡在漂白剂中 15~30 min,再用无菌 ddH_2O 和 80%乙醇洗去洗涤剂,然后让工具风干。最后,所有工具在 Tecno-Gaz 灭菌器中 134℃ 灭菌 45 min,用短波(254 nm)紫外线照射至少过夜或最长 72 h,并在开始工作前直接照射 30 min。

(4) 灭菌后将所有试剂、工具和实验室塑料制品放在紫外线下照射至少过夜或最长 72 h。在开始工作之前,将所有工具直接暴露在紫外线下 30 min。

(5) 为了避免样品之间的交叉污染,每个样品都应使用不同工具(如研磨罐、切割锯片、钻头、镊子、钳子、缝针和刮刀等)。这些物品洗涤干净后,以一种方便的方式储存,但存储方式应尽量避免切割/研磨造成的粉尘交叉污染。

(6) 每块骨骼或牙齿样本均使用洁净的工具。

(7) 将骨骼和牙齿样本与参考样本(例如,排除数据库)分开分析。使用物理分离室处理骨骼和牙齿样本,除此之外,在处理时间上也应将骨骼和牙齿样本与参考样本分开。

(8) 必须提供 PCR 前程序的分离,以防止被以前的扩增产物污染(所有来自 PCR 后处理室的设备和防护服不可进入 PCR 前处理室)。PCR 后处理室的扩增产物绝不应引入 PCR 前处理室。

(9) 有必要将产生粉尘的操作步骤与易受污染的步骤(如缓冲液制备和 PCR 设置等)分开。应在 PCR 前处理室中设置不同房间以划分骨骼分型过程中的每个步骤。首先,设置洗涤和研磨骨骼或牙齿的专用房间,使用密闭微生物安全柜 MC3（Iskra Pio 公司）进行骨骼的机械清洁，以捕获和清除在钻孔和切割过程中释放到空气中的骨粉，安全柜强大的气流，可以将灰尘收集在柜子的底部；第二个房间用于制备缓冲液和溶液；提取室用于脱钙、提取和纯化；PCR 室用于制备 PCR 试剂混合物（第一罩），并将 DNA 提取物添加到 PCR 中（第二罩）。每个房间均设置带有短波（254 nm）紫外线光源和高效滤波器的层流罩。实验室设置必须防止粉尘污染 DNA 分型过程的其余部分。

（10）PCR 前处理室应定期去污（使用漂白剂、水和乙醇洗涤）。工作结束后，层流罩至少照射一夜，并在开始工作前直接照射 30 min。

（11）为了检测试剂或实验室塑料制品上的 DNA 或以前扩增的 PCR 产物等任何可能的 DNA 污染，每次 PCR 均应设置至少一个阴性 PCR 对照。

（12）为了监测提取试剂和实验室塑料制品的清洁度，以及操作过程中的交叉污染，每次均应设置阴性提取对照。

（13）所有从骨骼样本中获得的遗传分型均与排除数据库进行比较。

（14）始终使用一次性移液头，以尽量减少因 DNA 气溶胶而造成的交叉污染风险。移液头在使用前要暴露在紫外线下。每个样品均需使用单独的移液头，以避免交叉污染。

（15）在特定房间内，对骨骼和牙齿进行清洁、研磨、脱钙和 DNA 提取。当然，该方法仅针对此类生物样本，而非普遍应用于其他高模板 DNA 含量的样本（如唾液、血样）。

（16）从骨骼和牙齿中提取至少两次 DNA（尽量使用同一个体的不同骨骼部位），以检查基因分型结果，并使用可重复的结果进行解释。

7.3.2 试剂准备

所有溶液均需使用高效液相色谱(high performance liquid chromatography, HPLC)级超纯水(Gibco 公司)制备,并预先经过 UV 照射过夜。

7.3.2.1 制备 5% Alconox 溶液

将 25 g 洗涤剂 Alconox(Sigma-Aldrich 公司)加入 50 mL 锥形管中。然后,将其放入 500 mL 量杯中,并加入 500 mL 的超纯蒸馏水(Gibco 公司),把瓶子放入热水中溶解洗涤剂。然后将瓶子暴露于紫外线下照射至少过夜或最长 72 h。在室温下储存,该溶液可以稳定数月。

7.3.2.2 制备 80% 乙醇溶液

将 400 mL 无水乙醇(Merck 公司)倒入 500 mL 量杯中,加入 100 mL 超纯蒸馏水(Gibco 公司)。将瓶子暴露于紫外线照射至少过夜或最长 72 h。在室温下储存,该溶液可以稳定数月。

7.3.2.3 制备 0.5 mol/L EDTA (pH 8.0)

称取 46.53 g EDTA(Promega 公司)到 50 mL 锥形管中。将其放入 250 mL 或 500 mL 的瓶子中,用超纯蒸馏水定容至 200 mL。用 5 mol/L NaOH 将 pH 调节至 8.0,再加入超纯蒸馏水至最终体积 250 mL。将瓶子暴露于紫外线照射至少过夜或最长 72 h。在室温下储存,该溶液可稳定数月。

制备 5 mol/L NaOH：称 20 g NaOH(Merck 公司)装入瓶中,用超纯蒸馏水定容至 100 mL,高压灭菌。在室温下储存,该溶液可稳定数月。

7.3.2.4 制备 1 μg/μL cRNA

向冻干 cRNA(EZ1 DNA 检测试剂盒中提供,QIAGEN 公司)中加入 310 μL 超纯蒸馏水,最大速度涡旋 10 s。将溶解的 cRNA 以 10 μL 的体积等分至 200 μL PCR 管中,-20℃下冷冻。储存在冷冻室可保持 6 个月的稳定性。使用前从冰箱中取出冷冻的 cRNA 并加入到样品中,剩余 cRNA 丢弃。

7.3.2.5 制备 1 mol/L DTT

在 2 mL 离心管中称取 154 mg DTT(Sigma-Aldrich 公司),加入 1 mL 超纯蒸馏水和 5 μL 2 mol/L 乙酸钠(pH 5.2)。涡旋,分装,-20℃下冷冻。使用前从冰箱中取出冷冻的 1 mol/L DTT。储存在冷冻室可保持 6 个月的稳定性。

制备 2 mol/L 乙酸钠:称取 8.203 g 酸酐 CH_3COONa(Merck 公司)加入 50 mL 锥形管中,用超纯蒸馏水定容至 50 mL。用 1 mol/L 盐酸调节 pH 至 5.2。高压灭菌后储存在室温下,该溶液可以稳定数月。

制备 1 mol/L 盐酸:将 10 mL 浓缩盐酸(Merck 公司)放入高压灭菌瓶中,用超纯蒸馏水定容至 100 mL。不要高压灭菌。在室温下储存,该溶液可稳定数月。

7.3.3 制备骨骼和牙齿样品

7.3.3.1 选择骨骼和牙齿样品

长骨和牙齿 DNA 由于可长期保存完好是最适合进行分子遗传学检验的样本[63~65];并且,Edson 等人[65]指出,颅骨最不适合进行遗传学研究。通过对二战集体坟墓中骨骼样本(包括牙齿、股骨和胫骨,但并未对手、足以及其他任何更小的骨骼部位进行分型)核 DNA 分型的比较研究,结果表明牙齿最适合分型,其次是股骨和胫骨[36,37]。Milos 等人[63]和 Misner 及其同事[64]也得出了类似的结论。根据 Keyser-Tracqui 和 Ludes[14]的经验,较重(致密)的骨骼比较脆的骨骼更好,后者失去了脂质和胶原蛋白,因此孔隙率增加。长骨(股骨、胫骨和肱骨)优先于肋骨或其他薄骨,致密(皮质)骨优于海绵骨。Rohland 和 Hofreiter[15]建议从长骨骨干中获取骨粉,并使用牙本质而非牙釉质,因为牙本质含有更多 DNA。最近,Mundorff 等人[66]以及 Mundorff 和 Davoren[67]发现,手、足等部位较小骨骼(跖骨、掌骨、趾骨)的 DNA 产量与股骨和胫骨非常相似,甚至更好。这些骨骼可以使用一次性手术刀轻松取样,从而减少潜在的 DNA 污染。根据最近的研究,目前优先检测腿部长骨的建议可能需要重新评估,而未来实验室分型骨样本的采样策略也可能会发生改变。

牙齿 DNA 含量在个体和组间差异巨大，此外，DNA 提取的质量和数量还取决于牙齿的病理状况、先前的牙科手术、从拔牙到提取 DNA 的时间以及供体的年龄[68]。整颗粉碎牙齿可获得最高含量的 DNA，使得捕获位于坚硬牙齿组织中的 DNA 成为可能[69]。DNA 数量取决于牙髓大小和牙齿类型，磨牙 DNA 最丰富；适合 DNA 提取的牙齿依次为：牙髓未处理的磨牙、前磨牙、尖牙、切牙以及牙髓经过处理的磨牙、前磨牙、尖牙、切牙。从第二次世界大战坟墓中挖掘的每具骨骼中选择一根长骨（优先选股骨）和两颗牙齿（优先选保存完好且未进行牙髓处理的磨牙）进行遗传检验。这种样本选择规则只有在解剖位置挖掘到骨骼才能实现，如果条件不允许，则选取坟墓中发现的所有左侧股骨或右侧股骨进行分子遗传学检验。所有骨骼样本均采用照片记录，并适当标记，用于分子遗传分析的骨骼和牙齿碎片冷冻于-20℃，直到 DNA 提取前。

7.3.3.2 清洁骨骼和牙齿样品

研究表明，骨骼样本的清洁和处理不当会导致表面污染，甚至可以渗透到更深层。这种内部污染取决于骨骼的孔隙度和保存阶段。因此，骨骼必须进行机械和化学清洁，牙齿则必须采用紫外线照射而不是机械清洁。虽然在清除挖掘、存储或提取 DNA 过程中引入的污染时，没有任何策略 100%有效，但是清洁可以提高内源性 DNA 与污染 DNA 之间的比例，并减少提取过程中产生的抑制剂数量[15]。

在专门处理陈旧骨骼样本的实验室内密闭微生物安全柜 MC3（Iskra Pio 公司）中清理骨骼样本。骨骼样本经过机械清洁［使用旋转打磨工具（Dremel 公司）对表面进行物理去除］和化学洗涤（洗涤剂、水和乙醇），而牙齿样本仅使用化学洗涤（洗涤剂、水和乙醇），并用紫外线照射 2×30 min,两次照射之间牙齿旋转 180°,然后研磨成粉末。为了防止钻孔和切割过程中骨骼发热,通常采用液氮冷却骨骼,并设置较低的研磨和切割速度。骨骼温度升高可能导致内源性 DNA 的降解[59]。

所有用于钻孔、切割和研磨骨骼的工具在处理不同样品时都应使用水、漂白剂(6%次氯酸钠)或 DNA Away™、无菌 ddH_2O 和 80%乙醇洗涤。对所有物品进行灭菌处理,紫外线照射至少过夜或最长 72 h。骨骼和牙齿样本的洗涤步骤如下:

(1) 使用洁净的无菌锯片在股骨粗隆下方切割 8~10 cm 长、2~3 cm 宽的股骨碎片(该尺寸也适用于其他长骨)。用镊子从上颌骨或下颌骨取出磨牙。将骨碎片或牙齿样本保存在标记的 50 mL 锥形管中。如不立即对骨骼或牙齿样本进行下一步操作,则将其冷冻于-20℃,以便长期保存(见注释 1)。每更换一块新的骨骼或牙齿,都必须更换锯片和镊子。

(2) 使用无菌手术刀、强力刮刀或针头(如缝针)清除骨骼或牙齿表面的污垢、土壤和任何其他物质(见注释 2)。

(3) 将骨骼或牙齿放入塑料瓶中,用经过紫外线照射的无菌海绵粗糙面,在加入适量洗涤剂(少量 5% Alconox 洗涤剂)的无菌 ddH_2O 中洗涤。将骨骼或牙齿放入 50 mL 锥形管中,然后用无菌 ddH_2O 洗涤三次。

(4) 将骨骼碎片或牙齿过夜干燥,用薄层纤维素纸覆盖(见注释 3)。

(5) 次日,将处理骨骼或牙齿所需的所有物品都置于紫外线下。

(6) 对骨骼或牙齿样本进行称重,并通过抛光去除表面污染(牙齿样本仅使用紫外线照射两侧各 30 min),该操作步骤使用封闭微生物安全柜进行。将干燥的骨骼固定于骨钳上。采用高速磨床和钻头打磨下表面 1~3 mm 的骨层。从骨碎片的内侧去除表面层,用液氮冷却骨骼碎片,并在骨骼外侧重复钻孔。

（7）将机械清洁过的骨骼放入液氮中冷却。

（8）将骨骼固定在骨钳里,使用圆形金刚石锯片在骨骼外表面作网状切口(5×5 mm 的小正方形)。用液氮冷却骨碎片,并在骨头内侧制作同样的网(两侧都要看起来像网)。

（9）用锯片从剩余骨骼上切下干净的部分,并用无菌镊子将其放入 50 mL 无菌锥形管中。步骤 6~9 需在通风橱中进行,以控制粉尘。清洁后的骨片重量约为 2~3 g。其余的骨骼样本储存起来,以便需要时进一步提取。使用 5% Alconox 洗涤剂(Sigma - Aldrich 公司)、无菌 ddH_2O 和 80%乙醇对骨骼和牙齿进行化学洗涤。

（10）使用无菌 ddH_2O 冲洗骨骼或牙齿样本 1 min,轻轻摇晃。

（11）从锥形管中倒掉水。

（12）用 5% Alconox 洗涤剂洗涤骨骼或牙齿样本,在摇床上轻摇 15~30 s。从锥形管中倒掉洗涤剂(见注释 4)。彻底去除洗涤剂,需要进行以下四步洗涤(步骤 13~19)。

（13）用 ddH_2O 洗涤骨骼或牙齿样本 3 min,轻轻摇晃。

（14）从锥形管中倒掉水。

（15）再次用水冲洗。

（16）用 80%乙醇洗涤骨骼或牙齿样本 30 s,轻轻摇晃。

（17）从锥形管中倒掉乙醇。

（18）再次用乙醇洗涤。

（19）骨骼或牙齿样本碎片过夜干燥,并用薄层纤维素纸覆盖(见注释 3)。

（20）以上所有步骤都是为了从样品表面去除之前处理过程中可能产生的污染物。

（21）在工作结束后或处理不同骨骼样本之间，需使用含有漂白剂（6%次氯酸钠）、无菌 ddH_2O 和 80%乙醇的纸巾擦拭密闭微生物安全柜的整个工作表面。

（22）将次日工作需要的所有物品均置于紫外灯下。

（23）次日，将干燥的骨骼或牙齿样本放入 50 mL 锥形离心管中，用天平称重，并将结果标记在离心管上。

7.3.3.3 制备骨骼和牙齿粉末

要从陈旧骨骼中提取足够数量的 DNA，需要获得非常精细的骨骼或牙齿粉末。粉末越细，脱钙就越快、越好，因此，应制备尽可能精细的粉末，使得最终与螯合溶液接触的样品表面积最大化[15]。使用 MillMix 20 研磨珠均质器和液氮，获得骨骼和牙齿细粉。将金属研磨罐和骨骼或牙齿样品在液氮中冷却，使样品在研磨中保持低温，然后在 30 Hz 下研磨 1~2 min。将得到的粉末转移至 50 mL 无菌锥形管中。粉末称重，并在提取过程中使用。在专门处理陈旧骨骼的实验室内粉碎骨骼。研磨罐在重复使用前需要彻底洗涤，在处理每个样品之间，必须用水、漂白剂（6%次氯酸钠）或 DNA Away™、无菌 ddH_2O 和 80%乙醇洗涤。最后，对研磨罐进行灭菌，至少过夜或最长 72 h，并在使用前 30 min 紫外线照射。每天需要足够数量的研磨罐来制备多个样品。制备骨骼和牙齿粉末样品的步骤如下：

（1）将液氮倒入锥形离心管中的骨骼或牙齿样品上，待其蒸发。

（2）将液氮倒入研磨罐下部，蒸发后重复两次，以冷却研磨罐。

（3）用镊子将骨骼或牙齿样品移入紫外线照射过的无菌手套中，用几张无菌纤维素纸包裹，然后用锤子（骨骼会在先前用圆形金刚石锯片制作的切口上断裂）将其敲成更小的碎片。

（4）用镊子将尺寸为 5×5 mm 的碎片移入冷却后的研磨罐下部。加入金属研磨珠，关闭研磨罐的盖子。在 Bead Beater Mill Mix 20（Tehtnica-Domel 公司）中 30 Hz 研磨 1～2 min，获得骨粉。

（5）将骨骼或牙齿粉末移入 50 mL 锥形离心管中，用天平称重。将结果标记在离心管上。

（6）样品粉末使用时可在 4℃保存，但应尽快提取。可长期保存在−20℃。

7.3.3.4 骨骼和牙齿样本脱钙

取 0.5 g 骨骼或牙齿粉末用于基因组 DNA 的提取。首先，将样本放置在 37℃下用 10 mL 0.5 mol/L EDTA（pH 8.0）孵育过夜进行脱钙处理。EDTA 是一种强螯合剂，能够结合骨骼或牙齿粉末中的钙等金属离子，并将其清除。大量的 EDTA 是溶解特定于骨骼和牙齿样本中的羟基磷灰石基质所必需的[15]。对于完全脱钙，每克骨粉或牙粉需要 15 mL 0.5 mol/L EDTA。该含量的 EDTA 理论上只能结合 1 g 骨粉或牙粉中所含的钙量[32]。脱钙过程结束后，用无菌 ddH_2O 洗涤沉淀。骨骼或牙齿样本的脱钙步骤如下：

（1）使用无菌药品勺从 50 mL 锥形离心管中称取 0.5 g 骨骼或牙齿粉末。

（2）准备另一个 50 mL 锥形离心管用于 DNA 提取的盲控：管中仅放入 DNA 提取试剂（不放骨粉或牙粉）。在整个操作过程中，盲控组必须与实验样品进行相同处理。

（3）加入 10 mL 0.5 mol/L EDTA，涡旋 10 s（见注释 5）。

（4）将骨粉或牙粉和盲控样品在 Thermomixer comfort 舒适型恒温混匀仪（Eppendorf 公司）中 37℃ 750 r/min 孵育过夜。

（5）次日，将进行骨骼或牙齿工作所需的所有物品置于紫外线下照射。

（6）1 300×g 离心 15 min，通常会观察到残留的粉末颗粒。

（7）移液并弃去全部上清液。盲控样品只留约 100 μL 的上清液。

（8）加入 10 mL 无菌 ddH_2O，高速涡旋 10 s。添加 10 mL 无菌双蒸水 ddH_2O 至盲控样品中。

（9）1 300×g 离心 15 min。

（10）移液并弃去上清液（盲控样品只保留约 100 μL 上清液）。

7.3.4 DNA 提取和纯化

本章不使用苯酚/氯仿/异戊醇有机萃取法提取和纯化 DNA，使用 EZ1 DNA 检测卡和 EZ1 DNA 检测试剂盒（QIAGEN 公司）在 Biorobot EZ1 全自动核酸提取工作站（QIAGEN 公司）中进行 DNA 纯化（详见第 5 章）。苯酚和氯仿均属化学危险品，使用它们时应始终在通风橱中进行处理。鉴于二者毒性，使用其他有效的 DNA 纯化方法会更加安全。本章优化了 Biorobot EZ1 全自动核酸提取工作站（QIAGEN 公司）的 DNA 提取和纯化，以获得足够数量的骨骼和牙齿 DNA 用于 STR 的成功分型。

7.3.4.1 DNA 提取

在沉淀中加入提取缓冲液、蛋白酶 K 和 DTT，56℃孵育 2~3 h。较高的孵育温度可促进骨粉或牙粉消化，从而释放更多 DNA，特别是在样本粉末相对粗糙的情况下（见注释 6）。蛋白酶 K 是一种内水解丝氨酸蛋白酶，可将蛋白质裂解，还原为氨基酸成分。DTT 是一种能裂解半胱氨酸-胱氨酸桥、破坏某些蛋白质三级结构，使其进一步降解的还原剂。骨骼或牙齿样本 DNA 提取的步骤如下：

（1）在样本和盲控中分别加入 100 μL G2 缓冲液（EZ1 DNA 检测试剂盒，QIAGEN 公司）。

（2）加入 60 μL 蛋白酶 K（EZ1 DNA 检测试剂盒，QIAGEN 公司）（见注释 7）。

（3）加入 20 μL 1 mol/L DTT（见注释 8）。

（4）持续涡旋 10 s（见注释 5）。

（5）在 Thermomixer comfort 舒适型恒温混匀仪（Eppendorf 公司）中 56℃ 750 r/min 孵育 2~3 h。

7.3.4.2　纯化 DNA　离心后，取上清液在 Biorobot EZ1 全自动核酸提取工作站（QIAGEN 公司）中纯化 DNA。DNA 提取物应为无色液体。提取后的 DNA，如果立即进行核 DNA 和 mtDNA 的定量和基因分型步骤，则存储在 4℃，否则在 −20℃ 长期保存。DNA 容易受到反复冻融循环的损伤，应尽可能减少解冻次数[73]。提取过程应始终包括阴性对照，以检查实验室塑料制品和试剂的清洁度。骨骼或牙齿样本的 DNA 纯化步骤如下：

（1）将骨骼或牙齿裂解液和盲控样品在 600×*g* 下离心 2 min。

（2）将 200 μL（盲控样品）和 400 μL（骨骼或牙齿裂解液）上清液移入样品管。

（3）加入 1 μL cRNA－QIAGEN（浓度为 1 μg/μL）（见注释 8）。

（4）将样品管放入 Biorobot EZ1 全自动核酸提取工作站（QIAGEN 公司）中。

（5）在“测序程序卡（QIAGEN 公司）”的软件菜单中选择：微量程序>水洗脱>50 μL 洗脱体积。

（6）自动纯化程序结束后，得到 50 μL DNA 纯化样本。封闭 DNA 和盲控样品洗脱管，如立即进行下一步操作则保存于 4℃，否则于−20℃进行长期保存（见注释 10）。

7.4　注释

（1）根据 Rohland 和 Hofreiter[15] 的研究，样品可以在室温下保存，但更严谨的做法是储存于−20℃。

（2）该步骤非常重要，因为污垢可能会将各种抑制物引入提取过程，不仅对提取物本身产生影响，还有可能干扰甚至完全阻断随后对 DNA 提取液的酶解操作[15]。

（3）也可以在 50℃的烘箱或培养箱中干燥骨骼和牙齿 2 h。

（4）在 DNA 提取的后续步骤中，任何残留的洗涤剂都会降解 DNA 和试剂；因此，完全去除洗涤剂非常重要。

（5）低速涡旋，防止颗粒粘在锥形离心管壁上。

（6）注意较高的温度可能会导致 DNA 的进一步损伤或降解[15]。

（7）本方案使用的蛋白酶 K 比 EZ1 DNA 检测试剂盒（QIAGEN 公司）说明书中的推荐量要多。因此，需额外订购一些蛋白酶 K（QIAGEN 公司）。

（8）使用前立即解冻。

（9）第二次提取的 DNA 含量通常低于第一次，因此，可将第一次 DNA 提取产物用于核 DNA 分型，第二次 DNA 提取产物用于 mtDNA 分型。

（10）将最终提取液等分为 10 μL，需要时取出使用（随着时间推移，连续的冻融循环会对 DNA 造成损伤）。

致谢

感谢 Barbara、Gornjak Pogorelc 和 Katja Vodopivec Mohorčič 对骨骼和牙齿加工及 DNA 分型的贡献。

参考文献

[1] Kemp BM, Smith DG. Use of bleach to eliminate contaminating DNA from the surface of bones and teeth. Forensic Sci Int, 2005, 154: 53-61.

[2] Paabo S. Ancient DNA: extraction, characterization, molecular cloning, and enzymatic amplification. Proc Natl Acad Sci USA, 1989, 86: 1939-1943.

[3] Höss M, Jaruga P, Zastawny TH, Dizdaroglu M, Pääbo S. DNA damage and DMA sequence retrieval from ancient tissues. Nucleic Acids Res, 1996, 24: 1304-1307.

[4] Poinar HN, Höss M, Bada JL, Pääbo S. Amino acid racemization and the preservation of ancient DNA. Science, 1996, 272: 864-866.

[5] Smith CI, Chamberlain AT, Riley MS, Cooper A, Stringer CB, Collins MJ. Neanderthal DNA: not just old but old and cold? Nature, 2001, 410: 771-772.

[6] Smith CI, Chamberlain AT, Riley MS, Stringer C, Collins MJ. The thermal history of human fossils and the likelihood of successful DNA amplification. J Hum Evol, 2003, 45: 203-217.

[7] Burger J, Hummel S, Herrmann B, Henke W. DNA preservation: a microsatelliteDNA study on ancient skeletal remains. Electrophoresis, 1999, 20: 1722-1728.

[8] Pruvost M, Schwarz R, Correia VB, Champlot excavated fossil bones are best for amplification of ancient DNA. Proc Natl Acad Sci USA 104: 739-744.

[9] Malmstrom H. Ancient DNA as a means to investigate the European neolithic. PhD Thesis. Uppsala, Uppsala University, 2007.

[10] Fulton LT. Setting up an ancient DNA laboratory. In: Shapiro B, Hofreiter M, editors. Ancient DNA-Methods and Protocols. New York: Humana Press Inc, 2012, 1-11.

[11] Alaeddini R, Walsh SJ, Abbas A. Forensic implications of genetic analyses from degraded DNA-a review. Forensic Sci Int Genet, 2010, 4: 148-157.

[12] Alaeddini R. Forensic implications of PCR inhibition-a review. Forensic Sci Int Genet, 2012, 6: 297-305.

[13] Lee HY, Park MJ, Kim NY, Sim JE, Yang WI, Shin KJ. Simple and highly effective DNA extraction methods from old skeletal remains using silica columns. Forensic Sci Int Genet, 2010, 4: 275-280.

[14] Keyser-Tracqui C, Ludes B. Methods for the study of ancient DNA. Methods Mol Biol, 2005, 297: 253-264.

[15] Rohland N, Hofreiter M. Ancient DNA extraction from bones and teeth. Nat Protoc, 2007, 2: 1756-1762.

[16] Lee EJ, Luedtke JG, Allison JL, Arber CE, Merriwether DA, Steadman DW. The effects of different maceration techniques on nuclear DNA amplification using human bone. J Forensic Sci, 2010, 55: 1032-1038.

[17] Anslinger K, Weichhold G, Keil W, Bayer B, Eisenmenger W. Identification of the skeletal remains of Martin Bormann by mtDNA analysis. Int J Legal Med, 2001, 114: 194-196.

[18] Stone AC, Starrs JE, Stoneking M. Mitochondrial DNA analysis of the presumptive remains of Jesse James. J Forensic Sci, 2001, 46: 173-176.

[19] Palo JU, Hedman M, Söderholm N, Sajantila A. Repatriation and identififi cation of Finnish World War II soldiers. Croat Med J, 2007, 48: 528-535.

[20] Irwin JA, Edson SM, Loreille O, Just RS, Barritt SM, Lee DA, et al. DNA identification of "earthquake McGoon" 50 years postmortem. J Forensic Sci, 2007, 52: 1115-1118.

[21] Irwin JA, Leney MD, Loreille O, Barritt SM, Christensen AF, Holland TD, et al. Application of low copy number STR typing to the identification of aged, degraded skeletal remains. J Forensic Sci, 2007, 52: 1322-1327.

[22] Lee HY, Kim NY, Park MJ, Sim JE, Yang WI, Shin KJ. DNA typing for the identification of old skeletal remains from Korean War victims. J Forensic Sci, 2010, 55: 1422-1429.

[23] Vanek D, Saskova L, Koch H. Kinship and Y-chromosome analysis of 7th century human remains: novel DNA extraction and typing procedure for ancient material. Croat Med J, 2009, 50: 286-295.

[24] Bogdanowicz W, Allen M, Branicki W, Lembring M, Gajewska M, Kupiec T. Genetic identification of putative remains of the famous astronomer Nicolaus Copernicus. Proc Natl Acad Sci USA, 2009, 106: 12279-12282.

[25] Zupanič-Pajnič I. Genetic identification of Second World War victim's skeletal remains. Lap Lambert Academic Publishing, Saarbrucken, 2013.

[26] Zupanič-Pajnič I. Molecular genetic analyses of 300-year old skeletons from Auersperg tomb. Zdravniski Vestnik, 2013, 82: 796－808.
[27] Zupanič-Pajnič I. Molecular genetic identification of the Slovene home guard victims. Zdravniski Vestnik, 2008, 77: 745－750.
[28] Zupanič-Pajnič I, Pogorelc BG, Balazic J. Molecular genetic identification of skeletal remains from the Second World War Konfin I mass grave in Slovenia. Int J Legal Med, 2010, 124: 307－317.
[29] Cattaneo C, Craig OE, James NT, Sokol RJ. Comparison of three DNA extraction methods on bone and blood stains up to 43 years old and amplification of three different gene sequences. J Forensic Sci, 1997, 42: 1126－1135.
[30] Bender K, Schneider PM, Rittner C. Application of mtDNA sequence analysis in forensic casework for the identification of human remains. Forensic Sci Int, 2000, 113: 103－107.
[31] Hochmeister MN, Budowle B, Borer UV, Eggmann U, Comey CT, Dirnhofer R. Typing of deoxyribonucleic acid (DNA) extracted from compact bone from human remains. J Forensic Sci, 1991, 36: 1649－1661.
[32] Loreille OM, Diegoli TM, Irwin JA, Coble MD, Parsons TJ. High efficiency DNA extraction from bone by total demineralization. Forensic Sci Int Genet, 2007, 1: 191－195.
[33] Jakubowska J, Maciejewska A, Pawlowski R, Comparison of three methods of DNA extraction from human bones with different degrees of degradation. Int J Legal Med, 2012, 126: 173－178.
[34] Amory S, Huel R, Bilic A, Loreille O, Parsons TJ. Automatable full demineralization DNA extraction procedure from degraded skeletal remains. Forensic Sci Int Genet, 2012, 6: 398－406.
[35] Zupanič-Pajnič I. Highly efficient DNA extraction method from skeletal remains. Zdravniski Vestnik, 2011, 80: 171－181.
[36] Zupanc T, Balazic J, Stefanic B, Zupanic Pajnic I. Performance of the human quantifiler, the investigator quantiplex and the investigator ESSplex plus kit for quantification and nuclear DNA typing of old skeletal remains. Rom J Leg Med, 2013, 21: 119－124.
[37] Zupanič-Pajnič I, Gornjak Pogorelc B, Balažic J, Zupanc T, Štefanič B. Highly efficient nuclear DNA typing of the World War II skeletal remains using three new autosomal short tandem repeat amplification kits with the extended European Standard Set of loci. Croat Med J, 2012, 53(1): 17－23.
[38] Zupanič-Pajnič I. A comparative analysis of the AmpF1STR identifier and PowerPlex 16 autosomal short tandem repeat (STR) amplification kits on the skeletal remains excavated from Second World War mass graves in Slovenia. Romanian Journal of Legal Medicine, 2013, 21: 73－78.
[39] Boom R, Sol CJA, Salimans MMM, Jansen CL, Wertheimvandillen PME, Vandernoordaa J. Rapid and simple method for purification of nucleic-acids. J Clin Microbiol, 1990, 28: 495－503.
[40] Kishore R, Hardy WR, Anderson VJ, Sanchez NA, Buoncristiani MR. Optimization of DNA extraction from low-yield and degraded samples using the BioRobot (R) EZ1 and BioRobot (R) M48. J Forensic Sci, 2006, 51: 1055－1061.
[41] Montpetit SA, Fitch IT, O'Donnell PT. A simple automated instrument for DNA extraction in forensic casework. J Forensic Sci, 2005, 50: 555－563.
[42] Nagy M, Otremba P, Kruger C, Bergner Greiner S, Anders P, Henske B, et al. Optimization and validation of a fully automated silica-coated magnetic beads purification technology in forensics. Forensic Sci Int, 2005, 152: 13－22.
[43] Valgren C, Wester S, Hansson O. A comparison of three automated DNA purification methods in forensic casework. Forensic Sci Int Genet, 2008, 1: 76－77.
[44] Zupanič-Pajnič I, Debska M, Gornjak Pogorelc B, Vodopivec Mohorčič K, Balažic J, Zupanc

T, et al. Highly efficient automated extraction of DNA from old and contemporary skeletal remains. J Forensic Legal Med, 2016, 37: 78-86.
[45] Hofreiter M, Serre D, Poinar HN, Kuch M, Paabo S. Ancient DNA. Nat Rev Genet, 2001, 2: 353-359.
[46] Handt O, Richards M, Trommsdorff M, Kilger C, Simanainen J, Georgiev O, et al. Molecular-genetic analyses of the Tyrolean Ice Man. Science, 1994, 264: 1775-1778.
[47] Kolman CJ, Tuross N. Ancient DNA analysis of human populations. Am J Phys Anthropol, 2000, 111: 5-23.
[48] Handt O, Krings M, Ward RH, Paabo S. The retrieval of ancient human DNA sequences. Am J Hum Genet, 1996, 59: 368-376.
[49] Wandeler P, Smith S, Morin PA, Pettifor RA, Funk SM. Patterns of nuclear DNA degeneration over time-a case study in historic teeth samples. Mol Ecol, 2003, 12: 1087-1093.
[50] Brown TA, Brown KA. Ancient DNA and the archaeologist. Antiquity, 1992, 66: 10-23.
[51] Graham EAM. DNA reviews: ancient DNA. Forensic Sci Med Pathol, 2007, 3: 221-225.
[52] Paabo S, Poinar H, Serre D, Jaenicke-Despres V, Hebler J, Rohland N, et al. Genetic analyses from ancient DNA. Annu Rev Genet, 2004, 38: 645-679.
[53] Pääbo S. Amplifying ancient DNA. In PCRProtocols and Amplifications-A Laboratory Manual, ed. MA Innis, DH Gelfand, JJ Sninsky, TJ White, 1990, pp 159-66. San Diego: Academic.
[54] Wilson MR, Dizinno JA, Polanskey D, Replogle J, Budowle B. Validation of mitochondrial-DNA sequencing for forensic casework analysis. Int J Legal Med, 1995, 108: 68-74.
[55] Bar W, Brinkmann B, Budowle B, Carracedo A, Gill P, Holland M, et al. DNA commission of the international society for forensic genetics: guidelines for mitochondrial DNA typing. Int J Legal Med, 2000, 113: 193-196.
[56] Carracedo A, Bar W, Lincoln P, Mayr W, Morling N, Olaisen B, et al. DNA commission of the international society for forensic genetics: guidelines for mitochondrial DNA typing. Forensic Sci Int, 2000, 110: 79-85.
[57] Kalmar T, Bachrati CZ, Marcsik A, Rasko I. A simple and efficient method for PCR amplifiable DNA extraction from ancient bones. Nucleic Acids Res, 2000, 28: e67.
[58] Tully G, Bar W, Brinkmann B, Carracedo A, Gill P, Morling N, et al. Considerations by the European DNA profiling (EDNAP) group on the working practices, nomenclature and interpretation of mitochondrial DNA profiles. Forensic Sci Int, 2001, 124: 83-91.
[59] Alonso A, Andelinovic S, Martin P, Sutlovic D, Erceg I, Huffine E, et al. DNA typing from skeletal remains: evaluation of multiplex and megaplex STR systems on DNA isolated from bone and teeth samples. Croat Med J, 2001, 42: 260-266.
[60] Davoren J, Vanek D, Konjhodzic R, Crews J, Huffine E, Parsons TJ. Highly effective DNA extraction method for nuclear short tandem repeat testing of skeletal remains from mass graves. Croat Med J, 2007, 48: 478-485.
[61] Tamariz J, Voynarovska K, Prinz M, Caragine T. The application of ultraviolet irradiation to exogenous sources of DNA in plasticware and water for the amplification of low copy number DNA. J Forensic Sci, 2006, 51: 790-794.
[62] Shaw K, Sesardic I, Bristol N, Ames C, Dagnall K, Ellis C, et al. Comparison of the effects of sterilisation techniques on subsequent DNA profifiling. Int J Legal Med, 2008, 122: 29-33.
[63] Milos A, Selmanovic A, Smajlovic L, Huel RLM, Katzmarzyk C, Rizvic A, et al. Success rates of nuclear short tandem repeat typing from different skeletal elements. Croat Med J, 2007, 48: 486-493.
[64] Misner LM, Halvorson AC, Dreier JL, Ubelaker DH, Foran DR. The correlation

between skeletal weathering and DNA quality and quantity. J Forensic Sci, 2009, 54: 822 - 828.

[65] Edson S, Ross JP, Coble MD, Parsons TJ, Barritt SM. Naming the dead-con-fronting the realities of rapid identififi cation of degraded skeletal remains. Forensic Sci Rev, 2004, 16: 64 - 89.

[66] Mundorff AZ, Bartelink EJ, Mar-Cash E. DNA preservation in skeletal elements from the world trade center disaster: recommendations for mass fatality management. J Forensic Sci, 2009, 54: 739 - 745.

[67] Mundorff A, Davoren JM. Examination of DNA yield rates for different skeletal elements at increasing post mortem intervals. Forensic Sci Int Genet, 2014, 8: 55 - 63.

[68] Schwartz TR, Schwartz EA, Mieszerski L, Mcnally L, Kobilinsky L. Characterization of deoxyribonucleic-acid (DNA) obtained from teeth subjected to various environmental-conditions. J Forensic Sci, 1991, 36: 979 - 990.

[69] Sweet D, Hildebrand D. Recovery of DNA from human teeth by cryogenic grinding. J Forensic Sci, 1998, 43: 1199 - 1202.

[70] Salamon M, Tuross N, Arensburg B, Weiner S. Relatively well preserved DNA is present in the crystal aggregates of fossil bones. Proc Natl Acad Sci USA, 2005, 102: 13783 - 13788.

[71] Sampietro mL, Gilbert MTP, Lao O, Caramelli D, Lari M, Bertranpetit J, et al. Tracking down human contamination in ancient human teeth. Mol Biol Evol, 2006, 23: 1801 - 1807.

[72] Gilbert MTP, Rudbeck L, Willerslev E, Hansen AJ, Smith C, Penkman KEH, et al. Biochemical and physical correlates of DNA contamination in archaeological human bones and teeth excavated at Matera, Italy. J Archaeol Sci, 2005, 32: 785 - 793.

[73] Lindahl T. Instability and decay of the primary structure of DNA. Nature, 1993, 362: 709 - 715.

第八章

用于法医 DNA 分析的扩增内标(IAC)和 DNA 分型试剂盒的发展和使用

Nathalie Zahra 和 William Goodwin

摘要：用于法医调查的生物样本 DNA 往往含量低和/或被降解，某些情况下还可能被可抑制 PCR 的化学物质污染。因此，可能出现不完整图谱和假阴性结果，使 DNA 分析更具挑战性。由于 DNA 分析对法医调查的影响，监控 DNA 分析特别是扩增反应的过程显得异常重要。本章描述了一种使用扩增内标(IAC)的 DNA 分型试剂盒的方法，以监测 PCR 扩增效率并解释 DNA 图谱。该方法使用 SGM Plus®试剂盒。

关键词：DNA 分析，AmpFℓSTR® SGM Plus®，扩增内标，IAC，质量控制，PCR

8.1 引言

从犯罪或大规模灾难现场采集的检材可能包括体液(如血液、唾液和精液)、软组织(如肌肉)和硬组织(如骨骼和牙齿)。检材状态通常很不理想，或数量有限(<100 pg，如指纹[1]和头发[2])，或受恶劣环境条件(如紫外线、高湿、高温)的影响而降解，又或是被外部物质污染(如土壤中的腐殖酸或衣服上的染料)等。这些因素会降低可用于扩增的 DNA 数量和/或影响扩增过程本身。导致最终结果可能是得到部分 DNA 图谱或未得到 DNA 图谱，而对于导致这一结果的原因解释可能很困难，有可能出现假阴性结果。Broemeling 等人估计[3]，大概有 10%或更多的犯罪现场检材由于 DNA 不足或共提取 PCR 的抑

制性污染，导致无法生成基因图谱。

在使用个体识别试剂盒进行 DNA 图谱分析时，一种监控 PCR 扩增效率的方法不仅可增加结果的可信度，还有助于 DNA 图谱的解释。扩增内标（internal amplification controls，IAC）是一种直接监测酶促反应效率的方法。IAC 也被称为 PCR 内标（internal PCR control，IPC）是以一定数量或拷贝数添加到同一反应管中，并与目标 DNA 同时扩增的非目标 DNA 片段[4~8]。使用 IAC 时，即使未检测到目标，也会产生参考信号；如果检测到 DNA，则说明 PCR 扩增成功。当 IAC 信号低于最佳值或缺失时，表明扩增反应效率偏低或失败。

在 IAC - PCR 系统中，IAC 扩增可以是竞争性（与目标 DNA 使用同一对引物）或非竞争性的（与目标 DNA 使用不同的引物组）。在竞争性扩增中，IAC 的浓度、长度和二级结构是限制与目标 DNA 竞争的关键；而在非竞争性系统中，IAC 扩增受 IAC 引物对浓度的限制，控制 IAC 引物浓度，可防止对 dNTP 和 DNA 聚合酶的过度竞争。

IAC 片段本身可以合成，也可以通过分子生物学技术从其他来源的 DNA 或从样本 DNA 的不同区域中合成。大多数用于合成 IAC 的机制都是利用 PCR，如复合引物技术或重叠延伸技术[9]。在所有情况下，IAC 片段都是单独生成，然后再与目标 DNA 一起加入到 PCR 检测中。此外，独立于 IAC 的设计和生成方法，IAC - PCR 系统在应用于个案样本之前需要进行验证。

在遗传学领域，使用 IAC 属于常规方法，特别是用于复杂生物样品（如食品[10~12]、临床和环境样品[13~15]）的微生物测定时，该方法可作为质量控制系统的一部分，以确定抑制剂的存在。在法医应用方面，这一作用由 Quantifiler® 人类 DNA 扩增试剂盒和 Plexor® qPCR 系统等实时定量 PCR 检验来承担，两者都使用合成的 IAC，称为 IPC。然而，有研究表明，实时定量 PCR 对抑制的灵敏度与传统 PCR 不同,这主要与两种系统之间的原理差异相关[2]。与 DNA 共存的可干扰探针与 DNA 结合、聚合酶 5′→3′外切酶活性或荧光染料的任何分子,均有潜在抑制实时 PCR 的可能性[16,17],并可能给出错误的定量结果[18]。此外,极高浓度的人类 DNA(>10 ng/μL)会抑制 IPC 扩增。PCR 抑制剂或高浓度 DNA 可能会造成未确定的 IPC 信号,从而影响结果的正确解释[19]。

Kihlgren 等人[20]首次尝试在法医 DNA 分析中建立含 IAC 的常规 PCR 体系,在该研究中,一种优化的 D3S1358 产物作为 IAC 用于 DNA 定量,以监测在基于 D3S1358 扩增的系统中是否存在 PCR 抑制剂。Wurmb-Schwark 等人[21]的另一项研究中,描述了一种新的多重反应,以评估骨骼 DNA 的降解程度,其中包括 5 个核 DNA 位点(amelogenin、THO1、vWA、DYS390 和 DYS391)、2 个线粒体 DNA 高可变区(280 和 439 bp)和一个来自 *Hydra vulgaris* 的 271 bp 扩增片段(作为监测 PCR 抑制的 IAC)。虽然这些研究是 IAC 在法医遗传学中应用的典型案例,但从实际情况来看,它们需要在 DNA 分析试剂盒中增加额外的分析,从而消耗更多的 DNA 样本,而 DNA 样本在很多情况下非常有限。QIAGEN 最近开发的 Investigator® 24plex 质量传感器试剂盒,能够在一次反应中扩增 22 个人类 DNA STR 位点(详见 Qiagen.com);反应中还包括两个 PCR 内标,与 STR 一起扩增,用于评估 PCR 质量。然而,法医实验室可能会限制特定试剂盒的使用,因此将 IAC 纳入目前正在使用的试剂盒可能更方便。

本章提出了一个可用于生成和应用 IAC 的策略,并可直接纳入目前任何给定实验室正在使用的 DNA 分析试剂盒中。应用该策略开发的 SGM Plus®试剂盒,在英国广泛使用。该试剂盒是一种 STR 多重检测试剂盒,使用荧光标记引物扩增了 11 个基因座(D3S1358、vWA、D16S539、D2S1338、D8S1179、D21S11、D18S51、D19S433、

TH01、FGA 和 amelogenin)。然后通过毛细管电泳分析扩增后的片段。由于 SGM Plus®扩增子覆盖的片段长度范围是 100~354 bp,因此在这个范围内设计了两个 IAC,长度分别为 90 和 410 bp。利用质粒 pBR322 生成 IAC 以避免与人类 DNA 序列同源。两个 IAC 片段最初通过 PCR 产生,经过纯化,然后添加到 SGM Plus® 反应混合物中(图 8.1)。在反应中,IAC_{90} 和 IAC_{410} 通过 6-羧基-X-罗丹明(6-Carboxy-X-rhoda mine,ROX)标记的引物进行非竞争性扩增。因此,将在含内标的红色泳道上检测到 IAC。

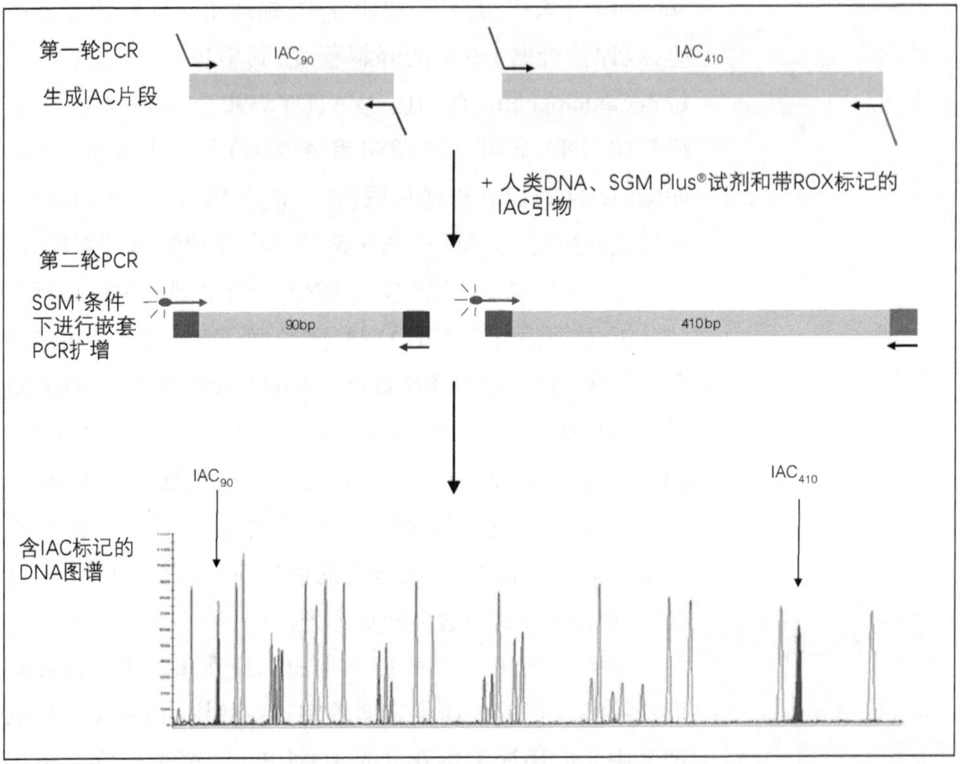

图 8.1 IAC 的生成和扩增过程示意图。IAC_{90} 和 IAC_{410} 片段使用末端引物(PCR 1)生成。然后对片段进行纯化,加入人类 DNA,并使用与第一组引物末端互补的不同引物(PCR 2)进行非竞争性扩增。在 PCR 2 中,IAC 片段使用共同的 ROX 标记(图中小太阳图标)正向引物进行扩增,以检测包含 IAC 标记的人类 DNA 图谱。

8.2 材料

以下是本方法所使用的试剂和仪器清单。使用运行良好的实验室并遵循实验室指南，特别是在试剂的制备、反应和废物处理方面。用超纯水(18 MΩ·cm)配制所有溶液和试剂，并于室温下保存，除非另有说明。

8.2.1 试剂

- 0.5 mol/L EDTA 溶液(pH 8.0)(Sigma Aldrich 公司)。
- 1.1×Ready Mix PCR Master Mix(ABgene 公司)。
- 1×TAE(按照 8.2.2 节所述制备)。
- 6×上样缓冲液(ABgene 公司)。
- 9947A DNA(10 ng/μL)(Promega 公司)。
- 溴化乙锭原液(10 μg/mL)。
- 冰醋酸(Sigma Aldrich 公司)。
- GS™ 500 ROX™ 内标(500 ROX™)(Applied Biosystems 公司)。
- Hi - Di 甲酰胺(Applied Biosystems 公司)。
- 异丙醇(Sigma Aldrich 公司)。
- LB(Luria-Bertani)培养基(见注释 1)。
- POP - 4 性能优化分离胶(Applied Biosystems 公司)。
- 青霉素(见注释 1)。
- SeaKem® LE 琼脂糖粉(Cambrex 公司)。

8.2.2 溶液制备

(1) 50×TAE 缓冲液：242 g Tris 碱溶于 750 mL 18 MΩ·cm 水中。小心加入 57.1 mL 冰醋酸和 100 mL 0.5 mol/L EDTA(pH 8.0)。搅拌混合物以溶解固体，并加水至最终体积为 1 L。溶液可保存于室温。将 20 mL 50×TAE 稀释到 980 mL 18 MΩ·cm 水中，制备 1 L 1×TAE 缓冲液。

(2) 洗脱缓冲液(EB)——10 mmol/L Tris - HCl (pH 8.0)：将 121 g Tris 碱溶解在 900 mL 18 MΩ·cm 水

中。在通风橱中,使用浓盐酸(HCl)调节 pH 至 8.0,处理酸时要小心。用 18 MΩ · cm ddH_2O 将溶液定容至 1 L。

8.2.3 试剂盒

使用以下试剂盒或其他试剂盒完成该过程。

(1) QIAquick®凝胶提取试剂盒(QIAGEN 公司),包含:

a) QG 缓冲液;

b) PE 缓冲液;

c) QIAquick 吸附柱。

(2) Quant - iT™ PicoGreen® dsDNA 试剂盒(Life Technologies 公司),包含:

a) Quant - iT™ PicoGreen® dsDNA 试剂;

b) 20×TE 缓冲液;

c) 100 μg/mL DNA 标准品。

(3) AmpFℓSTR® SGM Plus®试剂盒(Life Technologies 公司),包含:

a) AmpFℓSTR® PCR 反应混合物;

b) AmpFℓSTR® SGM Plus®引物混合物;

c) AmpFℓSTR® SGM Plus®等位基因分型标准物;

d) AmpFℓSTR®阳性对照 DNA 007;

e) AmpliTaq Gold® DNA 聚合酶。

8.2.4 引物

可从任何分子生物学公司购买表 8.1 和表 8.2 所示的引物序列。使用前:

(1) 将冻干引物与 EB 缓冲液重悬制成 100 μmol/L 的原液。

(2) 用 EB 缓冲液稀释 100 μmol/L 原液,制备 5 μmol/L 工作溶液,并用于扩增反应(见注释 2)。

8.2.5 质粒 pBR322 DNA

质粒 pBR322 DNA 可直接从分子生物学公司订购。通过在大肠杆菌等细菌中克隆载体,然后在需要时提取 pBR322 DNA 以达到 pBR322 DNA 的持续供应(见注释

1)。将质粒 DNA 稀释到 5 ng/μL。

8.2.6 仪器

- PCR 仪：常规 PCR 反应需使用普通 PCR 仪(无特定制造商),条件优化 PCR 需使用梯度 PCR 仪。
- 电泳室(任意供应商)。
- 紫外检测站。
- TECAN Genio Pro™平板阅读器。
- ABI Prism 310、ABI 3130 或 3500。

8.3 方法

8.3.1 合成 IAC

本节方法描述了 IAC 引物设计、IAC_{90}和 IAC_{410}模板原液生成以及原液中模板拷贝数的定量和计算的具体细节。该方法使用 pBR322 作为 DNA 来源。本节使用的引物序列列于表 8.1 和表 8.2,但更建议自己设计引物。

表 8.1 用于生成 IAC_{90}和 IAC_{410}模板的引物序列

IAC 引物片段	序 列
IAC_{90}正向	**CTGTCAAATCTAAACACCCTGATGCG** GCTTGCGGTATTCGGAATCTTG
IAC_{90}反向	**GTCAGCTTGCATAATATCGAGATAACGC** GAGCGAGGGCGTGCAAGATT
IAC_{410}正向	**CTGTCAAATCTAAACACCCTGATGCG** GATGCTGCTGGCTACCCTGT
IAC_{410}反向	**GTACAATGTTGACGTTCCTCGCTG** CGTGAAGCGATTCACAGATCTCTG

加粗序列为引物末端,在 SGM Plus®反应中作为 IAC 扩增的引物结合位点。

表 8.2 在 SGM Plus® PCR 过程中用于扩增 IAC_{90}和 IAC_{410}的引物序列

IAC 引物片段	序 列
SGM Plus® IAC_{90}和 IAC_{410}正向	ROX - CTGTCAAATCTAAACACCCTGATGCG
SGM Plus® IAC_{90}反向	GTCAGCTTGCATAATATCGAGATAACGC
SGM Plus® IAC_{410}反向	GTACAATGTTGACGTTCCTCGCTG

正向引物 5′端用 ROX 荧光染料标记。这些引物与先前生成的 IAC 片段的尾部结合。

8.3.1.1 IAC引物设计

（1）从pBR322质粒序列中选择一个合适的区域，设计引物进行扩增，该操作可以手动或借助软件（如Primer3Plus）完成[22]。确保合成的寡核苷酸符合引物设计的一般标准，即引物长度18～25 bp，GC含量40%～60%，退火温度50～70℃。

（2）确保选定的质粒序列和将要用于扩增的引物与人类基因组无互补性。这可以通过将序列输入基于局部比对算法的搜索工具（BLAST），并与人类基因组进行比对来检查。所选质粒序列应与人类基因组无显著相似性。

（3）在所有引物的5′端添加一个18～20 bp的随机序列，GC含量为40%～60%。它们将作为引物末端，在DNA分析试剂盒进行第二次扩增时作为引物结合位点。确保生成扩增子的最终大小与预期相同（见注释3）。

8.3.1.2 生成IAC

（1）用EB缓冲液稀释100 μmol/L原液，制备引物的5 μmol/L工作溶液（表8.1）。

（2）生成IAC模板的扩增反应体系如下：

- 10 μL 1 ng/μL pBR322 DNA；
- 36 μL 1.1×PCR反应混合物；
- 2 μL 5 μmol/L正向引物；
- 2 μL 5 μmol/L反向引物；
- 补充18 MΩ · cm水，至总体积为50 μL（见注释5）。

（3）PCR反应条件如下：95℃预变性5 min；（94℃变性30 s，58℃退火60 s，72℃延伸60 s）30个循环；72℃最终延伸45 min；15℃保持。

（4）通过调节退火温度、氯化镁（$MgCl_2$）浓度、引物浓度和DNA模板量来优化扩增反应。PCR产物可通过凝胶电泳进行评估（见注释6）。

（5）利用优化后的条件制备多个扩增反应（5～10个50 μL反应），批量生成IAC片段。

（6）通过8.3.1.3节中描述的方法纯化和分离片段。

8.3.1.3 纯化IAC模板

纯化步骤需要去除任何残留的引物、核苷酸、DNA聚合酶、盐、非特异性DNA产物和可能干扰下游反应的高分子量DNA。较简单的纯化方法是将样品通过凝胶电泳后从凝胶中分离出所需的扩增子。

（1）将同一IAC片段的不同PCR产物(8.3.1.2节中批量生成的产物)合并到同一个离心管中,加入0.3×最终PCR产物体积的6×上样缓冲液。

（2）准备2%琼脂糖凝胶(见注释7),将每个样品加载到多个泳道中,1×TAE缓冲液运行。在紫外凝胶成像仪中观察(见注释8)。

（3）确定目标扩增子,用锋利的刀片切割条带周围的凝胶。使用刀片时应小心,切割时应尽可能靠近条带,以避免样品中出现过量的凝胶。

（4）使用QIAquick®凝胶提取试剂盒从凝胶中提取DNA。将同一样本的多个凝胶合并到一个或两个1.5 mL离心管中,注意凝胶的总重量。每100 mg凝胶,加300 μL QG缓冲液,室温放置,直到凝胶全部溶解。加入相同凝胶体积的异丙醇并涡旋。将混合物转移到QIAquick吸附柱中,14 000×g离心1 min,弃掉废液。用500 μL的QG缓冲液和750 μL的PE缓冲液洗涤柱子两次,均丢弃废液。让柱子干燥2 min,然后分两次用50 μL的EB缓冲液洗脱DNA,共100 μL。

（5）按照8.3.1.4节中所述方法,对IAC原液进行定量、分装,并适当储存。-20℃下可长期保存(见注释9)。

8.3.1.4 DNA定量

有多种定量方法可用于确定DNA片段的浓度,包括紫外线、荧光分光光度计或实时PCR。以下流程利用Quant－iT™ PicoGreen® dsDNA试剂盒对IAC和未知DNA样品进行定量。

（1）用 18 MΩ · cm ddH_2O 将 20×TE 缓冲液稀释至 1×TE。准备 Quant-iT™ PicoGreen® dsDNA 试剂的工作溶液，用 1×TE 缓冲液稀释 200 倍，使 DNA 浓度达到 2 000 ng/mL。制备足够处理所有样品的体积，每个样品需 200 μL。

（2）每个 Quant-iT™ PicoGreen® run，准备两套标准品——低范围和高范围的 DNA——如表 8.3 和表 8.4 所示，最终体积为 400 μL（见注释 10）。

（3）对于 IAC 和未知的人类 DNA 样品，使用 3 μL 样品和 197 μL EB 缓冲液。然后加入 200 μL PicoGreen® 工作溶液，使最终体积为 400 μL。为了确保结果的可靠性，在未知样本旁边，运行已知浓度的 DNA 样本、加标样本（见注释 11）和空白对照（无 DNA）。

表 8.3 制备用于 Quant-iT™ PicoGreen run 的低浓度 DNA 稀释液所需的体积

体积(μL)			最终 DNA 浓度 (ng/mL)
DNA 标准(2 000 ng/mL)	1×TE	PicoGreen®	
20	180	200	100
10	190	200	50
5	195	200	25
2	198	200	10
0.2	199.8	200	1
0	200	200	0

表 8.4 制备用于 Quant-iT™ PicoGreen run 的高浓度 DNA 稀释液所需的体积

体积(μL)			最终 DNA 浓度 (ng/mL)
DNA 标准(2 000 ng/mL)	1×TE	PicoGreen®	
200	0	200	1 000
160	40	200	800
80	120	200	400
40	160	200	200
20	180	200	100
0	200	200	0

(4) 转移 300 μL 稀释过的 PicoGreen® DNA(标准品、未知品和加标样品)至 96 孔板中。将标准品放入平板 A1 位置浓度最高的前两排中。接着是未知样品和空白对照。

(5) 在适当的计数器(如 TECAN Genio Pro™ 计数器,也可使用其他计数器)上计数,测量波长为 520 nm 的荧光强度。

(6) 运行结束后,使用 DNA 标准品的原始读数构建校准曲线,确保 R^2 值≥0.99。用这个关系式确定未知样品的浓度(ng/mL),并计算出原始样品的浓度(ng/μL)。

8.3.1.5 拷贝数计算

(1) 使用下列等式计算 IAC 拷贝数(示例见注释 12):

$$C = \frac{m \times Ac}{Mw \times Gs}$$

其中:

C=拷贝数(copy number,c.n.);

m=DNA 含量(g);

Ac=阿伏伽德罗常数=6.022×1 023/mol;

Mw=碱基对平均重量=649 Da;

Gs=基因组大小(bp)。

(2) 用 EB 缓冲液稀释溶液,制备具有适当拷贝数的 IAC 工作溶液。

8.3.2 IAC 与 DNA 分析试剂盒的使用

8.3.2.1 IAC 扩增优化

将 IAC 应用于未知样品的 SGM Plus® 反应(或其他试剂盒)之前,优先使用反应混合物验证 IAC。该步骤可用于确定和优化试剂盒(如 SGM Plus®)反应混合物中 IAC 的扩增效率,并确定待添加的 IAC 的最佳拷贝数(copy number,c.n.)。最初可以使用单个 IAC 进行验证,然后再将两者结合进行验证。

(1) 用 EB 缓冲液连续稀释 IAC 至 10 000、1 000、

100、10 c.n./μL。

(2) 50 μL SGM Plus®反应体系如下：

a) 21 μL AmpFℓSTR® PCR 反应混合液；

b) 11 μL AmpFℓSTR® PCR 引物混合液；

c) 1 μL AmpliTaq Gold DNA 聚合酶；

d) 1 μL 5 μmol/L ROX labeled 正向引物(表 8.2)；

e) 1 μL 5 μmol/L 反向引物(表 8.2)；

f) 1 μL 适当拷贝数的 IAC(来自步骤 1)；

g) 1 ng DNA 标准品；

h) 补充 18 MΩ · cm 水,至最终体积为 50 μL。

反应为一式三份,包括两份对照样品：仅含人类 DNA (不含 IAC)和仅含 IAC(不含人类 DNA)(见注释 13)。

(3) SGM Plus® PCR 反应遵循制造商提供的条件：95℃预变性 11 min;(94℃变性 60 s,59℃退火 60 s,72℃延伸 60 s)28 个循环;60℃最终延伸 45 min;10℃保持。

(4) 扩增后,在毛细管电泳仪上运行样品(如 8.3.2.2 所述)。评估电泳图谱是否有假象,如滴入、卡顿或杂合峰不平衡。

(5) 确定 IAC 信号在 500~2 000 RFU 之间的拷贝数(见注释 14),并在人类 DNA 浓度降低和一系列 PCR 抑制剂的情况下对系统进行经验验证。

(6) 重复上述步骤,将两种 IAC 合并到一个反应中。再次验证 IAC 对生成的图谱质量和反应灵敏度的影响(如步骤 5 所述)。

(7) 使用从犯罪现场提取的未知人类 DNA 样本验证条件。加入制造商推荐的 DNA 量。

8.3.2.2　毛细管电泳样品运行

(1) 扩增后,取 1 μL PCR 反应产物与 10 μL Hi－Di 甲酰胺和 0.3 μL 500 ROX™分子量内标混合,使总体积为 11.3 μL。

(2) 为每批样品准备一个标准样,包含 1 μL 等位基因分型标准物(Allelic ladder)、10 μL Hi－Di 甲酰胺和 0.3 μL 500 ROX™分子量内标。

(3) 涡旋溶液,使用 POP－4 分离胶和运行缓冲液(1×)在毛细管电泳平台(如 ABI Prism® 310、3130 和 3500)上运行样品。

(4) 以表 8.5 所示参数为指导,设置电泳运行参数。电泳时间可以增加到 35 min,以确保 IAC410 的检测。

(5) 电泳结束时,使用适当软件(如 GeneMapper® ID v3.2)分析电泳图谱。确保使用正确的矩阵文件,并指定 ROX 作为内部泳道标准。

表 8.5　SGM Plus™反应毛细管电泳的典型参数

参　数	数　值
进样时间	5 s
进样电压	15 kV
电泳电压	15 kV
电泳温度	60℃
电泳时间	30 min

8.3.2.3　以 IAC 为质控标志的结果解释

(1) 每张电泳图谱,通过峰高、峰形和背景噪声水平检查内标质量。

(2) 从对照样本"仅有 IAC"开始,在内标峰中识别 IAC_{90}和 IAC_{410}峰,并注意其峰高。使用这些峰值作为其他样品分析的参考。

(3) 分析其余未知样本,首先观察 IAC 标记,然后是形成人类 DNA 图谱的其余峰值。以图 8.2 中的电泳图谱为例,比较未知样品和对照样品中 IAC 的峰高,以监测是否存在显著差异。

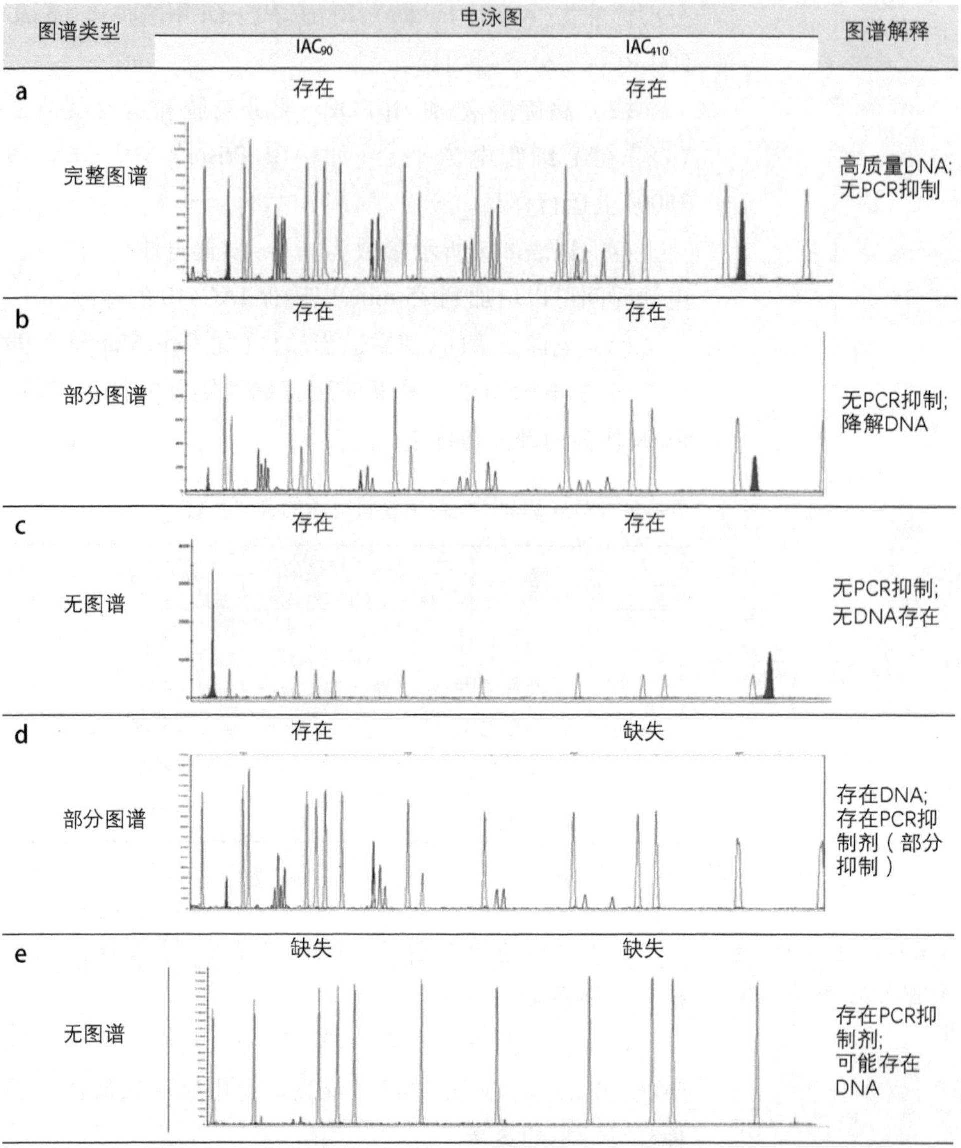

图 8.2　IAC 标记在 DNA 图谱解释过程中的应用示意图。该标记体系由 IAC_{90} 和 IAC_{410} 组成。当这两个标记与人类 DNA 图谱同时出现时，意味着没有抑制，注射成功（a）；当人类 DNA 信号减少或缺失时，这两个标记的存在分别表明人类 DNA 被降解（b）或缺失（c）；如果 IAC 标记随着人类 DNA 信号一起减少，这表明抑制剂的存在导致部分（d）或完全（e）抑制；缺乏人类 DNA 图谱和 IAC 信号可能意味着样品未被注射。

8.4　注释

(1) 如果有包含质粒 pBR322 的大肠杆菌培养液，将 200 μL 培养液移入包含 2 mL LB 培养基和 100 μg/mL 青霉素的 15 mL 试管中。将培养液在 37℃下剧烈摇动孵育过夜。根据生长情况，将 1.5 mL 的培养液转移到 2 mL 离心管中，在 4℃下 12 000×*g* 离心 30 s。通过抽吸除去培养液，留下沉淀，并将其风干。按照 Sambrook 等人[23] 所述方法，继续从质粒中提取 DNA。

(2) 引物原液和工作溶液可储存于−20℃。避免溶液反复冻融，荧光标记引物应避免光照。

(3) 使用 DNA 分析试剂盒扩增后产生的 IAC 长度不应与毛细管电泳中形成的内标片段大小重叠，这是为了确保 IAC 和内标的峰在分析过程中均被检测到。

(4) 可用洗脱缓冲液(EB)或水稀释 DNA 样品或引物制备试剂。应避免使用含有 0.5～1 mmol/L EDTA 的 TE(Tris－EDTA)缓冲液，因为 EDTA 可以结合并隔离聚合酶作用所需的镁离子，从而影响扩增效率。

(5) 在这种情况下，ABgene Master mix 等 PCR 混合液是理想的选择。它们包括用于 PCR 反应的适当浓度 dNTP、聚合酶和氯化镁($MgCl_2$)。这些主混合物只需要加入 DNA 模板和引物，就可以使用 PCR 的各个组分来建立反应。

(6) 其他方法，如 Bioanalyser，可用于评估 PCR 产物。此阶段，重点是确保产生适当的扩增子而没有非特异性产物。

(7) 在 100 mL 1×TAE 缓冲液中加入 2 g 琼脂糖，然后加入 3 μL 10 μg/mL 溴化乙锭，使最终浓度为 0.3 μg/mL，以制备 2%琼脂糖凝胶。由于溴化乙锭是一种诱变剂，操作时应格外小心。体积可与所需凝胶体积成正比变化，同时保持溴化乙锭浓度在 0.2～0.5 μg/mL 范围内。

（8）应避免 DNA 长时间暴露在紫外线下，以防破坏 DNA，导致其断裂和交联，使其无法进行下游反应。

（9）可在低 DNA 结合管中长期储存原液和稀释液，并使用含有 0.1%吐温的 EB 缓冲液。这可避免 DNA 与管壁结合——会导致模板浓度随着时间的推移而降低。

（10）在制备校准曲线的 DNA 标准品时，移液过程需特别小心。为了获得更精确的校准曲线，建议使用连续稀释法制备标准品，每次在制备下一次稀释溶液之前都要对溶液进行涡旋和离心。

（11）加标样品的制备方法是将已知量（已知浓度）的 DNA 加入到一个未知 DNA 样品中，该未知浓度 DNA 样品与一个单独（未加标的）样品在同一运行中被检测。从原始荧光值中计算出加标的数量，将显示出产品的准确性，并为运行期间产生的其余读数提供可信度。

（12）下述例子展示了溶液中 DNA 拷贝数的计算。假设有浓度为 500 ng/μL（5×10^{-7} g/μL）的 IAC_{90} 原液，1 μL 中的拷贝数（C）为：

$$C = \frac{m \times Ac}{Mw \times Gs}$$

$$C = \frac{(5 \times 10^{-7}) \times (6.022 \times 10^{23})}{649 \times 90}$$

$$C = 5.15 \times 10^{13}\ \text{拷贝数}/\mu L$$

（13）当运行多个样品时，最好准备一个包含所有成分的主混合物。在这种情况下，它将确保所有样本中的 IAC 拷贝数均相同。这将使样品在分析过程中可以与对照组直接进行比较，以确定扩增效率。

（14）确定系统中使用的最佳 IAC 拷贝数非常重要。使用低拷贝数 IAC 会导致 IAC 信号的随机丢失，而使用不成比例的高浓度 IAC 会导致片段过度扩增。过多的 IAC 产物反过来会对扩增反应产生负面影响，降低人类

DNA 的扩增效率。一般来说,片段长度越大,需要添加的拷贝数就越高。

参考文献

[1] van Oorschot RAH, Phelan DG, Furlong S, Scarfo GM, Holding NL, Cummins MJ. Are you collecting all the available DNA from touched objects? Prog Forensic Genet, 2003, 9 1239: 803-807.

[2] Gilbert MTP, Menez L, Janaway RC, Tobin DJ, Cooper A, Wilson AS. Resistance of degraded hair shafts to contaminant DNA. Forensic Sci Int, 2006, 156: 208-212.

[3] Broemeling DJ, Pel J, Gunn DC, Mai L, Thompson JD, Poon H, et al. An instrument for automated purification of nucleic acids from contaminated forensic samples. JALA, 2008, 13: 40-48.

[4] Cone RW, Hobson AC, Huang M-W. Coamplified positive control detects inhibition of polymerase chain reactions. J Clin Microbiol, 1992, 30: 3185-3189.

[5] Ballagi-Pordány A, Belák S. The use of mimics as internal standards to avoid false neg-atives in diagnostic PCR. Mol Cell Probes, 1996, 10: 159-164.

[6] Sachadyn P, Kur J. The construction and use of a PCR internal control. Mol Cell Probes, 1998, 12: 259-262.

[7] Hoorfar J, Cook N, Malorny B, Wagner M, De Medici D, Abdulmawjood A, et al. Making internal amplification control mandatory for diagnostic PCR[2]. J Clin Microbiol, 2003, 41: 5835.

[8] Rodríguez-Lázaro D, D'Agostino M, Pla M, Cook N. Construction strategy for an internal amplification control for real-time diagnostic assays using nucleic acid sequence-based amplification: development and clinical application. J Clin Microbiol, 2004, 42: 5832-5836.

[9] Hoorfar J, Malorny B, Abdulmawjood A, Cook N, Wagner M, Fach P. Practical considerations in design of internal amplification controls for diagnostic PCR assays. J Clin Microbiol, 2004, 42: 1863-1868.

[10] Abdulmawjood A, Roth S, Bülte M. Two methods for construction of internal amplification controls for the detection of escherichia coli O157 by polymerase chain reaction. Mol Cell Probes, 2002, 16: 335-339.

[11] Malorny B, Tassios PT, Rådström P, Cook N, Wagner M, Hoorfar J. Standardization of diagnostic PCR for the detection of food-borne pathogens. Int J Food Microbiol, 2003, 83: 39-48.

[12] D'Agostino M, Wagner M, Vazquez-Boland JA, Kuchta T, Karpiskova R, Hoorfar J, et al. A validated PCR-based method to detect listeria monocytogenes using raw milk as a food model-towards an international standard. J Food Prot , 2004, 67: 1646-1655.

[13] Neumaier M, Braun A, Wagener C. Fundamentals of quality assessment of molec-ular amplification methods in clinical diagnostics. Clin Chem, 1998, 44: 12-26.

[14] Stöcher M, Leb V, Berg J. Aconvenient approach to the generation of multiple internal control DNA for a panel of real-time PCR assays. J Virol Methods, 2003, 108: 1-8.

[15] Ursi D, Dirven K, Loens K, Ieven M, Goossens H. Detection of mycoplasma pneumoniae in respiratory samples by real-time PCR using an inhibition control. J Microbiol Methods, 2003, 55: 149-153.

[16] AbuAl-Soud W, Rådström P, Effects of amplification facilitators on diagnostic PCR in the presence of blood, feces, and meat. J Clin Microbiol, 2000, 38: 4463-4470.

[17] Burkhart CA, Norris MD, Haber M. A simple method for the isolation of genomic DNA from mouse tail free of real-time PCR inhibitors. J Biochem Biophys Methods, 2002, 52: 145-149.

[18] Ricci U, Marchi C, Previderè C, Fattorini P. Quantification of human DNA by real-time PCR in forensic casework. 2006.

[19] Koukoulas I, O'Toole FE, Stringer P, Van Oorschot RAH. QuantifilerTM observa-tions of relevance to forensic casework. J Forensic Sci, 2008, 53: 135-141.

[20] Kihlgren A, Beckman A, Holgersson S. Using D3S1358 for quantification of DNA amenable to PCR and for genotype screening. Prog Forensic Genet, 1998, 7 1167: 31-33.

[21] von Wurmb-Schwark N, Preusse-Prange A, Heinrich A, Simeoni E, Bosch T, Schwark T. A new multiplex-PCR comprising autosomal and y-specific STRs and mitochon-drial DNA to analyze highly degraded mate-rial. Forensic Sci Int Genet, 2009, 3: 96-103.

[22] Untergasser A, Cutcutache I, Koressaar T, Ye J, Faircloth BC, Remm M, et al. Primer3-new capabilities and interfaces. Nucleic Acids Res, 2012, 40: e115.

[23] Sambrook J, Fritsch EF, Maniatis T (eds). Molecular cloning: a laboratory man-ual, 2nd edn. Cold Spring Harbor Laboratory Press, Cold Spring Harbor, NY. 1989.

第九章

NucleoSpin® XS 吸附柱用于 DNA 浓缩和纯化

William R. Hudlow

摘要: 苯酚-氯仿(有机)法仍是从可能含少量 DNA 和 PCR 抑制剂的法医证据样本中提取 DNA 的首选方法。有机提取的 DNA 产物需进行浓缩和纯化,传统方法通过微透析过滤装置完成,包括 Centricon® 和 Microcon® 离心过滤装置。本章描述了使用 NucleoSpin® XS 吸附柱作为替代方法浓缩和纯化有机提取产物,并从 DNA 提取液中去除 PCR 抑制剂。

关键词: DNA,DNA 提取,PCR 抑制剂,法医

9.1 引言

对法医物证 DNA 样品的成功分型,取决于提取物中的 DNA 浓度是否合适以及是否含有 PCR 抑制剂。虽然目前已有半自动化的提取方法[1~4],但许多实验室仍采用基于苯酚-氯仿(有机)的提取方法[5],并在随后的微透析中对 DNA 进行浓缩和纯化。使用微透析装置浓缩苯酚-氯仿提取物的好处是使用简单的单一缓冲液;然而,这些装置可能无法去除常见的 PCR 抑制剂,并且 DNA 提取物的最终体积也可能很不稳定。因此,实验室一直在寻找能够替代苯酚-氯仿提取法的浓缩和纯化水提取物方法。其中一个替代法是基于硅胶的 MACHEREY-NAGEL NucleoSpin® XS 柱,操作时间可缩短至 30 min,最终提取量可低至约 10 μL,并且与大多数 DNA 分型方法兼容。

NucleoSpin® XS 柱可用于标准有机提取的水提取

物[6]、已知含有 PCR 抑制剂[7]和碱性裂解液[8]的现有提取物。NucleoSpin® XS 浓缩和纯化方法是一个简单的多步骤过程，包括结合 DNA 到硅胶膜，洗涤硅胶膜以去除杂质，并从硅胶膜上洗脱 DNA。具体来说，在加入 TE^{-4}缓冲液（10 mmol/L Tris pH 7.5，0.1 mmol/L EDTA pH 8.0）和硫氰酸胍基（NT）结合缓冲液调整 DNA 结合条件后，将苯酚-氯仿提取的水提取物转移到 NucleoSpin® XS 柱。硅胶膜用乙醇基洗涤缓冲液（B5）洗涤，DNA 在低盐缓冲液（BE）中洗脱。最后，90℃或 75℃加热，去除洗涤步骤中的任何残留乙醇，分别得到单链或双链 DNA 提取液。

9.2 材料

（1）NucleoSpin 微量 gDNA 纯化试剂盒（MACHEREY - NAGEL，简称 MN 试剂盒）。

（2）95%～100%乙醇。

（3）TE^{-4}缓冲液：10 mmol/L Tris pH 7.5，0.1 mmol/L EDTA pH 8.0。

（4）1.5 mL 离心管。

（5）在开始 NucleoSpin® XS 洗涤步骤之前，准备 B5 洗涤缓冲液：加 24 mL 95%～100%乙醇（体积可能需要根据所用试剂盒的大小进行调整）。

在处理废弃物时，应严格遵守废物处理规定。

9.3 方法

9.3.1 NucleoSpin® XS 浓缩和纯化方法

9.3.1.1 NucleoSpin® XS 浓缩和纯化提取物

下述方法是基于 420 μL 的有机提取（例如 400 μL 提取缓冲液和 20 μL 蛋白酶 K）。当提取量较大时，体积可以按比例增加，但每次装入 NucleoSpin® XS 吸附柱的体积不应超过 520 μL。所有步骤均在室温下进行，除非另有说明。

（1）将有机提取苯酚-氯仿纯化步骤中的水相转移到含有 420 μL 缓冲液 TE^{-4} 和 210 μL 结合缓冲液 NT 的 1.5 mL 离心管中。

（2）使用微型离心机短暂涡旋。

（3）将大约一半的 DNA/TE^{-4}/NT 溶液装入带 NucleoSpin® XS 吸附柱的 2 mL 无盖收集管中。

（4）11 000×g 离心 30 s。

（5）弃掉废液，并更换新的 2 mL 无盖收集管。

（6）将剩余 DNA/TE^{-4}/NT 溶液装入相同的 NucleoSpin® XS 吸附柱中，注意柱子在离心机中的方向（如铰链向上）。

（7）11 000×g 离心 30 s。如有必要，可重复步骤 6、7，以增加产量（见注释 1）。

（8）向 NucleoSpin® XS 吸附柱中加入 100 μL 清洗缓冲液 B5（见注释 2）。NucleoSpin® XS 吸附柱应与先前步骤中的方向旋转 180°（如铰链向下对应铰链向上）。

（9）11 000×g 离心 2 min。

（10）丢弃 2 mL 收集管，换上新的带标签的 1.5 mL 无盖管。

（11）加 6～15 μL（见注释 3）洗脱缓冲液 BE 到 NucleoSpin® XS 吸附柱。

（12）11 000×g 离心 1 min。

（13）加 6～15 μL（见注释 3）洗脱缓冲液 BE 到 NucleoSpin® XS 吸附柱。

（14）11 000×g 离心 1 min。

（15）从 1.5 mL 管中取下 NucleoSpin® XS 吸附柱，并加热去除 1.5 mL 离心管中 DNA 提取液中的残留乙醇：

a）90℃金属浴中孵育约 8 min（DNA 单链）。

或

b）75℃金属浴中孵育约 17 min（DNA 双链）。

（16）将提取的 DNA 转移到储存管中，记下回收的大致体积。

9.3.1.2 NucleoSpin® XS 纯化现有 DNA 提取物

本小节方法基于体积小于 800 μL 的 DNA 提取物的纯化。由于 DNA 与硅胶柱的结合依赖于 pH，最佳 pH 范围约为 5.0~6.0，因此一些提取物（如 Chelex）可能需要在加入 NucleoSpin® XS 吸附柱前调整 pH。当提取量较大时，体积可以按比例增加，但每次加至 NucleoSpin® XS 柱的量不能超过 520 μL。除非另有说明，所有步骤均在室温下进行。

（1）加入缓冲液 TE^{-4}，使 DNA 提取液最终体积为 800 μL。

（2）使用微型离心机短暂涡旋。

（3）转移 200 μL 结合缓冲液 NT 到稀释的 DNA 样品中。

（4）使用微型离心机短暂涡旋。

（5）将大约一半的 DNA/TE^{-4}/NT 溶液装入带 NucleoSpin® XS 吸附柱的 2 mL 无盖收集管中。

（6）11 000×*g* 离心 30 s。

（7）丢弃废液，并更换新的 2 mL 无盖废液管。

（8）将剩余 DNA/TE^{-4}/NT 溶液装入相同的 NucleoSpin® XS 吸附柱中，注意柱子在离心机中的方向（如铰链向上）。

（9）11 000×*g* 离心 30 s（见注释 4）。

（10）向 NucleoSpin® XS 吸附柱中加入 100 μL 的洗涤缓冲液 B5（见注释 2）。NucleoSpin® XS 离心柱应与先前步骤中的方向旋转 180°（如铰链向下对应铰链向上）。

（11）11 000×*g* 离心 2 min。

（12）丢弃 2 mL 收集管，换上新的带标签的 1.5 mL 无盖管。

（13）在 NucleoSpin® XS 吸附柱中加入 6~15 μL（见注释 3）洗脱缓冲液 BE。

（14）11 000×*g* 离心 1 min。

（15）加 6~15 μL（见注释 3）洗脱缓冲液 BE 到 NucleoSpin® XS 吸附柱。

（16）11 000×*g* 离心 1 min。

（17）从 1.5 mL 管中取下 NucleoSpin® XS 柱，并加热去除 1.5 mL 离心管中 DNA 提取液中的残留乙醇：

a）90℃金属浴中孵育约 8 min（DNA 单链）。

或

b）75℃金属浴中孵育约 17 min（DNA 双链）。

（18）将提取的 DNA 转移到储存管中，记下回收的大致体积。

9.4 注释

（1）如有必要，可重复步骤 6、7，以增加产量，NucleoSpin 吸附柱已成功装载 12 次，最终提取量约为 6 mL。

（2）为防止结合缓冲液 NT 中残留的硫氰酸胍（一种已知的 PCR 抑制剂）——可能聚集在 NucleoSpin® XS 吸附柱的背面，NucleoSpin® XS 吸附柱应与前面步骤中的方向旋转 180°（例如，铰链向下对应铰链向上）。

（3）通常情况下，10 μL 洗脱体积对大多数分型方法来说是足够的，检测人员也可以选择低至 6 μL 的洗脱体积，以确保在最后加热步骤后的最终提取液体积小于 10 μL，或可选择高至 15 μL 的洗脱体积，以确保有足够的 DNA 产物可用于多种分型方法。

（4）可通过重复步骤 8 和步骤 9 进行额外的加载步骤，以容纳大体积的提取液。NucleoSpin 吸附柱已成功加载 12 次，最终提取液体积约为 6 mL。

参考文献

[1] Greenspoon SA, Ban JD, Sykes K, Ballard EJ, Edler SS, Baisden M, et al. Application of the BioMek (R) 2000 laboratory automation workstation and the DNA IQ (TM) system to the extraction of forensic casework samples. J Forensic Sci, 2004, 49: 29-39.

[2] Cowan C, Schwandt M, Tambasco AJ.

Small scale automation in the forensic DNA lab-oratory. Forensic Mag, 2009, 6: 19 - 23.
[3] Brevnov M, Mundt J, Benfield J, Treat-Clemons L, Kalusche G, Meredith J, et al. Automated extraction of DNA from forensic sample types using the PrepFiler automated forensic DNA extraction kit. J Forensic Sci, 2009, 14: 294 - 302.
[4] Fregeau CJ, Lett CM, Fourney RM. Validation of a DNA IQ (TM)-based extraction method for TECAN robotic liquid handling workstations for processing casework. Forensic Sci Int Genet, 2010, 4: 292 - 304.
[5] Sambrook J, Fritsch EF, Maniatis T (eds). Molecular cloning: a laboratory manual, 2nd edn. Cold Spring Harbor Laboratory Press, Cold Spring Harbor, NY. 1989.
[6] Hudlow WR, Krieger R, Meusel M, Sehhat JC, Timken MD, Buoncristiani MR. The NucleoSpin(R) DNA clean-up XS kit for the concentration and purification of genomic DNA extracts: an alternative to microdialysis filtration. Forensic Sci Int Genet, 2011, 5: 226 - 230.
[7] Faber KL, Person EC, Hudlow WR. PCR inhibitor removal using the NucleoSpin (R) DNA clean-up XS kit. Forensic Sci Int Genet, 2013, 7: 209 - 213.
[8] Hudlow WR, Buoncristiani MR. Development of a rapid, 96-well alkaline based differential DNA extraction method for sexual assault evidence. Forensic Sci Int Genet, 2012, 6: 1 - 16.

第十章

纯化 PCR 产物提高 STR 分型率

Amy D. Roeder

摘要： 法医实验室通常使用商用 STR 试剂盒进行 STR 分析。从许多法医检材中提取的 DNA 含量非常低。这些检材中的 DNA 含量，低于商业试剂盒中可用于 PCR 的最佳 DNA 范围，导致 STR 图谱峰值低或等位基因丢失。通过在毛细管电泳之前对 PCR 产物进行纯化，可以改善从低质量检材中获得 STR 分型图谱的成功率。

关键词： 法医学，DNA，STR 图谱，PCR 纯化，毛细管电泳

10.1 引言

从微量 DNA 检材中获得 STR 图谱是法医实验室面临的主要挑战。有许多技术可用于改善低质量检材中的 STR 图谱分析，包括增加 PCR 循环次数，毛细管电泳前的 PCR 纯化，以及增加毛细管电泳过程中的进样时间和电压[1~9]。增加 PCR 循环次数很简单，但由于背景噪声的增加和一些等位基因的过度扩增会导致出现拔起峰，使得 STR 图谱的解释更加复杂。增加进样电压和/或时间也很简单，但会导致峰值变宽和背景噪音增加。

当样品被电注入毛细管电泳时，盐、未结合的 dNTP、引物、引物二聚体和 PCR 扩增子均被转移至毛细管中。通过纯化 PCR 来降低样品中这些不需要成分的浓度，可以注入更多的 PCR 扩增子。此外，由于去除了染料假象和标记引物，得到的电泳图往往更干净。当比较同一样品在纯化前后的曲线时，纯化后的 PCR 产物生成的电泳图

中扩增子峰的 RFU 值更高。PCR 纯化的好处在于,样品可以先按照实验室标准流程进行扩增和电泳。微弱图谱的剩余 PCR 产物则可以纯化后进行电泳或增加进样电压和/或时间。下面介绍一种 PCR 纯化方法和两种制备毛细管电泳纯化样品的方法,旨在提高 AmpFlSTR® SGM Plus® 和 Identifiler® PCR 扩增试剂盒(Life Technologies 公司)的检测成功率,但原则上可用于任何 PCR 产品。

10.2 材料

- Amicon® Ultra 0.5 离心过滤装置,配备 Ultra tracel - 30 膜(Merck Millipore 公司)。
- 收集管(随吸附柱提供)。
- 96 孔反应板(适用于毛细管电泳)。
- 96 孔板隔板(Life Technologies 公司)。
- 试剂级水。
- Hi - Di™ 甲酰胺(Life Technologies 公司)。
- GeneScan® 500 Liz™ 荧光标记分子量内标(Life Technologies 公司)。
- GeneScan® 400HD ROX™ 荧光标记分子量内标(Life Technologies 公司)。
- AmpFlSTR® Identifiler® PCR 扩增试剂盒(Life Technologies 公司)。
- AmpFlSTR® SGM Plus® PCR 扩增试剂盒(Life Technologies 公司)。
- 微型离心机。
- 平板离心机。
- 涡旋振荡仪。
- 热循环仪。
- ABI Prism 3130 或 3500 遗传分析仪(Life Technologies 公司)。

10.3 方法

10.3.1 使用 Amicon® Filter Units 纯化 PCR 产物

该方案以试剂盒制造商提供的说明为基础。

（1）将吸附柱的封闭端向下，放入收集管。

（2）水+PCR 产物的总体积应等于 500 μL，计算出所需水量，并将该量加入到吸附柱中（见注释 1）。

（3）将 PCR 产物转移到吸附柱中。

（4）14 000×*g* 离心 10 min。

（5）取下吸附柱，将吸附柱倒置，放置在新的收集管中。

（6）1 000×*g* 离心 2 min。

（7）丢弃吸附柱。收集管中的液体（约 20 μL）含有纯化的 PCR 产物。

10.3.2 纯化 PCR 产物的毛细管电泳

（1）纯化后的 PCR 产物可以用以下任一方法进行电泳。

a）制备电泳样品：在 96 孔板中加入 1 μL PCR 纯化产物到 9 μL Hi－Di 甲酰胺/内标混合物中。每个 SGM Plus® PCR 扩增子样品中加入 0.015 μL GeneScan® 400 Rox™，Identifiler® PCR 扩增子样品中加入 0.01 μL GeneScan® 500 Liz™。将 0.054 μL GeneScan® 400 Rox™（SGM Plus®）或 0.2 μL GeneScan® 500 Liz™（Identifiler®）加入等位基因分型标准物（未纯化）中（见注释 2）。

b）制备电泳样品：在 96 孔板中加入 9 μL PCR 纯化产物到 11 μL Hi－Di 甲酰胺/内标混合物中。每个 SGM Plus® PCR 产物中加入 0.03 μL GeneScan® 400 Rox™，每个 Identifiler® PCR 产物中加入 0.01 μL GeneScan® 500 Liz™。Allelic ladder 样品的制备如 a）所述。

（2）将 96 孔板的隔板放在 96 孔板上。

（3）快速离心，沉积液体于底部，并消除气泡。

（4）使用热循环仪使 DNA 变性。热循环仪的盖子请勿置于隔板上。95℃ 3 min；4℃ 3 min；15℃保持。

（5）使用3130遗传分析仪对PCR产物进行电泳，电泳参数如下（见注释3）：电泳温度60℃，预运行电压15 kV，预运行时间180 s，进样电压3 kV，进样时间10 s，电压级数40，电压步长间隔15 s，电泳电压15 kV，电泳时间1 350 s。

10.4 注释

（1）H_2O用于稀释纯化产物中的盐离子浓度。

（2）每次电注射时都应运行等位基因分型标准物（随STR试剂盒提供）。

（3）所述电泳参数已在3130遗传分析仪上得到验证，如果使用其他平台，则需要进行优化。

参考文献

[1] Balogh MK, Burger J, Bender M, Schneider PM, Alt KW. STR genotyping and mtDNA sequencing of latent fifi ngerprint on paper. Forensic Sci Int, 2003, 137: 188 - 195.

[2] Gill P. Application of low copy number DNA profifi ling. Croat Med J, 2001, 42: 229 - 232.

[3] Gill P, Whitaker J, Flaxman C, Brown N, Buckleton J. An investigation of the rigor of interpretation rules for STRs derived from less than 100 pg of DNA. Forensic Sci Int, 2000, 112: 17 - 40.

[4] Kloosterman AD, Kersbergen P. Effifi cacy and limits of genotyping low copy number DNA samples by multiplex PCR of STR loci. Prog Forensic Genet, 2003, 9: 795 - 798.

[5] Lederer T, Braunschweiger G, Betz P, Seidl S. Purififi cation of STR-multiplex-amplified microsamples can enhance signal intensity in capillary electrophoresis. Int J Legal Med, 2002, 116: 165 - 169.

[6] Prinz M, Schiffner L, Sebestyen JA, Bajda E, Tamariz J, Shaler RC, et al. Maximization of STR DNA typing success for touched objects. Prog Forensic Genet, 2006, 11: 651 - 653.

[7] Roeder AD, Elsmore P, Greenhalgh M, McDonald A. Maximizing DNA profifi ling success from sub-optimal quantities of DNA: a staged approach. Forensic Sci Int Genet, 2009, 3: 128 - 137.

[8] Smith PJ, Ballantyne J. Simplififi ed low copy-number DNA analysis by post-PCR purififi cation. J Forensic Sci, 2007, 52: 820 - 829.

[9] Whitaker JP, Cotton EA, Gill P. A comparison of the characteristics of profifi les produced with the AMPFISTR(R) SGM plus (TM) multiplex system for both standard and low copy number (LCN) STR DNA analysis. Forensic Sci Int, 2001, 123: 215 - 223.

第十一章

使用 Investigator DIPplex® 试剂盒分析 30 个 InDel 二等位基因标记

Majid Bashir 和 Nur Haliza Bt Hassan

摘要：插入/缺失多态性(InDel)是司法实践中相对较新的一种 DNA 标记，常作为 STR 分型的补充方法使用。与 STR 分型相比，InDel 和单核苷酸多态性(SNP)具有扩增子短(通常低于 160 bp)、突变率低的特点，因此，在分析高度降解 DNA 和祖先推断等特殊样本时发挥重要作用。与 SNP 相比，作为长度多态性 InDel 的分析过程更简单(仅需测量等位基因的长度)。Qiagen Investigator® DIPplex 试剂盒是目前市场上仅售的两种 InDel 多态性扩增试剂盒之一，可以一次扩增 30 个二等位基因 InDel 位点和 amelogenin 性别位点。引物使用 6－FAM、BTG、BTY 和 BTR 荧光标记。该技术的优势在于突变稳定、操作简单，使用的毛细管电泳设备和软件与 STR 分型兼容，因此更易应用于法医实践。

关键词：InDel，Investigator® DIPplex，降解 DNA

11.1 引言

目前，STR 和单核苷酸多态性(single nucleotide polymorphisms，SNP)等方法被用于司法实践中。STR 分型是法医鉴定最常用的工具，但由于 100～450 bp 的扩增片段相对较大，面对高度降解检材时分辨力低下[1,2]。为了提高从降解检材中收集的信息，已经开发了具有更小扩增片段的迷你 STR(miniSTR)；但扩增子大小也仍在 100～200 bp 之间[3,4]，面对高度降解的 DNA 仍然无法成功分型[5]。SNP 分型作为第三代遗传标记，具有比 STR 等位基因更短的扩增子片段，更利于高度降解检材的分型。然而，检测 SNP 位点的技术（如 SNaPShot 迷你测序）复杂多样、耗时费力[6]。

在司法鉴定中，插入/缺失多态性（insertion-deletion polymorphisms, InDel）、STR 和 SNP 分型各有优缺点。InDel 位点扩增子短（通常为 60~160 bp）、突变率低，更适合降解检材的分型[7,8]，并可作为祖先推断中的有效补充工具[9]。与 SNP 相比，InDel 适用于目前 STR 常用的 PCR 联合毛细管电泳分型平台，易于在不同实验室之间普及。

在人类基因组中，已有数千个插入/缺失多态性被表征[10~12]，并已开发出可用于 InDel 分析的多路复用系统。例如，现已开发了一个包含 38 位点的复合体系，并成功应用于传统 STR 未能产生完整 DNA 图谱的降解检材的鉴定中[13]。Investigator® DIPplex 试剂盒是 QIAGEN 公司开发的第一个用于 InDel 分型的商业试剂盒[14]。该试剂盒可同时扩增位于 19 个常染色体上的 30 个二等位基因座（表 11.1）；试剂盒中选择的所有 InDel 都与商用 STR 间隔至少 10 Mbp（QIAGEN 公司，Investigator DIPplex 手册）。表 11.2 显示了 30 个 InDel 位点与其他标记系统相比的证据价值。InDel 复合扩增已被开发用于推断祖先来源[15,16]。

表 11.1 Investigator® DIPplex 试剂盒的位点特异性信息（改编自 Qiagen Investigator® DIPplex 试剂盒手册）

DIP 位点	染色体定位	GeneBank/SNP ID	Motif(+DIP)	参考文献等位基因
蓝色				
Amel. X	Xp22.1－22.3	M55418	TAAG	X
Amel. Y	Yp11.2	M55419	CACG	Y
HLD77	7q31.1	rs1611048	TGGGCTTATT	+DIP
HLD45	2q31.1	rs2307959	AGCA	−DIP
HLD131	7q36.2	rs1611001	GCAGGACTGGGCACC	+DIP

续 表

DIP 位点	染色体定位	GeneBank/ SNP ID	Motif(+DIP)	参考文献 等位基因
HLD70	6q16.1	rs2307652	CACA	-DIP
HLD6	16q13	rs1610905	AGGA	-DIP
HLD111	17p11.2	rs1305047	TAAGT	-DIP
HLD58	5q14.1	rs1610937		+DIP
HLD56	4q25	rs2308292		+DIP
绿色				
HLD118	20p11.1	rs16438	CCCCA	-DIP
HLD92	11q22.2	rs17174476	GTTT	-DIP
HLD93	12q22	rs2307570	ACTTT	-DIP
HLD99	14q23.1	rs2308163	TGAT	+DIP
HLD88	9q22.32	rs8190570	CCACAAAGA	-DIP
HLD101	15q26.1	rs2307433	GTAG	-DIP
HLD67	5q33.2	rs1305056	CTACTGAC	-DIP
黄色				
HLD83	8p22	rs2308072	AAGG	-DIP
HLD114	17p13.3	rs2307581	TCCTATTCTACTCTGAAT	-DIP
HLD48	2q11.2	rs28369942	GACTT	-DIP
HLD124	22q12.3	rs6481	GTGGA	-DIP
HLD122	21q22.11	rs8178524	GAAGTCTGAGG	-DIP
HLD125	22q11.23	rs16388	ATTGCC	-DIP
HLD64	5q12.3	rs1610935	GACAAA	+DIP
HLD81	7q21.3	rs17879936	GTAAGCATTGT	-DIP
红色				
HLD136	22q13.1	rs16363	TGTTT	-DIP
HLD133	3p22.1	rs2067235	CAACCTGGATT	-DIP
HLD97	13q12.3	rs17238892	AGAGAAAGCTGAAG	+DIP
HLD40	1p32.3	rs2307956	GGGACAGGTGGCCACTAGGAGA	-DIP
HLD128	1q31.3	rs2307924	ATTAAATA	-DIP
HLD39	1p22.1	rs17878444	CCTAAACAAAAATGGGAT	-DIP
HLD84	8q24.12	rs3081400	CTTTC	

HLD 人类基因座 DIP,*-DIP* 缺失,*+DIP* 插入。

表 11.2 不同试剂盒的 CP 值比较(改编自 Qiagen Investigator® DIPplex 试剂盒手册)

试 剂 盒	基因座	CPE/Trio[a]	CPI[b]	人 群
Investigator DIPplex	30 DIP	0.998	2.83×10^{-13}	德国高加索人
Investigator DIPplex	30 DIP	0.999 9	7.20×10^{-12}	马来西亚人
Investigator DIPplex	30 DIP	0.997 3	1.06×10^{-12}	卡塔尔人
AmpFlSTR Minifiler	8 STR	0.999 98	8.21×10^{-11}	美国高加索人
AmpFlSTR Minifiler	11 STR	1	7.46×10^{-14}	美国高加索人
Powerplex 16	15 STR	1	5.46×10^{-18}	美国高加索人
Sanchez 等人[6]	52 SNP	0.999 8	5.00×10^{-21}	欧洲高加索人

a 非父排除的综合概率。
b 组合身份概率。

11.2 材料

Investigator® DIPplex 试剂盒的所有组分均应存储于-20℃。应避免反复冻融,引物混合物和等位基因标准物应避光。与所有基于 PCR 的检测系统一样,DNA 样品和 PCR 后试剂(等位基因标准物和 DNA 分子量内标)应与 PCR 试剂分开存储,反应混合物的储存区域应与 DNA 提取和 PCR 后分析分开。使用一次性移液头也有助于减少交叉污染。

11.2.1 材料与设备

(1) 涡旋振荡仪。
(2) 微型离心机。
(3) 移液器和移液头。
(4) 0.2 mL PCR 单管/8 连管。
(5) 热循环仪。
(6) 毛细管电泳平台(见注释 1)。

11.2.2 Investigator® DIPplex 试剂盒组分

该试剂盒包含足够 100 个反应(反应体积为 25 μL)的试剂,所有组分包括:

反应混合物 A(500 μL);
DIPplex 引物混合物(500 μL);
Multi *Taq*2 DNA 聚合酶(150 U);
无 DNase H_2O(2×1.9 mL);
对照 DNA 9948,0.1 ng/μL(200 μL);
DNA 分子量内标 550(BTO 公司)(50 μL);
DIPplex 等位基因分型标准物。

11.3 方法

PCR 过程必须非常小心,以避免试剂盒组分和样品的污染。在分析的不同阶段,应使用独立的 PCR 前和 PCR 后区域。如分析低模板量 DNA 样品,则必须采取严格的污染防护措施。所有 PCR 前工作均在通风橱中进行,所有液体转移均使用一次性吸头,尽量减少气溶胶污染的可能性。

11.3.1 PCR 扩增

(1) 解冻扩增需要的所有组分。

(2) 涡旋并离心,以混合所有试管。

(3) 如表 11.3 所示,准备比需要量多约 10% 的 PCR 反应母液(见注释 2)。

表 11.3　反应体系(见注释 2)

试　剂	反　应　体　积		
	全体积	1/4	1/5
反应混合液 A*	5.0 μL	1.25 μL	1.0 μL
引物混合液	5.0 μL	1.25 μL	1.0 μL
多 *Taq*2DNA 聚合酶	0.6 μL	0.15 μL	0.12 μL
无核酸酶水	9.4 μL	2.35 μL	1.88 μL
模板 DNA	5.0 μL	1.25 μL	1.0 μL
总容积	25 μL	6.25 μL	5.0 μL

* 含有 dNTP、MgCl 和牛血清白蛋白。

（4）母液充分混合后加入 PCR 管中。

（5）每次反应中加入适量的 DNA 和无 DNase H_2O，DNA 的推荐量为 0.2～0.5 ng，但不太理想的含量也能得到高质量的结果（见注释 3）。

（6）制备阳性（9948 或任何其他已知浓度的样品）和阴性（无 DNase H_2O）对照（见注释 4）。

（7）将样品加入主混合液之前，先对样品短暂涡旋并离心，以收集产物于管底。

（8）根据制造商的说明，使用表 11.4 列出的热循环仪运行程序（见注释 5）。

（9）程序完成后，可将样品保存在−20℃，或直接进行毛细管电泳。

表 11.4 DIPplex 试剂盒的标准 PCR 运行程序（改编自 Qiagen DIPplex 试剂盒手册）

温　度	时　间	循环次数
94℃	4 min	1
94℃ 61℃ 72℃	30 s 120 s 75 s	30
68℃	60 min	1
10℃	∞	

11.3.2 毛细管电泳

PCR 产物分析应在一个与 PCR 前区物理隔离的区域进行。扩增子分析与所有其他片段分析基本相同，必须使用 BT5 染料和 G5 滤光片创建一个矩阵图：6 − FAM、BTG、BTY、BTR 和 BTO。

（1）每个样品使用 10 μL Hi − Di 甲酰胺和 0.5 μL DNA 分子量内标 550（BTO）或 GeneScan™ − 500 LIZ® 配制混合液（见注释 6）。

（2）每孔加入 10.5 μL 混合液。

（3）加入 1 μL PCR 产物或 Allelic ladder，充分混合。

（4）在 95℃下使样品变性 3 min，然后在冰上快速冷冻 3 min。

（5）将样品放入遗传分析仪。ABI 3500 和 3130xl 遗传分析仪的参数设置如下：电泳温度 60℃，预运行电压 15 kV，预运行时间 180 s，进样时间 10 s，进样电压 1.6 kV，电泳电压 15 kV，电泳时间 900 s。对于 ABI 310 机型，参数设置如下：电泳温度 60℃，预运行电压 15 kV，预运行时间 180 s，进样时间 5 s，进样电压 1.6 kV，电泳电压 15 kV，电泳时间 1 440 s（见注释 1）。

（6）利用 Genemapper ID－X 软件进行数据分析，使用制造商推荐的设置。QIAGEN 公司在他们的 Investigator® DIPplex 模板文件中提供了预定义的图谱（见注释 7）。扩增产物的确切长度取决于设备类型、电泳条件以及所使用的 DNA 内标。

（7）DIPsorter 软件可以用来创建 PDF 或 CSV 格式的 InDel 图谱文件（见注释 8）。这涉及将 Genemapper 文件转换为文本（txt）文件，然后 DIPsorter 软件使用 txt 格式转换为 PDF 或 CSV 文件，更易于解释和统计计算。

11.4　注释

（1）ABI 310 使用 POP－4、3130xl 和 3500 使用 POP－6，获得的结果一致。POP－6 的运行时间为 2 500 s。

（2）根据经验，1/5 体积即可获得对峰值平衡无显著影响的高质量图谱，尤其是在分析参考样本时。即使对案件样本进行图谱分析，只要 1 μL 样品中的模板 DNA 含量足够，减少体积依然能产生有效图谱（图 11.1）。

（3）研究发现，获得完整 DNA 图谱需要的常规 DNA 含量可低至 100 pg。

（4）随试剂盒提供的阳性对照（DNA 9948）作为样本仅需添加 1 μL（100 pg）即可产生完整图谱。

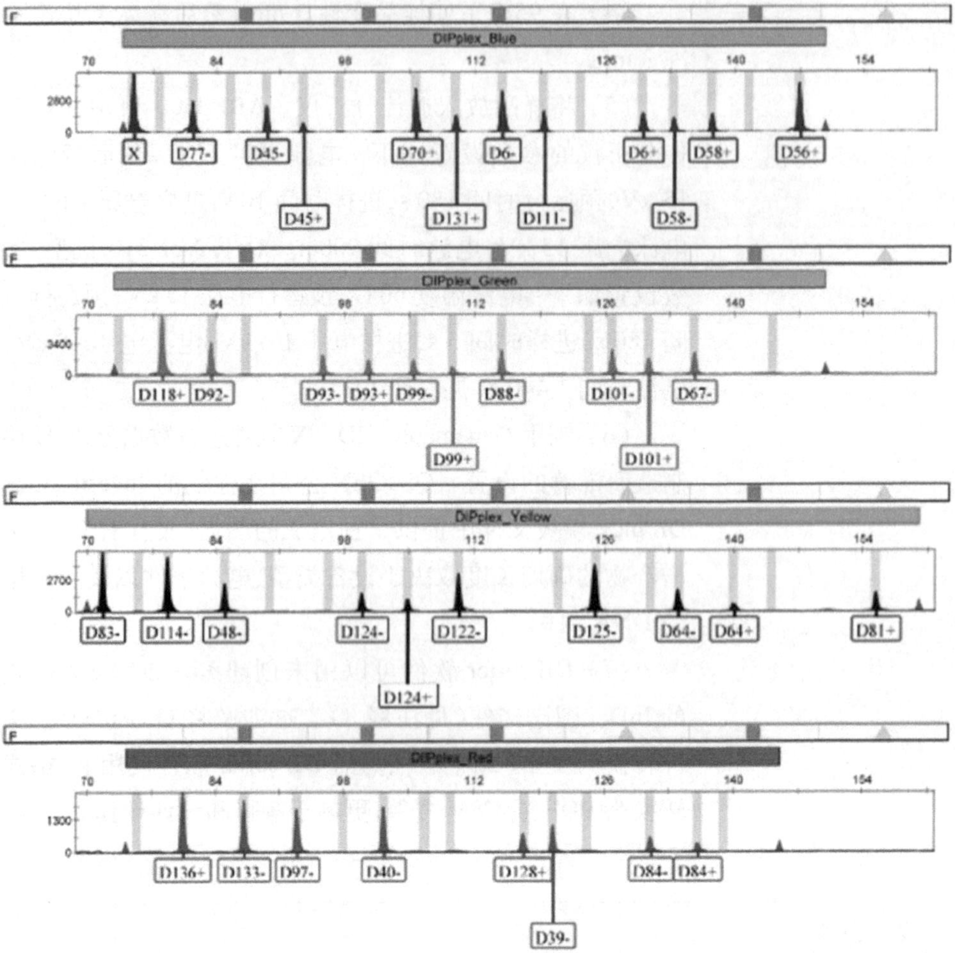

图 11.1 使用 Investigator DIPplex 试剂盒以马来西亚犯罪现场提取的 200 pg DNA 为模板的电泳图。使用 PowerPlex16 STR 试剂盒(Promega)时,相同的样品仅获得了三个位点。使用 ABI 3500 遗传分析仪进行毛细管电泳、GeneMapper ID-X 软件进行图谱分析。

(5) 试剂盒手册建议在处理低模板量 DNA 时使用 32 个循环,但我们发现使用 32 个循环会产生不可接受的假象水平,所以始终使用 30 个循环。需要注意的是,使用 Investigator® DIPplex 试剂盒扩增的样品并不是在低模板条件下制备的。

(6) 当使用随试剂盒提供的 BTO 550 分子量内标时,无论是 3130xl 还是 3500 遗传分析仪,均出现很多 off-

ladder 峰(因漂移未被程序数字化命名的峰)。因此更换内标 GeneScan™ - 500 LIZ™。滤光片保持不变(即 G5),使用 BT5 矩阵组。

(7) bin 设置需要参照等位基因分型标准物进行修改,以补偿不同平台和不同条件(如环境温度)下片段的电泳迁移率变化。

(8) DIPsorter 免费软件可从 Qiagen 获得(https://www.qiagen.com)。

参考文献

[1] Cotton EA, Allsop RF, Guest JL, Frazier RRE, Koumi P, Callow IP, et al. Validation of the AMPFlSTR ® SGM plus (TM) system for use in forensic casework. Forensic Sci Int, 2000, 112: 151 - 161.

[2] Krenke BE, Tereba A, Anderson SJ, Buel E, Culhane S, Finis CJ, et al. Validation of a 16-locus flfl uorescent multiplex system. J Forensic Sci, 2002, 47: 773 - 785.

[3] Butler JM, Shen Y, McCord BR. The development of reduced size STR amplicons as tools for analysis of degraded DNA. J Forensic Sci, 2003, 48: 1054 - 1064.

[4] Chung DT, Drábek J, Opel KL, Butler JM, McCord BR. A study on the effects of degradation and template concentration on the amplification efficiency of the STR miniplex primer sets. J Forensic Sci, 2004, 49: 733 - 740.

[5] Zhang Z, Wang B, Guan H, Pang H, Xuan J. A LDR - PCR approach for multiplex polymorphisms genotyping of severely degraded DNA with fragment sizes <100 bp. J Forensic Sci, 2009, 54: 1304 - 1309.

[6] Sanchez JJ, Phillips C, Børsting C, Balogh K, Bogus M, Fondevila M, et al. A multiplex assay with 52 single nucleotide polymorphisms for human identififi cation. Electrophoresis, 2006, 27: 1713 - 1724.

[7] Fondevila M, Pereira R, Gusmão L, Phillips C, Lareu MV, Carracedo A, et al. Forensic performance of insertion-deletion marker systems. Forensic Sci Int Genet Suppl Ser, 2011, 3: e443 - e444.

[8] Manta F, Caiafa A, Pereira R, Silva D, Amorim A, Carvalho EF, et al. Indel markers: Genetic diversity of 38 polymorphisms in Brazilian populations and application in a paternity investigation with post mortem material. Forensic Sci Int Genet, 2012, 6: 658 - 661.

[9] Pinto N, Magalhães M, Conde-Sousa E, Gomes C, Pereira R, Alves C, et al. Assessing paternities with inconclusive STR results: the suitability of bi-allelic markers. Forensic Sci Int Genet, 2013, 7: 16 - 21.

[10] Weber JL, David D, Heil J, Fan Y, Zhao C, Marth G. Human diallelic insertion/deletion polymorphisms. Am J Hum Genet, 2002, 71: 854 - 862.

[11] Mills RE, Luttig CT, Larkins CE, Beauchamp A, Tsui C, Pittard WS, et al. An initial map of insertion and deletion (INDEL) variation in the human genome. Genome Res, 2006, 16: 1182 - 1190.

[12] Montgomery SB, Goode DL, Kvikstad E, Albers CA, Zhang ZD, Mu XJ, et al. The origin, evolution, and functional impact of short insertion-deletion variants identififi ed in 179 human genomes. Genome Res, 2013, 23: 749 - 761.

[13] Pereira R, Phillips C, Alves C, Amorim A, Carracedo Á, Gusmao L. A new multiplex for human identififi cation using insertion/ deletion polymorphisms. Electrophoresis, 2009, 30: 3682-3690.
[14] LaRue BL, Ge J, King JL, Budowle B. A validation study of the Qiagen Investigator DIPplex ® kit; an INDEL-based assay for human identififi cation. Int J Legal Med, 2012, 126: 533-540.
[15] Santos NPC, Ribeiro-Rodrigues EM, Ribeirodos-Santos ÂKC, Pereira R, Gusmão L, Amorim A, et al. Assessing individual interethnic admixture and population substructure using a 48-insertion-deletion (INSEL) ancestry-informative marker (AIM) panel. Hum Mutat, 2010, 31: 184-190.
[16] Zaumsegel D, Rothschild MA, Schneider PM. A 21 marker insertion deletion polymorphism panel to study biogeographic ancestry. Forensic Sci Int Genet, 2013, 7: 305-312 Majid Bashir and Nur Haliza Bt Hassan143 C.

第十二章

用桑格测序法分析线粒体 DNA 控制区

David Ballard

摘要： 线粒体 DNA(mtDNA)分析是一种成熟的法医工具，广泛应用于人类遗骸和从犯罪现场提取检材的个体识别。mtDNA 的生物学特性使其在用作鉴定工具时既有优势也有劣势。mtDNA 具备高拷贝数，这有利于对高度降解 DNA 或微量 DNA 样本进行分析，但母系遗传模式又使其辨别力受限。随着二代测序技术在一些研究和司法鉴定实验室的应用，mtDNA 分析在司法鉴定中的应用范围可能会更广。然而，目前大多数法医实验室依赖于桑格测序，本章将介绍一种分析高可变序列区域的既定方法。

关键词： mtDNA，高可变序列区 I(HVS－I)，高可变序列区 II(HVS－II)，高可变序列区 III(HVS－III)

12.1 引言

线粒体是细胞质内独特的细胞器，在细胞呼吸中起着至关重要的作用。线粒体有其独立于细胞核 DNA 的 DNA 含量，由大约 16 569 bp 个碱基对组成环形双链结构[1]。Anderson 等[1]于 1981 年发现了首个线粒体序列，称为安德森序列或剑桥参考序列(Cambridge Reference Sequence，CRS)，而随后在 1999 年的重新分析中，对该参考序列进行了 11 处小的改动。现在所有的人类线粒体基因组都与这次修订版剑桥参考序列(Revised Cambridge Reference Sequence，rCRS)进行比较[2]。

核 DNA 在细胞中通常只存在两个拷贝(来自父母双方染色体各一个拷贝)，而 mtDNA 的拷贝数则高得多。1991 年,Satoh 和 Kuroiwa[3]通过实验确定细胞内的每个线粒体包含 1~15 个线粒体基因组拷贝,平均 4~5 个拷贝。此外,每个细胞包含多个线粒体,每个细胞线粒体基因组的平均拷贝数为 200~1 700 个[4],但这一拷贝数具有组织特异性,在精子中的拷贝数可低至 50~75 个[5],而在成熟的初级卵母细胞中则高达 100 000 个[6]。线粒体基因组多拷贝的存在有助于解释为什么在核 DNA 已经降解的情况下(如古代骨骼),线粒体基因组经常可以分析成功。此外,线粒体 DNA 的细胞位置(在线粒体细胞器中)在 DNA 降解方面也具有显著的保护功能[7]。

在法医鉴定中,线粒体分析通常用于核 DNA 含量极低的情况下,特别是在脱落的毛发和骨骼分析中。鉴于线粒体基因组的严格母系遗传[5,8],可用于协助解决具有共同母系联系的复杂关系案例。

线粒体基因组分析的碱基数越多,结果的辨别力就越强。新一代测序技术(如 Illumina 公司的 MiSeq 或 Life Technologies 公司的 Ion PGM)的出现意味着现在对个体的完整线粒体基因组进行测序相对容易,例如使用 Lyons 等人[9]描述的 PCR 策略(详见下文)。这种长片段的 PCR 扩增依赖于 DNA 的高质量;但对某些案件检材该方法仍然可行,此外,在分析参考样本或在复杂关系案件中使用时,该策略仍然有效。

大量变异集中在线粒体 DNA 长 1.1 kb 的控制区域内,且集中在该控制区域内的三个特定区域,即 HVS - I、HVS - II 和高可变序列区 III(hypervariable sequence region III,HVS - III)。这是目前法医分析中最传统的测序区域,因为只需对线粒体基因组的一小部分进行测序就可以获得合理数量的信息,在使用传统的桑格测序(Sanger sequencing)方法时节省了时间和资金,并为降解 DNA 样本提供了更相关的扩增目标。

虽然可以单独扩增 HVS－I,或附加 HVS－II 和 HVS－III,但由于全基因组中包含的信息含量增加,因此分析整个控制区是最有利的。扩增策略的选取将取决于提取的 mtDNA 质量。下面列出了两种扩增控制区的方案,可以是 1.1 kb 的单独扩增子,也可以是 5～300 bp 的重叠扩增子。如果 DNA 高度降解,即使这种方法也无法获得结果,那么可以使用 10 个大小从 101～190 bp 不等的扩增子对该区域进行扩增,详情可参见 Eichmann 等人的文章[10]。

12.2　材料

12.2.1　PCR

(1) 提取 DNA(见注释 1)。

(2) MyTaq HSRed Mix 2×(Bioline B10－25047)(见注释 2)。

(3) 引物

a) 完全控制区:

- L15977[11]－cac cat tag cac cca aag ct
- H599[12]－ttg agg agg taa gct aca ta

b) ～300 bp 扩增子控制区[10]:

- L15989－ccc aaa gct aag att cta at
- H16248－gtt gca gtt gat gtg tga tag
- L16197－ctt aca agc aag tac agc aat caa c
- H16509－agg aac cag atg tcg gat ac
- L16450－gct ccg ggc cca taa cac ttg
- H180－aat att gaa cgt agg tgc gat aaa t
- L109－gca ccc tat gtc gca gta tct gtc
- H389－gca ccc tat gtc gca gta tct gtc
- L317－ctt ctg gcc aca gca ctt aaa c
- H619－aac att ttc agt gta ttg ctt tga g

(4) 无 DNA H_2O。

（5）阳性对照DNA 2800M（Promega DD7101）（见注释3）。

12.2.2 凝胶电泳法

（1）分析级琼脂糖（例如，Promega V3125）。

（2）10×TBE（例如，Sigma T4415－1 L）。

（3）红色核酸凝胶染料（VWR 730－2958）（见注释4）。

（4）DNA ladder（例如，HyperLadder 100 bp，Bioline BIO－33056）。

12.2.3 测序

（1）BigDye终止循环测序v3.1预备反应试剂盒（Life Technologies公司）。

（2）全控制区PCR策略需添加以下测序引物[12]：

a）H16401－tga ttt cac gga gga tgg tg

b）L16450－gct ccg ggc cca taa cac ttg

c）H274－tgt gtg gaa agc ggc tgt gc

d）L314－ccg ctt ctg gcc aca gca ct

e）H16175－tgg att ggg ttt tta tgt a

（3）Illustra ExoStar 1－Step（VWR US77705）。

（4）125 mmol/L EDTA：由EDTA二钠盐二水合物（MW 372.24）粉末（Sigma－Aldrich E4884）配制。93 mg溶解于2 mL水中。

（5）100%无水乙醇。

（6）70%乙醇：由100%无水乙醇和水按7∶3的比例混合配制。

（7）Hi－Di甲酰胺（Life Technologies公司）。

12.3 方法

12.3.1 初始PCR

必须进行初始PCR以扩增目标区域：应遵循以下其中一种PCR策略。

如果认为 DNA 质量合理,则应采用全控制区策略(见 12.3.1.1 节),该策略在单一反应中扩增整个控制区,扩增子长度为 1.1 kb。如果认为 DNA 质量较差,或全控制区策略失败,则应采用 Midi - Mito 策略(见 12.3.1.2 节),该策略需要使用两个多重 PCR,将控制区扩增成五个重叠的小片段。

可通过具体量化样本中线粒体 DNA 的数量来分析[11];然而,在缺乏商业解决方案的情况下,这种方法的实施可能具有挑战性。虽然特定线粒体 DNA 的定量是可取的,但定性 PCR 是一个可行的替代方法,根据样品类型和提取物的纯化度加入不同数量的 DNA。此处假设未进行线粒体定量分析。

12.3.1.1 全控制区策略

(1) PCR 反应应在 PCR 前室环境中使用无 DNA 耗材进行,反应可在 0.2 mL PCR 管或 96 孔 PCR 板中进行。

(2) 建立 PCR 所需的成分和数量列于表 12.1。反应以 20 μL 的最终体积进行。

(3) 应制备包含除 DNA 和水以外的所有成分的混合液;然后将 11.6 μL 的混合液等分到每个 PCR 管或 PCR 孔中。

(4) 反应中可加入最多 8.4 μL 的 DNA 提取物。对于质量好或可能含有抑制剂的样品,建议添加 2 μL DNA 和 6.4 μL 水。

(5) 每个批次都应包括一个阳性和阴性对照:阳性对照加入 1 ng DNA 2800M(见注释 5),阴性对照用无 DNA H_2O 替代样品 DNA。

(6) 在带加热盖的 PCR 仪中进行 PCR,程序如下:95℃预变性 3 min;(94℃变性 15 s,56℃退火 60 s,72℃延伸 120 s)36 个循环。

表 12.1 PCR 单次反应的试剂浓度和体积

试 剂	体积(μL)
MyTaq HS Red Mix 2×	10.0
L15977 引物(5 μmol/L)	0.8
H599 引物(5 μmol/L)	0.8
DNA 和水	8.4
总体积	20.0

12.3.1.2 Midi－Mito 策略

（1）每个样品必须建立两次多重 PCR 反应。PCR 应在 PCR 前室环境中使用无 DNA 耗材进行。反应可根据需要在 0.2 mL PCR 管或 96 孔 PCR 板中制备。

（2）建立 Midi－Mito PCR A 反应所需的组分和数量如表 12.2 所示。反应最终体积为 20 μL。

表 12.2 5 次 Midi－Mito 反应中 3 次 Midi－Mito PCR A 反应体系的试剂浓度和体积

试 剂	体积(μL)
MyTaq HS Red Mix 2×	10.0
L15989 引物(5 μmol/L)	0.8
H16248 引物(5 μmol/L)	0.8
L16450 引物(5 μmol/L)	0.8
H180 引物(5 μmol/L)	0.8
L317 引物(5 μmol/L)	0.8
H619 引物(5 μmol/L)	0.8
DNA 和水	5.2
总体积	20.0

（3）应制备 Midi－Mito PCR A 反应中除 DNA 和水以外的所有成分的混合液;然后将 14.8 μL 的混合液等分到每个 PCR 管或孔中。

（4）反应中最多可加入 5.2 μL 的 DNA 提取物。对于质量好或可能含有抑制剂的样品,建议添加 2 μL DNA

和 3.2 μL 水。

（5）重复步骤 2～4，采用表 12.3 所示的 PCR 体系构建 Midi－Mito PCR B 反应。反应混合液体积为 13.2 μL，每个样品最多可加入 6.8 μL DNA。

表 12.3　5 次 Midi－Mito 反应中 2 次 Midi－Mito PCR B 反应体系的试剂浓度和体积

试　剂	体积（μL）
MyTaq HS Red Mix 2×	10.0
H16197 引物（5 μmol/L）	0.8
H16509 引物（5 μmol/L）	0.8
L109 引物（5 μmol/L）	0.8
H389 引物（5 μmol/L）	0.8
DNA 和水	6.8
总体积	20.0

（6）PCR A 和 PCR B 反应的每批样品都应包括阳性和阴性对照：阳性对照加入 1 ng DNA 2800M，阴性对照用无 DNA H_2O 替代样品 DNA。

（7）PCR 应在带加热盖的 PCR 仪中进行，程序如下：95℃预变性 3 min；（94℃变性 15 s，57℃退火 10 s，72℃延伸 20 s）34 个循环。

12.3.2　PCR 质量检查

在测序之前，先在琼脂糖凝胶上可视化 PCR 产物，以检查 PCR 是否成功（见注释 6）。

（1）用水稀释 10×TBE 原液，制成 0.5×TBE 工作溶液。

（2）将分析级琼脂糖溶解于 0.5×TBE 中，制备 1.5% 的琼脂糖凝胶，如制备 100 mL 凝胶，溶解 1.5 g 琼脂糖到 100 mL 0.5×TBE 中。每 10 mL 加入 1 μL 的红色核酸凝胶染料，例如，在上述凝胶中加入 10 μL 红色核酸凝胶染料。

（3）在微波炉中以中高功率加热，直到所有琼脂糖溶解。

(4) 倒入两端密封的凝胶浇注器中,插入梳子(可产生 1 mm 长孔的梳子)。静待凝固(见注释 7)。

(5) 凝胶凝固后,打开封口,取出梳子,将凝胶放入含有 0.5×TBE 缓冲液的凝胶罐中。

(6) 在其中一个凝胶孔中加入 5 μL DNA ladder,其余孔中分别加入 8 μL 标题 3.1 中制备的 PCR 产物。

(7) 凝胶在 100 V 电压下运行 45 min,电流不限。

(8) 紫外光下观察凝胶。在凝胶背景下,DNA ladder 应该是清晰明亮、分离良好的。对于整个控制区 PCR,在 1 100 bp 左右处出现可见条带表明扩增成功;而短扩增子策略中,应在 300 bp 左右处出现可见条带(Midi - Mito PCR A 反应出现三个条带,Midi - Mito PCR B 反应出现两个条带;然而,由于 PCR A 反应两个产物之间的扩增子大小相似,很可能只出现两个容易区分的条带)。

(9) 如果阴性对照反应中出现与预期产物大小相匹配的条带,则应处理掉所有相关 PCR 产物,并重新启动 PCR 实验。

(10) 如果 PCR 阳性对照扩增成功,而其中一个或多个样本的 PCR 扩增失败,则将失败样本使用 Midi - Mito 策略重新进行 PCR 实验。

12.3.3 PCR 纯化

(1) 在上一步骤显示有扩增产物的每个 PCR 反应的剩余产物(约 10~12 μL)中加入 1.5 μL ExoStar 1 - step(见注释 8)。另外,用相同方法处理 PCR 阴性对照。

(2) 在热循环仪中,37℃ 孵育 45 min,然后 80℃ 孵育 15 min。

12.3.4 测序

测序反应可以使用 PCR 管进行;当然,更推荐使用半螺纹 96 孔板,可以在测序纯化步骤后直接加载至毛细管电泳仪。

（1）必须为每个样品分别构建正向和反向测序反应。每个测序反应包含一个引物，因此每个 PCR 扩增子需要多个测序反应。使用的测序引物取决于所采用的 PCR 策略，例如：

a）全控制区策略：使用引物 L15977、H16175、H16401、L16450、H274、L314 和 H599 对每个 1.1 kb PCR 产物进行 7 重测序反应。

b）Midi－Mito 策略：

- Midi－Mito PCR A——使用引物 L15989、H16248、L16450、H180、L317 和 H619 进行 6 重测序反应。
- Midi－Mito PCR B——使用引物 L16197、H16509、L109 和 H389 进行 4 重测序反应。

（2）测序反应应使用上述引物，按照表 12.4 所示的组分和体积构建，使用全控制区策略扩增的每个样品包含 7 个测序反应，使用 Midi－Mito 策略扩增的每个样品包含 10 个测序反应。测序反应总反应体积为 6.8 μL。

表 12.4　测序反应试剂浓度和体积

试　　剂	体积（μL）
ABI Prism® BigDye™ terminator cycle sequencing v3.1 ready reaction kit	0.68
ABI Prism® BigDye™ terminator cycle sequencing v3.1 dilution buffer	1.02
测序引物（5 μmol/L）	0.408
水	3.6
PCR 纯化产物	1.0
总体积	6.8

（3）对于多个孔之间相同的组分，可以制备多个母液并将其等分到平板中，例如，可以为每个测序引物制备不同的母液，以便每个母液均包含 BigDye 预备反应混合物、BigDye 稀释缓冲液、特定测序引物和水。

（4）测序反应中加入的 PCR 纯化产物量默认为 1 μL。如果凝胶电泳阶段显示扩增效果不佳（条带较弱），则可以在反应中添加额外的 PCR 纯化产物而不使用水。PCR 纯化产物不可带入 PCR 前处理区。

（5）PCR 阶段的阳性和阴性对照应贯穿整个过程，因此阳性和阴性对照的 PCR 纯化产物应与其他样品一起测序。

（6）用 PCR 盖或 PCR 封条封住平板。

（7）在带加热盖的 PCR 仪中进行测序，运行程序如下：96℃初始激活 4 min；然后（94℃ 15 s，50℃ 10 s，60℃ 2 min）25 个循环。

12.3.5 测序纯化和电泳

（1）在每个扩增测序反应的平板孔中加入 1.7 μL 的 125 mmol/L EDTA，涡旋平板。

（2）在含有测序产物和 EDTA 的同一孔中加入 20 μL 100%乙醇（见注释 9）。

（3）短暂涡旋，然后室温放置至少 15 min，最多 24 h，以沉淀测序产物。

（4）2 250×*g* 离心 30 min。

（5）打开封板，将其倒置在折叠的纸巾上，然后在这个倒置方向 400 r/min 离心 30 s，去除所有上清液。

（6）加入 120 μL 70%乙醇，重新封板，以正常方向最大速度（如果转速较低，则为 4 000 r/min）离心 10 min（见注释 10）。

（7）重复步骤 5，去除上清液。

（8）室温放置，直到所有残留的乙醇全部蒸发（正常情况下，大约需要 5 min）。

（9）每孔中加入 10 μL Hi－Di 甲酰胺。

（10）95℃加热 3 min，然后骤冷（例如，将平板放入冰中）。

（11）该测序产物可以在毛细管电泳仪上运行，如 3130xl 或 3500（均为 Life Technologies 公司）。

12.3.6　测序分析

从每个样品中获得的线粒体控制区序列需要与 rCRS 进行比较,并标注参考序列与样品之间的差异。为了实现这一目标,首先必须将同一样品不同测序反应产生的多个序列与参考序列进行比对。可借助软件进行比对,如 SeqScape(Life Technologies 公司)或 Sequencer(Gene Codes 公司)。比对完成后,还需要注意以下几点:

(1) 理想情况下,正反向序列会覆盖整个控制区,尽管这在某些情况下可能很难实现,如同聚物延伸之后。

(2) 几乎所有的样品,均在第 263 个碱基处与参考序列存在差异(A>G),并在第 315 个核苷酸之后插入一个 C 碱基。关于这些差异所使用术语的详细信息可在国际法医遗传学会的指南中找到[13~17]。

(3) 2800M 阳性对照的线粒体控制区序列在以下位置与 rCRS 存在差异: 16 519(T>C)、152(T>C)、263(A>G)、315.1C、477(T>C)。

(4) 长度异质性(由于碱基插入或缺失而导致的多个长度不同的相似序列的存在)是线粒体分析中常见的现象,尤其在以下三个区域:

a) 如果第 16 189 个碱基处有 T>C 的变化,那么在碱基 16 184 和 16 193 之间就会产生一个多 C 的延伸,几乎不可避免地会产生多个线粒体序列,在这段延伸中具有不同数量的 C 核苷酸。导致在 poly－C 延伸之后,覆盖该区域的任何测序反应都将不可读,因为将同时显示多个不同的序列(偏移几个碱基)。

b) 在 303~309 和 311~315 之间还有两个 poly－C 延伸段,也可能观察到长度异质性。

c) 在碱基 568 和 573 之间有另一个 poly－C 延伸,在某些个体中,如果在序列中插入额外的碱基 C,在这段 C 核苷酸链之后可能出现长度异质。从而导致 H599 或 H619 序列的读取失败。

(5) 也可能观察到点异质性(在一个位置上有两个不

同碱基)，尽管其频率低于长度异质性。更多关于异质性的细节可以在文献[17]中找到。

(6) 可以观察到同一个体不同组织之间，甚至同一个体不同毛发之间的线粒体序列差异(通常在单个核苷酸位置)。这通常表现为点异质性，但也可以看成是完全的碱基变化。

(7) 利用 EMPOP 网络(www.empop.org)获得生成序列的频率(见注释 11)。

(8) 系统发育分析可以帮助识别最终结果中的任何错误；然而，除非有比较丰富的经验，否则很难手动使用系统树(http：//www.phylotree.org/tree/main.htm)进行此操作。另外，在检查 EMPOP 的结果时，该程序将显示所有与查询序列密切匹配，但不完全匹配的序列。例如，大多数相似性序列在 489 位置发生突变，而查询序列在 498 位置发生突变，很有可能是最后两位数字出现描述错误。

12.4 注释

(1) DNA 提取方法的选择取决于检材类型，例如，头发或骨头需要特殊的提取方法。由于所使用的样品类型，普通 DNA 定量方法不是很有用，即，总 DNA 定量可能主要由细菌 DNA 组成，而人类特异性方法只针对核 DNA，其浓度可能与线粒体 DNA 浓度没有关系。

(2) 在使用 MyTaq HS 预混料时没有明显的碱基错配；然而，也可以使用校对聚合酶，如 Advantage HF 2(Clontech 公司)。

(3) 任何含有一致水平且序列已知的线粒体 DNA 的样品，均可作为阳性对照。2800M 就是为了提供一组已知的突变，以便在首次分析时可以参考。

(4) 该方法是替代溴化乙锭可视化 DNA 条带的一种无毒方法，但价格相对昂贵。溴化乙锭或其他无毒染料仍然可以使用。

（5）任何特征性阳性对照均可使用。

（6）建议使用凝胶电泳进行 PCR 质量检查，以判断是否有足够的产物进行测序，并估计在测序反应中需要使用多少产物；当然，也可以跳过该步骤，直接进入测序阶段，在测序反应中加入任意数量的 PCR 扩增子。

（7）凝胶凝固所需的时间取决于环境温度和凝胶厚度等因素，大多数情况下，凝胶会在 20 min 内凝固。

（8）PCR 纯化的目的是去除 PCR 过程中剩余的任何未结合的 dNTP 和引物。本章采用的方法是利用两种酶来完成该步骤，也可以使用纯化柱法。

（9）EDTA 必须在添加 100%乙醇之前加入到扩增测序反应中，因为 EDTA 和乙醇之间的任何直接接触都会导致 EDTA 的沉淀——如果在任何孔中观察到白色沉淀/沉淀物，那就是 EDTA/乙醇步骤执行错误，或者是使用的 EDTA 浓度过高。

（10）加入 70%乙醇时应注意不要破坏沉淀，加入乙醇后不应涡旋平板。使用 70%乙醇浓度对保持测序产物沉淀非常重要，因此，如果乙醇稀释液放置超过 2 周，则应使用无水乙醇重新配制 70%乙醇。

（11）报告应说明所分析的序列范围（例如，16 024～576）以及与 rCRS 的所有差异。95%置信区间的序列频率估计可通过 EMPOP 获得，例如，目前在 26 127 个样品中观察到 2800 M 控制区序列 10 次，95%置信区间频率为 0.000 38，范围在 0.000 18 到 0.000 70 之间。根据特定的情况，选择使用在整个数据库或更典型的一个/多个元人群（如非洲、西欧和东亚）中的频率。

参考文献

[1] Anderson S, Bankier AT, Barrell BG, De Bruijn MHL, Coulson AR, Drouin J, et al. Sequence and organization of the human mitochondrial genome. Nature, 1981, 290: 457－465.

[2] Andrews RM, Kubacka I, Chinnery PF,

Lightowlers RN, Turnbull DM, Howell N. Reanalysis and revision of the Cambridge reference sequence for human mitochondrial DNA [5]. Nat Genet, 1999, 23: 147.
[3] Satoh M, Kuroiwa T. Organization of multiple nucleoids and DNA molecules in David Ballard mitochondria of a human cell. Exp Cell Res, 1991, 196: 137-140.
[4] Robin ED, Wong R. Mitochondrial DNA molecules and virtual number of mitochondria per cell in mammalian cells. J Cell Physiol, 1988, 136: 507-513.
[5] Torroni A, D'Urbano L, Rengo C, Scozzari R, Sbracia M, Manna C, et al. Intracytoplasmic injection of spermatozoa does not appear to alter the mode of mitocondrial DNA inheritance. Hum Reprod, 1998, 13: 1747-1749.
[6] Jenuth JP, Peterson AC, Fu K, Shoubridge EA. Random genetic drift in the female germLine explains the rapid segregation of mammalian mitochondrial DNA. Nat Genet, 1996, 14: 146-151.
[7] Foran DR. Relative degradation of nuclear and mitochondrial DNA: an experimental approach. J Forensic Sci, 2006, 51: 766-770.
[8] Bandelt H-J, Kong Q, Parson W, Salas A. More evidence for non-maternal inheritance of mitochondrial DNA? J Med Genet, 2005, 42: 957-960.
[9] Lyons EA, Scheible MK, Sturk-Andreaggi K, Irwin JA, Just RS. A high-throughput Sanger strategy for human mitochondrial genome sequencing. BMC Genomics, 2013, 14: 881.
[10] Eichmann C, Parson W. 'Mitominis': multiplex PCR analysis of reduced size amplicons for compound sequence analysis of the entire mtDNA control region in highly degraded samples. Int J Legal Med, 2008, 122: 385-388.
[11] Ward RH, Frazier BL, Dew-Jager K, Pääbo S. Extensive mitochondrial diversity within a single Amerindian tribe. Proc Natl Acad Sci USA, 1991, 88: 8720-8724.
[12] Brandstätter A, Peterson CT, Irwin JA, Mpoke S, Koech DK, Parson W, et al. Mitochondrial DNA control region sequences from Nairobi (Kenya): inferring phylogenetic parameters for the establishment of a forensic database. Int J Legal Med, 2004, 118: 294-306.
[13] Parson W, Bandelt H. Extended guidelines for mtDNA typing of population data in forensic science. Forensic Sci Int Genet, 2007, 1: 13-19.
[14] Tully G, Bär W, Brinkmann B, Carracedo A, Gill P, Morling N, et al. Considerations by the European DNA profiling (EDNAP) group on the working practices, nomenclature and interpretation of mitochondrial DNA profiles. Forensic Sci Int, 2001, 124: 83-91.
[15] Bär W, Brinkmann B, Budowle B, Carracedo A, Gill P, Holland M, et al. DNA commission of the international society for forensic genetics: guidelines for mitochondrial DNA typing. Int J Legal Med, 2000, 113: 193-196.
[16] Carracedo A, Bär W, Lincoln P, Mayr W, Morling N, Olaisen B, et al. DNA commission of the international society for forensic genetics: guidelines for mitochondrial DNA typing. Forensic Sci Int, 2000, 110: 79-85.
[17] Irwin JA, Saunier JL, Niederstätter H, Strouss KM, Sturk KA, Diegoli TM, et al. Investigation of heteroplasmy in the human mitochondrial DNA control region: a synthesis of observations from more than 5000 global population samples. J Mol Evol, 2009, 68: 516-527.

第十三章

人类线粒体 DNA 全测序

Igor V. Ovchinnikov、Mathew J. Malek、Katelyn Kjelland 和 Kenneth Drees

摘要：mtDNA 可以帮助鉴定从犯罪现场和人类遗骸中采集的生物证据。通常情况下，测序目标为高可变区；然而，如果对全基因组进行测序，则可以获得辨别力更高的图谱。有多种方法可用于扩增和测序来自法医样本的 mtDNA 全基因组。本章描述了一种基于两轮 PCR（结合多重 PCR 和单倍 PCR）的方法。该方法已被用于分析无特殊保护的在 FTA® 卡上储存了 10 年的唾液样本的线粒体基因组。预计该技术也可用于直接分析其他陈旧生物样本或与 DNA 降解水平相关的修改分析。

关键词：mtDNA 全基因组，DNA 测序，多重 PCR，单倍 PCR

13.1 引言

mtDNA 是一种用于识别犯罪者生物来源的痕迹证据。它在依据与母系亲属的联系来鉴定人类遗骸方面也非常有价值。自从第一篇关于从各种生物样本中分离和测序 mtDNA 的文章发表以来[1,2]，人们清楚地认识到这种分子标记在司法实践中具有至关重要的意义，特别是面对 DNA 含量较低和/或高度降解的样本时。

mtDNA 在法医领域的首次应用是基于 HVS－I 和 HVS－II 的测序[3]。这些片段相对较小（每个约 400 bp），由于突变率相对较高，其积累的核苷酸多态性远高于线粒体基因组的其他区域。然而，由于许多人在 HVS－I 和 HVS－II 中共享相同的序列，也就是所谓的单倍型，所以单独使用这一区域的辨别力可能很低。

此外,有时很难正确确定个体的单倍群,因为 HVS－I 和 HVS－II 中类似的多态性可能出现在不同的单倍群中,或者核苷酸多态性是无信息的。为了克服部分 DNA 分析的局限性,可对线粒体全基因组序列进行扩增和测序。在大多数情况下,可以将特定的 mtDNA 基因组归入一个明确的单倍群中。

人类 mtDNA 全基因组测序有两种方法。第一种是基于扩增覆盖整个基因组的重叠片段,然后进行桑格测序的传统方法;第二种是基于二代测序技术的新方法。由于后者目前正在评估中,可能还不符合法医标准[4,5],本章将重点讨论在大多数法医实验室可实现的多重 PCR 和桑格测序技术。

目前,已经开发了多种基于 PCR 的人类 mtDNA 全基因组测序方法。这些方法的不同之处在于包含的不同大小扩增子的 PCR 引物数量或退火到大 PCR 片段(约 8.5 kb)的测序引物数量[6~11]。最佳测序方案依赖于生物样本以及从中分离的 DNA 质量和数量。一般来说,法医全 mtDNA 测序策略应遵循以下标准(文献[11]提出,本章加以补充):

(1) 每个核苷酸都应使用不同的引物从至少两个独立的测序反应中确定[11]。

(2) 覆盖 mtDNA 全基因组所需的 PCR 扩增子或测序引物的数量应保持最小[11]。

(3) 引物应产生最佳信噪比,允许异质性检验[11]。

(4) 在分析降解样本时,引物应该包含相对较短的 PCR 片段,以保证从降解 DNA 和低含量 DNA 样品中稳定扩增 mtDNA 扩增子。

在司法实践中,经常会遇到陈旧样本或部分降解样本。然而,目前还没有从此类检材中重建 mtDNA 全基因组的特定方法。本章证明了从陈旧样本——1997 年收集的中亚唾液样本中可以有效扩增和测序人类 mtDNA 全基因组。这些样本被放置在 1.5 mL 离心管中，在环境温度下运输，然后储存在−20℃的冰箱 10 年后，将唾液样本转移至 FTA 卡。近来的一些方法建议只使用两个重叠的扩增子(每个约 8.5 kb)对 mtDNA 全基因组进行扩增[10,11]，这项技术对相对新鲜的血液和活检样本有用，但对陈旧唾液样本的降解 DNA 却无效。而这种挑战性的样本需要一种基于两轮 PCR(使用特定引物对)的方法，即先进行多重 PCR，再进行单倍 PCR，并对纯化的扩增子进行 DNA 测序。文献[7]中发表的引物更适用于从陈旧唾液样本中成功重建 mtDNA 全基因组序列。用于第一轮和第二轮 PCR 的引物如表 13.1 所示。

13.2 材料

13.2.1 DNA 提取

(1) FTA 纯化试剂(Whatman 公司)。

(2) 用于制作 1.2 mm 或 2.0 mm FTA 卡的打孔器(Whatman 公司)。

(3) 两个 100 mL 烧杯。

(4) 0.2 mL PCR 管或 96 孔 PCR 板(Fisher Scientific 公司或其他供应商)。

(5) 10%漂白剂溶液(Clorox 公司)。

13.2.2 PCR

(1) DNA 聚合酶(Promega 公司)。

(2) 5×Colorless GoTaq Flexi 缓冲液(Promega 公司)。

(3) 5×Green GoTaq Flexi 缓冲液(Promega 公司)。

(4) 25 mmol/L $MgCl_2$ 溶液(Promega 公司或其他供应商)。

(5) dNTP。

(6) 正、反向引物(表 13.1 和表 13.2)。

(7) 无 DNase 水。

(8) 0.2 mL PCR 管或 96 孔 PCR 板。

表 13.1 用于人类 mtDNA PCR 反应的引物对[a]

正向引物	引物序列 5′→3′	5′末端	反向引物	引物序列 5′→3′	5′末端
第一轮 PCR 引物:					
SC－A－F	ATCCTACCCAGCACACAC	503	SC－A－R	GATTTGCCGAGTTCCTTTTACT	2 484
SC－B－F	CTGACAATTAACAGCCCAATATC	2 364	SC－B－R	GAATGCTGGAGATTGTAATGGG	4 249
SC－C－F	CCAACTCATACACCTCCTATG	4 155	SC－C－R	GGTAAGAGTCAGAAGCTTATGT	6 220
SC－D－F	AATACCCATCATAATCGGAGG	6 113	SC－D－R	GAGTACTACTCGATTGTCAACG	8 017
SC－E－F	GGCGGACTAATCTTCAACTC	7 925	SC－E－R	GTGAAATATTAGTTGGCGGATG	9 884
SC－F－F	CATTTCCGACGGCATCTA	9 767	SC－F－R	GCTAGGCAGAATAGTAATGAGG	11 748
SC－G－F	CATTGCATACTCTTCAATCAGC	11 614	SC－G－R	TTGACCTGTTAGGGTGAGAAGA	13 638
SC－H－F	ATCATACACAAACGCCTGAGC	13 539	SC－H－R	CGTCTTTGATTGTGTAGTAAGGG	15 431
SC－I－F	CCACCTCCTATTCTTGCACG	15 331	SC－I－R	TGCTAAAGGTTAATCACTGCTG	836
第二轮 PCR 引物:					
1F	CACACACACCGCTGCTAAC	516	1R	GATATGAAGCACCGCCAGG	1 190
2F	GAACACTACGAGCCACAGC	1 138	2R	TCATCTTTCCCTTGCGGTAC	1 801
3F	AATTGAAACCTGGCGCAATAG	1 756	3R	TGAGCATGCCTGTGTTGGG	2 444
4F	ACCAACAAGTCATTATTACCC	2 395	4R	TGAACTCAGATCACGTAGGAC	3 074
5F	GGATCAGGACATCCCGATG	2 995	5R	AACGGCTAGGCTAGAGGTG	3 645
6F	TAGCTCTCACCATCGCTC	3 536	6R	GATTGTAATGGGTATGGAGAC	4 239
7F	TCCTACCACTCACCCTAGC	4 184	7R	GTCATGTGAGAAGAAGCA	4 869
8F	CACCCCTCTGACATCCGG	4 832	8R	AGTATTGCAACTTACTGAGG	5 570
9F	AATACAGACCAAGAGCCTTC	5 526	9R	GGGAAACGCCATATCGGG	6 188
10F	TACCCATCATAATCGGAGGC	6 115	10R	AATATATGGTGTGCTCACACG	6 781

续　表

正向引物	引物序列 5′→3′	5′末端	反向引物	引物序列 5′→3′	5′末端
11F	CTATGATATCAATTGGCTTCC	6 730	11R	GGCATCCATATAGTCACTCC	7 398
12F	CCTAATAGTAGAAGAACCCTC	7 349	12R	CTCGATTGTCAACGTCAAGG	8 009
13F	ATTATTCCTAGAACCAGGCG	7 960	13R	TGATGAGATATTTGGAGGTGG	8 641
14F	ACAATCCTAGGCCTACCCG	8 563	14R	GATAGGCATGTGATTGGTGG	9 231
15F	AGCCTCTACCTGCACGAC	9 181	15R	GGATGAAGCAGATAGTGAGG	9 867
16F	ACTTCACGTCATTATTGGCTC	9 821	16R	AGTGAGATGGTAAATGCTAG	10 516
17F[b]	CTGAACCGAATTGGTATATAG	10 394	17R	TCGTGATAGTGGTTCACTGG	11 032
18F	ACAATCATGGCAAGCCAACG	10 985	18R	TTATGAGAATGACTGCGCCG	11 708
19F	AGCCACATAGCCCTCGTAG	11 633	19R	TGGTTATAGTAGTGTGCATGG	12 361
20F	CTATCCATTGGTCTTAGGC	12 284	20R	TTTGCCTGCTGCTGCTAGG	13 005
21F	CGCTAATCCAAGCCTCACC	12 951	21R	TATTCGAGTGCTATAGGCGC	13 614
22F	TTACTCTCATCGCTACCTCC	13 568	22R	GGTTGATTCGGGAGGATCC	14 276
23F	CCCATAATCATACAAAGCCC	14 227	23R	GTTGAGGCGTCTGCTGAG	14 928
24F	ACTACAAGAACACCAATGACC	14 732	24R	TGTAGTAAGGGTGGAAGGTG	15 419
25F	TAGGAATCACCTCCCATTCC	15 372	25R	GTCAATACTTGGGTGGTACC	16 067
D1F	AATGGGCCTGTCCTTGTAG	15 879	D1R	AACGTGTGGGCTATTTAGGC	16 545
D2F	CGACATCTGGTTCCTACTTC	16 459	D2R	CTGGTTAGGCTGGTGTTAGG	389
D3F	CGCTTCTGGCCACAGCAC	315	D3R	GGTGTGGCTAGGCTAAGC	803

[a]引物序列来自文献[7]。5′末端对应于修正后的人类 mtDNA 剑桥参考序列位置[13]。

[b]引物 17F 位于单倍型群 M 特有的 10 400 位核苷酸位置。第二个引物 17.1F 的 5′末端为 10 356(CTAAGTTGGCCTATGAGTG)可以加入到 10 400 的序列中。

表 13.2　第一轮 PCR 反应的引物混合物

第一轮 PCR 混合液	第一轮 PCR 反应引物对	第二轮 PCR 反应引物对
1(多重)	SC－A,SC－D,SC－F,SC－H	1,2,3,10,11,12,16,17,18,22,23,24
2(多重)	SC－C,SC－E,SC－G,SC－I	7,8,9,13,14,15,19,20,21,25,D1,D2,D3
3(单倍)	SC－B	4,5,6

13.2.3　琼脂糖凝胶

（1）快速溶解琼脂糖(BioExpress 公司)或其他供应商提供的相同琼脂糖。

（2）10×TAE 缓冲液(Fisher Scientific 公司或其他供应商)。

（3）浓度为 10 mg/mL 的溴化乙锭溶液(Fisher Scientific 公司或其他供应商;或使用 Biotium 公司的 GelRed 和 GelGreen 等替代染色剂)。

（4）100 bp PCR DNA Ladder(Fisher Scientific 公司)。

（5）6×蓝色/橙色上样染料(Promega 公司)。

13.2.4　PCR 纯化

（1）带 DNA 结合缓冲液和 DNA 洗脱缓冲液的 DNA 纯化和浓缩器-5 吸附柱(Zymo Research 公司)。

（2）ZR－96 DNA 洗涤试剂盒,包括 DNA 结合缓冲液、洗涤缓冲液、Silicon－A 板、收集板和洗脱板(Zymo Research 公司)。

（3）无 DNase 水。

13.2.5　DNA 测序

（1）BigDye Terminator v.3.1 循环测序试剂盒,含 5×稀释缓冲液和 BigDye 反应混合液(Life Technologies 公司)。

（2）测序正、反向 PCR 引物。

（3）无 DNase 水。

13.2.6　DNA 测序纯化

BigDye XTerminator 纯化试剂盒,含 XTerminator 溶液和 SAM 溶液(Life Technologies 公司)。

13.3　方法

在人类 mtDNA 的提取和扩增过程中,必须遵循严格的预防措施,以尽量减少 mtDNA 分子在不同样品之间交叉转移的可能性。应设置提取和扩增的阴性对照,以监测这种交叉转移和污染。PCR 前和 PCR 后步骤应分别在独立的、隔离实验室进行。尤其是以下步骤如 DNA 提取、PCR 反应构建和 DNA 测序准备等应尽量在专门的 DNA 工作站内进行,且待使用的工作站应紫外线照射至少 2 h。PCR 扩增后的琼脂糖凝胶电泳应在专门的电泳室进行。实验服、试剂和用品不得从 PCR 后室/电泳室带入 DNA 提取室和 PCR 前室。

13.3.1　打孔器和切割垫清洁

(1) 两个 100 mL 烧杯。在其中一个烧杯中放入 15 mL 10%的漂白剂溶液,在另一个烧杯中放入 20 mL 去离子水。

(2) 将打孔器在漂白剂中短暂浸泡,然后取出;接着将打孔器迅速浸入水中,不要让打孔器坐在液体中。

(3) 把打孔器末端放在洁净的纸巾上,清除剩余液体。

(4) 晾干打孔器。

(5) 将少量 10%漂白剂溶液倒在切割垫上。

(6) 用洁净的纸巾擦拭切割垫上的漂白剂,要确保擦拭到切割块的整个表面。静置风干。

13.3.2　FTA 卡的 DNA 提取

(1) 在生物安全柜中,从包装中取出 FTA 卡。展开并放在洁净的切割垫上。仅握住卡片边缘,确保不直接接触卡片。

(2) 使用洁净的打孔器制作 1.2 mm 或 2.0 mm FTA 圆形纸片,用打孔器在样品分布的卡片区域用力按压。

(3) 按压打孔器末端,将圆形纸片释放到 0.2 mL

PCR 管中。冲洗打孔器和切割垫(见上文),并重复这一过程(步骤 1~3),直到所有样品均打孔结束。

(4) 用清洁过的打孔器在样品区以外的区域进行最后一次打孔。将此圆片放入标记为阴性提取对照的 PCR 反应管中。

(5) 每个 PCR 管中加入 200 μL FTA 纯化试剂。

(6) 室温放置 5 min,弃掉 FTA 试剂。

(7) 重复步骤 5 和 6 两次,总共用 FTA 试剂洗涤三次。

(8) 每个 PCR 管中加入 200 μL 无 DNase 水。

(9) 室温放置 5 min,取出圆片,弃掉废液。

(10) 重复步骤 8 和 9 一次,总共用水洗涤两次。

(11) 在 56℃的加热模块或培养箱中,打开盖子干燥样品(约 30 min)。

(12) PCR 反应的构建如下文所示;PCR 管中将包含 FTA 卡。

13.3.3 PCR

13.3.3.1 第一轮(多重)PCR

(1) 在 PCR 工作站中,准备引物混合液,将成对的正向和反向引物(5 μmol/L)一起移入同一管中,得到每个引物浓度为 1 μmol/L 的引物溶液。引物对应按照表 13.2 的组合进行混合(见注释 1)。

(2) 制备如表 13.3 所示的多重 PCR 母液。在每种母液制备完成后,将 50 μL 母液移液至每个包含有圆形纸片的 PCR 管(或 96 孔板的特定孔)中,其中一个 PCR 管/孔为空白提取对照、一个空的管/孔为 PCR 阴性对照。

(3) 将 PCR 管或 PCR 板放入热循环仪中,使用特定的耐高温 DNA 聚合酶和 PCR 引物参数。Go*Taq* DNA 聚合酶的最佳热循环条件为: 95℃预变性 2 min;(95℃变性 1 min,58℃退火 1 min,72℃延伸 2 min)30 个循环;72℃最终延伸 5 min(见注释 2)。

表 13.3　第一轮(多重)PCR 体系

试　剂	体积/样本(μL)	PCR 浓度
无核酸酶水	添加至终体积为 50.0 μL	-
5×无色 Go*Taq* Flexi 缓冲液	10.0	1×
25 mmol/L $MgCl_2$	3.0	1.5 mmol/L
dNTP,5 mmol/L/个	2.5	0.25 mmol/L/个
引物混合液,1 μmol/L/引物	5.0	0.1 μmol/L/引物
GoTaq DNA 聚合酶,5 单位/μL	0.25	1.25 单位
FTA 圆盘(DNA 模板)	0.0	-

13.3.3.2　第二轮(单倍)PCR

(1) 在紫外线照射 2 h 后的 PCR 工作站中,根据表 13.4 所示组合,分别制备第二轮 PCR 中使用的引物对母液。

(2) 每种母液制备完成后,用移液头将 20 μL 母液转移到 PCR 管或 96 孔板特定孔中。

(3) 从第一轮 PCR 中取 5 μL 模板加入相应的管/孔中。

(4) 第二轮 PCR 阴性对照为:20 μL 每对引物母液和 5 μL 无 DNase 水。

(5) 将 PCR 管或 PCR 板放入热循环仪中,使用特定的耐高温 DNA 聚合酶和 PCR 引物相应参数。Go*Taq* DNA 聚合酶的最佳热循环条件包括:95℃预变性 2 min;(95℃变性 1 min,58℃退火 1 min,72℃延伸 1 min)30 个循环;72℃最终延伸 5 min(见注释 2)。

表 13.4　第二轮(单倍)PCR 体系

试　剂	体积/样本(μL)	PCR 浓度
无核酸酶水	添加至终体积为 25.0 μL	-
5×绿色 Go*Taq* Flexi 缓冲液(见注释 3)	5.0	1×
25 mmol/L $MgCl_2$	1.5	1.5 mmol/L
dNTP,5 mmol/L/个	1.25	0.25 mmol/L/个
正向引物,5 μmol/L	2.5	0.5 μmol/L
反向引物,5 μmol/L	2.5	0.5 μmol/L
Go*Taq* DNA 聚合酶,5 单位/μL	0.25	1.25 单位
第一轮 PCR 产物	5.0	-

13.3.4　琼脂糖凝胶电泳

（1）在电泳室，向 250 mL 耐热玻璃瓶中，加入 100 mL 的 1×TAE 缓冲液和 1 g 琼脂糖，制备 1%琼脂糖凝胶。在微波炉中加热混合物 1~2 min（取决于微波炉的功率），直到琼脂糖溶解，瓶盖半开以减少缓冲液蒸发，但不要封住瓶盖。

（2）警告：瓶子会很烫！小心地取出瓶子，在台面上冷却到约 65℃。加入 1 μL 浓度为 10 mg/mL 的溴化乙锭。旋转瓶子 2~3 次以混合溶液。溴化乙锭是一种公认的危险化学品；在处理时要注意穿戴防护服，如手套和实验服。并根据所在机构的生物安全条例，正确处理含有溴化乙锭的凝胶和缓冲液。

（3）倒入凝胶盘中，插入与样品数量相当孔数的梳子。让凝胶凝固至少 30 min，使其完全聚合。

（4）在第一个孔中加入 1 μL 的 100 bp DNA Ladder 溶液。从第二个孔开始，将每个第二轮单倍 PCR 反应和每个阴性对照（FTA 提取阴性对照、第一轮和第二轮阴性对照）的 3~5 μL 移液至单独孔中（见注释 3）。确保每个样品装入到相应孔中，而没有漂移至旁边的凝胶孔中。

（5）在 80~100 V 电压下电泳约 30~60 min，从电泳槽中取出凝胶，并使用紫外线透射器或凝胶记录系统用紫外光观察（见注释 4）。在图像中，根据引物在人类 mtDNA 的位置，找到预期大小的 DNA 条带。第二轮 PCR 产物应产生一个明亮的条带。如果阴性对照不产生明亮或微弱的 PCR 条带（图 13.1），则对保留在相应 PCR 样管或板孔中的第二轮 PCR 混合物进行纯化（13.3.5 节）。

（6）如果在阴性提取和第一轮 PCR 阴性对照中出现预期长度的 DNA 产物，则应废弃相应的 PCR 产物，并重新进行第一轮和第二轮 PCR。如果预期大小的 DNA 条带只在第二轮阴性对照中出现，则丢弃带有特定引物对的第二轮 PCR 管或孔，用相同的引物对建立新的第二轮 PCR。

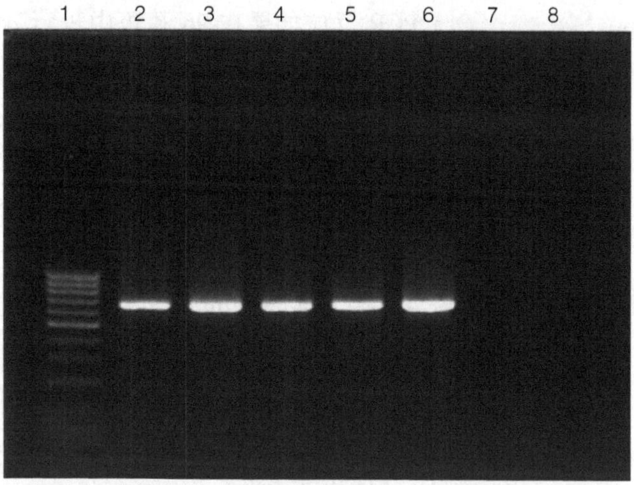

图 13.1 PCR 产物琼脂糖凝胶电泳图谱。第 1 泳道为 ExACT 基因梯带(Fisher Bioreagents 公司);第 2~6 泳道为使用 D1F 和 D1R 引物扩增得到的 5 个第二轮 PCR 产物;第 7 和第 8 泳道分别为提取阴性对照和 PCR 阴性对照。

13.3.5 PCR 纯化

建议单管 PCR 产物使用 Zymo - Spin 柱纯化,PCR 平板中的产物使用 Zymo Silicon - A 平板纯化。

13.3.5.1 Zymo - Spin 柱 PCR 纯化

(1) 在 1.5 mL 反应管和吸附柱均贴上样本编码。

(2) 每个 PCR 反应管中加 100 μL DNA 结合缓冲液。

(3) 将 PCR 反应混合液移入收集管中的 Zymo - Spin 吸附柱,13 000 r/min 离心 30 s。

(4) 弃掉废液,并将柱子放回收集管中。

(5) 加 200 μL 洗涤缓冲液,14 549×*g* 离心 30 s。

(6) 弃掉废液,将柱子放回收集管中,重复步骤 5,共洗涤两次。

(7) 丢弃废液和收集管。将吸附柱放入步骤 1 准备的 1.5 mL 离心管中。

(8) 加 40 μL 水静置 1 min。

(9) 13 000 r/min 离心 30 s,丢弃吸附柱。将产物储存在冰箱中。

13.3.5.2 Zymo Silicon－A 平板 PCR 纯化

（1）PCR 反应如果在 96 孔板中进行，则在每个准备纯化的 DNA 样品中加入 100 μL DNA 结合缓冲液。

（2）将样品混合液转移到 Silicon－A 板的对应孔中，将该板安装在收集板上。

（3）将样品板和平衡板分别放在天平两端，在平衡板中加水或去水以平衡两个板。

（4）4 000×*g* 离心 5 min，直至样品混合液完全过滤；弃掉废液。

（5）在 Silicon－A 板每孔中加入 300 μL 洗涤液。用天平重新平衡平板；4 000×*g* 离心 5 min，弃掉废液。重复这一步，总共洗涤两次。

（6）将 40 μL 无 DNase 水加入每孔柱基质中；将 Silicon－A 板转移到洗脱板或新的 96 孔板上，在天平上平衡，4 000×*g* 离心 5 min。

（7）96 孔板中的产物准备好进行测序反应。给平板贴上标签，放入冰箱，直至测序。

13.3.6 DNA 测序

（1）使用 NanoDrop 分光光度计，测定 PCR 纯化后扩增子的浓度（PCR 扩增子浓度也可以通过与琼脂糖凝胶中使用的 DNA Ladder 的比较来量化，如 100 bp exACTGene DNA Ladder，Fisher Scientific 公司）。

（2）根据表 13.5 和 PCR 扩增子的实际浓度，估计需要添加到测序反应中的 PCR 片段体积。

（3）使用表 13.6 所示的母液方案，用每种试剂的正确用量准备测序反应。涡旋并将测序母液移入新的 0.2 mL PCR 管或 96 孔板的适当孔中。

（4）将正确体积的 DNA 模板（PCR 纯化产物）移入每个管或孔中，确保加入的母液含有适当引物。

（5）放入热循环仪，进行测序反应：95℃初始变性 1 min，然后 95℃ 10 s，53℃ 5 s，60℃ 4 min，循环 25 次。引物退火温度可调整至特定测序引物的实际退火温度。

表 13.5　测序反应中 PCR 模板数量

模板(PCR 扩增子大小)	测序反应中的数量
200~500 bp	3~10 ng
500~1 000 bp	5~20 ng

表 13.6　DNA 测序反应体系[a]

试　剂	体积/样本(μL)	反应中的浓度
无核酸酶水	添加至终体积为 6 μL	-
5×稀释缓冲液	1.5	1.25×
BigDye 反应混合液	1	-
测序引物,0.8 pmol/L	2	1.6 pmol/L
PCR 产物浓度 3~20 ng/μL	1~1.5	4.5~20 ng

[a]使用 Life Technologies 公司推荐的八分之一循环测序反应混合液。

13.3.7　测序反应纯化

(1) 循环测序完成后,快速离心 PCR 管或 96 孔板,每管/孔中加 20 μL SAM 溶液。

(2) 涡旋 XTerminator 溶液直到均匀。使用宽孔移液头,将 5 μL 的 XTerminator 溶液移入每个 PCR 管/孔中。

(3) 涡旋 30 min。

(4) 快速离心 PCR 管或 96 孔板,以分离 XTerminator 溶液。

(5) 产物可在任何遗传分析仪(Life Technologies 公司)上进行桑格测序(见注释 5)。反应管或平板可在 4℃下保存。

13.3.8　数据分析

(1) 对每个 PCR 片段进行正、反向测序。

(2) 打开电泳图谱文件,由两名研究人员独立使用 BioEdit[12] 或 4Peaks (http://www.nucleobytes.com) 对 mtDNA 序列进行可视化检查。还有许多商业软件可用,但以上这些均为可从互联网下载的免费软件。

(3) 使用 MEGA5[14] 将样本序列与 rCRS[13] 进行比

对,并识别序列中的变异位点。MEGA5 可以用任何其他 DNA 序列处理(包括对齐、修剪和组装)软件来代替。

(4) 将 mtDNA HVS1 和 HVS2 的多态性提交到 HaploGrep[15],这是一个在线应用程序,通过与全球人类 mtDNA 变异的系统发育树(mtDNA tree Build 16 on PhyloTree.org)[16]进行比对,将 mtDNA 单倍型与特定的单倍群关联起来,从而对单倍群关联进行初步估计。

(5) 使用 PhyloTree.org 的"Find"功能搜索在 mtDNA 全基因组序列中发现的特定突变与 mtDNA 树 Build 16 的关联,验证通过 HVS1 和 HVS2 序列确定的单倍群。

13.4 注释

(1) 不在同一个 PCR 中扩增 mtDNA 的重叠片段,因为这可能会导致上游反向引物和下游正向引物两侧的短扩增子积累。

(2) 第一轮和第二轮 PCR 的引物对设计为 58℃退火[7]。如果使用不同的引物对短扩增子进行扩增,则根据新引物的熔解温度调整退火温度,使用 Promega 网站 BioMath 网页上的 Tm(熔解温度)计算器,网址是 www.promega.com/biomath。引物对的退火温度等于混合液中任意引物的最低 Tm 减去 3℃。GoTaq DNA 聚合酶的延伸时间为 1 kb/min。如果使用不同的耐热聚合酶,则根据制造商的建议修改循环参数。

(3) 绿色和无色 GoTaq Flexi 缓冲液的产量大致相当。对于含有 5×绿色 GoTaq Flexi 缓冲液的 PCR,扩增后直接将反应加载到琼脂糖凝胶上。含有 5×无色 GoTaq Flexi 缓冲液的反应也可以直接加载到琼脂糖凝胶上,但必须添加追踪染料(如 6×蓝色/橙色装载染料)以监测电泳进展[17]。在 DNA Ladder 溶液中加入追踪染料。

(4) 紫外线照射器会产生潜在的有害紫外线,为保护眼睛和皮肤,应避免紫外线照射。出于安全考虑,凝胶记录系统在门被打开时有自动关闭紫外线的功能。

（5）每次测序运行都会生成一个“.ab1”格式的电泳图谱文件。

致谢

该研究得到了北达科他州 EPSCoR 和 UND 教师启动 i.v.o 奖的支持。研究方案得到了北达科他州大学机构审查委员会(方案编号 IRB－201307－009)和北达科他州大学机构生物安全委员会(注册编号 IBC－201102－001)的批准。

参考文献

[1] Higuchi R, von Beroldingen CH, Sensabaugh GF, Erlich HA. DNA typing from single hairs. Nature, 1988, 332: 543－546.

[2] Sullivan KM, Hopgood R, Lang B, Gill P. Automated amplification and sequencing of human mitochondrial DNA. Electrophoresis, 1991, 12: 17－21.

[3] Sullivan KM, Hopgood R, Gill P. Identification of human remains by amplification and automated sequencing of mitochondrial DNA. Int J Legal Med, 1992, 105: 83－86.

[4] Bandelt HJ, Salas A. Current next generation sequencing technology may not meet forensic standards. Forensic Sci Int Genet, 2012, 6: 143－145.

[5] Parson W, Strobl C, Huber G, Zimmermann B, Gomes SM, Souto L, et al. Evaluation of next generation mtGenome sequencing using the Ion Torrent personal genome machine (PGM). Forensic Sci Int Genet, 2013, 7: 543－549.

[6] Rieder MJ, Taylor SL, Tobe VO, Nickerson DA. Automating the identification of DNA variations using quality-based fluorescence re-sequencing: analysis of the human mitochondrial genome. Nucleic Acids Res, 1998, 26: 967－973.

[7] Taylor RW, Taylor GA, Durham SE, Turnbull DM. The determination of complete human mitochondrial DNA sequences in single cells: implications for the study of somatic mitochondrial DNA point mutations. Nucleic Acids Res, 2001, 29: e74.

[8] Levin BC, Holland KA, Hancock DK, Coble M, Parsons TJ, Kienker LJ, et al. Comparison of the complete mtDNA genome sequences of human cell lines－HL－60 and GM 10742A-from individuals with pro-myelocytic leukemia and leber hereditary optic neuropathy, respectively, and the inclusion of HL－60 in the NIST human mitochondrial DNA standard reference material-SRM 2392－I. Mitochondrion, 2003, 2: 387－400.

[9] Coble MD, Just RS, O'Callaghan JE, Letmanyi IH, Peterson CT, Irwin JA, et al. Single nucleotide polymorphisms over the entire mtDNA genome that increase the power of forensic testing in Caucasians. Int

J Legal Med, 2004, 118: 137 - 146.

[10] Gonder MK, Mortensen HM, Reed FA, de Sousa A, Tishkoff SA. Whole-mtDNA genome sequence analysis of ancient African lineages. Mol Biol Evol, 2007, 24: 757 - 768.

[11] Fendt L, Zimmermann B, Daniaux M, Parson W. Sequencing strategy for the whole mitochondrial genome resulting in high quality sequences. BMC Genomics, 2009, 10: 139.

[12] Hall T. BioEdit: a user-friendly biological sequence alignment editor and analysis program for Windows 95/98/NT. Nucleic Acids Symp Ser, 1999, 41: 95 - 98.

[13] Andrews RM, Kubacka I, Chinnery PF, Lightowlers RN, Turnbull DM, Howell N. Reanalysis and revision of the Cambridge reference sequence for human mitochondrial DNA. Nat Genet, 1999, 23: 147.

[14] Tamura K, Peterson D, Peterson N, Stecher G, Nei M, Kumar S. MEGA5: molecular evolutionary genetics analysis using maximum likelihood, evolutionary distance, and maximum parsimony methods. Mol Biol Evol, 2011, 28: 2731 - 2739.

[15] Kloss-Brandstätter A, Pacher D, Schönherr S, Weissensteiner H, Binna R, Specht G, et al. HaploGrep: a fast and reliable algorithm for automatic classification of mitochondrial DNA haplogroups. Hum Mutat, 2011, 32: 25 - 32.

[16] van Oven M, Kayser M. Updated comprehensive phylogenetic tree of global human mitochondrial DNA variation. Hum Mutat, 2008, 30: e386 - e394.

[17] Glebs A, Stencel E, Knoche K. The "Go-to" choice: GoTaq DNA polymerase. Promega Notes, 2003, 83: 21 - 24.

第十四章

液相杂交技术在线粒体全基因组靶向富集中的应用

B. Bekaert, R. Ellerington, L. Van den Abbeele 和 R. Decorte

摘要：本章介绍了液相杂交技术靶向富集线粒体全基因组的详细方案。通过超声处理两个长片段 PCR 扩增子和连接生物素化双端接头自制探针。在多重富集反应中，标记的目标 DNA 首先与探针杂交，并使用磁性链霉菌素珠进行捕获，随后进行富集后 PCR 和 Illumina MiSeq 测序。该方案解决了对昂贵的商业探针的需求，同时能够在单个杂交反应中富集多个样本。该方法特别适用于降解 DNA，因为它能够富集短 DNA 片段，并且不容易受到 PCR 检验过程引入的聚合酶假象的影响。

关键词：液相杂交，靶向富集，mtDNA，Illumina MiSeq

14.1 引言

在大多数实验室中，mtDNA 分型仍然是基于使用毛细管电泳平台的桑格测序。通常仅限于线粒体基因组非编码区的三个多态区域，即 HVS－I、HVS－II 和 HVS－III，尽管事实上可以从 mtDNA 基因组编码区获得更多的遗传信息[1]。虽然桑格测序工作流程具有普遍性，但它工作量大且通量低；因此，对 mtDNA 全基因组等大区域进行测序成本高昂。高通量测序（high-throughput sequencing，HTS）技术的出现极大地改变了遗传学领域，它以更低的成本提供更大的通量。此外，桑格测序面对异质性变异只能提供 10%～20%的低分辨率，而对变异的深度测序可以帮助研究人类疾病中的低频突变或解释司法实践的混合样本[2]。尽管技术在不断进步,但全基因组测序仍然非常昂贵,尤其是当研究人员只关注于基因组的部分区域时。富集基因组特定区域可对目标片段进行有效测序,同时省略不相关的序列,从而能够在 HTS 仪器单次运行期间对更多的样本进行多路复用。现有几种技术可用于富集特定的基因组区域,其中 PCR 是最传统的技术。已发表的利用 HTS 仪器进行 mtDNA 测序的方案使用了基于单倍或多重 PCR 的富集方法,随后进行接头连接[3~8]。但这种策略有一些严重的缺点:微量样本的高 PCR 循环数会导致 DNA 聚合酶错配碱基;PCR 抑制经常发生,特别是从土壤中回收的样本;降解 DNA 需要较短的扩增子;跳跃式 PCR 会产生嵌合扩增子[9]。因此,PCR 反应已不再是主流技术,取而代之的是其他不需要扩增目标 DNA 的策略。捕获方法使用固定在表面或溶液中的杂交探针,结合与其互补的目标序列。

探针的平铺设计可确保有若干个片段可覆盖目标区域以进行有效富集。目前已有几家公司推出了商业化的试剂盒,但价格昂贵且难以定制。Maricic 和他的同事开发了一种液相杂交靶向测序方法,用于同时分析 46 个 mtDNA 全基因组[10]。我们通过市售的可用标签试剂盒简化了目标样本的标签,更新了实验方案。简而言之,该方案使用长片段 PCR 产生的探针,剪切成 150~850 bp 之间的短片段,并连接到生物素化接头上,在 48 h 杂交反应中从超声处理(如果是现代 DNA 样本)和标签输入样本中富集目标 DNA。磁性链霉蛋白珠用于捕获探针-目标片段复合物,并与 NaOH 混合加热以分离两条 DNA 链,以便在低循环 PCR 扩增后进行测序。

14.2 材料

14.2.1 探针制备

(1) DNA 提取物。

(2) PCR 级水。

(3) Go*Taq*®长片段 PCR 试剂盒(Promega 公司)。

（4）热循环仪。

（5）非接触式超声波破碎仪（Diagenode 公司）。

（6）温控器。

（7）琼脂糖凝胶电泳设备。

（8）Quick－Load® 1 kb 扩展 DNA 梯带（NEB 公司）。

（9）25 bp DNA 梯带（Promega 公司）。

（10）SYBRsafe（Life Technologies 公司）。

（11）Agilent 2100 生物分析仪（Agilent Technologies 公司）。

（12）高灵敏度 DNA 分析试剂盒（Agilent Technologies 公司）。

（13）Qubit® dsDNA HS 检测试剂盒（Life Technologies 公司）。

（14）Qubit®（Life Technologies 公司）。

（15）Quick Blunting™试剂盒（NEB 公司）。

（16）Quick Ligation™试剂盒（NEB 公司）。

（17）引物（和阻断剂）（见表 14.1）。

14.2.2 文库准备

（1）NEB Next® Ultra™ DNA 文库制备试剂盒（NEB 公司）。

（2）NEB Next® Multix Oligos 用于 Illumina®（Index Primers Set 1/Set 2）（NEB 公司）。

（3）可选：SYBRgold（Life Technologies 公司）。

14.2.3 靶向富集

（1）震荡型金属浴。

（2）20%醋酸。

（3）Agilent 基因表达杂交试剂盒（#5188－5242；Agilent 公司）。

（4）Dynabeads® M－270（#65305；Life Technologies 公司）。

（5）Parafilm®。

14.2.4 探针文库制备

（1）MinElute® PCR 纯化试剂盒（QIAGEN 公司）。

（2）Agencourt® AMPure® XP 磁珠（Beckman - Coulter 公司）。

（3）96%～100%乙醇。

（4）Q5®热启动高保真 DNA 聚合酶（NEB 公司）。

（5）涡旋震荡仪。

（6）离心机。

（7）实时 PCR 仪。

（8）磁力架（Life Technologies 公司）。

（9）1.5 mL DNA LoBind 管（Eppendorf 公司）。

（10）0.2 mL PCR 管（Eppendorf 公司）。

（11）10×Oligo 杂交缓冲液（500 mmol/L NaCl；10 mmol/L Tris - Cl，pH 8.0；1 mmol/L EDTA，pH 8.0）。

（12）BWT 缓冲液（10 mmol/L Tris - HCl，pH 8.0；1 mmol/L EDTA；1 mol/L NaCl；0.1%吐温 20）。

（13）TET 缓冲液（10 mmol/L Tris - HCl，pH 8.0；1 mmol/L EDTA，pH 8.0；0.05%吐温 20）。

（14）2×BWT 缓冲液（20mmol/L Tris - HCl，pH 8.0；2 mmol/L EDTA；2 mol/L NaCl；0.1%吐温 20）。

（15）HWT 缓冲液（2.5 mmol/L MgCl；50 mmol/L KCl；15 mmol/L Tris - HCl，pH 8.0；0.1%吐温 20）。

（16）125 mmol/L NaOH。

（17）Rox 参考染料（Life Technologies 公司）。

本实验中使用的引物序列和缓冲液分别列于表 14.1 和表 14.2。使用前用紫外线照射所有缓冲液以防止污染。

表 14.1 用于靶向富集 mtDNA 的引物

长片段 PCR 引物	序 列
BlockedA - F12186	C6Amino - GGCTTTCTCAACTTTTAAAGGATA
BlockedA - R3005	C6Amino - TGTCCTGATCCAACATCGAG
BlockedB - F2583	C6Amino - CCGTGCAAAGGTAGCATAATC
BlockedB - R12337	C6Amino - TTACTTTTATTTGGAGTTGCACCA

续 表

长片段 PCR 引物	序 列
F12186	GGCTTTCTCAACTTTTAAAGGATA
R3005	TGTCCTGATCCAACATCGAG
F2583	CCGTGCAAAGGTAGCATAATC
R12337	TTACTTTTATTTGGAGTTGCACCA

探针接头	序 列
Primer - Bio - T	Biotin - TCAAGGACATCC * G
Primer B	CGGATGTCCTT * G

* 表示硫代磷酸键，以防止寡聚核苷酸的核酸酶降解。

杂交阻断剂	序 列
BO1.P5.正向	AATGATACGGCGACCACCGAGATCTACACT CTTTCCCTACACGACGCTCTTCCGATCT - phosphate
BO2.P5.反向	AGATCGGAAGAGCGTCGTGTAGGGAAAGAG TGTAGATCTCGGTGGTCGCCGTATCAT
BO3.P7.PART1.正向	AGATCGGAAGAGCACACGTCTGAACTCCAG TCAC -磷酸
BO4.P7.PART1.反向	GTGACTGGAGTTCAGACGTGTGCTCTTCC GATCT -磷酸
BO5.P7.PART2.正向	ATCTCGTATGCCGTCTTCTGCTTG -磷酸
BO6.P7.PART2.反向	CAAGCAGAAGACGGCATACGAGAT -磷酸

阻断剂(混合 DNA 样本中的标签-接头区域)用于防止样本片段非特异性杂交。**阻断剂**在 3′端被磷酸化，从而防止它们在扩增步骤中被用作引物。

富集 PCR 引物	序 列
ImmortF	AATGATACGGCGACCACCG
ImmortR	CAAGCAGAAGACGGCATACGAGAT

表 14.2 缓冲液成分

10×寡核苷酸杂交缓冲液	BWT 缓冲液
500 mmol/L NaCl	10 mmol/L Tris - HCl pH 8.0
10 nmol/L Tris - HCl pH 8.0	1 mmol/L EDTA
1 mmol/L EDTA pH 8.0	1 mol/L NaCl
HWT 缓冲液	0.2%吐温 20
2.5 mmol/L MgCl	TET 缓冲液
50 mmol/L KCl	10 mmol/L Tris - HCl pH 8.0
15 mmol/L Tris - HCl pH 8.0	1 mmol/L EDTA pH 8.0
0.1%吐温 20	0.05%吐温 20

14.3　方法

14.3.1　探针制备

14.3.1.1　长片段 PCR

（1）使用 GoTaq®长片段 PCR 试剂盒在单独的单倍反应中生成两个包含 mtDNA 全基因组的长片段 PCR 产物。为了避免重叠序列的过度扩增，除在 5′端有一个氨基外，使用与引物相同的阻断剂（表 14.1）。

（2）25 μL PCR 反应体系包含：2×GoTaq® 长片段 PCR 母液，正反向引物各 1 μmol/L，阻断剂各 1 μmol/L，10 ng DNA（见注释 1）。PCR 反应条件如下：95℃预变性 2 min；（94℃变性 15 s，58℃退火 30 s，65℃延伸 9 min）30 个循环；72℃最终延伸 10 min。在含有 Quick－Load® 1 kb 扩展 DNA 梯带的 0.5%琼脂糖凝胶上进行电泳，确认扩增的有效性。为了使 DNA 条带可视化，每 10 mL 溶化的凝胶中加入 1 μL SYBR 安全剂。在 6 V/cm 电压下运行凝胶 2～3 h。

（3）使用 MinElute 纯化试剂盒纯化剩余产物，使用 Qubit（dsDNA HS 试剂盒）定量 1/10 稀释液。

（4）将两种产物以等摩尔浓度混合，用 PCR 级水稀释为每 100 μL 含 1.5 μg 探针 DNA 的样本。

（5）使用 Diagenode 公司的 Bioruptor plus 超声系统对池中的样本进行破碎。设置高速模式（H）30 s 开，90 s 关，运行 10 个循环，产生 300～500 bp 长度片段（见注释 2）。每 3～4 个循环短暂涡旋样本。

（6）使用 Bioanalyzer HS 芯片测定平均片段大小以确认片段化效果（见注释 3）。

14.3.1.2　生物素化接头退火

（1）每个退火反应包含 50 μmol/L 每种寡聚物（Primer－bio－T 和 Primer B）（见表 14.1）和 10×杂交缓冲液（30 μL 反应体系）。

（2）将混合液在 95℃加热 5 s，然后以每秒－0.1℃的速度降温至 15℃。

（3）用 210 μL PCR 级水稀释反应混合液。

（4）混合液可在-20℃下冷冻，直到进行下一步操作。

14.3.1.3　探针平末端修复

（1）使用 NEB Quick Blunting™ Kit 对探针碎片进行平末端修复，包含 76 μL mtDNA 剪切探针，10×钝化缓冲液，4 μL 钝化酶混合液和 0.1 mmol/L dNTP 混合液，总反应体积为 100 μL。或者，可以使用末端修复模块（NEB）。

（2）室温放置 30 min，用 1.6×AMPure XP 磁珠进行纯化，在 15 μL PCR 级水中洗脱。

14.3.1.4　接头与探针连接

（1）用 2×快速连接酶缓冲液和 4 μL 快速连接酶（Quick Ligation™ Kit）将 1.25 μmol/L 的退火接头 Bio - T/B 连接到 15 μL 平末端修复探针上，总反应体积为 40 μL。

（2）室温放置 15 min，用 1.6×AMPure XP 磁珠提纯产物，最后用 50 μL PCR 级水洗脱。

（3）使用 Qubit（dsDNA HS 试剂盒）定量 1/10 探针稀释液。

（4）保存于-20℃，直到下一步操作前。

14.3.2　文库准备

14.3.2.1　片段化

（1）将 10 ng 至 2 μg 目标 DNA 稀释于 100 μL PCR 级水中。

（2）使用 Bioruptor plus 超声系统高速模式（H）运行（30 s 启动，90 s 关闭）10 个循环，每 3~4 个循环停止一次并短暂涡旋样本，以产生 150~800 bp 的片段。片段选择期间所需的插入片段长度取决于所使用的循环测序试剂盒。

（3）使用 Bioanalyzer（HS芯片）确认片段化成功与否，并检查片段长度是否在 150~800 bp 之间。

14.3.2.2　末端修复、接头连接和标签

NEBNext® Ultra™ DNA 文库制备试剂盒用于样本标签。该试剂盒 DNA 片段的起始量为 5 ng~1 μg。使用

Illumina 的 NEBNext® Multiplex Oligos Set 1 和 Set 2，可对最多 24 个样品进行标签（见注释 4）。

（1）将 55.5 μL 片段化 DNA 加入 3 μL 末端制备酶混合液和 10×末端修复缓冲液中，最终反应体积为 65 μL。在 20℃下孵育 30 min，65℃下孵育 30 min，并保持在 4℃。

（2）加入 15 μL Blunt/TA 连接酶母液，2.5 μL Illumina NEBNext® 接头和 1 μL 连接增强剂，总反应体积为 83.5 μL。

（3）将反应混合液在 20℃下孵育 15 min。

（4）加入 3 μL USER™酶，混合均匀，37℃孵育 15 min。

（5）根据制造商的说明，使用 AMPure® XP 磁珠纯化样品，调整珠/镶比。28 μL 0.1×TE 缓冲液洗脱。

（6）对于样本标签，在 25 μL NEBNext® 高保真 2×PCR 母液中加入 23 μL 接头连接的靶 DNA、1 μL 标签引物和 1 μL 通用引物（NEBNext® Multiplex Oligos Set 1/2）。PCR 条件如下：98℃预变性；然后（98℃变性 10 s，65℃退火 30 s，72℃延伸 30 s）6～15 个循环；最后 72℃延伸 5 min（见注释 5）。

（7）产物保存在−20℃，直至使用。

（8）添加标签后，使用 1.6×AMPure XP 磁珠纯化样品，使用 33 μL 0.1×TE 缓冲液洗脱，Qubit 定量每个样本。在生物分析仪高灵敏度芯片上对样品进行 1/5 稀释，以检查其大小分布（见注释 6）。

14.3.2.3　可选步骤（见注释 7）

（1）使用引物 ImmortF 和 ImmortR（见表 14.1）进行第二次“标签化”PCR 以提高产量，PCR 反应体系为：5×Q5 HF 缓冲液，1.25 μmol/L 引物 ImmortF 和 ImmortR，SYBRgold（1/100.000），0.25 μL ROX 染料和 2 μL 目标片段。PCR 运行程序为：98℃预变性 30 s；然后 98℃变性 10 s，65℃退火 30 s，72℃延伸 34 s，运行 5～8 个循环；最后 72℃延伸 5 min。

（2）将所有等量样本（4～5 个）混合，并使用 1.6× AMPure XP 磁珠纯化。用 15 μL 0.1×TE 缓冲液洗脱。

（3）使用 Qubit（HS dsDNA 试剂盒）定量 1/5 稀释液。

14.3.3 富集

14.3.3.1 磁珠-探针复合物制备

（1）在 200 μL BWT 缓冲液中洗涤 5 μL 链霉亲和素包被磁珠，并在 200 μL TET 缓冲液中再次洗涤。

（2）在 500 ng 接头连接的探针中，加入等量 2×BWT 缓冲液。

（3）探针/BWT 混合物 98℃加热 1 min，使片段变性，并在冰上保存直至使用。

（4）将探针添加到干磁珠中，使其重新悬浮。

（5）将生物素化的 mtDNA 片段固定在涂有链霉蛋白的磁珠上，室温震荡 20 min（或偶尔涡旋以确保磁珠保持固定）。

（6）使用磁力架将磁珠/探针吸引到管的一端，除去含有未反应片段的上清液，用加热至 50℃的 200 μL BWT 缓冲液洗涤磁珠两次。

（7）在 50 μL TET 缓冲液中重悬磁珠/探针（此时，磁珠/探针可储存在 4℃，直到使用）。

14.3.3.2 准备目标 DNA 进行富集

（1）当磁珠/探针孵育时，将阻断剂与合并后的样品混合。2 μg 合并的 DNA；2 μmol/L Oligo BO1. P5. F、BO1. P5. R、BO3. P7. PART1. F、BO4. P7. PART1. R、BO5.P7.PART2.F 和 BO6.P7.PART2.R；10×Agilent 阻断剂和 2×Agilent 杂交缓冲液（Agilent 基因表达杂交试剂盒），并用 0.1×TE 配制成总体积 52 μL。

（2）将目标片段/阻断剂混合物在 95℃孵育 3 min，使片段变性。然后冷却到 37℃，孵育 30 min，并短暂涡旋。

14.3.3.3 准备探针-目标 DNA 复合物

（1）使用磁力架从磁珠/探针混合物中收集磁珠，并将它们从 TET 缓冲液中取出。

（2）将标签 DNA 样本和阻断剂混合物加入到磁珠/探针混合物中。

（3）将该混合物在 65℃的旋转烘箱中加热 48 h。用 Parafilm®固定盖子。

14.3.3.4 杂交后

（1）60℃孵育 200 μL 缓冲液 HWT。

（2）从旋转烘箱中取出杂交混合液。

（3）使用磁力架将磁珠/探针混合物吸引到管的一端，丢弃含有未反应片段的上清液，200 μL 缓冲液 BWT 洗涤磁珠三次。

（4）加入 200 μL 预热至 60℃的缓冲液 HWT，60℃孵育 2 min，收集磁珠，丢弃上清。再重复一次。

（5）使用 200 μL 缓冲液 BWT 洗涤磁珠。

（6）将磁珠重悬于 100 μL 缓冲液 TET 中，并将悬浮液移至新管中。

（7）除去上清液，将磁珠重悬于 50 μL 125 mmol/L NaOH 中，涡旋 10 s。

（8）将磁珠/探针吸引到管子的一端，去除含有富集 DNA 样本的上清液。

（9）将 NaOH 上清液加到 500 μL 缓冲液 PBI（如 MinElute 在线手册所述，将 120 μL pH 指示剂加入 30 mL PB，制成 PBI，试剂均来自 MinElute PCR 纯化试剂盒）和 3.8 μL 20%醋酸中。

（10）向磁珠中加入 50 μL 已预热至 95℃的 125 mmol/L NaOH。95℃加热磁珠/NaOH 混合液 3 min。转移上清液至第一次上清液和 PBI 中。

（11）如果中和缓冲液变成紫色或橙色（碱性），则加入醋酸，直到溶液再次变为黄色（中性）。

（12）使用 MinElute 吸附柱纯化两个合并的上清液和 PBI。用 EB 缓冲液洗脱，最终体积为 35 μL。

14.3.3.5 富集 PCR

（1）使用 QPCR 扩增富集后的样品，200 μL 反应体系包括：Q5® HighFidelity 5×Master Mix（含 1.25 μmol/L 引物 ImmortF 和 ImmortR）、2 μL ROX 参考染料、32 μL 富集 DNA 和 4 μL 1∶2 000 稀释的 SYBRgold。将反应分成 8 孔（每孔 25 μL），在 QPCR 板上运行如下程序：94℃预变性 2 min；（95℃变性 10 s，60℃退火 30 s，72℃延伸 34 s）10～14 个循环；72℃最终延伸 10 min，直至到达平台期。另外，可以使用标准 PCR 仪进行 12 个循环的扩增反应，其中反应混合液中可以不加 ROX 参考染料和 SYBRgold。

（2）合并同一样品的等分试样，用 1.8×AMPure XP 磁珠纯化，20 μL PCR 级水洗脱。

（3）用 Qubit（dsDNA HS 试剂盒）定量 1/10 稀释液的富集样品，运行 HS 生物分析仪芯片检测大小分布。

（4）稀释到 2 nmol/L 的浓度。

（5）使用 Illumina MiSeq 平台，参考制造商提供的标准方案和 1% PhiX spikein 对照对富集样品进行测序（见注释 8）。

14.4 注释

（1）任何人类 DNA 样本都可用作探针。

（2）如果输入的 DNA 被降解或使用低质量样本，则不需要超声处理将片段剪切到适当大小。该方案已成功用于同时分析古 DNA 样本（公元 300～400 年；无超声处理）和原始 DNA 样本（有超声处理）。

（3）根据制造商的说明在生物分析仪上分析样品。

（4）先前的研究使用与 Illumina 化学试剂兼容的定制引物同时对多达 46 个样本进行了杂交和测序[10]。

（5）PCR 标签可以在常规 PCR 仪或实时 PCR 仪上进行。当使用实时 PCR 仪时，在固定相开始前取出样品，并立即在预热的常规 PCR 仪上 72℃孵育 5 min。添加 SYBRgold(1/100.000)和 0.25 μL ROX 染料到每个 25 μL RT－PCR 反应。根据 NEBNext® Ultra™ DNA 文库制备试剂盒的说明,可以使用 AMPure XP 磁珠对目标插入物和富集片段进行大小选择。

（6）标签产物的大小范围取决于插入物的大小,但应该在 300～800 bp 的范围内获得单一宽峰。

（7）此步骤可用于储存标签库样本,以便在需要时进行二次检验。但要注意：增加 PCR 循环可能会产生不需要的标签分子的重复,并可能因聚合酶错误而引入额外的 PCR 伪产物。

（8）按照 Illumina 的标准说明来准备运行。Illumina 专用适配器也可以在 HiSeq 仪器上使用。当在其他平台上测序时,适配器应做相应更改。

参考文献

[1] Parsons TJ, Coble MD. Increasing the forensic discrimination of mitochondrial DNA testing through analysis of the entire mitochondrial DNA genome. Croat Med J, 2001, 42：304－309.

[2] Zhang C, Huang VH, Simon M, Sharma LK, Fan W, Haas R, et al. Heteroplasmic mutations of the mitochondrial genome cause paradoxical effects on mitochondrial functions. FASEB J, 2012, 26：4914－4924.

[3] Mikkelsen M, Frank-Hansen R, Hansen AJ, Morling N. Massively parallel pyrosequencing of the mitochondrial genome with the 454 methodology in forensic genetics. Forensic Sci Int Genet, 2014, 12：30－37.

[4] Bekaert B, Massoli C, Anandarajah A, Van de Voorde W, Decorte R. Multiplex DNA amplification and barcoding in a single reaction for 454 Roche sequencing：a comprehensive study on the control region of the mitochondrial genome. Forensic Sci Int Genet, 2013, 4：e111－e112.

[5] McElhoe JA, Holland MM, Makova KD, Su MS-W, Paul IM, Baker CH, et al. Development and assessment of an optimized next-generation DNA sequencing approach for the mtGenome using the Illumina MiSeq. Forensic Sci Int Genet, 2014, 13：20－29.

[6] Hamoy IG, Ribeiro-dos-Santos AM, Alvarez L, Barbosa S, Silva A, Santos S, et al. A protocol for mtGenome analysis on large sample numbers. Bioinform Biol Insights, 2014, 8：127－134.

[7] Templeton JEL, Brotherton PM, Llamas B, Soubrier J, Haak W, Cooper A, et al. DNA capture and next-generation sequencing can recover whole mitochondrial genomes from highly degraded samples for human identification. Investig Genet, 2013, 4：26.

[8] Parson W, Strobl C, Huber G, Zimmermann B, Gomes SM, Souto L, et al. Evaluation of

next generation mtGenome sequencing using the ion torrent personal genome machine (PGM). Forensic Sci Int Genet, 2013, 7: 543－549.
[9] Brakenhoff RH, Schoenmakers JGG, Lubsen NH. Chimeric cDNA clones: a novel PCR artifact. Nucleic Acids Res, 1991, 19: 1949.
[10] Maricic T, Whitten M, Pääbo S. Multiplexed DNA sequence capture of mitochondrial genomes using PCR products. PLoS One, 2010, 5: e14004.

第十五章

利用 Y 染色体靶向预扩增和二代测序技术提升延长间隔性交后样本中精子供体的 DNA 分型图谱

Erin K. Hanson 和 Jack Ballantyne

摘要：在一些性侵案件中，由于各种因素，受害者可能会在事发后数天内不报案。由于大量的女性 DNA 中只存在少量的男性 DNA，随着性交后的间隔时间延长，从活着的受害者身上获得精液供体的常染色体 STR 图谱能力迅速降低。此前，已利用各种技术工具克服性交后样本中男性 DNA 分析的局限性，包括 Y 染色体 STR 分析、宫颈取样和 PCR 后纯化，这些方法可从性交后 5~6 天采集的样本中恢复男性 DNA 的 Y-STR 图谱。尽管取得了成功，但生殖生物学文献报道，性交后精子在人类宫颈中的存在时间可长达 7~10 天。因此，仍需探索新的方法来恢复长间隔性交后样本的男性图谱。本章描述了改进后的策略，包括 Y 染色体靶向预扩增和二代 Y-STR 扩增试剂盒，使得从性交后 6~9 天的样本中获得证明性的男性图谱成为可能。

关键词：延长间隔性交后样本，性侵证据，Y-STR 分析，Y 染色体靶向预扩增，二代 Y-STR 扩增试剂盒，法医学

15.1 引言

出于各种原因，一些性侵受害者会在事发后超过 36~48 h 才提供阴道样本。在这些情况下，随着性交后时间的延长，从活着的受害者身上获得精液供体常染色体 STR 图谱的能力会迅速减弱[1]。由于技术障碍和限制，如分析检测灵敏度的限制，或由于这些样本中存在大量女性 DNA 而“覆盖”了男性 DNA 图谱，因此，通常无法从性交

24~36 h 后的阴道样本中获得男性供体的常染色体 STR 图谱(目前 DNA 图谱的黄金标准)[1,2]。然而无法恢复男性常染色体 STR 的原因,却不是因为完全缺乏男性细胞(精子和/或男性上皮细胞)。经典的法医血清学研究一致表明,性交后 3 天或更长时间内,精子(尽管数量很少)仍会在阴道内存留。生殖生物学文献也表明,性交后 7~10 天内,人类宫颈内仍可检测到精子[3~9]。因此,开发超灵敏的分析策略至关重要,可用于分析从长时间间隔的性交后样本中回收的少数精子,以便为刑事调查恢复关键的证据信息(即男性供体的 DNA 信息)。

Y 染色体 STR(Y - chromosome STR, Y - STR)分析为性侵证据的常染色体 STR 分析提供了一种有价值的替代方法,原因在于,即使在大量女性 DNA 存在的前提下,它也只针对混合样本中的男性 DNA[2,10~24]。我们证明了利用 Y - STR (Y - STR 商用试剂盒)分析性交后 3~4 天采集样本的能力[2,19]。虽然这已经是对恢复延长间隔性交后样本中有效遗传信息的改进,但研究人员试图进一步延长获得男性 Y - STR 图谱的间隔。研究人员利用技术改进,如宫颈取样和 PCR 后纯化,能够从性交后 5~6 天采集的样本中获得有效男性图谱。尽管有所改进,但这仍然远远低于生殖文献中报道的 7~10 天的时间范围。假设在标准 Y - STR 检测之前对少量男性 DNA 进行预扩增以提供更高的灵敏度,从而超过现有 Y - STR 方法的分析检测极限。因此,我们开发了一种靶向基因组预扩增系统——Y -染色体靶向预扩增(Y - chromosome-targeted pre-amplification, Y - TPA),该系统使用嵌套 PCR 方法特异性地扩增 Y 染色体上的多个 STR 位点[25,26]。在嵌套 PCR 中,第一轮扩增是使用一个引物组对每个靶标进行扩增[27]。与其他标准 PCR 方法一样,在最初的扩增过程中,都有可能获得不需要的扩增产物(即引物二聚体和因引物错误导致的非特异性扩增假象),这可能会降低预期目标的扩增效率。然而,在嵌套 PCR 方法中,产生的第一轮扩增产物与第二组引物(嵌套引物,在第一轮扩增产物中包含结合位点)进行二次扩增。如果在第一轮扩增中获得了错误的(即非特异性的)扩增产物,则不会使用第二轮扩增所需的特异性“嵌套”引物进行扩增。因此,这种改进的特异性可以提高灵敏度,因为目标片段被更有效地扩增(即增强所需目标,在本例中为 Y-STR)。这种特异性和敏感度的提高可能不会在扩增中观察到,例如,简单地增加使用单一引物组单个反应的扩增循环次数。此外,增加循环数的反应可能会导致关键 PCR 试剂的耗尽,从而降低在较高循环数下的扩增效率。如果有的话,这种方法对灵敏度的改善效果很小。所开发的 Y 染色体特异性预扩增方法包括合适的第一轮扩增引物(表 15.1),允许对 Yfiler®扩增系统中包含的所有 17 个位点进行多重预扩增。值得注意的是,这 17 个位点中的 12 个包含在 Promega Y-STR 产品 PowerPlex® Y 系统中。DYS389 外引物或第一轮扩增引物包含两种产物,因此在第一轮扩增后只得到一个扩增产物,这与只使用商业复合物的标准 Y-STR 分型不同,后者得到两个独立的产物。对性交后 6~9 天采集的较长间隔性交后样本的 Y-TPA 分型结果表明能够成功获得男性供体图谱[25,26]。这意味着从性交后的样本中成功恢复男性特征的时间范围有了很大改进。

表 15.1 Y-TPA 引物序列和浓度

基因座	最终引物浓度(μmol/L)	引物序列(5′-3′)
DYS19	0.35	F:TGAAATCAAAATAATCACAGTCA R:AGGACTCAGGAATTTGCTGG
DYS385	0.15	F:CTAAAGTTCTACCCAAATTTTGTCAC R:GTAATTGTTTGAACCTGAAATGT
DYS389	0.20	F:AACAGCAGGTTCTCCGCTAC R:ACCTAATCTGTCAATGATTTTCTGTC

续 表

基因座	最终引物浓度(μmol/L)	引物序列(5′-3′)
DYS390	0.60	F：AGTGTATCCGCCATGGTAGC R：GCAAGTGAACCAATAAATGA
DYS391	0.06	F：CTAACCTATCATCCATCCTTATCTCTTG R：ATAGATGGATACATAAGACATTAGAATGG
DYS392	0.12	F：AGACAGCTGGTGTGCTCCTT R：TAGAGGCAGTCATCGCAGTG
DYS393	0.05	F：CGACCATGTGGCTGTGAGTC R：GCCAGATAACGTGTGTGGAA
DYS437	0.04	F：CAGCCTCAATTTCCTGGTCT R：TGCAGCCTGAGGAACAGA
DYS438	0.06	F：GAAGGAAATAGAGTAACACCATTAGAG R：ATCACCCAGGGTCTGGAGTT
DYS439	0.60	F：CGGTAGTTTCCTTTGCTGTA R：ATGCCTGGCTTGGAATTCTT
DYS448	0.13	F：CACCCGTGTAGGGAGATGTT R：CTCTTTCCTGAGTGGAGGTT
DYS456	0.10	F：CAGGTGCCAGTGCAACTAGA R：CCATCAACTCAGCCCAAAAC
DYS458	0.04	F：CATGGTGAAACATTGTCTCTTT R：TTCCTGCCACCACGC
DYS635	0.20	F：CTTAAACCCAGGAGGCAGAG R：GCGTGTCTGTATGTATATGAAAATGTG
H4	0.14	F：TGGTCAAAACACCATTTCCTC R：GGACAGAGTGGGTTCTGAAG

虽然使用 Y－TPA 的研究结果清楚地表明，使用增强型 Y－STR 分型是一种有效策略，可以改善从延长间隔性交后样本中回收男性 DNA 图谱，但由于担心循环次数增加导致污染风险增加，以及在纯化和二次扩增步骤中需要对样本进行额外的处理，刑事检验实验室可能不愿意在案件工作中使用这种策略。虽然这些问题可以通过适当的实验室方案来解决，但目前还没有可用于多重预扩增的商业试剂盒，并且这也不是刑事检验实验室的理想操作。此外，Y－TPA 仅限于回收 17 个基因座，这是该方法开发时使用的常规基因座数量。

自 Y-TPA 方法开发以来，两个新的 Y-STR 试剂盒已经问世（PowerPlex® Y23，Promega 和 Yfiler® Plus，Life Technologies 公司），这些试剂盒除了包含更强大的化学缓冲液外，还加入了更多的位点。Promega PowerPlex® Y23 扩增试剂盒包含 23 个位点（与 Yfiler®相比增加了 6 个位点），使其可以提供额外的鉴别潜力，特别是在获得部分图谱时。据报道，该试剂盒对存在女性 DNA 的样品（<0.1 ng，男性：女性 DNA 比=1：600）具有高度敏感性，并对抑制剂具有高度耐受性。因此，这种"增强型"试剂盒可能非常适合用于性交后间隔时间较长的样本，在这些样本中，微量的男性 DNA 与极高数量的女性 DNA 混合存在。另外，还有一个二代 Y-STR 系统可用，它包括一个新的定量系统（Quantifiler® Trio）和扩增系统（Yfiler® Plus，Life Technologies 公司）。Quantifiler® Trio 定量试剂盒是一种快速准确的决策工具，指示是否具有足够数量的男性 DNA 用于分析，以及应该选择常染色体还是 Y-STR 进行分析（使用附带的 M：F 比）。与该公司之前的产品相比，它具有更短的分析时间、更高的灵敏度和准确性。该定量试剂盒允许测定男性 DNA 数量以及人类 DNA 总量，包括小片段和大片段常染色体靶标，以提供样品质量的指征（即降解指数）。Yfiler® Plus 扩增系统包含 27 个多重位点，其中 17 个位点来自原 Yfiler®系统、10 个位点为新的 Y-STR 位点，包括 7 个快速突变的 Y-STR 位点[28]。据报道，它在处理具有挑战性的案件样本时性能有所提高。对二代 Y-STR 系统的评估结果表明，该系统有能力从性交后 4～9 天采集的性侵样本中获得有效 Y-STR 图谱[29]。

随着 Y-TPA 和二代 Y-STR 扩增系统的成功应用，本章提供了增强分型策略的详细方案，以便从延长间隔的性交后样本中改善男性特征位点的恢复。增强型策略的实验方案相对简单：1）使用非差异性的手动有机提取和乙醇沉淀，从延长间隔性交后样本中分离男性 DNA；2）纯化和分离已分离的男性 DNA；3）同时量化男性和人类 DNA；4）使用 Y－TPA/Yfiler 和/或二代 Y－STR 扩增系统进行扩增。将这些方法纳入案件工作将使性侵案件中常规使用的 72 h 取证时间范围得到扩展。这不仅会增加此类“延长间隔性交后”案件的定罪率，而且还可以获得以前使用更传统的分析方法可能会遗漏的无罪证据。

15.2　材料

15.2.1　材料与设备

（1）移液器（0.5～10、2～20、20～200、100～1 000 μL）。

（2）无菌、抗气溶胶的移液头。

（3）微型离心管（0.2、0.5、1.5 mL）。

（4）微型离心管架。

（5）提取管（1.5 mL）。

（6）旋转器。

（7）一次性移液器。

（8）水浴锅。

（9）温控器。

（10）微型离心机。

（11）涡旋振荡仪。

（12）真空离心机。

（13）冰箱、冰柜。

（14）手套。

（15）15 mL 和 50 mL 锥形管。

（16）镊子、剪刀和/或手术刀（一次性使用）。

（17）搅拌盘。

（18）搅拌棒。

（19）pH 计。

（20）高压灭菌器。

（21）KimWipes®。

15.2.2 手动有机DNA提取(见注释1)

(1) DNA提取缓冲液：100 mmol/L NaCl、10 mmol/L Tris-HCl pH 8.0、25 mmol/L EDTA、0.5% SDS。制备时，将10 mL 5 mol/L NaCl、5 mL 1 mol/L Tris-HCl(pH 8.0)、25 mL 0.5 mol/L EDTA(pH 8.0)和2.5 g SDS混合，用去离子水将体积调至500 mL。搅拌至所有试剂溶解。

(2) TE^{-4}：10 mmol/L Tris-HCl、0.1 mmol/L EDTA(pH 7.5)。将0.605 g Tris碱溶解在400 mL去离子水中，调整pH至7.5；加入0.018 5 g EDTA二钠盐，重新检查pH调整至7.5。加入去离子水，使最终体积达到500 mL。高压灭菌。

(3) 蛋白酶K(20 mg/mL)。

(4) 0.39 mol/L DTT。

(5) 70%乙醇。

(6) 100%乙醇。

(7) 苯酚-氯仿异戊醇(pH 6.7±0.2，见注释2)。

15.2.3 DNA提取浓度和纯化

(1) MinElute PCR纯化试剂盒(QIAGEN公司)。

(2) 无菌水(18.2 MΩ)，pH 7.0~8.5。

15.2.4 DNA定量(见注释3)

(1) Quantifiler® Trio DNA定量试剂盒(Life Technologies公司，见注释4)。

(2) MicroAmp®光学96孔反应板(或同等产品)。

(3) MicroAmp®光学胶盖(或同等产品)。

(4) 7500实时PCR仪(Life Technologies公司，见注释5)。

(5) 低TE缓冲液：10 mmol/L Tris、0.1 mmol/L EDTA，pH 8.0。

15.2.5 Y-染色体靶向预扩增(Y-TPA)

(1) Type-it®微卫星PCR试剂盒(QIAGEN公司)。

(2) Y-TPA引物混合物：在制备混合物时，按指定的最终浓度加入以下引物(表15.1)并涡旋。引物混合物应在使用前用男性DNA对照样本(模板量15~25 pg)进行质量控制测试。

(3) 无菌水(18.2 MΩ·cm)。

(4) MinElute PCR纯化试剂盒(QIAGEN公司)。

(5) AmpFlSTR® Yfiler® Plus PCR扩增试剂盒(Life Technologies公司)。

(6) 热循环仪。

15.2.6 二代Y-STR商业扩增试剂盒

(1) AmpFlSTR® Yfiler® Plus PCR扩增试剂盒(Life Technologies公司)。

(2) PowerPlex® Y23系统(Promega公司)。

(3) 低TE缓冲液: 10 mmol/L Tris、0.1 mmol/L EDTA, pH 8.0(见注释6)。

(4) 热循环仪。

15.2.7 毛细管电泳(见注释7)

(1) Hi-Di™甲酰胺(Life Technologies公司)。

(2) GeneScan™500 LIZ®分子量内标(Life Technologies公司)。

(3) GeneScan™600 LIZ®分子量内标(Life Technologies公司)。

(4) ABI Prism 3130遗传分析仪(Life Technologies公司)。

(5) MicroAmp®光学96孔反应板(或同等产品)。

(6) 96孔板式隔板(Life Technologies公司)。

(7) POP-7性能优化分离胶(Life Technologies公司)。

15.3 方法(见注释8)

15.3.1 性交后样本采集

性侵犯后常规样本采集包括低位和/或中位阴道样本,而在时间间隔较长(>3 d)的性交后样本中,要恢复精液供体的男性DNA图谱则需要从受害者的宫颈区域采集样本,即从宫颈和/或穹窿处采集至少两个无菌拭子。其中一组拭子按下文所述进行处理,另一组保留以备复检。

15.3.2　手动有机 DNA 提取

(1) 正确标记适当数量的1.5 mL 离心管。

(2) 从木棍上取下,或用无菌剪刀在棉质部分上方剪断木棍,以便将拭子的整个棉质部分用于提取(见注释9)。

(3) 每个样品加入: 400 μL DNA 提取缓冲液、13 μL 蛋白酶 K(20 mg/mL)、40 μL 0.39 mol/L DTT(约占提取体积的 10%,终浓度为 0.039 mol/L)。

(4) 涡旋混合样品 2 s。

(5) 将样品在 56℃水浴中孵育过夜。

(6) 取出拭子头,放入吸附柱中,将柱子放回原管中。

(7) 14 000 r/min(16 000×*g*)离心样品 5 min,丢弃吸附柱。

(8) 在通风橱中,加入 400 μL 苯酚/氯仿/异戊醇(量与萃取液体积相等)。颠倒数次充分混合(溶液应呈乳白色)。请勿涡旋。

(9) 14 000 r/min(16 000×*g*)离心样品 5 min,以分离各相。有机物质被截留在较低的非极性层中,而 DNA 包含在极性水相(顶层)中。

(10) 小心转移顶层水相至一个新的 1.5 mL 离心管中。注意不要干扰界面。

(11) 向转移后的水层中加入 1 mL 冰无水乙醇(100%)。颠倒数次混合均匀。

(12) −20℃下放置至少 1 h 以沉淀 DNA(可以过夜进行)。

(13) 14 000 r/min(16 000×*g*)离心样品 15 min,以沉淀 DNA。

(14) 使用一次性移液器去除乙醇,不干扰沉淀。

(15) 用 1 mL 70%乙醇(常温)洗涤沉淀。

（16）14 000 r/min（16 000×g）离心 5 min。

（17）去除乙醇。

（18）根据需要，可重复步骤 15～17 进行多次洗涤（2～4×）。

（19）使用真空离心机干燥沉淀 10～15 min。

（20）每个样品中加入 75 μL TE^{-4}。

（21）将样品置于 56℃的水浴中过夜，使 DNA 重新溶解。

（22）DNA 提取液可在 4℃下短期保存，或在−20℃下长期保存。

15.3.3 DNA 浓缩和纯化（MinElute，见注释 10 和 11）

（1）使用前将乙醇加入缓冲液 PE 中（详见瓶标）。

（2）向缓冲液 PB 中加入 1∶250 体积的 pH 指示计（带 pH 指示计的缓冲液 PB 以下简称缓冲液 PB－I）。缓冲液 PB－I 黄色表示 pH<7.5。

（3）将 5 体积缓冲液 PB－I 加入 1 体积 DNA 提取液中（见注释 12）。确保缓冲液的颜色保持黄色（见注释 13）。

（4）将 MinElute 吸附柱插入 2 mL 收集管中（随试剂盒提供）。将样品/缓冲液 PB－I 加入到 MinElute 柱子中。

（5）13 000 r/min（14 800×g）离心 1 min。弃掉废液，柱子放回原收集管中。

（6）在 MinElute 柱中加入 750 μL 缓冲液 PE，13 000 r/min（14 800×g）离心 1 min。

（7）弃掉废液，将 MinElute 吸附柱放回原收集管中。13 000 r/min（14 800×g）离心 1 min，以去除所有残留乙醇。

（8）将 MinElute 吸附柱置于新的 1.5 mL 离心管中。

（9）在吸附膜中心加入 13 μL 无菌水（见注释 14）。

（10）室温放置 1 min。

（11）13 000 r/min（14 800×g）离心 1 min。

（12）DNA提取液可在4℃下短期保存，或在-20℃下长期保存。

15.3.4 DNA定量

（1）在定量分析之前，确保实时PCR仪已校准了VIC、ABY、6-FAM、JUN和Mustang Purple染料。

（2）准备表15.2中所列的定量标准品（连续稀释）。确保每个标准品都充分涡旋且短暂离心。

（3）解冻引物混合物和PCR反应混合物。涡旋并快速离心。

（4）制备PCR母液（额外准备约10%以防移液错误，以下为每个样品体积）：8 μL Quantifiler® 三重引物混合物，10 μL Quantifiler® Trio PCR反应混合物。涡旋并快速离心。

（5）将18 μL PCR母液加入相应的反应孔中。

（6）在相应孔中加入2 μL样品、标准品或对照品。使用低TE缓冲液作为无模板对照（阴性对照）。标准品应一式两份运行。

（7）用光学胶盖密封反应板，3 000 r/min离心30 s。

（8）PCR循环程序如下：95℃ 2 min；95℃ 9 s，循环40次；60℃，30 s。

（9）使用HID Real Time PCR Analysis Software v. 1.1分析定量结果（见注释15）。

表15.2 Quantifiler® trio定量标准品制备

标准品	浓度(ng/μL)	样品体积	稀释缓冲液体积[a](μL)
标准品1	20.0	20 μL 100 ng/μL stock[a]	80
标准品2	2.0	10 μL 标准品1	90
标准品3	0.2	10 μL 标准品2	90
标准品4	0.02	10 μL 标准品3	90
标准品5	0.002	10 μL 标准品4	90

a 随试剂盒提供。

15.3.5　Y－染色体定向预扩增（Y－TPA）

（1）标记适当数量的0.2 mL PCR管用于Y－TPA扩增。

（2）加入最多5 μL纯化后的DNA提取液（最多5 μL用于检测不到男性DNA定量值的样品）。

（3）加入适量无菌水使反应体积达到7.5 μL。每次扩增应包括阳性（特征已知的男性DNA样本，15 pg模板）和阴性（7.5 μL无菌水）对照。

（4）制备Y－TPA扩增反应母液（额外准备约10%以防移液错误，以下为每个样品体积）：12.5 μL Type－It多重PCR反应混合物（1×），2.5 μL Q－solution（0.5×）和2.5 μL Y－TPA引物混合物。涡旋并快速离心。

（5）在每个样品中加入17.5 μL的Y－TPA反应母液，使最终反应体积为25 μL。

（6）PCR反应条件如下：95℃预变性15 min；（95℃变性30 s，60℃退火90 s，72℃延伸60 s）15个循环；68℃最终延伸10 min。扩增产物在4℃保存。

（7）扩增完成后，使用15.3.2所述的MinElute PCR纯化试剂盒对Y－TPA扩增产物进行纯化，并进行以下修改：1）将25 μL扩增产物全部纯化，需加入125 μL缓冲液PB－I；2）使用25 μL无菌水洗脱（无浓度）。

（8）标记适当数量的0.2 mL PCR管用于Yfiler®扩增（1/2反应体积，12.5 μL）。

（9）在相应的离心管中加入5 μL纯化的Y－TPA产物。每次扩增应包括阳性（男性对照DNA 007，15 pg模板）和阴性（5 μL无菌水）对照。

（10）制备Yfiler®扩增母液（额外准备约10%以防移液错误，以下为每个样品体积）：4.6 μL Yfiler®试剂盒PCR反应混合物，2.5 μL Yfiler®引物混合物，0.4 μL AmpliTaq Gold DNA聚合酶。

（11）在每个样品中加入7.5 μL Yfiler®扩增母液。

（12）PCR反应条件如下：95℃预变性11 min；（94℃

变性 1 min,60℃退火 1 min,72℃延伸 1 min)30 个循环;60℃最终延伸 80 min。扩增产物在 4℃保存。

(13) 继续进行 15.3.6 节。

15.3.6 二代 Y-STR 扩增(见注释 16)

15.3.6.1 AmpFlSTR® Yfiler® Plus PCR 扩增试剂盒

(1) 解冻 Yfiler® Plus 主混合液和引物混合液。涡旋并快速离心。

(2) 标记适当数量的 0.2 mL PCR 管。

(3) 加入最多 1 ng 的男性 DNA(对于无法检测到或男性 DNA 定量值较低的样品最多可使用 10 μL)。

(4) 加入适量的低 TE 缓冲液,使反应体积达到 10 μL。每次扩增都应包括阳性(1 ng 男性 DNA 对照 007,随试剂盒提供)和阴性(10 μL 低 TE 缓冲液)对照。

(5) 制备 Yfiler® Plus 扩增母液(额外准备约 10%以防移液错误,以下为每个样品体积):10 μL Yfiler® Plus 主混合液和 5 μL Yfiler® Plus 引物混合液。涡旋并快速离心。

(6) 在每个样品中加入 15 μL Yfiler® Plus 扩增母液,使最终反应体积为 25 μL。

(7) PCR 反应条件如下:95℃预变性 1 min;(94℃变性 4 s,61℃退火 1 min)30 个循环;60℃最终延伸 22 min。

(8) 继续进行 15.3.6 节。

15.3.6.2 PowerPlex® Y23 系统(Promega 公司)

(1) 解冻 PowerPlex® Y23 5×主混合液,10×引物混合液和 PCR 级水(随试剂盒提供)。

(2) 标记适当数量的 0.2 mL PCR 管。

(3) 加入最多 0.5 ng 的男性 DNA(对于无法检测到或男性 DNA 定量值较低的样品最多可使用 10 μL)。

(4) 加入适量 PCR 级水,使反应体积达到 17.5 μL。每次扩增应包括阳性(0.5 ng 2 800 mol/L 男性对照 DNA,随试剂盒提供)和阴性(10 μL PCR 级水)对照。

(5) 制备 PowerPlex® Y23 反应母液(额外准备约

10%以防移液错误,以下为每个样品体积)：5 μL 5×主混合液和 2.5 μL 10×引物混合液。涡旋并快速离心。

（6）每个样品中加入 7.5 μL PowerPlex® Y23 反应母液,使最终反应体积为 25 μL。

（7）PCR 反应条件如下：96℃预变性 2 min;(94℃变性 10 s,61℃退火 1 min,72℃延伸 30 s)30 个循环;60℃最终延伸 20 min。扩增产物在 4℃保存。

（8）继续进行 15.3.7 节毛细管电泳。

15.3.7 毛细管电泳

对于 Yfiler®或 Yfiler® Plus,将 1 μL 扩增产物加入到 9.7 μL Hi－Di 甲酰胺和 0.3 μL GeneScan™ 500 LIZ®(Yfiler®,G5 染料套装)或 600 LIZ®(Yfiler® Plus,J6 染料套装)。对于 PowerPlex® Y23,1 μL 产物加入到 10 μL Hi－Di 甲酰胺和 1 μL CC5 ILS－500(Any5Dye 套装)中。使用 ABI Prism 3130 遗传分析仪对样品进行分析(见注释 7 和 17)。原始数据使用 GeneMapper 软件(Life Technologies 公司)进行分析。

15.4 注释

（1）许多替代性的 DNA 提取方法和商业试剂盒可用于 DNA 提取/分离,这些提取方法很可能代替有机 DNA 提取。但本章未评估其他专门用于延长间隔性交后样本(>6 d)和随后的 Y－STR 分型策略的替代方法。因此,任何替代提取方法的适用性都需要由读者自行确定。此外,对于间隔较长的性交后样本的分析,手动有机 DNA 提取乙醇沉淀是标准提取方法。不建议将差异提取(精子和非精子细胞分离)用于间隔较长的性交后样本(>6 d)。本章所述方案仅用于 Y－STR 分型策略,因为常染色体 STR 分析在长时间间隔的性交后样本上成功率极低,因此没有必要分离精子和非精子细胞部分。

（2）苯酚氯仿的 pH 不应低于 6.7，否则 DNA 将溶于有机相，导致无法回收。

（3）在提取液浓缩和纯化之前，可对男性 DNA 进行定量，以确定样品中是否含有足够数量的男性 DNA，以便在提取液浓缩和纯化之前进行分析。但这在延长间隔时间>6 d 的性交后样本中不是典型做法。根据需要，可以在浓缩前后进行定量。

（4）为了评估样本中男性和女性 DNA 的数量，建议使用可同时定量男性 DNA 和人类 DNA 的定量系统。可供选择的 DNA 定量试剂盒包括：Quantifiler® Duo（Life Technologies 公司）、Plexor® HY 系统（Promega 公司）和 Investigator Quantiplex HYres 试剂盒（QIAGEN 公司）。本章未评估上述定量试剂盒，因此，任何替代定量方法的适用性都需要由读者自行确定。

（5）可以使用其他实时 PCR 仪来代替此处所示 7500 实时 PCR 仪。工作人员应始终遵循制造商为特定实时 PCR 仪推荐的程序。

（6）建议使用低 TE 缓冲液（也曾使用 18.2 MΩ 无菌水成功替代低 TE 缓冲液）。低 TE 缓冲液可以制备或购买（如 Teknova 公司）。制备低 TE 缓冲液：加入 10 mL 1 mol/L Tris－HCl pH 8.0、0.2 mL 0.5 mol/L EDTA pH 8.0 和 990 mL 无菌水，高压灭菌，在室温下储存。

（7）毛细管电泳可以使用替代仪器（ABI Prism 310、3130xl 或 3500 遗传分析仪）和性能优化分离胶（POP－4 或 POP－6）进行。用户应始终参考制造商为其仪器和扩增试剂盒推荐的方案。电泳条件应根据各实验室的需要进行修改。

（8）本章描述了一些市售试剂盒的使用方案，并在制造商推荐说明的基础上进行了修改。因此，用户应始终参考制造商的推荐方案，以获得进一步的信息和标准方案。

（9）对于间隔较长的性交后样本（>6 d），提取整个拭子,以最大限度地增加产物中男性 DNA 的含量。虽然用于分析的样本体积可以根据各实验室的需要进行修改,但为了最大限度地提高成功获得 DNA 分析结果的可能性,应使用最大数量样本。

（10）为了最大限度地增加加入到后续 PCR 反应中的男性 DNA 数量,浓缩并纯化 DNA 提取液。采用这种方法,而不是减少用于再溶的 TE^{-4} 的体积,以确保在非差异化提取的样品(男性和女性 DNA 都存在)中大量 DNA 的有效再溶。

（11）该方案可以使用 QIACube(QIAGEN 公司)实现半自动化。本章描述的是完整的手动操作。

（12）在提取液浓缩和纯化之前,如有需要,可预留一份标准提取液以备后期使用(或用于比较研究);因此,使用的 DNA 提取量可能会有所不同。如果要浓缩纯化整个提取液,在 375 μL(5×体积)中加入 75 μL(1×体积)的 DNA 提取液。

（13）当样品和缓冲液 PB－I 的颜色变为橙色或紫色时,加入 10 μL 的 3 mol/L 醋酸钠(pH 5.0)混合。

（14）确保水的 pH 在 7.0 和 8.5 之间,以获得最大洗脱效率。或者,样品可以洗脱到试剂盒提供的缓冲液 EB 或缓冲液 TE 中(尽管 EDTA 可能抑制后续的酶反应)。使用 13 μL 无菌水通常可回收约 12 μL(2 μL 用于定量,10 μL 用于扩增反应)。

（15）对于间隔较长的性交后样本(>6 d),往往无法检测到男性 DNA 定量值。并不排除在随后的 Y－TPA 策略中使用它们。然而,男性 DNA 检测不到或定量值极低则可能无法成功使用二代 Y－STR 扩增试剂盒。例如,根据先前使用 AmpFlSTR Yfiler® Plus 扩增试剂盒的经验[29],对于<0.002 ng/μL 定量值(最低定量标准值)的样品,通常无法获得有效 Y－STR 图谱。不管定量值如何,对所有样品均进行常规检测,而定量值极低的样品是否检

测则取决于实验室。

（16）只能用二代 Y－STR 试剂盒扩增标准或浓缩提取物。Y－TPA 方案是为 Yfiler® 或 PowerPlex® Y 设计的。Y－TPA 引物混合物不包含二代 Y－STR 试剂盒中的新位点。

（17）ABI Prism 3130 遗传分析仪电泳条件为：注射时间 16 s，注射电压 1.2 kV，运行电压 15 kV，运行温度 60℃，运行时间 20 min，染料组 G5（Yfiler®）；或，注射时间 16 s，注射电压 1.2 kV，运行电压 15 kV，运行温度 60℃，运行时间 25 min，J6 染料组（Yfiler® Plus）；或，注射时间 5 s，注射电压 3 kV，运行电压 15 kV，运行温度 60℃，运行 25 min，Any5Dye 染料组（PowerPlex® Y23）。

参考文献

[1] Hall A, Ballantyne J. Novel Y－STR typing strategies reveal the genetic profile of the semen donor in extended interval post-coital cervicovaginal samples. Forensic Sci Int, 2003, 136: 58－72.

[2] Mayntz-Press KA, Sims LM, Hall A, et al. Y-STR profiling in extended interval (>or = 3 days) postcoital cervicovaginal samples. J Forensic Sci, 2008, 53: 342－348.

[3] Davies A, Wilson E. The persistence of seminal constituents in the human vagina. Forensic Sci, 1974, 3: 45－55.

[4] Eungprabhanth V. Finding of the spermatozoa in the vagina related to elapsed time of coitus. Z Rechtsmed, 1974, 74: 301－304.

[5] Morrison AI. Persistence of spermato-zoa in the vagina and cervix. Br J Vener Dis, 1972, 48: 141－143.

[6] Perloff WH, Steinberger E. In vivo survival of spermatozoa in cervical mucus. Am J Obstet gynecol, 1964, 88: 439－442.

[7] Rupp JC. Sperm survival and prostatic acid phosphatase activity in victims of sexual assault. J Forensic Sci, 1969, 14: 177－183.

[8] Silverman EM, Silverman Ag. Presence of spermatozoa in cervicovaginal smears from young and old women. Exp Aging Res, 1979, 5: 155－159.

[9] Willott gM, Allard JE. Spermatozoa—their persistence after sexual intercourse. Forensic Sci Int, 1982, 19: 135－154.

[10] Corach D, Filgueira RL, Marino M, et al. Routine Y-STR typing in forensic case-work. Forensic Sci Int, 2001, 118: 131－135.

[11] Daniels DL, Hall AM, Ballantyne J (2004).

[12] Hall A, Ballantyne J. The development of an 18－locus Y-STR system for forensic case-work. Anal Bioanal Chem, 2003, 376: 1234－1246.

[13] Hanson EK, Ballantyne J. A highly discriminating 21 locus Y-STR "megaplex" sys-tem designed to augment the minimal haplotype loci for forensic casework. J Forensic Sci, 2004, 49: 40－51.

[14] Hanson EK, Berdos PN, Ballantyne J. Testing and evaluation of 43 "noncore" Y chromosome markers for forensic casework applications. J Forensic Sci, 2006, 51:

1298 – 1314.
[15] Hanson EK, Ballantyne J. An ultra-high discrimination Y chromosome short tandem repeat multiplex DNA typing system. PLoS One, 2007, 2: e688.
[16] Hanson EK, Ballantyne J. The forensic application of Y-chromosome short-tandem repeats. In: Saferstein R (ed) Forensic science handbook volume III. Prentice Hall, Upper Saddle River ,2010, pp 436 – 466.
[17] Kayser M, Caglia A, Corach D, et al. Evaluation of Y-chromosomal STRs: a multi-center study. Int J Legal Med, 1997, 110: 125 – 129.
[18] Krenke BE, Viculis L, Richard mL, et al. Validation of a male-specific, 12-locus fluores-cent short tandem repeat (STR) multiplex. Forensic Sci Int, 2005, 148: 1 – 14.
[19] Mayntz-Press KA, Ballantyne J. Performance characteristics of commercial Y-STR multiplex systems. J Forensic Sci, 2007, 52: 1025 – 1034.
[20] Mulero JJ, Chang CW, Calandro LM, et al. Development and validation of the AmpFlSTR Yfiler PCR amplification kit: a male specific, single amplification 17 Y-STR multiplex system. J Forensic Sci, 2006, 51: 64 – 75.
[21] Parson W, Niederstatter H, Brandstatter A SWg DAM developmental validation of aet al. Improved specificity of Y-STR. 19-locus Y-STR system for forensic casework. J Forensic Sci 49: 668 – 683. typing in DNA mixture samples. Int J Legal Med, 2003, 117: 109 – 114.
[22] Prinz M, Sansone M. Y chromosome-specific short tandem repeats in forensic case-work. Croat Med J, 2001, 42: 288 – 291.
[23] Tsuji A, Ishiko A, Ikeda N, et al. Personal identification using Y-chromosomal short tan-dem repeats from bodily fluids mixed with semen. Am J Forensic Med Pathol, 2001, 22: 288 – 291.
[24] Yoshida Y, Fujita Y, Kubo S. Forensic casework of personal identification using a mixture of body fluids from more than one person by Y-STRs analysis. J Med Invest, 2004, 51: 238 – 242.
[25] Ballantyne J. DNA profiling of the semen donor in extended interval post-coital samples. NIJ Final Report, 2013. www.ncjrs.gov/pdffiles1/nij/grants/241299.
[26] Ballantyne J, van Daal A, Lubenow H. Improved detection of male DNA in post-coital samples. NIJ Final Report, 2013. www.ncjrs.gov/pdffiles1/nij/grants/241298.
[27] Strom CM, Rechitsky S. Use of nested PCR to identify charred human remains and minute amounts of blood. J Forensic Sci, 1998, 43: 696 – 700.
[28] Ballantyne KN, Keerl V, Wollstein A, et al. A new future of forensic Y-chromosome analysis: rapidly mutating Y-STRs for differen-tiating male relatives and paternal lineages. Forensic Sci Int genet, 2012, 6: 208 – 218.
[29] Ballantyne J, Hanson E, green R, et al. Enhancing the sexual assault workflow: testing of next generation DNA assessment and Y-STR systems. Forensic Sci Int genet, 2013.

第十六章

Y染色体快速突变短串联重复序列(RM Y－STR)分析

Sibte Hadi

摘要：快速突变(RM)Y－STR是最近发现的，有助于在亲子鉴定和法医案件中区分父系相关的男性个体。常规Y－STR因其父系特性经常用于个案工作，以帮助侦破亲缘关系案件，并识别男性/女性混合物中的男性成分；如果在个案工作中使用突变率更高的RM Y－STR，则可获得更高的分辨率。先前需用两到三个多重PCR扩增13个RM Y－STR，本章将描述在单次多重PCR中扩增13个标记的分析方法。在该分析的验证过程中，男性DNA对照样本的基因分型为校准基因分型结果提供了工具。预计该分析将为个案样本的基因分型提供一个合适的工具。

关键词：Y－STR，快速突变Y－STR，多重PCR

16.1 引言

Y染色体是人类基因组中最小的染色体，平均大小为60 Mb[1,2]。Y染色体的大部分由Y染色体非重组区(non-recombinant region of the Y chromosome，NRY)组成[3]。NRY通过父系血统完整遗传，除非发生突变。由于这种遗传模式，位于NRY区的STR基因座在应用中变得非常有价值，包括遗传结构研究、亲子鉴定、灾难中男性受害者识别、人类学目的的男性血统识别以及性侵犯刑事案件中男性犯罪者识别等[4~10]。Y－STR的平均突变率约为每代每基因座10^{-3}[11,12]，已有证据表明其可用于法医学，并已纳入到多个Y－STR商业试剂盒中。

Y-STR 的最大价值是男性特异性,但由于同一男性谱系中存在相同单倍型,在很大程度上限制了 Y-STR 的使用[13,14]。这意味着,虽然目前使用的 Y-STR 能够可靠地区分不同的男性血统,但它们不能将父系亲属血统分解到个体水平[15]。

为了提高识别能力,筛选具有较高突变率的 Y-STR 基因座,一项研究对来自波兰和德国大约 2 000 对父子对中的 186 个 Y-STR 基因座的突变率进行了评估[12]。结果发现 13 个短 Y-STR 基因座的突变率在 1×10^{-2} 以上。13 个 Y-STR 标记中包括 12 个四核苷酸标记和 1 个三核苷酸标记;4 个为多拷贝标记,9 个为单拷贝标记。这 13 个标记被称为快速突变(rapidly mutating,RM) Y-STR,表 16.1 总结了它们的特性以及突变率[12]。在最近的一项研究中,Ballantyne 等[16]使用了由 13 个 RM Y-STR 组成的三复合扩增体系,对来自全球 51 个群体中(HGDP-CEPH)的 604 个无关男性样本进行了研究。结果显示,13 个 RM Y-STR 基因座的单倍型多样性和单倍型识别能力高于 Yfiler® 复合扩增试剂盒(Life Technologies 公司)中提供的 17 个 Y-STR 基因座[16]。此外,这组标记在区分近亲和远亲男性方面非常成功,与 Yfiler® 试剂盒相比,该标记组的平均男性相对分化率提高了 4.4 倍[16]。此外,在一项全球范围的 RM Y-STR 研究中,接受调查的 12 272 名无关男性个体,超过 99%的人是完全个性化的。在如此大量的样本中发现了极高的单倍型多样性,除了同一地理区域内的种群之间共享的 6 个单倍型外,全球 111 个种群之间几乎不存在单倍型共享[17]。尽管 RM Y-STR 的价值已经得到证明,但直到最近才报道了一种称为 RM Yplex 包含 13 个 RM Y-STR 的复合扩增体系,该体系可以与其他人类身份识别试剂盒共同应用于法医案件工作[18]。

表 16.1 RM Y - STR 基因座特性(改编自 Ballantyne 等[16])

基因座	重复类型	重复基序(粗体为变异)	等位基因范围		突变率
			重复数量	碱基对数	
DYF387S1	Tetra, complex	$(AAAG)_3(GTAG)_1(GAAG)_4N_{16}(GAAG)_9(\mathbf{AAAG})_{13}$	28~38	241~281	1.58×10^{-2}
DYF399S1	Tetra, complex	$(GAAA)_3\mathbf{N}_{7-8}(\mathbf{GAAA})_{10-23}$	10~23	261~313	7.73×10^{-2}
DYF403S1a	Tetra, complex	$(\mathbf{TTCT})_{10-17}\mathbf{N}_{2-3}(\mathbf{TTCT})_{3-17}$	12~39	310~438	3.10×10^{-2}
DYF403S1b	Tetra, complex	$(TTCT)_{12}N_2(\mathbf{TTCT})_8(\mathbf{TTCC})_9(\mathbf{TTCT})_{14}N_2(TTCT)_3$	40~59	414~490	1.18×10^{-2}
DYF404S1	Tetra, complex	$(\mathbf{TTTC})_{10-20}N_{42}(TTTC)_3$	10~20	171~211	1.24×10^{-2}
DYS449	Tetra, complex	$(\mathbf{TTTC})_{12-18}N_{22}(TTTC)_3N_{12}(\mathbf{TTTC})_{12-18}$	24~37	309~361	1.22×10^{-2}
DYS518	Tetra, complex	$(AAAG)_3(GAAG)_1(\mathbf{AAAG})_{14-22}(GGAG)_1(AAAG)_4N_6(\mathbf{AAAG})_{11-19}$	23~35	243~291	1.84×10^{-2}
DYS526a	Tetra, complex	$(CCCT)_3N_{20}(\mathbf{CTTT})_{11-17}(\mathbf{CCTT})_{6-10}N11_3(\mathbf{CCTT})_{10-17}$	10~17	138~166	2.72×10^{-3}
DYS526b	Tetra, complex	$(CCCT)_3N_{20}(\mathbf{CTTT})_{11-17}(\mathbf{CCTT})_{6-10}N_{113}(\mathbf{CCTT})_{10-17}$	29~42	345~397	1.25×10^{-2}
DYS547	Tetra, complex	$(\mathbf{CCTT})_{9-13}T(\mathbf{CTTC})_{4-5}N_{56}(\mathbf{TTTC})_{10-22}N_{10}(CCTT)_4(TCTC)_1(\mathbf{TTTC})_{9-16}N_{14}(TTTC)_3$	36~48	410~458	2.36×10^{-2}
DYS570	Tetra, simple	$(\mathbf{TTTC})_{14-24}$	10~21	246~286	1.24×10^{-2}
DYS576	Tetra, simple	$(\mathbf{AAAG})_{13-22}$	13~23	170~210	1.43×10^{-2}
DYS612	Tri, simple	$(CCT)_5(CTT)_1(TCT)_4(CCT)_1(\mathbf{TCT})_{19-31}$	14~31	187~255	1.45×10^{-2}
DYS626	Tetra, complex	$(\mathbf{GAAA})_{14-23}N_{24}(GAAA)_3N_6(GAAA)_5(AAA)_1(\mathbf{GAAA})_{2-3}(GAAG)_1(GAAA)_3$	11~23	221~269	1.22×10^{-2}
DYS627	Tetra, complex	$(AGAA)_3N_{16}(AGAG)_3(\mathbf{AAAG})_{12-24}N_{81}(AAGG)_3$	10~24	301~372	1.23×10^{-2}

应该注意的是,多拷贝 RM Y - STR 基因座 DYF387S1、DYF399S1、DYF403S1 和 DYF404S1 的解释通常比较困难,原因有两个:第一,扩增峰的不平衡会影响正确的基

因分型;第二,滑移峰很常见,约占等位基因峰的 20%。尤其是-1 的影子峰峰值可能会很高,有可能造成解释上的困难,需要仔细评估。在这些基因座上也存在+1 影子峰,尽管在等位基因峰上这些影子峰很少超过 5%。在混合样本中,存在多个男性成分,峰高不平衡会使得将特定等位基因分配给不同贡献者变得困难[19]。然而,使用多拷贝 Y－STR 的优点是每个拷贝具有独立的突变概率,因此根据标记中存在的拷贝数增加了突变的机会。所以这些标记具有很高的识别力[19~21]。

16.2　材料

本章描述了 RM YPlex 分析方法的操作流程,旨在获得法医样本的最佳分析结果。本章使用存储在 FTA™卡上的参考样本(唾液和血液),描述了 DNA 提取、PCR 反应构建和 STR 分析的全部过程,并提供三种商业男性对照 DNA 的单倍型,以供校准。

16.2.1　FTA® 提取: 试剂和设备

(1) FTA™阳离子净化剂。

(2) Harris 微型打孔器(1.2 mm)。

(3) 切割垫。

(4) PCR 反应管(200 μL)。

(5) TE 缓冲液 pH 8.0。

(6) 温控器/培养箱(56℃)。

16.2.2　PCR 扩增与分析

(1) 荧光标记引物(见表 16.2)。

(2) Platinum® PCR Multiplex Master Mix(Life Technologies 公司)。

(3) PCR 级水。

(4) PCR 管(200 μL)或 PCR 八联管或 PCR 平板。

(5) Hi－Di 甲酰胺(Life Technologies 公司)。

表 16.2 13 个 RM Y-STR 基因座的正向和反向引物

基因座	正向引物 5′-3′	反向引物 5′-3′	荧光标记
DYF387S1	ACAGAGCTAGATTCCATTTTACCC	GCCACAGTGTGAGAAGTGTGA	ATTO565
DYF399S1	GGGTTTTCACCAGTTTGCAT	CCATGTTTTGGGACATTCCT	6-FAM
DYF403S1a/b	CAAAATTCATGTGGATAATGAG	ACAGAGCAGGATTCCATCTA	YakimaYellow
DYF404S1	GGCTTAAGAAATTTCAACGCATA	CCATGATGGAACAATTGCAG	YakimaYellow
DYS449	TGGAGTCTCTCAAGCCTGTTC	CCATTGCACTCTAGGTTGGAC	ATTO565
DYS518	GGCAACACAAGTGAAACTGC	TCAGCTCTTACCATGGGTGAT	ATTO550
DYS526a/b	TCTGGTGAACTGATCCAAACC	GGGTTACTTCGCCAGAAGGT	6-FAM
DYS547	TCCATGTTACTGCAAAATACAC	TGACAGAGCATAAACGTGTC	6-FAM
DYS570	CTGGCTGTGTCCTCCAAGTT	GGCAACCTAAGCTGAAATGC	ATTO565
DYS576	GTTGGGCTGAGGAGTTCAATC	GGCAGTCTCATTTCCTGGAG	ATTO550
DYS612	CCCCATGCCAGTAAGAATA	GTGAGGGAAGGCAAAAGAAAA	6-FAM
DYS626	GCAAGACCCCATAGCAAAAG	AAGAAGAATTTTGGGACATGTTT	YakimaYellow
DYS627	GATGGGGAGGTTGCAGTAAG	TCTGTGAGTCCACTGGAGACC	ATTO550

（6）POP-4 或 POP-6 性能优化分离胶（两种均可使用，但使用 POP-6 峰的分离效果更好）。

（7）50 cm 毛细管阵列。

（8）GS600 LIZ™分子量内标。

（9）ABI 9700 或 ABI Veriti（其他人使用 ABI 2700）热循环仪（见注释 1）。

（10）毛细管电泳（capillary electrophoresis，CE）平台（ABI 3500）。

（11）GeneMapperIDX 或 GeneMapper 3.2 软件用于 CE 数据分析。

（12）对照 DNA：Taqman®（Life Technologies 公司），2800M（Promega 公司）和 9948（Promega 公司）。

16.3 方法

应采取一切常规预防措施，以最大限度地减少污染可能性，例如使用专用的 PCR 前和 PCR 后区域、设备和试剂,穿戴合适的 PPE,并在适当情况下使用控制区,如层流罩/生物安全柜。

16.3.1　血液/唾液浸染的 FTA 打孔纯化(见注释 2 和 3)

(1) 在生物安全柜中,从包装中取出 FTA 卡,展开并放在洁净的切割垫上。仅握住卡片边缘,确保不直接接触卡片。

(2) 使用洁净的打孔器制作 1.2 mm FTA 圆形卡片,用打孔器在洁净的 FTA 卡上用力按压两次,以清洁打孔器。

(3) 使用洁净的打孔器制作 1.2 mm FTA 圆形卡片,用打孔器在样品分布的区域用力按压卡片。

(4) 按压打孔器末端,将圆形卡片释放到 0.2 mL PCR 管中。通过在洁净的 FTA 卡上打孔两次来清洁打孔器,并重复该过程(步骤 1～3),直至所有样本均打孔结束。

(5) 用清洁过的打孔器在样品区以外的区域进行最后一次打孔。将这个圆片放入标记为阴性提取对照的 PCR 管中。

(6) 向每个 PCR 管中加入 200 μL FTA 纯化试剂。

(7) 室温放置 15 min,弃掉 FTA 试剂。

(8) 向每个 PCR 管中加入 200 μL pH 8.0 的 TE 缓冲液。

(9) 室温放置 5 min,弃掉 TE 缓冲液。

(10) 用 TE 缓冲液重复步骤 8 和 9 一次,总共洗涤两次。

(11) 在 56℃的温控器或培养箱中,打开盖子干燥样本,直到圆形 FTA 卡干燥(大约 30 min)。

(12) PCR 反应的构建如下文所示;每管加入一张 FTA 圆片(如果 DNA 浓度较低,15 μL 反应体系中可加入两张圆片)。

16.3.2 PCR 扩增

（1）将浓度为 20 μmol/L 的 PCR 引物装在经过紫外线照射的 2 mL 无菌离心管中。以这些储备液为模板制备 PCR 引物混合物，以达到表 16.3 所示的各种引物对的浓度。

（2）制备 PCR 母液时，每个样本使用 3 μL 该引物混合物（见注释 4）。

（3）按照以下步骤制备 15 μL PCR 反应体系：7 μL Platinum® PCR Multiplex Master Mix（Life Technologies 公司），3 μL 13 RM Y－STR 引物混合物（表 16.3），1～5 μL DNA 模板（视浓度而定）（见注释 6），1～4 μL PCR 级水，最终体积为 15 μL。

在个案工作中，可能会出现因模板浓度较低需使用大量提取物的情况，该检测允许使用的最大 DNA 模板量为 6.5 μL（当引物浓度为 40 μmol/L 时），这一数值与市面上其他检测方法相当（见注释 4、6 和 7）。

表 16.3 15 μL 反应体系中引物工作浓度[a]

标　记	引物 F（μmol/L）	引物 R（μmol/L）	引物 F（μL）	引物 R（μL）
DYF387S1	0.05	0.05	0.038	0.038
DYF399S1	0.06	0.06	0.045	0.045
DYF403S1a/b	0.40	0.40	0.300	0.300
DYF404S1	0.11	0.11	0.083	0.083
DYS449	0.06	0.06	0.045	0.045
DYS518	0.12	0.12	0.090	0.090
DYS526a/b	0.40	0.40	0.300	0.300
DYS547	0.40	0.40	0.300	0.300
DYS570	0.04	0.04	0.030	0.030
DYS576	0.03	0.03	0.023	0.023
DYS612	0.10	0.10	0.075	0.075
DYS626	0.07	0.07	0.053	0.053
DYS627	0.20	0.20	0.150	0.150

a 主混合液中所需的正向（F）和反向（R）引物体积是针对 20 μmol/L 引物库给出的（见注释 4）。

(4) 采用常规防污染措施准备 PCR 反应。使用 GeneAmp 9700 或 Veriti(Life Technologies 公司)热循环仪按照以下程序运行：95℃预变性 10 min；然后(94℃变性 30 s，58℃退火 45 s，72℃延伸 60 s)12 个循环；(94℃变性 30 s，55℃退火 45 s，72℃延伸 60 s)20 个循环；最后，72℃最终延伸 45 min 完成腺苷酸化。

16.3.3　毛细管电泳和分析

(1) 使用 9.6 μL Hi-Di 甲酰胺(Life Technologies 公司)，0.4 μL GS600 LIZ™分子量内标为每个样本制备主混合物，并添加两个额外样本。

(2) 如果使用 PCR 平板，则在每个孔中等分 10 μL；如果使用 PCR 管进行装载，则在每个管中等分 10 μL。向每个孔中添加 1 μL PCR 产物。在每次进样时增加一个 ladder(见注释 8)。

(3) 毛细管电泳使用 POP-6 性能优化分离胶(Life Technologies 公司)，运行温度为 60℃，在 3 kV 下将制备的样本注入测序仪的毛细管中 10 s，并在 15 kV 下进行 44 min 的电泳(见注释 9)。

(4) 在 Genemapper3.2 或 IDX 版本的"new project"中导入样本。除最小峰高应保持在 50 RFU 之外，分析参数保持默认值。使用 G5 矩阵分析样本(见注释 10)。

(5) 在多拷贝标记的情况下，使用保守方法调用等位基因，即不使用相对峰高来检测等位基因(见注释 11)。

16.3.4　商用对照品的基因分型

本文通过在不同实验室、由不同鉴定人员、使用不同 PCR 仪(Veriti 和 ABI 9700)对三种商用对照品 9948、Taqman 男性对照和 2800M 进行了基因分型，并对实验结果进行多次校准(表 16.4，图 16.1)。建议在每个扩增批次中至少使用两种阳性对照，以协助等位基因检测。

表 16.4 三种男性 DNA 对照商品的基因型数据[a]

基因座	9948	*Taq*Man®	2800M
DYF387S1	35：38	36：39	37：38
DYF399S1	22：25.1	19：23	24：25.1：26.1
DYF403S1a	10：15：16	11.2：12.2：15	11：14：17
DYF403S1b	49	54	46
DYF404S1	12：14	15：18	13：16
DYS449	31	30	35
DYS518	38	38	36
DYS526a	14	13	12
DYS526b	36	34	36
DYS547	48	48	45
DYS570	18	19	17
DYS576	16	15	18
DYS612	37	36	35
DYS626	28	29	29
DYS627	22	21	22

a 9948 和 2800M 质控品可从 Promega 公司获得；*Taqman* 质控品可从 Life Technologies 公司获得。

16.4 注释

（1）该 RM YPlex 扩增反应中使用的 PCR 仪型号是 ABI 9700 和 Veriti。也可以使用其他 PCR 仪，但需要由各实验室自行验证。

（2）如果需要从 FTA 卡中提取 DNA，可以使用标准苯酚氯仿法（见第 5 章）。

（3）使用 QIAGEN 迷你试剂盒通过标准方案提取 DNA。也可使用任何适用于 PCR 分析的 DNA 提取方法。

（4）在 15 μL PCR 反应体系中。如需使用较大体积的 DNA 提取液，可制备 40 μmol/L 浓度的引物。这使得每个引物的体积减少一半，引物混合总体积可减少到 1.5 μL。这样，可在 PCR 中加入最多 6.5 μL 的 DNA 提取液。

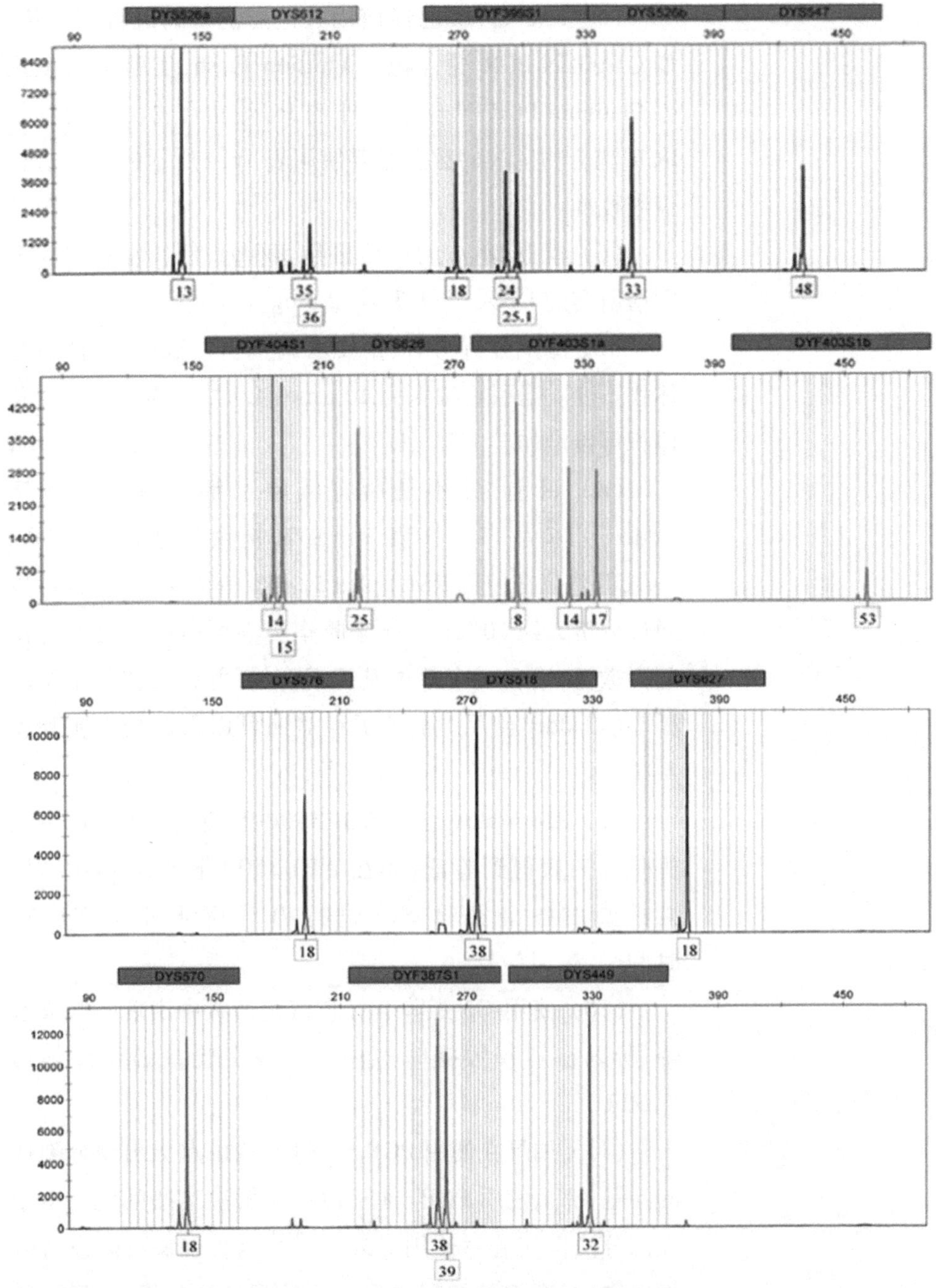

图 16.1　使用 RM YPlex 产生的 13 个 RM Y-STR 的电泳图

样本在 8 道 50 cm 阵列毛细管中 3 kV 电压下进样 10 s，使用 POP-6 分离胶在 15 kV 电压下分离 44 min，运行温度为 60℃，样本使用 G5 矩阵进行分析。

（5）RM YPlex 已经使用其他酶混合物进行了优化，如 QIAGEN PCR 混合物和 Phusion Flash，实验室可使用除 Platinum PCR 混合物之外的 PCR 混合物。使用其他 PCR 混合物生成的数据需要使用表 16.4 所示的对照进行仔细校准。

（6）模板 DNA 的最佳量是 500 pg，但通常获得完整图谱所需的 DNA 量可低至 62.5 pg。

（7）测试分析，并根据要求调整引物浓度，保持最终体积不变。当引物浓度为 40 μmol/L 时，引物混合物的总体积可以增加至 1.73 μL。

（8）目前，并不是所有实验室都可以提供测序 ladder，可以为 13 个 RM Y－STR 提供测序面板和“bin set”，但建议在使用 RM Yplex 时准备一个 ladder。这可以通过分析大约 100 个个体来收集男性群体中常见的等位基因数据，准备一个等位基因混合物，并将其作为单个基因座的 ladder 使用。商业男性对照可以帮助校准实验室系统。

（9）RM Yplex 已在 ABI 3500 上使用 POP－6 性能优化分离胶得到验证；而在 ABI 3500 上使用 POP－4，则需要由各个实验室在进行内部验证时调整运行时间。

（10）使用 G5 矩阵会导致蓝色面板中出现一些拔起峰，所以在解释数据时应注意。各实验室必须评估最低 RFU。

（11）如果在使用 POP－6 时一些位点上出现分裂峰的问题，那么使用 POP－4 可以有效解决这些问题。由于大部分法医实验室使用 POP－4™，这种现象可能没有表现出来，对数据的解释需要一些使用多重分析的经验，并对多拷贝标记的峰值判定有信心。如有疑问，应重新扩增并复检样品。

参考文献

[1] Buehler EM. A synopsis of the human Y chromosome. Hum Genet, 1980, 55: 145-175.

[2] Skaletsky H, Kuroda-Kawaguchl T, Minx PJ, Cordum HS, Hlllier L, Brown LG, et al. The male-specififi c region of the human Y chromosome is a mosaic of discrete sequence classes. Nature, 2003, 423: 825-837.

[3] Quintana-Murci L, Krausz C, McElreavey K. The human Y chromosome: function, evolution and disease. Forensic Sci Int, 2001, 118: 169-181.

[4] Kayser M, Caglià A, Corach D, Fretwell N, Gehrig C, Graziosi G, et al. Evaluation of Y-chromosomal STRs: a multicenter study. Int J Legal Med. 1997, 110: 125-133.

[5] Underhill PA, Shen P, Lin AA, Jin L, Passarino G, Yang WH, et al. Y chromosome sequence variation and the history of human populations. Nat Genet, 2000, 26: 358-361.

[6] Oota H, Settheetham-Ishida W, Tiwawech D, Ishida T, Stoneking M. Human mtDNA and Y-chromosome variation is correlated with matrilocal versus patrilocal residence. Nat Genet, 2001, 29: 20-21.

[7] Hammer MF, Karafet TM, Redd AJ, Jarjanazi H, Santachiara-Benerecetti S, Soodyall H, et al. Hierarchical patterns of global human Y-chromosome diversity. Mol Biol Evol, 2001, 18: 1189-1203.

[8] Jobling MA, Tyler-Smith C. The human Y chromosome: an evolutionary marker comes of age. Nat Rev Genet, 2003, 4: 598-612.

[9] Roewer L, Croucher PJP, Willuweit S, Lu TT, Kayser M, Lessig R, et al. Signature of recent historical events in the European Y-chromosomal STR haplotype distribution. Hum Genet, 2005, 116: 279-291.

[10] Shi W, Ayub Q, Vermeulen M, Shao RG, Zuniga S, Van Der Gaag K, et al. A worldwide survey of human male demographic history based on Y-SNP and Y-STR data from the HGDP-CEPH populations. Mol Biol Evol, 2010, 27: 385-393.

[11] Goedbloed M, Vermeulen M, Fang RN, Lembring M, Wollstein A, Ballantyne K, et al. Comprehensive mutation analysis of 17 Y-chromosomal short tandem repeat polymorphisms included in the AmpFlSTR® Yfifi ler® PCR amplififi cation kit. Int J Legal Med, 2009, 123: 471-482.

[12] Ballantyne KN, Goedbloed M, Fang R, Schaap O, Lao O, Wollstein A, et al. Mutability of Y-chromosomal microsatellites: rates, characteristics, molecular bases, and forensic implications. Am J Hum Genet, 2010, 87: 341-353.

[13] Mulero JJ, Chang CW, Calandro LM, Green RL, Li Y, Johnson CL, et al. Development and validation of the AmpFlSTR® Yfifi ler™ PCR amplififi cation kit: a male specififi c, single amplififi cation 17 Y-STR multiplex system. J Forensic Sci, 2006, 51: 64-75.

[14] Thompson R, Zoppis S, McCord B. An overview of DNA typing methods for human identififi cation: past, present, and future. Methods Mol Biol, 2012, 830: 3-16.

[15] Gusmão L, Sánchez-Diz P, Alves C, Beleza S, Lopes A, Carracedo A, et al. Grouping of Y-STR haplotypes discloses European geographic clines. Forensic Sci Int, 2003, 134: 172-179.

[16] Ballantyne KN, Keerl V, Wollstein A, Choi Y, Zuniga SB, Ralf A, et al. A new future of forensic Y-chromosome analysis: rapidly mutating Y-STRs for differentiating male relatives and paternal lineages. Forensic Sci Int Genet, 2012, 6: 208-218.

[17] Ballantyne KN, Ralf A, Aboukhalid R, Achakzai NM, Anjos MJ, Ayub Q, et al. Toward male individualization with rapidly mutating Y-chromosomal short tandem repeats. Hum Mutat, 2014, 35: 1021-1032.

[18] Alghafri R, Goodwin W, Ralf A, Kayser M, Hadi S. A novel multiplex assay for simultaneously analysing 13 rapidly mutating

Y-STRs. Forensic Sci Int Genet, 2015, 17: 91-98.

[19] Butler JM, Schoske R. U.S. population data for the multi-copy Y-STR locus DYS464. J Forensic Sci, 2005, 50: 975-977.

[20] Berger B, Niederstätter H, Brandstätter A, Parson W. Molecular characterization and Austrian Caucasian population data of the multi-copy Y-chromosomal STR DYS464. Forensic Sci Int, 2003, 137: 221-230.

[21] Jacobs M, Janssen L, Vanderheyden N, Bekaert B, Van de Voorde W, Decorte R. Development and evaluation of multiplex Y-STR assays for application in molecular genealogy. Forensic Sci Int Genet, 2009, 2: 57-59.

第十七章

HIrisPlex 系统的实用指南：通过 DNA 同时预测眼睛和头发颜色

Susan Walsh 和 Manfred Kayser

摘要： HIrisPlex 系统由两部分组成，它可以根据 DNA（例如从犯罪现场证据中提取的 DNA）同时预测眼睛和头发的颜色。第一部分是一种高灵敏度的多重基因分型，由 24 个 DNA 标记组成，使用 SNaPshot^{TM}化学方法，可在所有毛细管电泳仪上进行分析。第二部分由统计模型组成，该模型是从大型基因和表型数据库中产生的参数，分别从完整和不完整的基因信息中建立眼睛和头发颜色预测概率。这一组合预测工具构成了用户可以免费使用的在线系统。本章旨在为 HIrisPlex 系统应用于法医和其他 DNA 应用提供实操指南。

关键词： HIrisPlex，眼睛颜色，头发颜色，预测，SNP，法医 DNA 表型

17.1 引言

DNA 表型分析是指从基因型预测表型。当用于法医环境时，即法医 DNA 表型（forensic DNA phenotyping，FDP），可预测外部可见的表型。FDP 工具可用于调查目的，即在 DNA 的标准 STR 分析不能得出结论性鉴定的情况下，寻找未知的样本供体[1~3]。在法医领域内外，这些工具被用于确定死者骨骼中无法获得的体貌特征，以供人类学[4,5]或调查使用[6]。此外，涉及疾病表型的 DNA 表型分析，即根据基因型预测疾病风险，也与新兴的个性化医疗领域相关[7,8]。DNA 表型分析在过去几年中得到了极大的外界关注和发展潜力，通过全基因组或候选基因研究成功地将 DNA 变异与特定的人类表型（如眼睛颜

色[9~18]和头发颜色[9~11,15,17,19~23])联系起来。

以眼睛颜色为例,结合这些科学发现并评估其预测能力[24],促进了 IrisPlex[25]等[26,27]预测工具的开发。结合眼睛颜色和头发颜色的 DNA 预测[28]形成了 HIrisPlex 系统[29]。HIrisPlex 系统能够根据 DNA 同时预测眼睛和头发的颜色,该系统包括分析眼睛和/或头发颜色表型信息的 24 个 DNA 变异的多重基因分型,以及基于大型潜在基因和表型数据库的统计预测模型(一个用于眼睛、一个用于头发颜色)。HIrisPlex 系统经过了严格的法医开发验证指南,以确保它是目前可用于眼睛和头发颜色标记基因分型最可靠的基因分型方法之一[30]。http://www.erasmusmc.nl/fmb/resources/Irisplex_HIrisPlex/上免费提供的在线交互预测工具增加了工具的效率和易用性。该工具可以根据完整的 24 标记信息预测眼睛和头发颜色,同时,还可以对部分特征(23 个变异或更少特征位点)进行保守预测,该过程还揭示了由于缺少基因座而导致的预测精度的损失。

Walsh 等人[31]在 2012 年的研究中使用先前的模型对眼睛颜色进行了精度评估,在 2013 年[29]的研究中同时对眼睛和头发颜色进行了精度评估,并且在 2014 年[30]开发出最优模型——HIrisPlex,该系统使用目前已知最大的眼睛(9 188 人)和头发(1 601 人)颜色表型和基因型信息数据库,其工作曲线下面积(area under the receiver operating curve,AUC)测量值为:蓝色 0.94,中间色 0.74,棕色 0.95,金发 0.81,棕色 0.75,红色 0.92,黑色 0.85。AUC 统计值描述了平均(数据集中的所有个体)普遍率调整后的预测精度,范围从 0.5 到 1.0,0.5 表示随机表型预测,即没有相关基因型信息,1.0 表示完全准确的表型预测,即每次预测都获得正确的表型。目前的评估显示,在四分之三的案例中,HIrisPlex 系统可以准确且保守地预测眼睛和头发的颜色。基于一个 119 人的小型测试集,眼睛颜色的准确率为

84%(蓝色和棕色为 93%),头发颜色的平均准确率为 73%。

随着人们对眼睛和头发颜色变化遗传基础的进一步了解,目前所取得的眼睛和头发颜色的预测准确率将在未来几年得到提高。通常通过遗传关联研究发现的对眼睛和头发颜色预测有独立贡献的其他 DNA 标记,将大大增强这种预测系统的表观效应。对于非蓝色和非棕色眼睛颜色的预测,尤其需要改进,因为目前包括 Iris/HIrisPlex 在内的系统性能没有达到最佳水平,在该方向上仍在进行一些开发[26,34,35],但还需要更多的基础研究。此外,与年龄相关的毛发颜色变化,例如儿童时期的金色到成年时期的棕色/黑色,需要在分子生物学水平上进行理解,并且最好在预测系统中纳入这些已鉴定的生物标记,以改善经历这种变化的个体毛发颜色预测。值得注意的是,HIrisPlex(及其他当前可用的系统)可预测生命早期的头发颜色,而头发颜色随年龄的变化是这些系统无法预测的。

本章介绍了需要做什么以及如何运行 HIrisPlex 系统,从使用 HIrisPlex 分析的 SNP 基因分型到将基因型的等位基因插入预测模型并解释预测结果。该工具已成功应用于实际案例,通过 DNA 预测眼睛和头发颜色[6]。因此,本章认为提供 HIrisPlex 系统从开始到结束的整体流程将为众多用户带来极大便利。本章还提供了一些建议和注意事项,以确保 HIrisPlex 系统为每个用户提供最佳性能。

17.2　材料

17.2.1　HIrisPlex 多重 PCR 检测

(1) HIrisPlex PCR 引物(见表 17.1)。

(2) 1×TE 缓冲液：10 mmol/L Tris-HCl,1 mmol/L EDTA,pH 8.0。

(3) 含有 10×PCR 缓冲液和 25 mmol/L $MgCl_2$(Life Technologies 公司)的 AmpliTaq Gold DNA 聚合酶。

表 17.1　构成 HIrisPlex 发育验证检测的 24 个 DNA 变异信息（Walsh 2014），包括 PCR 和单碱基延伸（single base extension，SBE）引物序列

检测位置	SNP	PCR 引物			产物长度（bp）	SBE 引物	产物长度（bp）
1	N29insA	MC1Rset1F	Set1	GCAGGGATCCCAGAGAAGAC	117	CCAGCTGGGGCTGGCTGCCAA	21
2	rs11547464	MC1Rset1R		TCAGAGATGGACACCTCCAG		ttttttttttttGCCATCGCCGTGGACC	28
3	rs885479	MC1Rset2F	Set2	CTGGTGAGCTTGGTGGAGA	158	ttttttttttttttttttGATGGCCGCAACGGCT	34
4	rs1805008	MC1Rset2R		TCCAGCAGGAGGATGACG		tttttttttttttACAGCATCGTGACCCTGCCG	33
5	rs1805005	MC1Rset3F	Set3	GTCCAGCCTCTGCTTCCTG	147	tttttttttttttttTGGTGGAGAACGCGCTGGTG	35
6	rs1805006	MC1Rset3R		AGCGTGCTGAAGACGACAC		ttttttttttttttttttttCTGCCTGGCCTTGTCGGA	38
7	rs1805007	MC1Rset4F	Set4	CAAGAACTTCAACCTCTTTCTCG	106	tttttttttttttttttttttttttCTCCATCTTCTACGCACTG	44
8	rs1805009	MC1Rset4R		CACCTCCTTGAGCGTCCTG		ttttttttttttttttttttttttttttttATCTGCAATGCCATCATC	48
9	Y152OCH					ttttttttttttttttttttttttttttttCATCTTCTACGCACTGCGCTA	51
10	rs2228479					ttttttttttttttttttttttttttttttttttttCTGGTGAGCGGGAGCAAC	54
11	rs1110400					ttttttttttttttttttttttttttttttCTTCTACGCACTGCGCTACCA CAGCA	56
12	rs28777	rs28777_F	Set5	TACTCGTGTGGGAGTTCCAT	150	tttttttttttttttttttttttttttttttttttttttCATGTGATCCTCACAGC AG	58
		rs28777_R		TCTTTGATGTCCCCTTCGAT			
13	rs16891982	Rs16891982_F	Set6	TCCAAGTTGTGCTAGACCAGA	128	ttttttttttttttttttttttttttttttttttttttttttttAAACACGGAGTTGAT GCA	62
		Rs16891982_R		CGAAAGAGGAGTCGAGGTTG			
14	rs12821256	rs12821256_F	Set7	ATGCCCAAAGGATAAGGAAT	118	tttttttttttttttttttttttttttttttttttttttGGAGCCAAGGGCATGTT ACTACGGCAC	66
		rs12821256_R		GGAGCCAAGGGCATGTTACT			
15	rs4959270	Rs4959270_F	Set8	TGAGAAATCTACCCCCACGA	140	tttttttttttttttttttttttttttttttttttttttttGGAACACATCCAAACT ATGACACTATG	68
		Rs4959270_R		GTGTTCTTACCCCCTGTGGA			
16	rs12203592	rs12203592_F	Set9	AGGGCAGCTGATCTCTTCAG	126	tttttttttttttttttttttttttttttttttttttttttttttTCCACTTTGGTGGGT AAAAGAAGG	69

续　表

检测位置	SNP	PCR 引物			产物长度（bp）	SBE 引物	产物长度（bp）
		rs12203592_R		GCTTCGTCATATGGCTAAACCT			
17	rs1042602	rs1042602_F	Set10	CAACACCCATGTTTAACGACA	124	ttttttttttttttttttttttttttttttttttttttttttTCAATGTCTCT CCAGATTTCA	73
		rs1042602_R		GCTTCATGGGCAAAATCAAT			
18	rs1800407	rs1800407_F	Set11	AAGGCTGCCTCTGTTCTACG	124	tttttttttttttttttttttttttttttttttttttttttttttttttttGCATACC GGCTCTCCC	77
		rs1800407_R		CGATGAGACAGAGCATGATGA			
19	rs2402130	rs2402130_F	Set12	ACCTGTCTCACAGTGCTGCT	150	ttttttttttttttttttttttttttttttttttttttttttttttttttTGAACCAT ACGGAGCCCGTG	80
		rs2402130_R		TTCACCTCGATGACGATGAT			
20	rs12913832	rs12913832_F	Set13	TCAACATCAGGGTAAAAATCATGT	150	ttttttttttttttttttttttttttttttttttttttttttttttttttttttTAGCGT GCAGAACTTGACA	83
		rs12913832_R		GGCCCCTGATGATGATAGC			
21	rs2378249	rs2378249_F	Set14	CGCATAACCCATCCCTCTAA	136	ttttttttttttttttttttttttttttttttttttttttttttttttttttttttCCACAC CTCTCCTCAGCCCA	86
		rs2378249_R		CATTGCTTTTCAGCCCACAC			
22	rs12896399	Rs12896399_F	Set15	CTGGCGATCCAATTCTTTGT	125	tttttttttttttttttttttttttttttttttttttttttttttttttttttttTCTTTAG GTCAGTATATTTTGGG	88
		Rs12896399_R		GACCCTGTGTGAGACCCAGT			
23	rs1393350	Rs1393350_F	Set16	TTTCTTTATCCCCCTGATGC	124	tttttttttttttttttttttttttttttttttttttttttttttttttttttttttCATTTG TAAAAGACCACACAGATTT	92
		Rs1393350_R		GGGAAGGTGAATGATAACACG			
24	rs683	rs683_F	Set17	CACAAAACCACCTGGTTGAA	138	ttttttttttttttttttttttttttttttttttttttttttttttttttttttttGCTTTG AAAAGTATGCCTAGAACTTTAAT	95
		rs683_R		TGAAAGGGTCTTCCCAGCTT			

(4) 10 mmol/L PCR 核苷酸混合物(Invitrogen 公司)。

(5) ddH_2O。

(6) 牛血清蛋白(Bovine Serum Albumen, BSA)(10 mg/mL)。

(7) 0.2 mL PCR 管。

(8) GeneAmp 9600 热循环仪(Life Technologies 公司)。

17.2.2 HIrisPlex 多重引物延伸分析

(1) HIrisPlex高效液相色谱纯化的 SBE 引物(见表 17.1)。

(2) SNaPshot® Multiplex Chemistry(Life Technologies 公司)。

17.2.3 扩增产物纯化(PCR 和 SBE)

(1) 核酸外切酶虾碱性磷酸酶- ExoSAP - IT(USB 公司,Cleveand,OH)。

(2) 虾碱性磷酸酶(shrimp alkaline phosphatase, SAP)(USB 公司)。

17.2.4 电泳和基因分型软件

(1) Hi - Di 甲酰胺(Invitrogen 公司)。

(2) GeneScan™ Liz 120™荧光标记分子量内标(Life Technologies 公司)。

(3) 毛细管电泳平台,用于检测预先装载了 DS - 02 或 E5 染料组基质的荧光标记寡核苷酸(Life Technologies 公司)。

(4) 装有基因分型软件 GeneMapper™(Life Technologies 公司)或 GeneMarker™(Softgenetics 公司)的计算机。

17.2.5 HIrisPlex 在线预测工具

计算机可访问 http://www.erasmusmcnl/fmb/resources/Irisplex_HIrisPlex/。

17.3 基因分型方法

17.3.1 HIrisPlex 检测

经过法医验证的 HIrisPlex 测试[29]使用户能够通过极低的 DNA 输入量(低至 64 pg),同时预测个体眼睛和头发的颜色。根据先前经验,为了使 HIrisPlex 测试获得最佳效果,使用新准备的引物和试剂必不可少。因此,建议仔细准备批量运行和预先冷冻的等分试样的所需数量。尤其对 dNTP 反复冻融非常敏感,因此必须将所有的工作试剂配制在小管中,并且只使用一次。应用 HIrisPlex 检测,必须按照本章推荐的质控评估(由引物供应商/公司完成),即 HPLC 纯化(见注释 1)。DNA 输入量应>64 pg DNA(见注释 2),且质量合理;DNA 提取物应为单一来源(见注释 3)且片段长度>150 bp,即未严重降解(见注释 4)。

17.3.2 引物制备

在配制引物储备液和工作溶液时,确保所有试管都贴有引物名称和开封日期的标签。如果订购引物是冻干引物,请确保向试管中添加所需量的 1×TE 缓冲液或水(见注释 1)。通过涡旋和离心去除试管顶部的液体,确保溶液充分混合。将这些原料等份分装,以确保引物不会受到后续冷冻或解冻的影响,并储存在冰箱中。配制工作引物溶液时,应确保配制的溶液足以满足当前运行工作的所需用量,并储存在 4℃的冰箱中。工作溶液在冰箱中的保存时间不应超过 10 d,否则可能会影响 PCR 反应。应根据表 17.2 准备引物,以便于分配(见注释 5);表中还提供了 10 个反应的引物混合量例子。

17.3.3 多重 PCR 反应混合液

(1) 准备一份包含 PCR 扩增所需样本总数的 MasterMix1excel 表格,包括三个额外样本的体积,分别为一份额外的移液体积、一个阴性对照(ddH_2O)和一个阳性对照(9947A)(见注释 6)。

表 17.2　用于 HIrisPlex 检测的 PCR 及 SBE 所需反应浓度/体积（Walsh 2014）

序号	SNP	引物对	PCR 引物工作浓度（μmol/L）	反应浓度（μmol/L）	正向引物体积（μL）	反向引物体积（μL）	引物总体积（μL）	10 个反应体积（μL）	SBE	SNP	反应浓度（μmol/L）	10 μmol/L/μL 浓度	20 μmol/L/μL 浓度	50 μmol/L/μL 浓度	10 个反应体积（μL）
1	N29insA	MC1Rset1（1 F&R）	50	0.5	0.1	0.1	0.2	2	1F	C/A	1.3			0.13	1.3
2	rs11547464	MC1Rset3（3 F&R）	50	0.5	0.1	0.1	0.2	2	2F	G/A	0.1	0.05			0.5
3	rs885479	MC1Rset3							3R	C/T	1.25			0.125	1.25
4	rs1805008	MC1Rset3							4F	C/T	0.375			0.0375	0.375
5	rs1805005	MC1Rset2（2 F&R）	50	0.5	0.1	0.1	0.2	2	5F	G/T	1			0.1	1
6	rs1805006	MC1Rset2							6F	C/A	0.8			0.08	0.8
7	rs1805007	MC1Rset3							7F	C/T	1.1			0.11	1.1
8	rs1805009	MC1Rset4（4 F&R）	50	0.4	0.08	0.08	0.16	1.6	8F	G/C	0.12		0.03		0.3
9	Y152OCH	MC1Rset3							9F	C/A	0.5			0.05	0.5
10	rs2228479	MC1Rset2							10F	G/A	0.375			0.0375	0.375
11	rs1110400	MC1Rset3							11F	T/C	0.1			0.01	0.1
12	rs28777	rs287775 F+R	50	0.4	0.08	0.08	0.16	1.6	12F	A/C	1.2			0.12	1.2
13	Rs16891982	Rs168919826 F+R	50	0.4	0.08	0.08	0.16	1.6	13F	G/C	0.9			0.09	0.9
14	rs12821256	rs128212567 F+R	50	0.4	0.08	0.08	0.16	1.6	14R	A/G	0.12		0.03		0.3
15	rs4959270	rs49592708 F+R	50	0.4	0.08	0.08	0.16	1.6	15F	C/A	0.3			0.03	0.3
16	rs12203592	rs122035929 F+R	50	0.4	0.08	0.08	0.16	1.6	16F	C/T	0.2			0.02	0.2
17	rs1042602	rs104260210 F+R	50	0.4	0.08	0.08	0.16	1.6	17R	G/T	1.25			0.125	1.25
18	rs1800407	rs180040711 F+R	50	0.4	0.08	0.08	0.16	1.6	18F	G/A	0.1			0.01	0.1
19	rs2402130	rs240213012 F+R	50	0.4	0.08	0.08	0.16	1.6	19F	A/G	0.75			0.075	0.75
20	rs12913832	rs1291383213 F+R	50	0.4	0.08	0.08	0.16	1.6	20R	C/T	1			0.1	1
21	rs2378249	rs237824914 F+R	50	0.4	0.08	0.08	0.16	1.6	21R	T/C	0.1			0.01	0.1
22	Rs12896399	Rs1289639915 F+R	50	0.4	0.08	0.08	0.16	1.6	22F	G/T	1			0.1	1
23	Rs1393350	Rs139335016 F+R	50	0.4	0.08	0.08	0.16	1.6	23R	C/T	1.1			0.11	1.1
24	rs683	rs68317 F+R	50	0.4	0.08	0.08	0.16	1.6	24R	T/G	0.3			0.03	0.3
					第一轮 PCR 引物体积	总计	2.84	28.4				SBE 引物体积	总计	1.61	16.1

（2）按照下表制备主混合液（以下为单个反应量）：

2.84 μL	PCR 总引物详见表 17.2
1 μL	10×PCR Golden 缓冲液（No Mg）
1 μL	$MgCl_2$（25 mmol/L）
0.22 μL	dNTP（每个 10 mmol/L）
0.3 μL	Taq 金聚合酶（5 U/μL）
0.7 μL	BSA（10 mg/mL）
2.94 μL	H_2O

（3）在 0.2 mL PCR 管中，每个 1 μL DNA 样本加入 9 μL Master Mix1。

（4）涡旋并快速离心。

17.3.4　多重 PCR 反应条件

PCR 仪条件设定如下：95℃ 预变性 10 min；然后（95℃变性 30 s，61℃退火 30 s）运行 33 个循环；61℃最终延伸 5 min；15℃保持。

17.3.5　PCR 产物纯化

（1）将 5 μL PCR 产物转移至新的 0.2 mL 试管中（见注释 7）。

（2）向 PCR 产物（每个样本）中加入 2 μL Exosap（见注释 7）。

（3）涡旋并快速离心。

（4）PCR 仪条件：

- 37℃持续 45 min，
- 80℃持续 15 min，
- 15℃保持。

17.3.6　SBE 反应

（1）准备一份 MasterMix2 Excel 表格，记录 SBE 扩增所需的样本总数，其中包括三个额外样本的体积，分别是：一份额外的移液体积，一个阴性对照和一个阳性对照（见注释 8）。

(2) 制备 MasterMix2,具体包含以下试剂成分:

- 1.61 μL SBE 引物总量(如表 17.2 所示);
- 1 μL SNaPshot 反应混合液;
- 0.39 μL H_2O;

以上成分为每个反应所需含量。

将 3 μL MasterMix2 添加到新的包含 2 μL PCR 产物样本的 0.2 mL PCR 管中;涡旋并快速离心。

17.3.7 多重 SBE 条件

PCR 仪条件设定如下:

- 96℃预变性 2 min,
- 96℃ 10 s,50℃ 5 s 运行 25 次循环,
- 60℃最终延伸 30 s,
- 15℃保持。

17.3.8 SBE 产物纯化

(1) 每管 PCR 产物加 1 μL SAP。

(2) PCR 仪扩增条件如下:

- 37℃持续 45 min,
- 75℃持续 15 min,
- 15℃保持。

17.3.9 毛细管电泳

(1) 将 1 μL 洗涤过的 SBE 产品与 8.7 μL Hi - Di 甲酰胺和 0.3 μL Liz120 分子量内标混合(单个样本量)。

(2) 涡旋并快速离心。

(3) 通过 AB 遗传分析仪(见注释 9)使用 POP - 7(见注释 10)在 36 cm 毛细管阵列上运行混合物,运行参数如下:进样电压 2.5 kV,进样时间 10 s,运行温度 60℃,运行时间 500 s。

(4) 需确保 SNaPshot 化学试剂使用正确的矩阵(DS - 02/ Dye 组 E5)。

17.3.10　分析方法

17.3.10.1　HIrisPlex 基因分型

（1）使用合适的等位基因分型软件，如 GeneMapper® 或 GeneMarker®，在每个 SNP 上进行基因分型。每个箱组的详细信息可以在表 17.3 中找到（见注释 10）。

（2）所有等位基因检测的峰高阈值均设定为 50 RFU，可通过手动检查每个 SNP 来确定（见注释 12）。

（3）疑难样本（低浓度或潜在脱落细胞样本）应一式两份运行，以确保基因分型一致性。有关故障排除的一些示例，请参见注释 13。

表 17.3　在 ABI 3130xl 上对 HIrisPlex 的 SNP 基因座进行毛细管电泳，通过 GeneMapper4.0 软件进行图谱分析。电泳包含 9947A 阳性对照

序号	SNP	SNP	出锋颜色和片段长度（bp）	出锋颜色和片段长度（bp）	9947 阳性对照
1	N29insA	C/A	黑色，28~30	绿色，29~31	CC
2	rs11547464	G/A	蓝色，34~36	绿色，35~37	GG
3	rs885479	C/T	黑色，37~39	红色，39~41	CC
4	rs1805008	C/T	黑色，40~42	红色，41~43	CC
5	rs1805005	G/T	蓝色，43~45	红色，45~47	GG
6	rs1805006	C/A	黑色，46~48	绿色，47~49	CC
7	rs1805007	C/T	黑色，48~50	红色，50~52	CC
8	rs1805009	G/C	蓝色，52~54	黑色，52~54	GG
9	Y152OCH	C/A	黑色，54~56	绿色，54~56	CC
10	rs2228479	G/A	蓝色，56~58	绿色，57~59	GG
11	rs1110400	C/T	黑色，59~61	红色，60~62	TT
12	rs28777	C/A	黑色，62~65	红色，60~62	AA
13	rs16891982	G/C	蓝色，65~67	黑色，65~67	GG
14	rs12821256	G/A	蓝色，68~70	绿色，69~71	AA
15	rs4959270	C/A	黑色，71~73	绿色，72~74	CA
16	rs12203592	C/T	黑色，74~76	红色，74~76	CT
17	rs1042602	G/T	蓝色，76~87	红色，78~80	GG
18	rs1800407	G/A	蓝色，80~82	绿色，81~83	GG
19	rs2402130	G/A	蓝色，83~85	绿色，84~86	AA
20	rs12913832	C/T	黑色，87~89	红色，88~90	CC
21	rs2378249	C/T	黑色，89~91	红色，90~92	CT
22	rs12896399	G/T	蓝色，93~95	红色，94~96	TT
23	rs1393350	C/T	黑色，95~97	红色，96~98	TT
24	rs683	G/T	蓝色，98~100	红色，99~101	TT

17.3.10.2 HIrisPlex 预测模型

（1）请访问 http：//www.erasmusmc.nl/fmb/resources/Irisplex_HIrisPlex/网站。

（2）点击预测网络工具链接，滚动到网站的 HIrisPlex 部分。根据所选等位基因的存在与否，在此输入等位基因结果。输入 24 SNP 的完整或部分图谱（见注释 14）以生成单个个体的眼睛和头发颜色预测，或者使用文件上传选项单次预测多人。

（3）输出三种类别所有颜色的概率值，包括：眼睛颜色（蓝色、中间色和棕色）、头发颜色（金色、棕色、红色和黑色）以及头发的深色、浅色类别。

17.3.10.3 了解 HIrisPlex 预测概率值

（1）对于眼睛颜色，将具有最高概率值的类别定义为最可能的眼睛颜色预测（见注释 15）。

（2）对于头发颜色，请参见图 17.1，了解概率值指南，使用概率逐步方法并产生头发颜色预测的最佳结果（见注释 15）。

（3）图 17.2 给出了眼睛和头发颜色最终预测的示例。

17.4 注释

（1）PCR 引物购自 Metabion（Martinsried 公司），脱盐并冻干。SBE 引物经过 HPLC 纯化和冻干；用 1×TE 缓冲液制备 100 μmol/L 储备溶液，并在-20℃下储存。利用 ddH_2O 进一步稀释反应溶液，并在使用前储存在 4℃的冰箱中。

（2）HIrisPlex 系统的灵敏性评估显示，64 pg 的最小 DNA 输入量可产生完全一致的分型图谱，低于此级别的输入量也可生成完整或部分图谱，但不能保证其准确性（可能存在等位基因丢失/输入）。对于这种低浓度样本，为了在基因分型中得到可靠一致的结果，应进行 PCR 复检。在某些情况下，为了更高效地使用低浓度模板 DNA，

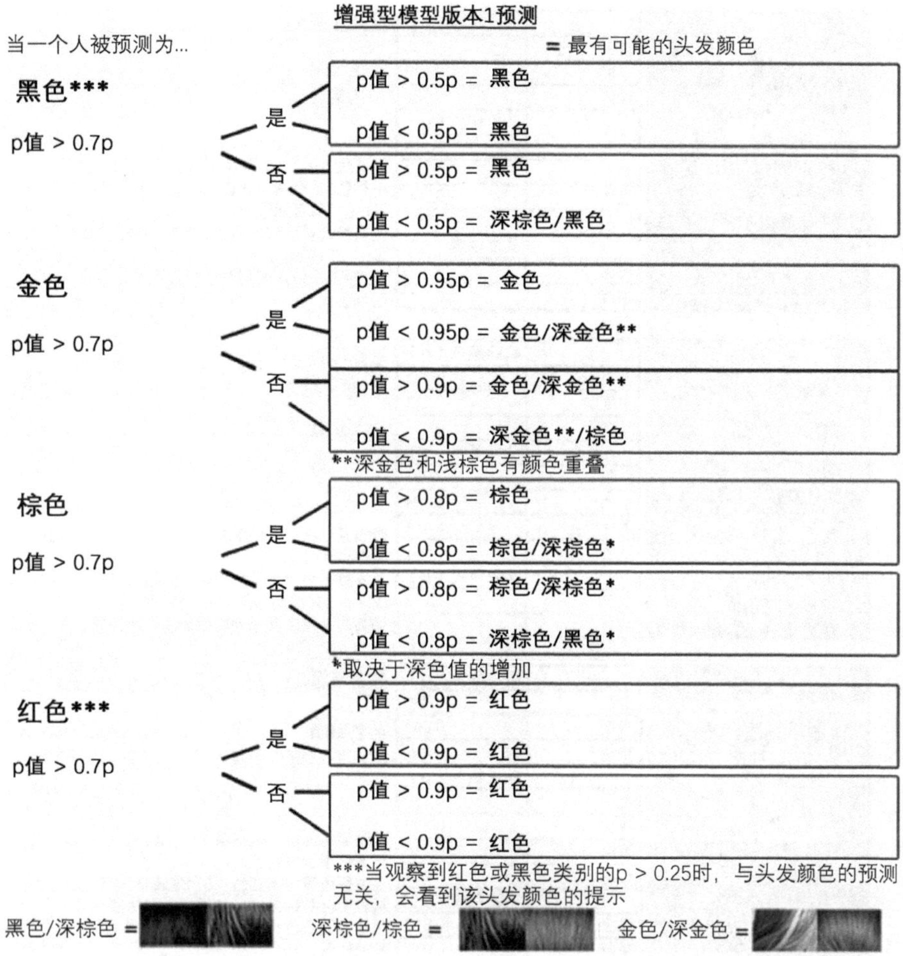

图 17.1　HIrisPlex 预测指南[30]。关于如何解释从 HIrisPlex 预测工具得出的个人发色和发色概率。可从 Walsh 等人(2014)或 http：//www.erasmusmc.nl/fmb/resources/Irisplex_HIrisPlex/在线获得。

可将第一轮 PCR 分成两部分进行，其中一个 PCR 反应中使用 1~12 号引物，另一个 PCR 反应中使用引物 13~24，然后将所得产物合并在一起用于随后的 SBE 反应。

(3) HIrisPlex 系统无法区分混合物中的个体(所有 SNP 分型均一样)，因此，进行眼睛和头发颜色预测的样本必须为单一来源样本。可利用先前的 STR 分析可以确定这一点。

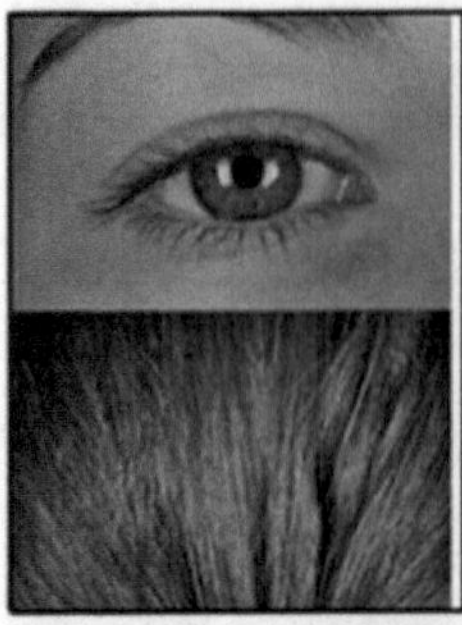

	眼睛颜色（p）
蓝色	0.35
中度	0.228
棕色	0.422
	头发颜色（p）
金色	0.14
棕色	0.67
黑色	0.186
红色	0.004
	头发色度（p）
浅色	0.511
深色	0.489

最终预测:

棕色眼睛
棕色头发

眼睛颜色的p值非常接近且均低于0.5，其中棕色p值最高。建议预测为棕色，但由于p值相似可能中间。
头发颜色显示棕色的p值最高，黑色次之（$p < 0.25$）。
色度p值相似，表明明暗均匀，因此应该是棕色。

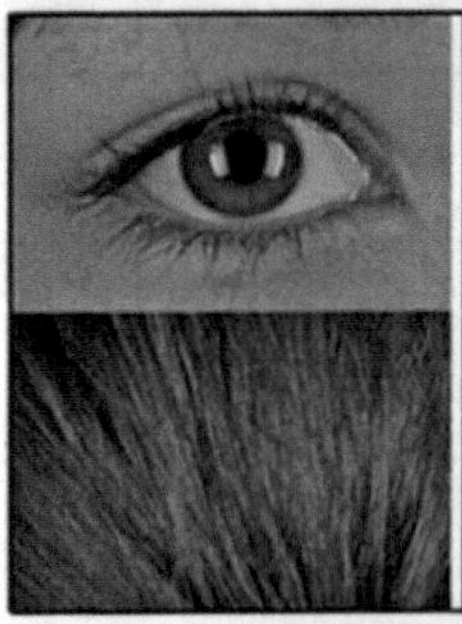

	眼睛颜色（p）
蓝色	0.036
中度	0.111
棕色	0.853
	头发颜色（p）
金色	0.031
棕色	0.394
黑色	0.574
红色	0.001
	头发色度（p）
浅色	0.08
深色	0.92

最终预测:
*混合个体

棕色眼睛
黑色头发

眼睛颜色棕色的概率最高，> 0.85 p，无其他预测颜色。
头发颜色显示为黑色，但p值较低，约0.57 p；其次是棕色，金色/红色不明显。
偏高的深色色度也表明黑色大于深棕色。

	眼睛颜色（p）
蓝色	0.946
中度	0.043
棕色	0.011
	头发颜色（p）
金色	0.239
棕色	0.259
黑色	0.016
红色	0.486
	头发色度（p）
浅色	0.959
深色	0.041

最终预测:

蓝色眼睛
红色（草莓金）头发

眼睛颜色蓝色的概率最高，p值几乎接近1；无其他预测颜色。
头发颜色显示为红色，但p值较低，甚至接近金色和棕色值，无黑色；因此预测该个体头发颜色为红金色/红赤褐色，但不是深红色。

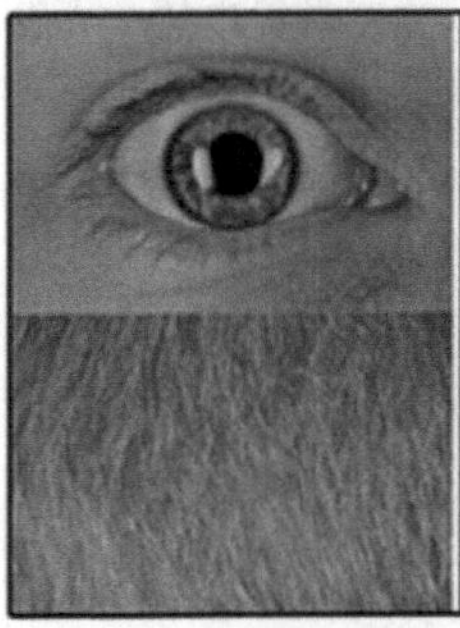

	眼睛颜色（p）
蓝色	0.952
中度	0.04
棕色	0.008
	头发颜色（p）
金色	0.634
棕色	0.164
黑色	0.005
红色	0.197
	头发色度（p）
浅色	0.994
深色	0.006

最终预测:

蓝色眼睛
金色（深金色）头发

眼睛颜色蓝色的概率最高，p值几乎接近1，可完全预测；无其他预测颜色。
头发颜色显示为金色，但p值低于0.7，表明该个体头发颜色可能是金色/深金色；此外，红色和棕色水平较低，所以更有可能是深金色。

图 17.2　利用 HIrisPlex 系统对四个不同个体的最终预测示例[30]。该图提供了由每个个体 DNA 生成的 HIrisPlex 概率值，并包括由经验丰富的 HIrisPlex 分析人员对基因型结果的书面解释。该图还显示了个体的实际眼睛和头发颜色表型图像以供参考。

（4）HIrisPlex 系统的设计适用于高度降解的 DNA，长度片段可以低至约 150 bp，并且预计在此长度以上的模板 DNA 中均会出现完整的分型图谱。然而，对于极度降解的 DNA，即古 DNA[6]，也可能得到部分图谱。

（5）配制反应溶液时，请按照表 17.1 了解 PCR 和 SBE 反应的浓度，以便于配制。如果在某个溶液浓度下有标注体积，则在该反应溶液中制备引物，并取标注体积注入到预混液中，例如，SNP1 的 PCR 引物反应液浓度为 50 μmol/L，应取 0.1 μL 正向引物与 0.1 μL 反向引物，在 10 μL 的反应体积中最终引物浓度为 0.5 μmol/L。对于 SBE 反应，制备 50 μmol/L 浓度的引物反应溶液，应加入 0.13 μL 引物，最终引物浓度为 1.3 μmol/L。如 SNP2，SBE 引物反应溶液浓度仅为 10 μmol/L，体积为 0.05 μL，最终反应浓度为 0.1 μmol/L，反应体积为 5 μL。

（6）PCR 阴性对照不应包含 DNA，用 ddH_2O 代替该体积。PCR 阳性对照应包含已知图谱的 DNA 样本，即 9947A 对照 DNA（Applied Biosystems 公司）。见表 17.3。

（7）理论上 PCR 反应体系为 10 μL；然而，当用 2 μL ExoSAP－IT® 洗涤 PCR 产物时该体系仅需要 5 μL。因此，可将 5 μL PCR 产物转移到新的 0.2 mL 管中。根据需要，将剩余 5 μL 储存在−20℃以供后期复检。根据先前的经验，比起使用单独购买的外切酶和 SAP 洗涤混合物，ExoSAP－IT®（USB 公司）可以提供更清晰、更灵敏的结果。

（8）需要在制造商提供阳性和阴性对照的情况下运行 SNaPshot® MultiplexChemiST－Ry，以确保 SBE 扩增的有效性；或用于故障排除，以指示反应在哪一步出现问题，即第一轮 PCR 反应或随后的 SBE 反应。

（9）尽管在 HIrisPlex 系统开发验证期间使用了 ABI 3130xl 毛细管电泳仪（Life Technologies 公司），但也可以使用其他 ABI 仪器，例如较新的 ABI 3500。注意：有证据表明该机器可提供更高的峰高和整体灵敏度；然而，电泳图上的片段长度略有不同。

（10）使用 POP－7 聚合物验证 HIrisPlex，结果表明，相较于 POP－7 使用 POP－4 会出现片段长度差异（特别是在大小高达 40 bp 的区域），但对 HIrisPlex 系统的整体性能无显著影响。

（11）鉴于仪器和聚合物类别，每个基因座与表 17.3 提供的 bins 可能无法精准对应，但其大小范围能提供可靠的指导，并且可以在表中找到阳性对照 9947A 以用作大小参考。

（12）标准 STR 图谱要求使用 50 RFU 阈值来评估图谱中的等位基因，HIrisPlex 系统也使用此阈值；因此，高于该水平的峰称为等位基因峰，低于该水平的峰则视为伪峰。

（13）一些故障排除示例：

a）包括阳性对照在内的所有样本无任何特征，但可获取到 SNaPshot®阳性对照的数据；表明第一轮 PCR 及其试剂存在问题，应尝试重复第一轮 PCR。

b）样本无图谱信息，但阳性对照有效，且 SBE SNaPshot®阳性对照获得了有效图谱；表明第一轮 PCR 和 DNA 样本存在问题，应检查并定量 DNA 样本。

c）包括 SBE SNaPshot®阳性对照在内的所有样本均无特征；表明 SBE 反应和 SNaPshot®混合物存在问题，应使用新的 SNaPshot®反应混合物重新分析。

d）第一轮 PCR 阴性对照样本中有峰，而 SBE 阳性对照样本中无峰；表明第一轮 PCR 试剂可能受到污染。

e）PCR 阴性对照和 SBE 阴性对照有峰；表明 SBE 试剂可能受到污染。

f）如果在电泳图谱一开始有较大的峰（最大 35 bp）与 HIrisPlex 峰重叠，从而降低所有 HIrisPlex 等位基因的峰高；表明使用 ExoSAP 进行的第一轮 PCR 的清理程序存在问题。应使用新的 ExoSAP 和额外储存的 5 μL PCR 产物重复清理。在 150 bp 片段之后可能会观察到小的伪峰，但它们不会干扰 HIrisPlex 功能。

g）图谱显示从低到高的向上倾斜表明第一轮 PCR 反应或 SBE 反应（如 SNaPshot®）的试剂和引物效果欠佳，例如，冻融次数过多。SBE 引物组（引物 13 ~ 24）仅扩增单个 SNP，而 MC1R 变体（引物 1 ~ 12）仅 4 个 PCR 产物；因此如果 PCR 反应效果欠佳，则结果将直接受到影响。使用新试剂重复上述步骤。

h）轮廓峰峰值偏低，则需检查所有试剂和引物是否新鲜、DNA 浓度是否偏低（<64 pg）或者样本是否为陈旧 DNA。此时，将第一轮 PCR 反应分成两部分可能效果更佳，其中，第一个反应包含 *MC1R* PCR 引物，第二个反应包含 13 ~ 24 号引物。然后可以加入 PCR 产物进行 SBE 反应，这为下游反应提供了额外的 PCR 产物，并可能提供更高的峰值和更少的缺失率。如果样本质量极差，而 HIrisPlex 不能检测到足够的峰值，则可以对样本进行 IrisPlex（6 - SNP 分析），但仅用于眼睛颜色预测。

（14）如果生成了完整的 HIrisPlex 图谱，则根据网站提示输入每个基因座的数值。例如，对于 HERC2 rs12913832 的 DNA 变体 20，如果该基因座的基因型为 GG，输入 0；如果 GT，输入 1；如果 TT，输入 2；如果产生了部分基因型，则输入 NA。

（15）HIrisPlex 系统无论在 0.7p 还是 0.5p 概率阈值水平都能非常准确地预测蓝色和棕色的眼睛颜色（参见 Walsh et al. 2012[31] 中的概率阈值水平）。然而，中间颜色具有非常相似的概率值（<0.5p）使得预测更难，并且出错概率更高；其中绿色的 HIrisPlex 预测准确度最低，因为目前尚未发现与该性状相关的基因或 SNP。仍需进一步的研究来改进中间色眼睛的颜色类别预测。

HIrisPlex 系统是目前唯一可预测头发颜色的工具，在超过 300 个单独测试集上，金发的精确度值（使用之前的 HirisPlex 模型[29]）为 69.5%，棕色为 78.5%，红色为 80%，黑色为 87.5%。对于头发颜色的预测，必须注意一点，尽管 HirisPlex 系统在预测发色方面准确性很高，但在一些个体（119 个测试中大约占 8%）中，从童年到成年发色会经历自然改变（例如，从金色到深棕色/黑色），并且这些“依赖于年龄的头发颜色变化”还未被纳入到头发颜色预测模型中。这意味着头发颜色预测为浅金色的个体包括一生都是金色头发的人，或者在童年时有金色头发但在青春期（年龄不同）改变为棕色/黑色头发的成年人；该误差率已精确到 69.5%。

致谢

感谢 Lakshmi Chaitanya 的宝贵意见。HIrisPlex 系统的初步工作部分由荷兰法医研究所（NFI）、鹿特丹 ErasmusMC 大学医学中心和荷兰基因组学倡议（NGI）/荷兰科学研究组织（NWO）资助荷兰法医基因组学联盟（FGCN）框架。

参考文献

[1] Tully G. Genotype versus phenotype: human pigmentation. Forensic Sci Int Genet, 2007, 1: 105－110.

[2] Kayser M, Schneider PM. DNA-based prediction of human externally visible characteristics in forensics: motivations, scientifific challenges, and ethical considerations. Forensic Sci Int Genet, 2009, 3: 154－161.

[3] Kayser M, de Knijff P. Improving human forensics through advances in genetics, genomics and molecular biology. Nat Rev Genet, 2011, 12: 179－192. A Practical Guide to the HIrisPlex System…230.

[4] Olalde I, Allentoft ME, Sanchez-Quinto F, Santpere G, Chiang CWK, DeGiorgio M, et al. Derived immune and ancestral pigmentation alleles in a 7, 000-year-old Mesolithic European. Nature, 2014, 507: 225－228.

[5] King TE, Fortes GG, Balaresque P, Thomas MG, Balding D, Delser PM, et al. Identifi cation of the remains of King Richard III. Nat Commun, 2014, 5: 5631. doi: 10.1038/ ncomms6631.

[6] Draus-Barini J, Walsh S, Pospiech E, Kupiec T, Glab H, Branicki W, et al. Bona fifi de colour: DNA prediction of

human eye and hair colour from ancient and contemporary skeletal remains. Investig Genet, 2013, 4: 3. doi: 10.1186/ 2041 - 2223 - 4 - 3.

[7] Brand A. Integrative genomics, personal-genome tests and personalized healthcare: the future is being built today. Eur J Hum Genet, 2009, 17: 977 - 978.

[8] Janssens ACJW, van Duijn CM. Genome-based prediction of common diseases: advances and prospects. Hum Mol Genet, 2008, 17: R166 - R173.

[9] Sulem P, Gudbjartsson D, Stacey S, Helgason A, Rafnar T, Magnusson K, et al. Genetic determinants of hair, eye and skin pigmentation in Europeans. Nat Genet, 2007, 39: 1443 - 1452.

[10] Duffy DL, Montgomery GW, Chen W, Zhao ZZ, Le L, James MR, et al. A three single-nucleotide polymorphism haplotype in intron 1 of OCA2 explains most human eyecolor variation. Am J Hum Genet, 2007, 80: 241 - 252.

[11] Han J, Kraft P, Nan H, Guo Q, Chen C, Qureshi A, et al. A genome-wide association study identififi es novel alleles associated with hair color and skin pigmentation. PLoS Genet, 2008, 4, e1000074.

[12] Branicki W, Brudnik U, Kupiec T, WolańskaNowak P, Szczerbińska A, Wojas-Pelc A. Association of polymorphic sites in the OCA2 gene with eye colour using the tree scanning method. Ann Hum Genet, 2008, 72: 184 - 192.

[13] Sturm RA, Larsson M. Genetics of human iris colour and patterns. Pigment Cell Melanoma Res, 2009, 22: 544 - 562.

[14] Eiberg H, Troelsen J, Nielsen M, Mikkelsen A, Mengel-From J, Kjaer K, et al. Blue eye color in humans may be caused by a perfectly associated founder mutation in a regulatory element located within the HERC2 gene inhibiting OCA2 expression. Hum Genet, 2008, 123: 177 - 187.

[15] Sulem P, Gudbjartsson DF, Stacey SN, Helgason A, Rafnar T, Jakobsdottir M, et al. Two newly identififi ed genetic determinants of pigmentation in Europeans. Nat Genet, 2008, 40: 835 - 837.

[16] Kayser M, Liu F, Janssens ACJW, Rivadeneira F, Lao O, van Duijn K, et al. Three genome-wide association studies and a linkage analysis identify HERC2 as a human iris color gene. Am J Hum Genet, 2008, 82: 801.

[17] Mengel-From J, Wong T, Morling N, Rees J, Jackson I. Genetic determinants of hair and eye colours in the Scottish and Danish populations. BMC Genet, 2009, 10: 88.

[18] Valenzuela RK, Henderson MS, Walsh MH, Garrison NA, Kelch JT, Cohen-Barak O, et al. Predicting phenotype from genotype: normal pigmentation. J Forensic Sci, 2010, 55: 315 - 322.

[19] Valverde P, Healy E, Jackson I, Rees JL, Thody AJ. Variants of the melanocyte-stimulating hormone receptor gene are associated with red hair and fair skin in humans. Nat Genet, 1995, 11: 328 - 330.

[20] Kanetsky PA, Swoyer J, Panossian S, Holmes R, Guerry D, Rebbeck TR. A polymorphism in the agouti signaling protein gene is associated with human pigmentation. Am J Hum Genet, 2002, 70: 770 - 775.

[21] Graf J, Hodgson R, van Daal A. Single nucleotide polymorphisms in the MATP gene are associated with normal human pigmentation variation. Hum Mutat, 2005, 25: 278 - 284.

[22] Branicki W, Brudnik U, Draus-Barini J, Kupiec T, Wojas-Pelc A. Association of the SLC45A2 gene with physiological human hair colour variation. J Hum Genet, 2008, 53: 966 - 971.

[23] Shekar SN, Duffy DL, Frudakis T, Sturm RA, Zhao ZZ, Montgomery GW, et al. Linkage and association analysis of spectrophotometrically quantififi ed hair color in Australian adolescents: the effect of OCA2 and HERC2. J Invest Dermatol, 2008, 128: 2807 - 2814.

[24] Liu F, van Duijn K, Vingerling JR, Hofman A, Uitterlinden AG, Janssens ACJW, et al. Eye color and the prediction of complex phenotypes from genotypes.

Curr Biol, 2009, 19: R192 - R193

[25] Walsh S, Liu F, Ballantyne K, van Oven M, Lao O, Kayser M. IrisPlex: a sensitive DNA tool for accurate prediction of blue and brown eye colour in the absence of ancestry information. Forensic Sci Int Genet, 2011, 5: 170 - 180.

[26] Ruiz Y, Phillips C, Gomez-Tato A, AlvarezDios J, Casares de Cal M, Cruz R, et al. Further development of forensic eye color predictive tests. Forensic Sci Int Genet, 2013, 7: 28 - 40 Susan Walsh and Manfred Kayser231.

[27] Hart KL, Kimura SL, Mushailov V, BudimLija ZM, Prinz M, Wurmbach E. Improved eye-and skin-color prediction based on 8 SNPs. Croat Med J, 2013, 54: 248 - 256.

[28] Branicki W, Liu F, van Duijn K, DrausBarini J, Pośpiech E, Walsh S, et al. Model-based prediction of human hair color using DNA variants. Hum Genet, 2011, 129: 443 - 454.

[29] Walsh S, Liu F, Wollstein A, Kovatsi L, Ralf A, Kosiniak-Kamysz A, et al. The HIrisPlex system for simultaneous prediction of hair and eye colour from DNA. Forensic Sci Int Genet, 2013, 7: 98 - 115.

[30] Walsh S, Chaitanya L, Clarisse L, Wirken L, Draus-Barini J, Kovatsi L, et al. Developmental validation of the HIrisPlex system: DNA-based eye and hair colour prediction for forensic and anthropological usage. Forensic Sci Int Genet, 2014, 9: 150 - 161.

[31] Walsh S, Wollstein A, Liu F, Chakravarthy U, Rahu M, Seland J, et al. DNA-based eye colour prediction across Europe with the IrisPlex system. Forensic Sci Int Genet, 2012, 6: 330 - 340.

[32] Pospiech E, Draus-Barini J, Kupiec T, WojasPelc A, Branicki W. Gene-gene interactions contribute to eye colour variation in humans. J Hum Genet, 2011, 56: 447 - 455.

[33] Pośpiech E, Wojas-Pelc A, Walsh S, Liu F, Maeda H, Ishikawa T, et al. The common occurrence of epistasis in the determination of human pigmentation and its impact on DNA-based pigmentation phenotype prediction. Forensic Sci Int Genet, 2014.

[34] Liu F, Wollstein A, Hysi PG, Ankra-Badu GA, Spector TD, Park D, et al. Digital quantififi cation of human eye color highlights genetic association of three new loci. PLoS Genet, 2010, 6, e1000934.

[35] Andersen JD, Johansen P, Harder S, Christoffersen SR, Delgado MC, Henriksen ST, et al. Genetic analyses of the human eye colours using a novel objective method for eye colour classififi cation. Forensic Sci Int Genet, 2013, 7: 508 - 515.

第十八章

法医分析中的祖先推断一：常染色体祖先信息标记集

Chris Phillips、Carla Santos、Manuel Fondevila、Ángel Carracedo 和 Maria Victoria Lareu

摘要： 越来越多的祖先信息标记单核苷酸多态性（AIM－SNP）正基于灵敏的 SNaPshot 分析方法用于替代单碱基扩展基因分型系统（例如 Sequenom iPLEX）供法医工作者选择使用。此外，其他替代性祖先信息变异，如 InDel 和 STR，可直接使用 PCR－CE 技术进行分析，这些技术提供了检测混合斑分型的可能性。本章综述了当前法医可用的 AIM 面板、优化的 PCR 复合扩增系统及其群体分辨力，描述了如何通过扩大的二代测序方法的多重尺度来改善种群分化平衡，以便在混合个体的分析中对共同祖先比例进行无偏差评估。

关键词： 遗传祖先，SNP，AIM－SNP，SNaPshot，InDel，群体遗传学，NGS

18.1 引言

在法医分析中，通过对人群中具有高度分化等位基因频率的 DNA 变异进行分型来推断祖先起源，在调查人员无法获得目击证据时，有可能提供一个可靠的基于遗传的替代方案[1~3]。事实上，通过遗传变异分析来推断祖先，除了试图获取有关犯罪现场发现的未知 DNA 供体的信息外，在法医鉴定中还有着广泛应用，包括：1）更全面地识别冲突地区的失踪人员或乱葬岗遗骸；2）当目击者对某个人的种族描述不可靠或相互矛盾时，提供佐证（见注释 1）；3）纳入 STR、Y 和线粒体标记（后两者显示了明显的地理差异,因此检查祖先异常值对数据库的准确性至关重要)等遗传数据库的捐赠者的自述祖先确认;4) 完善高度依赖于 STR 等位基因频率假设的家族搜索策略[4];5) 帮助评估具有非典型组合身体特征的混合血统个体(使用 Irisplex[5]);6) 增强法医级别的灵敏性研究,如医疗档案材料检验或考古遗骸。

先前发表在《分子生物学方法》(*Molecular Biology*)杂志第 830 期上关于法医祖先推断的文章中[6],论述了使用 SNaPshot SBE 检验方法对法医材料中的 34 个祖先信息标记单核苷酸多态性(ancestry-informative marker single nucleotide polymorphisms, AIM – SNP)位点进行分型,并分析得到等位基因数据[1]。随后,通过替换一个表现不佳的 SNP,完成更全面的对照 DNA 分型使 34 – plex AIM – SNP 检测得到增强,为首次使用 SNaPshot 的用户增加了参考数据[7],同时,在线 SNP 频率数据库在深度和范围上都持续增长。还有研究开发了一种称为 Eurasiaplex 的免费 SNaPshot 法医祖先测试,与 34 – plex 共同使用,旨在区分南亚人和欧洲人[8]。SNaPshot 测试对想要通过常规 DNA 分析进行祖先推断的法医遗传学家来说可能更有用——现已扩展到 AIM – InDel[9,10] 和 AIM – STR 系列[11]。由于这两个标记集均使用染料标记的 PCR 引物进行分型,并且测试时将 PCR 扩增产物直接放入毛细管电泳(直接 PCR – CE),因此获得的峰值平衡较 SNaPshot 更佳,电泳信号能更直接地反映输入 DNA 的等位基因比率。该特性显著提高了图谱质量,并引入了类似常规 STR 分析基于试剂盒的混合检测方案的可能性。总之,法医实验室有一系列的复合扩增体系可以帮助构建未知来源 DNA 的祖先图谱。在扩大法医祖先测试范围的同时,在线贝叶斯分类器 *Snipper* 也对其功能进行了一系列的改进(http://mathgene.usc.es/snipper/index.php)。本书将法医祖先分析分为两章描述,本章内容包括:AIM 标记选择和法医适用的复合扩增体系；下一章（第十九章）内容包括：分析上述测试产生的遗传数据的可选方案。

最后，二代测序（next generation sequencing，NGS）分析领域的快速发展，使得通过台式系统对包含数百个标记的 PCR 复合扩增的短 DNA 片段进行测序成为可能，对扩大法医 DNA 分析的范围具有显著意义。NGS 系统为单次测试中结合个体识别标记、祖先信息标记和预测常见生理特征（如眼睛和头发颜色）的 SNP 标记提供了真正的可能性。即使只有部分复合扩增体系可用于祖先标记，也可以结合 100～200 个位点，以显著提高祖先推断的数据深度和精度。随之而来的问题是：应该选择哪些 AIM 以充分利用这种能力，以及可以为整个集合加入哪些额外的特征？本章将探讨种群分化平衡的概念，并作为在较小误差内分析种群混合（评估共同祖先比例时）的一种方法。该因素被用于重建专门针对 NGS 平台的各种多重尺度的法医 AIM－SNP 集。

18.2　材料

先前提供的在线访问基因数据的 URL 没有改变[6]，但数据库的范围扩大了。与法医 SNP 分析相关的两个重要补充是 FROGkb 和 Complete Genomics（CG）数据库。

（1）*Snipper* 选项可以从八个分析方法的菜单中访问，网址如下：http：//mathhene.usc.es/snipper/。固定训练集已经扩展到 34 个 SNP、46 个 InDel，以及由它们组合而成的 80 个标记图谱。在使用 AIM 集组合时，建议选择适当人群，例如，在 34 个 SNP 复合体系中选择非洲人、欧洲人和东亚人 3 组，在 InDel 中选择 4 组（增加美洲人），在两者结合时选择 5 组（增加大洋洲人）。使用 *Snipper*

进行交叉验证是一种常用的种群数据和 SNP 功率评估程序,可使用以下网址:http://mathgene. usc. es/snipper/analysispopfile2_new.htmL。

(2) SPSmart 也在一个页面提供所有数据库选项(网址:http://spsmart.cesga.es)。可访问的数据包括完整的千人基因组变异目录(ENGINES)、70 个法医 STR(pop.STR)、SNP*for*ID 法医 SNP 集数据和 HapMap、Perlegen,以及斯坦福/密歇根 HGDP - CEPH SNP 目录(见注释 2)。

(3) FROGkb(网址:http://frog. med. yale. edu/FrogKB/)是由儿童实验室运营的遗传学法医参考资源。FROGkb 列出了几个用于祖先分析、鉴定和生理特征预测的法医 SNP 集。该网站还包括一个从 ALFRED 变体数据库(http://alfred.med.yale.edu)链接到特定范围人群的法医 SNP 集的似然率计算器。

(4) CG 网站已公开了 427 个完整基因组的变体数据(网址:http://www. completegenomics. com/public-data/)。目前所有 CG 基因组都来自"千人基因组"的相同研究个体,但与"千人基因组"不同的是,它还包括 mt - DNA、X 和 Y 染色体的变异位点数据。

18.3 方法

18.3.1 修订版 *SNPforID* 34 - Plex 法医祖先测试

(1) 34 - plex SNaPshot 测试的修订版将表现不佳的 AIM - SNP rs727811 替换为信息量丰富、具有接近固定的东亚特异性等位基因的 rs3827760(见注释 2)。此外,对 rs2304925、rs5997008、rs2814778、rs239031 和 rs16891982 的 SBE 引物进行了修改,以便在使用 POP - 4 分离胶(Life Technologies 公司)检测基因型时调整峰值位置,同时将一些迁移率修饰的 poly - CT 尾更改为非同源序列。这一调整可能将 34 - plex 检验最初使用的 POP - 6 分离胶替换为 POP－4 分离胶。将 rs2304925/rs5997008 从最快的迁移率大小范围移开，在该范围内染料伪影会干扰等位基因峰的识别，对 rs2814778/rs239031/rs16891982 的大小进行调整，以便更好地将它们与相邻的 SNP 峰或 POP－4 分离胶中观察到的非特异性信号分离开。34－plex 检验 SNP 的详细信息见表 18.1。

表 18.1　基于修订后的 34 个 SNP 位点的祖先推断标记特征[7]

SNaP shot	rs 编号	USC 代码	SNaP 碱基[a]	1000－G 碱基	Expt 长度	Obs bp：G	Obs bp：A	Obs bp：C	Obs bp：T	Het 比率
1	rs1321333	P03	TC	AG	22			26.89	28.63	1.31
2	rs917118	A07	GA	CT	24	28.17	30.16			2.34
3	rs1024116	A29	GA	CT	28	26.75	28.95			1.18
4	rs7897550	P05	CT	GA	28			31.44	32.87	1.19
5	rs722098	A21	AG	AG	33	33.88	36.28			3.53
6	rs10843344	P06[a]	CT	CT	35			37.05	38.31	1.36
7	rs239031	P07	CT	GA	36			38.90	40.45	1.17
8	rs12913832	P08	AG	AG	38	40.15	40.90			4.89
9	rs2040411	A40	GA	GA	41	43.18	44.25			1.56
10	rs1978806	P09[a]	TC	AG	41			44.27	45.52	1.21
11	rs773658	P10	GC	CG	45	46.25		46.73		3.10
12	rs10141763	P11	AT	TA	45		48.74		49.32	1.12
13	rs182549	P12	CT	CT	49			49.11	50.55	1.10
14	rs1573020	P13	GA	GA	49	50.27	50.98			1.10
15	rs896788	P14	CT	CT	53			52.52	53.26	1.21
16	rs2065160	P15	AG	AG	53	54.11	54.82			2.38
17	rs2572307	P16[a]	AG	AG	57	55.41	56.02			1.41
18	rs2303798	P17	CT	GA	57			57.14	57.73	2.19
19	rs2065982	P18	AG	TC	61	59.17	59.90			1.71
20	rs3785181	P19	CT	CT	61			60.27	61.49	1.54
21	rs881929	P20	GT	GT	64	61.83			63.86	2.07
22	rs1498444	P21	AC	TG	65		64.17	64.01		1.19

续　表

SNaP shot	rs 编号	USC 代码	SNaP 碱基[a]	1000 - G 碱基	Expt 长度	Obs bp: G	Obs bp: A	Obs bp: C	Obs bp: T	Het 比率
23	rs1426654	P22[a]	TC	AG	68			67.35	68.19	1.26
24	rs2026721	P23	AG	TC	69	68.45	69.37			2.04
25	rs4540055	P24	TCA	AC	73		72.15	71.68	72.48	2.16[b]
26	rs16891982	P25[a]	GC	CG	75	76.03		76.44		1.76
27	rs1335873	A52	TA	AT	77		78.16		78.31	0.99
28	rs1886510	A13	GA	GA	80	78.71	79.69			1.47
29	rs730570	P26	CT	GA	80			80.11	80.74	1.68
30	rs5030240	P27	GCA	CA	85	83.75	84.91	84.51		2.02[c]
31	rs2304925	P01	TG	AC	87	86.61			87.93	2.32
32	rs5997008	P02	CA	CA	87	90.00	88.20	87.86		1.78
33	rs3827760	P28	AG	AG	90	89.64	90.09			5.08
34	rs2814778	P04	TC	TC	90			91.04	91.93	0.91

USC 代码指每个标记的内部名称；1000 - G = 1 000 个基因组；Expt/Obs（即 expected/observed）= 预期/观测；bp 碱基对大小，Het = 杂合峰对；
a 参考等位基因优先；
b P24 - AC 的列值为，P24 - CT = 1.21，P24 - AT = 1.76；
c P27 - AC 的列值为，P27 - AG = 1.64，P27 - CG = 3.57。

18.3.1.1　34 - Plex 的 PCR 扩增

（1）将所有引物稀释到补充文件 S1A 中所示浓度，制成包含所有引物的主混合液。

（2）构建 PCR 反应，包含以下试剂成分：1 × AB AmpliTaq Glod PCR 缓冲液；25 mmol/L $MgCl_2$，最终浓度为 5.9 mmol/L；10 mmol/L dNTP 混合液，最终浓度为 0.58 mmol/L；3.2 mg/μL BSA，最终浓度为 0.29 mg/μL；0.5 U AB AmpliTaq Glod DNA 聚合酶；1 μL PCR 引物混合液；0.75 ng DNA；最终反应体积为 6.9 μL。

（3）PCR 反应条件：95℃ 预变性 15 min；然后（95℃ 变性 30 s，60℃ 退火 50 s，65℃ 延伸 40 s）30 ~ 32 个循环；65℃ 最终延伸 15 min。

（4）根据表 S1 中的详细信息，制备 SBE 引物混合液。

（5）在 2.5 μL PCR 产物中加入 1.3 μL 的 Illustra ExoProStar 步骤 1（GE Healthcare 公司），以纯化 PCR 产

物。注意，上述产品与 ExoSAPit 是相同产品。

（6）构建 SBE 反应：加入 1 μL PCR 纯化产物，1 μL SNaPshot 预反应混合液，0.5 μL SBE 引物混合液（详见补充文件 S1A，以前为 0.75 μL）；0.5 μL 水。

（7）SBE 反应条件：（96℃变性 10 s，55℃退火 5 s，60℃延伸 30 s）28～30 个循环。

（8）CE 体系构建：加入 1 μL 稀释 1/25 的 SBE 产物，8.9 μL Hi－Di 甲酰胺和 0.3 μL AB GS－120 LIZ 分子量内标。

（9）在 ABI 3130 遗传分析仪上运行，滤光片设置为 G5 模式，POP－4 性能优化分离胶或同等产品（见注释——可以使用其他平台，但分子量和 ht 平衡可能会有相应变化）。

与之前的 34－plex 检验配置相比，SNP 位点及化学成分的变化改善了信号平衡，并有助于更可靠地分析 SNaPshot 的峰值模式。更重要的是，交叉验证结果表明，rs3827760 的纳入提高了 5 个人群中 3 个人群的分类成功率（3 个人群的提升比例分别如下：欧洲＝98.7%～99.4%，东亚＝92.5%～94.7%，大洋洲＝96.1%～100%）；非洲人和美洲人在上述两个 SNP 集中的分类成功率均为 100%。

18.3.2 *Eurasiaplex*，用于区分欧洲人和南亚人的免费 34－Plex 检验

Eurasiaplex 由 23 个 AIM－SNP 组成，以最大限度地区分欧洲和南亚人群[8]。由于这些 SNP 在基因组中分离良好，因此又被设计为独立于 34－plex 的标记；通过这种方式，欧洲人群的分类即可在 34－plex 的基础上辅以 *Eurasiaplex* 分析，从而尽可能地降低偏差。成功划分欧洲人和南亚人祖先的一个关键方面是应用两个数量级或“100 倍可能性”的概率阈值——也就是说，这个值低于最相似祖先的最小似然比则不分配下一个最相似祖先（见注释 3）。

（1）按照补充文件 S1B 中的详细信息制备 PCR 引物混合液。

(2) 构建 PCR 反应体系：2 μL QIAGEN 多重 PCR 主混合液，2 μL 引物混合液，1 ng DNA，最终反应体积为 5 μL。

(3) PCR 反应条件：95℃预变性 15 min；然后（94℃变性 30 s，60℃退火 60 s，72℃延伸 50 s）35 个循环；72℃最终延伸 10 min。

(4) 按照补充文件 S1B 中的详细信息制备 PCR 引物混合液。

(5) 在 2.5 μL PCR 产物中加入 1.3 μL 的 Illustra ExoProStar 步骤 1（GE Healthcare 公司），以纯化 PCR 产物。

(6) 构建 SBE 反应：加入 1 μL PCR 纯化产物，1.25 μL SNaPshot 预反应混合液，0.75 μL SBE 引物混合液。

(7) SBE 反应条件：（96℃变性 10 s，55℃退火 5 s，60℃延伸 30 s）30 个循环。

(8) 加入 1 μL 扩增产物，10 μL Hi - Di 甲酰胺和 0.25 μL AB GS - 120 LIZ 分子量内标构建毛细管电泳体系。并在 ABI 3130 遗传分析仪上运行，滤光片设置为 G5 模式，使用 POP - 4 性能优化分离胶。

18.3.3 46 - Plex AIM - InDel 祖先检验

由 1~25 个碱基序列插入或缺失组成的短 InDel 占人类基因组变异的 5%。InDel 结合了 SNP 和 STR 的优点，一方面，可以很容易从短扩增片段中分型，使其针对高度降解 DNA 的分型成功率甚至可以与大多数 SNP 相当；另一方面，InDel 用染料标记的 PCR 引物检测可以与法医通用的 STR 基因分型系统相匹配[10]。直接 PCR - CE 的主要优点是，单个反应步骤恢复了等位基因峰高比和输入 DNA 之间的简单关系，使得混合检测比 SNaPshot 更可靠[12]。将确定的祖先信息 InDel 位点收集到一个 46 - plex 检验中，旨在区分非洲人、欧洲人、东亚人和美洲人群[11]。

(1) 按照补充文件 S1C 中的详细信息制备 PCR 引物

混合液，所有引物均为 1 mmol/L。

（2）构建 PCR 反应体系：5 μL QIAGEN 多重 PCR 主混合液，1 μL 引物混合液（最终浓度为 0.1 mmol/L），0.3～5 ng DNA，最终反应体积为 10 μL。

（3）PCR 反应条件：95℃预变性 15 min；然后（94℃变性 30 s，60℃退火 90 s，72℃延伸 60 s）28 个循环；72℃最终延伸 60 min。

（4）加入 0.8 μL 扩增产物（可能需要用水稀释至 1/10），11.65 μL Hi－Di 甲酰胺和 0.35 μL AB GS－500 LIZ 分子量内标构建毛细管电泳体系。

（5）毛细管电泳在 ABI 3130 遗传分析仪上运行，滤光片设置为 G5 模式，使用 POP－4 性能优化分离胶。请注意，参考文献[11]中使用的是 POP－7，但 POP－4 也是一种可行的替代方案，补充文件 S1C 中所列出的分子量对应于 POP－4 性能优化分离胶。

（6）对人工混合样本的 InDel 图谱临时分析表明，简单的双供体混合图谱极易检测到非标准峰型[12]。图 18.1 显示了 NIST 标准参考物 DNA SRM2391－D 的 NED 标记 AIM－InDel 产物图谱，该 DNA 中 A：C 比值为 1：3。在 5 个峰对中观察到强信号失衡，供体基因型形成对比，并产生倾斜的峰高比，从小峰值占主峰高的 65%到低至 15%。相比之下，未混合峰对的平均杂合子平衡为：94%，包括异常值 rs2307803。这种模式表明简单混合 DNA 的分析可使用 InDel 检验，尤其是通过 42 个位点进行综合峰高比较。关键因素在于，来自不同祖先的供体混合物会显示出更多的基因型差异，所以这种类型的混合物将更容易被检测到。事实上，SRM2391－D 混合 DNA 标准对照包括欧洲和大洋洲的供体组合。为了进一步强调这一点，值得注意的是，图 18.1 中间的电泳图方框内的“杂合子”峰对的比例是 64%，这一数值远高于其他非混合电泳图中 36%的平均比例。

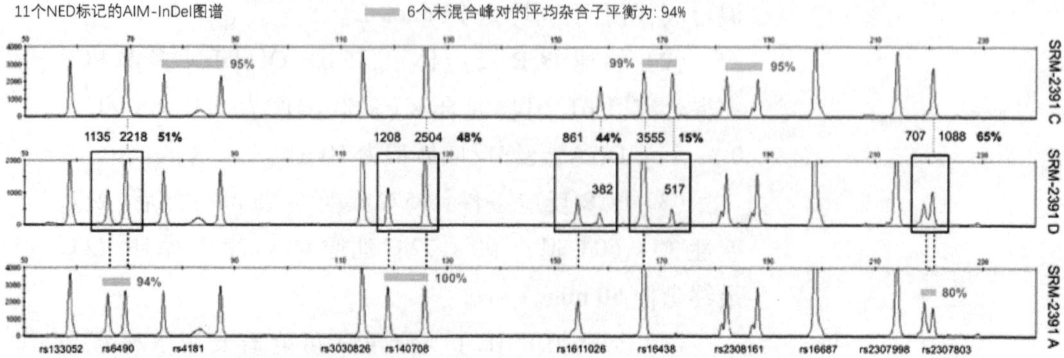

图 18.1 通过标准对照 DNA 获得 NED 标记的 AIM－InDel 图谱：SRM－2391－A、－C 和－D。样本 D 是 A∶C 的 3∶1 混合物，因此中间电泳图方框内的峰值显示出不同程度的不平衡。上/下电泳图中显示的杂合峰对表明，每个基因座的未混合峰平衡平均约为 94%，而 SRM－2391－D 中发现的峰平衡为 15%～65%。应当注意，峰值平衡主要是在基因座内，而基因座之间的信号强度远不均匀。

Zaumsegel 等人[13]开发了一种替代性的 21 个 AIM－InDel 复合扩增系统，该系统与上述 46 个 InDel 无重叠位点。由于只使用了 6FAM 和 HEX 染料标签，该系统具有相当大的自由电泳空间。此外，如 18.3.6 节所述，从 46 和 21 个 InDel 组合中仍有可能筛选出差异化的、可重新平衡的 AIM 集。

18.3.4 根据 STR 数据推断祖先

过去利用法医 STR 进行祖先推断通常采用以下两种方法：使用贝叶斯分析推导出最可能祖先的似然比[14～16]，或开发专门用于祖先推断的新 STR 集[17]。第一种方法使用标准的法医鉴定 STR，不能充分区分所有人群，第二种方法集中于二核苷酸重复 STR，但由于杂交产物峰非常高，不适用于法医应用。Rosenberg 等人[18]使用包含 377 个位点的更大 STR 集成功区分了全球人群，但位点超过 10～15 个的 STR 复合扩增体系不适合对有限数量的 DNA 进行分型。使用来自 Rosenberg 研究的频率数据识别最具差异性的四核苷酸重复序列 STR[18]，以构建单一的 AIM－STR 分析。为了使用基于频率的参考数据分析 STR 图谱，利用 *Snipper* 网站处理参考等位基因频率以代替基因型。等位基因频率的输入使得祖先分析可以灵活地选择标记类型(例如,结合 STR 和 SNP),以便从 STR 特有的复杂等位基因数据中轻松构建参考训练集。

(1) 引物混合液的制备详见补充文件 S1。

(2) 构建 PCR 反应体系：加入 1 μL 10 × AB GeneAmp PCR 缓冲液 II, 0.8 μL 3.64 mmol/L $MgCl_2$, 0.25 μL 0.23 mmol/L dNTP, 0.5 μL BSA(0.07 μg/μL), 0.2 μL AB AmpliTaq Gold*, 5 μL QIAGEN 多重 PCR 混合液*, 1.82 μL PCR 引物混合液, 0.4 ~ 1.2 ng DNA, 最终反应体积为 12 μL。

* 结合两种不同来源的聚合酶可以提高 PCR 性能。

(3) PCR 反应条件：95℃预变性 15 min；然后(96℃变性 30 s, 59℃退火 90 s, 72℃延伸 90 s) 28 ~ 30 个循环；72℃最终延伸 60 min。

(4) 加入 1 μL 扩增产物, 9.5 μL 以 33 : 1 混合的 Hi - Di 甲酰胺和 AB GS - 500 LIZ 分子量内标的混合液构建毛细管电泳体系。在 ABI 3130 遗传分析仪上运行毛细管电泳,滤光片设置为 G5,分离胶为 POP - 7。

利用 *Snipper* 分析 STR 数据以进行祖先推断,选择"使用自定义 Excel 频率文件进行分类"选项(http://mathgene.usc.es/snipper/frequencies_new.htmL)。如文献[11]所述,网站提供了一系列常见组合 STR 试剂盒的训练集,包括 32 个 STR 位点(结合 Promega Powerplex Fusion 和 QIAGEN HDPlex 位点)、20(Identifiler 和 NGM)或 12 个 AIM - STR 位点。等位基因频率数据也可以从 pop.STR 中收集,方法是通过选择种群和 STR 组合,然后从下载页面整理等位基因频率表。

将等位基因频率重新格式化以输入到 *Snipper*,下载 pop.STR csv 文件,并在 Excel 中打开,使用"文本到列"函数(应用分号分隔符)将所有数据转换为表格。STR 图包含如下输入格式：STR1 等位基因 1、STR1 等位基因 2/

STR2 等位基因 1、STR2 等位基因 2/等。并使用标记顺序：STR1＝工作表 1、STR2＝工作表 2 等。STR 和 SNP 的频率可以组合,但需遵循统一格式,即每个 SNP 的频率数据为“等位基因×种群”表。

尽管 20 个标准识别 STR 的辨别力不如最好的 AIM－SNP,但仍提供了可以用于个体祖先的整体情况数据。然而,最近推出的 Promega Powerplex Fusion 和 QIAGEN Investigator HDPlex STR 试剂盒显示,仅仅两个试剂盒的组合就提供了 32 个独特的 STR。从这一数量的 STR 中获得的基因型数据能够提供更好的群体分化,值得进一步探索,以衡量祖先推断与测试样本来源人群的匹配程度。基于频率的 *Snipper* 分类器目前包含上述 32 个 STR 的训练集,这些数据来自 HGDP－CEPH 面板的所有 7 个群体。

18.3.5　基于 SNP 的法医祖先检验替代方案

Lao 等人[19]和 Gettings 等人[20]描述了利用 SNaPshot 进行常染色体 SNP 祖先检验。由于 Lao 的检验方法中使用了相对较小规模的 12 重扩增,因此很可能提供与上述检验相似的法医灵敏度。此外,在这个 24 和 34－plex 位点集之间只有一个共同 SNP：rs16891982。因此,包括 46－plex 的 AIM－InDel 检验在内,多达 103 个独特的 AIM 可以通过 4 种常见的法医检验进行基因分型,以获得相当大的数据深度,从而区分非洲人、欧洲人、东亚人、美洲人和大洋洲人等所有 5 个主要种群。Lao 开发的 SNaPshot 检验的详细信息参见补充方法文件[18]；Gettings 开发的测试略有不同,它将 AIM 和眼睛颜色预测 SNP 结合在一起[20]。虽然该特征值得研究,但由于包含了对种群分化程度较低的弱预测 SNP(色素位点),祖先推断性能在一定程度上受到了影响(见注释 1)。此外,SNP 被组合成三个独立的复合扩增体系,尽管来自 32 个 AIM－SNP 的数据可以单独应用于祖先分析(见列表 FROGkb），但本章以此为目的，还包括将 *Snipper* 训练集（美洲种群：欧洲人、非裔美洲人、西班牙人和东亚人）作为补充文件[20]。最后，FROGkb 网站列出了一组 55 个候选 AIM－SNP，其中 41 个已由 Nievergelt 等人[21]开发为 iPLEX 分析（基于 Sequenom 光谱 SBE 的基因分型系统）。iPLEX 检验将非常适用于 SNaPshot 化学法，尤其对关注于建立新的祖先检验或结合最佳标记优化四种常见法医检验的实验室。

表 18.2 列出了 18.3.1 节及以上所描述的四个法医 AIM－SNP 集的三个主要群体的个体人群特异分化值（population-specific divergence，PSD）。四个群体之间的共性有限，约占所选标记的 13%。表 18.1 的左上角列出了多个集合中的常见 AIM。总之，常见 SNP 包括 rs16891982，它是唯一一个出现在所有集合中的标记；rs3827760、rs2814778、色素位点 rs1426654 及 rs12913832 包含在 34－plex、Gettings 和 FROGkb 检验系统中。rs1876482（非编码 SNP，通常作为强大的东亚人信息标记）在 Lao、Gettings 和 FROGkb 检验系统中存在。另外 11 个 AIM 均存在于两个集合中。

18.3.6　重新设计 NGS 的法医祖先集：根据 power 和群体差异平衡选择 AIM－SNP

小规模的法医 AIM 集需要收集尽可能强大的标记，使得测试可以从有限数量的 DNA 中生成最佳的祖先指示性数据。出于这个原因，与 SNaPshot 相比，尽管全基因组扫描方法有望提供更大的 SNP 数据深度，从而具有更高的地理分辨率；全基因组扫描甚至可以输入多达 100 万个标记，但它的缺点是需要大量的 DNA 模板输入，因此无法获得法医分析的青睐。然而，NGS 系统结合了二者的优点，NGS 可以通过直接序列分析对多达 400 个 SNP（以及 InDel 或 STR）进行基因分型，其灵敏度与 SNaPshot 相当或更好。

表 18.2　四种法医祖源检测 134 个 AIM－SNP 中非洲、欧洲和东亚 PSD 值汇总（面板第 1~4 组 panels 分别描述于文献[7,19~21]）

通用 AIM	AFR	EUR	E ASN	2. Lao AIM	AFR	EUR	E ASN	4. FROGkb AIM	AFR	EUR	E ASN
A：rs16891982	0.230	0.588	0.272	rs1448484	0.466	0.121	0.105	rs1871534	0.502	0.131	0.108
B：rs3827760	0.150	0.204	0.477	rs1369290	0.458	0.091	0.116	rs310644	0.493	0.079	0.095
rs2814778	0.675	0.152	0.124	rs1478785	0.374	0.029	0.080	rs9522149	0.111	0.328	0.213
rs1426654	0.187	0.618	0.297	rs1371048	0.113	0.047	0.301	rs2196051	0.133	0.322	0.197
rs12913832	0.159	0.344	0.197	rs1461227	0.002	0.197	0.221	rs3916235	0.422	0.086	0.111
C：rs1876482	0.140	0.102	0.294	rs1405467	0.297	0.011	0.111	rs7326934	0.418	0.093	0.097
D：rs896788	0.002	0.060	0.085	rs1907702	0.293	0.067	0.011	rs4918664	0.163	0.098	0.347
rs730570	0.057	0.212	0.105	rs2052760	0.241	0.016	0.086	rs1229984	0.122	0.148	0.332
rs2065982	0.075	0.123	0.284	rs721352	0.149	0.000	0.172	rs3823159	0.395	0.136	0.031
E：rs952718	0.229	0.045	0.047	rs1858465	0.208	0.079	0.003	rs917115	0.045	0.273	0.215
rs722869	0.065	0.123	0.300	rs1048610	0.068	0.030	0.183	rs2238151	0.164	0.256	0.110
rs714857	0.133	0.224	0.045	rs1391681	0.149	0.000	0.098	rs10497191	0.397	0.064	0.057
rs1344870	0.011	0.036	0.063	rs1465648	0.185	0.033	0.018	rs3811801	0.093	0.144	0.275
F：rs4891825	0.394	0.049	0.132	rs2179967	0.143	0.056	0.006	rs1462906	0.338	0.081	0.087
rs3737576	0.020	0.000	0.007	rs926774	0.001	0.031	0.042	rs7251928	0.339	0.013	0.152
rs260690	0.021	0.319	0.270	rs1667751	0.051	0.008	0.002	rs2593595	0.389	0.036	0.066
rs1800414	0.091	0.140	0.266	rs1808089	0.009	0.010	0.001	rs4833103	0.114	0.234	0.000
				3. Gettings AIM	*AFR*	*EUR*	*E ASN*	rs3814134	0.295	0.191	0.000
1. 34－plex AIM	*AFR*	*EUR*	*E ASN*	rs1834640	0.208	0.557	0.214	rs735480	0.325	0.158	0.000
rs881929	0.325	0.003	0.259	rs1375164	0.194	0.291	0.105	rs1834619	0.127	0.090	0.256
rs773658	0.407	0.093	0.082	rs2714758	0.412	0.089	0.083	rs7657799	0.310	0.143	0.010
rs239031	0.339	0.106	0.054	rs4891825	0.394	0.049	0.132	rs7554936	0.330	0.012	0.090

续　表

通用 AIM	AFR	EUR	E ASN	2. Lao AIM	AFR	EUR	E ASN	4. FROGkb AIM	AFR	EUR	E ASN
rs1335873	0.406	0.028	0.014	rs10007810	0.409	0.038	0.078	rs11652805	0.339	0.063	0.027
rs1573020	0.328	0.065	0.041	rs10496971	0.097	0.119	0.306	rs1572018	0.234	0.178	0.015
rs4540055	0.251	0.096	0.033	rs3784230	0.302	0.001	0.154	rs6754311	0.113	0.202	0.100
rs2026721	0.296	0.016	0.048	rs1667394	0.180	0.211	0.047	rs7997709	0.024	0.138	0.237
rs3785181	0.096	0.141	0.118	rs916977	0.178	0.212	0.047	rs798443	0.291	0.094	0.003
rs2040411	0.170	0.026	0.153	rs714857	0.133	0.224	0.045	rs7226659	0.070	0.087	0.193
rs2303798	0.195	0.146	0.001	rs6548616	0.306	0.013	0.081	rs6990312	0.206	0.014	0.100
rs2572307	0.230	0.033	0.058	rs885479	0.094	0.071	0.205	rs200354	0.035	0.161	0.086
rs1978806	0.144	0.068	0.101	rs7170852	0.106	0.185	0.054	rs192655	0.003	0.143	0.123
rs1321333	0.094	0.145	0.069	rs4778138	0.070	0.189	0.072	rs459920	0.013	0.111	0.111
rs5030240	0.084	0.130	0.088	rs6451722	0.253	0.039	0.032	rs17642714	0.048	0.101	0.065
rs182549	0.050	0.167	0.054	rs1042602	0.072	0.144	0.089	rs870347	0.041	0.046	0.115
rs722098	0.108	0.147	0.002	rs10108270	0.241	0.032	0.024	rs2166624	0.144	0.010	0.014
rs5997008	0.206	0.009	0.040	rs7495174	0.009	0.111	0.163	rs174570	0.086	0.006	0.060
rs917118	0.164	0.016	0.030	rs4778241	0.019	0.131	0.087	rs671	0.028	0.044	0.070
rs1886510	0.032	0.114	0.050	rs26722	0.022	0.081	0.123	rs7722456	0.037	0.002	0.068
rs10843344	0.120	0.020	0.036	rs735612	0.075	0.004	0.104	rs2024566	0.016	0.048	0.028
rs10141763	0.024	0.101	0.048	rs1126809	0.045	0.080	0.047	rs4411548	0.003	0.019	0.054
rs1024116	0.011	0.082	0.072	rs1393350	0.042	0.078	0.046	rs1079597	0.008	0.020	0.044
rs2065160	0.031	0.092	0.034	rs12896399	0.135	0.027	0.002	rs2042762	0.007	0.018	0.010
rs7897550	0.072	0.010	0.027	rs4918842	0.026	0.032	0.083	rs12439433	0.007	0.015	0.008
rs1498444	0.077	0.029	0.000	rs1540771	0.080	0.053	0.005	rs12498138	0.022	0.002	0.001
rs2304925	0.016	0.041	0.010	rs12821256	0.019	0.040	0.024	rs4471745	0.000	0.003	0.005

上方为六个常见法医检测系统，其中：（A）为所有四个集合；（B）为集合 1+3+4；（C）为集合 2+3+4；（D）为集合 1+3；（E）为集合 2+3；（F）为集合 3+4。

为了重建 NGS 分析的法医祖先集，应优先考虑 SNP 集的两个属性：最大分化能力（由检测中研究群体的等位基因频率所定义）和分化平衡（通过在所有群体比较中获得几乎相同的分化来实现）。如果一个或多个分化比其他的更强，那么对于这些群体，共同祖先成分的比例就会被夸大。一项关于玻利维亚人的研究是这种效应的典型例子[22]，如图 18.2 所示，该研究使用了 46 - plex AIM - InDel 和 LACE 联盟开发的 446 个 SNP 遗传祖先面板[23]。对玻利维亚人 *Structure* 数据的分析表明，与 446 个 SNP 的评估相比，小型 AIM 集始终低估了美洲人的同源比例，

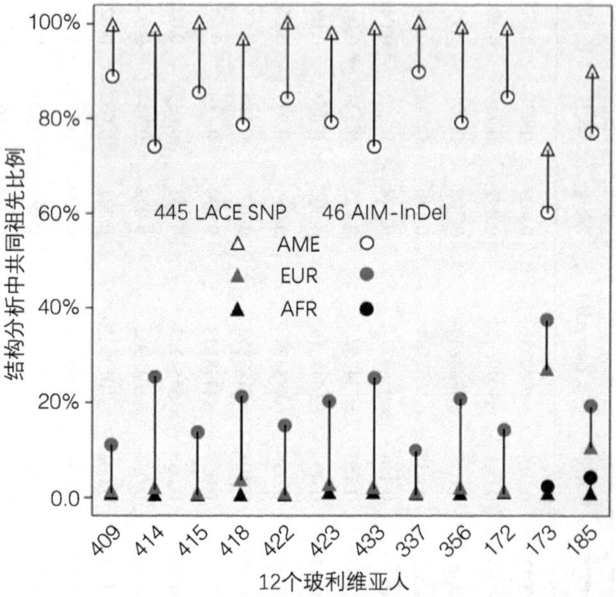

图 18.2 通过不同的 AIM - SNP 集对 12 个玻利维亚人进行结构分析从而推断共同祖先比例，包括：46 个 AIM - InDel 和 446 个 SNP（LACE 联盟开发的更大规模的基因组学位点集）[23]。竖条突出显示了每个标记集估计的共同祖先比例差异。在每个个体中，较小规模的 InDel 集合始终低估美洲的共同祖先，而高估欧洲的共同祖先。数据表明，除非仔细调整种群特异性差异以达到足够的平衡，否则将 AIM 集用于法医混合个体的共同祖先比例估计可能会存在偏差。图改编自 Taboada - Echalar 等人[22]。AME 表示美洲人，EUR 表示欧洲人，AFR 表示非洲人。

同时又高估了欧洲人的同源比例。而这样的结果主要是由于 InDel 面板中欧洲人的分化比美洲人更强，而 LACE 面板从非洲人、欧洲人和美洲人非常接近的分化中提供了更大的平衡。

为了确定最强劲的 AIM - SNP，选择最高度分化的标记进行群体比较，扩展到全球 5 个主要人群。分化是指人群在所选标记上的差异程度，可以通过对候选 SNP 组合的以下一个或全部分化指标进行评估，包括：Fst、delta(δ)（见注释 4）和香农指数或罗森伯格指数（后者通常以 *In* 表示）。信息量最丰富的标记在特定群体的比较中具有最高的 Fst、δ 和 *In* 值，并对这些群体之间的混合程度进行最佳测定。因此，通过对全球 5 个主要人群之间的所有 10 个比较，筛选出具有最高分化指标的 SNP。该步骤可通过记录累积 PSD 实现，例如，应用于一个人群与其他所有人群的比较（见注释 5）。图 18.3 比较了 5 组人群在已建立的 80 个法医 AIM 标记（34 - plex 和 80 个 InDel 组合）和新筛选的 122 个 NGS SNP 标记中的累积 PSD 值。该图表明，使用已建立的标记集，非洲人群比美洲或大洋洲人群更容易积累差异，一般来说，这两个人群中 SNP 突变的分化程度较低，因此，筛选的最强标记通常是针对非洲、欧洲和东亚人群的（见 18.3.6 节）。此外，当 SNP 被用于区分美洲或大洋洲人群时，它们与非洲人的差异往往比与欧洲人和东亚人的差异更大。因此，必须调整区分每个种群的 SNP 比例，以达到一个平衡的最终集合，从而减少高估某些种群的同源倾向。

为了平衡种群分化，可以通过测量每一个新 SNP 所增加的累积 PSD 值，以维持五个人群中任何一个群体的平衡。一般来说，PSD 值每次只在一个人群中上升，并达到一个"趋同"点，即所有值达到一个几乎相同的累积 PSD 点。需要同时监测所有人群，与非洲人等分化较强的群体相比，大洋洲人等弱分化群体需要积累更多的 SNP。

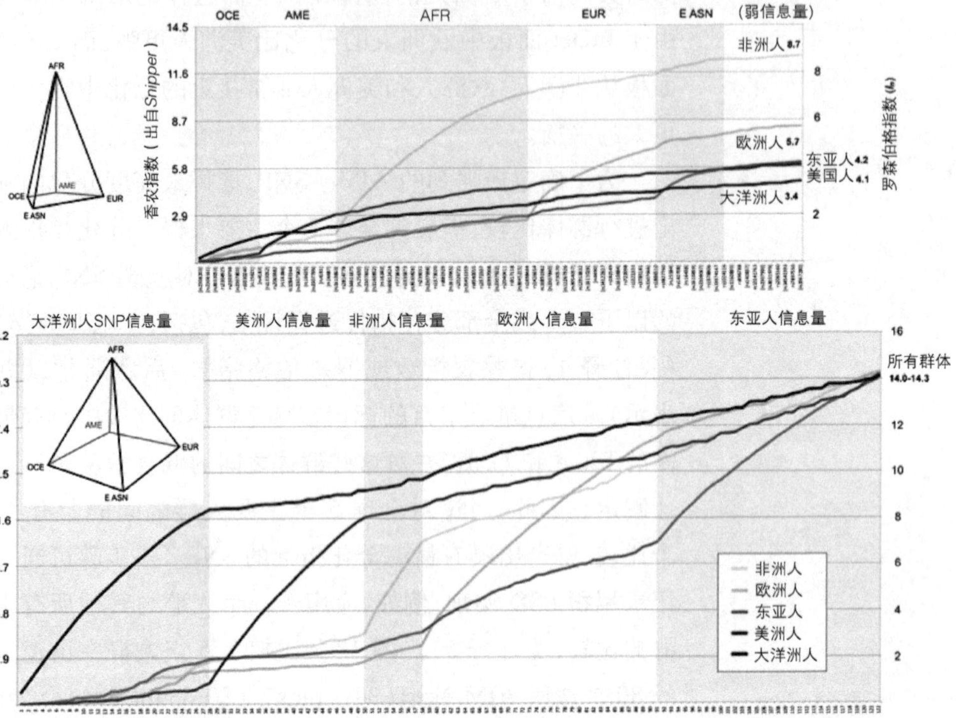

图 18.3　由 34 个 SNP 和 46 个 AIM－InDel(上图,括号内为 InDel)组成的 80 个标记以及专为 NGS 开发的 122 个"全球"AIM－SNP 位点的累积 PSD 值。在每个图中,标记按信息量排序以区分人群(每个人群中从最好到最坏):大洋洲人(OCE)、美洲人(AME)、非洲人(AFR)、欧洲人(EUR)、东亚人(E ASN)。左侧的金字塔显示了每组最终累积 PSD 的几何表示,其中已建立的 80 个 AIM 显示了非洲分化能力的强烈倾斜,在其他群体中分化能力则有所下降,特别是大洋洲人。相比之下,精心筛选的 122 个 AIM 可以达到分化平衡(所有金字塔点均匀分布,PSD 几乎相同)。并给出了每个群体的最终累积 PSD,122 个 AIM panel 产生的 5 个数值彼此相差在 2%以内。应注意,122 个 AIM 的 PSD 线的斜率更直,表明各位点间的辨别力相当。

累积 PSD 值可以通过使用 *Snipper* 中的 Divergence 列表直接获得完整的 SNP 候选列表,然后重新调整组合,直到获得适当数量的位点(见注释 5)。

18.3.7　结论

虽然 SNaPshot 是 12 年来唯一可行的法医 SNP 分型系统,但 DNA 分析人员将最近开发的 NGS 系统应用于测序和各种 STR、SNP 和 InDel 基因分型的潜力巨大。由于 NGS 复合扩增体系水平比 SNaPshot 中的 PCR 和 SBE 反应可能达到的水平高出 10 倍以上，因此完全有机会大大提高数据深度，从而提高祖先分配的概率或分析个体混血情况。关注于开发 AIM 集的法医从业人员有机会从现有法医集和新的法医 AIM（SPS 或已发表的遗传祖先标记集，如 LACE 面板[23]）中筛选和组合最佳祖先标记体系。

为了重建 NGS 法医祖先标记面板，聚焦于区分代表世界上人口最密集地区的五个主要人群，这些人群被大陆边缘或地理障碍广泛隔开，这些区域一直显示与遗传变异的全球划分相匹配[24]。该 AIM 集包含 122～128 个标记，由于初步筛选的标记体系并未进行如下的群体区分，因此，需要设计一个单独、额外的 AIM 面板，以便将欧亚大陆进一步细分为有别于欧洲人的南亚或中东人群。当然，*Eurasiaplex* 等补充性的 AIM－SNP 集在很大程度上解决了这一需求[8]，并将成为欧亚大陆内亚种群分化的额外集合的一部分。

在 NGS 系统对 SNP 基因分型检测范围扩大的同时，*Snipper* 的性能也随之增强，其增设的分析选项可以在单个 SNP 图谱中分析更多数量的 SNP 位点，从而对混合群体进行更详细的研究。这些发展在法医祖先分析章节的第二章（第十九章）中将详细描述，本章的重点是回顾标记和复合扩增所产生的遗传数据的统计分析。

18.4　注释

（1）祖先遗传分析协助开展了“明斯特德行动”——对伦敦南部一名连环强奸犯为期 18 年的调查——一个尽管有大量受害者遭到袭击，但目击者可靠性却很差的经典案例。主要是因为几乎所有案件中的老年受害者都视力低下，再加上作案手法主要为夜间强行入室、断电以及佩戴口罩。许多受害者甚至无法给出嫌疑人的确定肤色，因此肤色推断也成为基于 SNP 祖先检测的 DNA 分析扩展部分,包括关键编码 SNP: rs1426654(SLC24A5)、rs16891982(SLC45A2)和 rs1042602(TYR)。大多数法医 AIM－SNP 集都包括前两个 SNP 位点,因为这两个位点显示了欧洲人群与其他人群的最高分化;并在某种程度上提供了一个包括欧洲共同祖先的混血个体的可能肤色预测,尽管这种类型的预测需要更深入的研究来探索导致欧洲人比东亚人皮肤更白的机制。

(2) 在本书撰写时,“千人基因组”预计发布新的种群 SNP 位点,包括: CDX、KHV、GWD、MSL、ESN、ACB、PEL、GIH、PJL、BEB、STU、ITU(缩写详见: http://www.1000genomes.org/category/frequently-asked-questions/population)。SPS 将在这些数据发布后立即上传。此外,SPS 上专门的法医 InDel 数据页面目前正在准备,可用于审查和构建本章描述的 AIM－InDel 集的训练集。关于文献[7]中描述的修改后的 34－plex 检验,其 SNP 基因型数据已提交到 SNP*for*ID SPSmart 和 *Snipper* 页面中,可用于 rs727811 的遗留集和 rs3827760 的修订集。*Snipper* 中的“80－plex”选项是新的 34－plex 集与 InDel 位点的结合。

(3) 通过对 AIM 基因型的贝叶斯分析来确定祖先分配的概率阈值并非一门精确科学。该分析获得的似然比完全依赖于 *Snipper* 中使用的训练集。例如,11－M 调查中使用的成对比较[2](即只有两组比较任务)比 HGDP－CEPG 数据中使用的 3、4、5、6 或 7 个人群比较(例如 AFR－EUR－E ASN、+AME、+OCE、+南亚人、+中东人群)的概率更高。更高数量级的差异可将分类误差降低 100 倍(两个数量级)以上,但这明显降低了应用小规模 AIM 集实现的分配总数。因此,必须在尽可能低的分配错误(阈值设置过低分配错误则偏高)和高的分类率(阈值设置过高分类率则偏低)之间达到平衡。对已知祖先的样本进行交叉验证的分配成功率可提供一个实际阈值水平的指示，可以为任何一组标记设置阈值水平，以最小化错误和最大化分类率。

（4）简单的 delta 等位基因频率差异（δ）可用于特定群体成对比较（δ = 群体 1 中的等位基因频率减去群体 2 中的等位基因频率）中候选祖先标记的快速评估。δ 与 Fst 的相关性为 Fst ≈ δ^2 或 Fst ≈ $\delta/(2-\delta)$。然而，大多数研究中使用罗森伯格指数 *In*，通过将 SPS 种群查询中选定的 SNP 基因型数据应用于 *Snipper* 交叉验证分析（http://mathgene.usc.he/Snippr/analysispopfile2_new）来轻松获得差异值的排序列表。事实上，直接获得的是香农指数差异值，但乘以 0.69 的系数后就可得到等效的 *In* 值。

（5）人群特异分化值 PSD 也称为位点特异性分支长度差异（Locus Specific Branch Length Divergences, LSBL）[2]是通过从 SPS ENGINES 或 HGDP－CEPH 浏览器的候选 AIM－SNP 基因型中创建 *Snipper* 训练集获得的（非洲、欧洲和东亚的数据可用于所有位点，美洲和大洋洲的数据可用于 650 000 个 HGDP－CEPH SNP）。训练集被相应地标记为非洲人：非非洲人（即其他所有种群），欧洲人：非欧洲人等；然后保存为单独的 AFR、EUR 等 Excel 文件。对每个文件进行交叉验证分析，为每个 SNP 和组别比较生成单独的 PSD，然后通过相加获得累积值。图 18.3 显示了 80 个标记（34 个 SNP+46 个 AIM－InDel）与 122 个标记的 PSD 值排序：形成了为 NGS 系统开发的“全球”AIM－SNP 集。

参考文献

[1] Phillips C, Salas A, Sanchez JJ, Fondevila M, Gómez-Tato A, Álvarez-Dios J, Calaza M, Casares de Cal M, Ballard D, et al. Inferring ancestral origin using a single multiplex assay of autosomal ancestry-informative marker SNPss. Forensic Sci Int Genet, 2007, 1: 273－280.

[2] Phillips C, Prieto L, Fondevila M, Salas A, Gómez-Tato A, Alvarez-Dios J, Alonso A, Blanco-Verea A, Brión M, et al. Ancestry analysis in the 11-M Madrid bomb attack investigation. PLoS One, 2009, 4:

e6583.

[3] Phillips C. Ancestry informative markers. In: Siegel JA, Saukko PJ (eds) Encyclopedia of forensic sciences, 2nd edn. Academic, Waltham, pp, 2013, 323 - 331.

[4] Rohlfs RV, Fullerton SM, Weir BS. Familial identifi cation: population structure and relationship distinguishability. PLoS Genet, 2012, 8: e1002469.

[5] Walsh S, Liu F, Ballantyne KN, van Oven M, Lao O, Kayser M. IrisPlex: a sensitive DNA tool for accurate prediction of blue and brown eye color in the absence of ancestry information. Forensic Sci Int Genet, 2010, 5: 170 - 180.

[6] Phillips C, Fondevila M, Lareu MV. A 34 - plex autosomal SNPs single base extension assay for ancestry investigations. Methods Mol Biol, 2012, 830: 109 - 126.

[7] Fondevila M, Phillips C, Santos C, Freire Aradas A, Vallone PM, Butler JM, Lareu MV, Carracedo Á. Revision of the SNPs forI34 - plex forensic ancestry test: assay enhancements, standard reference sample genotypes and extended population studies. Forensic Sci Int Genet, 2013, 7: 63 - 74.

[8] Phillips C, Freire Aradas A, Kriegel AK, Fondevila M, Bulbul O, Santos C, Rech Serrulla F, Perez Carceles MD, Carracedo Á, et al. Eurasiaplex: a forensic SNPs assay for differentiating European and South Asian ancestries. Forensic Sci Int Genet, 2013, 7: 359 - 366.

[9] Santos NP, Ribeiro-Rodrigues EM, Ribeirodos-Santos AK, Pereira R, Gusmão L, et al. Assessing individual interethnic admixture and population substructure using a 48-insertion-deletion (INDEL) ancestryinformative marker (AIM) panel. Hum Mutat, 2010, 31: 184 - 190.

[10] Pereira R, Phillips C, Pinto N, Santos C, Santos SEB, Amorim A, Carracedo Á, Gusmão L. Straightforward inference of ancestry and admixture proportions in individuals and populations: a panel of 46 Insertion DeletionAncestry Informative Markers typed in a single reaction. PLoS One, 2012, 7: e29684.

[11] Phillips C, Fernandez-Formoso L, Gelabert-Besada M, Garcia-Magariños M, Santos C, Fondevila M, Carracedo Á, Lareu MV. Development of a novel forensic STR multiplex for ancestry analysis and extended identity testing. Electrophoresis, 2013, 34: 1151 - 1162.

[12] Fondevila M, Phillips C, Santos C, Pereira R, Gusmão L, Carracedo Á, Butler JM, Lareu MV, Vallone PM. Forensic performance of two Insertion-Deletion marker assays. Int J Legal Med, 2012, 126: 725 - 737.

[13] Zaumsegel D, Rothschild MA, Schneider PM. A 21 marker insertion deletion polymorphism panel to study biogeographic ancestry. Forensic Sci Int Genet, 2013, 7: 305 - 312.

[14] Lowe AL, Urquhart A, Foreman LA, Evett IW. Inferring ethnic origin by means of an STR profile. Forensic Sci Int, 2001, 119: 17 - 22.

[15] Pereira L, Alshamali F, Andreassen R, Ballard R, Chantratita W, Cho NS, Coudray C, Dugoujon J, Espinoza M, et al. PopAffiliator: online calculator for individual affiliation to a major population group based on 17 autosomal short tandem repeat genotype profile. Int J Legal Med, 2011, 125: 629 - 636.

[16] Phillips C, Fernandez-Formoso L, Garcia-Magariños M, Porras L, Tvedebrink T, Amigo J, Fondevila M, Gomez-Tato A, Alvarez-Dios J, et al. Analysis of global variability in 15 established and 5 new European Standard Set (ESS) STRs using the CEPH human genome diversity panel. Forensic Sci Int Genet, 2011, 5: 155 - 169.

[17] Londin ER, Keller MA, Maista C, Smith G, Mamounas LA, Zhang R, Madore SJ, Gwinn K, Corriveau RA CoAIMs: a cost-effective panel of ancestry informative markers for deter-mining continental origins. PLoS One, 2010, 5: e13443.

[18] Rosenberg NA, Li LM, Ward R, Pritchard JK. Informativeness of genetic markers for inference of ancestry. Am J Hum Genet, 2003, 73: 1402 - 1422.

[19] Lao O, Vallone PM, Coble MD, Diegoli TM, van Oven M, van der Gaag KJ, Pijpe J, de Knijff P, Kayser M. Evaluating self-declared ancestry of U. S. Americans with autosomal, Y-chromosomal and mitochondrial DNA. Hum Mutat, 2010, 31: E1875 - E1893.
[20] Gettings KB, Lai R, Johnson JL, Peck MA, Hart JA, Gordish-Dressman H, Schanfield MS, Podini DS. A 50-SNPs assay for biogeographic ancestry and phenotypeInference of Ancestry in Forensic Analysis I: Autosomal Ancestry-Informative Marker Sets 253 prediction in the U. S. population. Forensic SciInt Genet, 2014, 8: 101 - 108.
[21] Nievergelt CM, Maihofer AX, Shekhtman T, Libiger O, Wang X, Kidd KK, Kidd JR. Inference of human continental origin and admixture proportions using a highly discrimi-native ancestry informative 41-SNPs panel. Investig Genet, 2013, 4: 13.
[22] Taboada-Echalar P, Álvarez-Iglesias V, Heinz T, Vidal-Bralo L, Gómez-Carballa A, Catelli L, Pardo-Seco J, Pastoriza A, Carracedo Á, et al. The genetic legacy of the pre-colonial period in contemporary Bolivians. PLoS One, 2013, 8: e58980.
[23] Galanter JM, Fernandez-Lopez JC, Gignoux CR, Barnholtz-Sloan J, Fernandez-Rozadilla C, Via M, Hidalgo-Miranda A, Contreras AV, Uribe Figueroa L, et al. Development of a panel of genome-wide ancestry informative markers to study admixture throughout the Americas. PLoS Genet, 2012, 8: e1002554.
[24] Phillips C, Parson W, Lundsberg B, Santos C, Freire-Aradas A, Torres M, Eduardoff M, Børsting C, Johansen P, et al. Building a forensic ancestry panel from the ground up: The EUROFORGEN Global AIM-SNPss set. Forensic Sci Int Genet, 2014, 11: 1.

第十九章

法医分析中的祖先推断二：遗传数据分析

Carla Santos、Chris Phillips、A. Gomez-Tato、J. Alvarez-Dios、Ángel Carracedo 和 Maria Victoria Lareu

摘要： 本章回顾了适用于法医祖先信息标记数据分析的三种方法——*STRUCTURE*、主成分分析和 *Snipper* 贝叶斯分类系统。为 *STRUCTURE* 的参数设置提供了详细、逐步的指导，特别是在体现区分人群时的影响。本章描述了对 *Snipper* 在线法医分类门户网站的一些改进，重点介绍了它们在法医环境中为特定方面的祖先信息 SNP 分析带来的附加功能。

关键词： 遗传祖先，参考数据，SPSmart 浏览器，贝叶斯方法，*STRUCTURE*，*Snipper*，PCA

19.1　引言

将个体分类至特定种群在群体遗传学应用中非常重要。但是，人群的定义通常是主观的，可以基于语言、文化或物理特征，以及采样个体的地理位置。这种分类是结合不同类型信息的合理方法，但可能很难知道基于这些主观标准的个体在种群中的特定分配是否与遗传学方面的分配一致。因此，确认主观分类与遗传信息的一致性，从而适合于预期的分类制度非常有用[1,2]。一种潜在方法是从一组预定的种群开始，然后将未知来源的个体分类到这些种群中。包括从潜在来源群体的成员中采集 DNA，以评估每个群体中一系列非连锁位点上的等位基因频率。等位基因频率可用于计算来源于每个群体给定基因型图谱的一组似然率。这些似然率可根据最高似然比

(likelihood ratio, LR)将未知来源的个体分配至特定人群[2]。

贝叶斯种群分析方法推断出一种种群的等位基因频率与该种群个体中观察到的等位基因频率之间的简单关系。这种方法的优点是可以使用关于样本的先验信息进行分析。但在应用少量样本和/或标记时，在样本集中区分群体的能力则会受限。本章将介绍两种方法，用于法医案件 DNA 图谱与参考人群数据的有效比较，包括贝叶斯聚类方法(*STRUCTURE* 软件)和朴素贝叶斯似然比计算器(基于 *Snipper* 门户网站)。*STRUCTURE* 是一种可将不同类型标记(如 STR、SNP 和 InDel)轻松组合在同一个基因型输入文件(*Snipper* 也具备这种灵活性，但系统尚未实现)中的灵活方法。然而典型法医测试中单个图谱的 *STRUCTURE* 分析操作起来并不简单，每次都必须对整套亲本数据和未知图谱重新组合分析，对少量案件样本来说既耗时又费事。因此，*Snipper* (http://mathgene. usc. es/snipper/)的开发提供了一个简单的替代方案，可对单个图谱进行实时祖先分配。*STRUCTURE* 和 *Snipper* 都使用贝叶斯方法，简单地说，该方法使用每个类别中观察到的变量频率(等位基因频率)来计算每个类别成员(祖先)的似然率。两种方法之间的区别在于如何计算似然率(参考文献[2,3]中有算法的详细介绍)。因此，两种算法都需要参考数据来计算等位基因频率，以便与未知来源图谱中记录的等位基因进行比较。以 *Snipper* 为例，参考数据可构建用于计算等位基因频率的训练集，这些训练集包括现有五个群体(非洲、欧洲、东亚、美洲土著和大洋洲人群)中已经存在的 34 个 SNP[3,4] 和/或 46 个 AIM - InDel[5] 数据。当然也可以由终端用户自己的数据组成，包含任意人群数据和有参考基因型的二进制标记集；然后将其作为自定义数据集上传。每个算法都做出相同的先验假设，通常未经检验：变量，即组分位点是独立的。因此，单亲本数据(以所有标记都连锁的单倍型形式)不易纳入这两个分析系统，尽管 *STRUCTURE* 有连锁位点分析的空间。

随着种群数量的增加，视觉上表示成对遗传距离所需的维数也会增加。多元分析的主要目标是借助全面的方式来表示多个维度。通过降低由大量相关变量组成的数据集维数来实现，以保持该数据上出现的最大比例变化[1]。主成分分析（principal component analysis, PCA）是一种常用的多元分析方法，特别是作为一种探索性的工具，可用于总结群体间的遗传相似性和差异性。该方法通过将这些变量转换成一组新的度量——主成分（principal components, PC）来实现，这些度量不相关，并且可以以下列方式排序：第一个 PC 保留了原始数据中存在的大多数差异，前 2~3 个 PC 图形表示以一种全面的图形方式总结了尽可能多的差异[1,6]。在 PCA 生成的图形中，个体是在双向或三向（分别为二维或三维图）的 PC 比较中根据其坐标分布点来表示。PCA 也可用来表示未知研究样本与一组总参考样本之间的关系。研究样本由一个叠加在总参考样本 PCA 图上的点来表示。

19.2 材料

（1）*SPSmart* 浏览器主页：http://spsmart.cesga.es/。

（2）*SPSmart* SNP*for*ID 52 - plex 和 34 - plex 可变浏览器：http://spsmart.cesga.es/snpforid.php。

（3）探索 SNP 的全基因组界面（ENGINES），即千人基因组变体浏览器：http://spsmart.cesga.es/engines.php?dataSet=engines。

（4）pop.STR：http://spsmart.cesga.es/popstr.php。

（5）*Snipper* 门户网站：http://mathgene.usc.es/snipper/。

（6）*STRUCTURE* 软件：http://arlab.stanford.edu/structure.html。

（7）*Structure harvester*：http://pritchardlab.stanford.edu/structure.html。

（8）CLUster 匹配和排列程序（*CLUMPP* 软件）：http://www.stanford.edu/group/rosenberglab/clumpp.html。

（9）distruct 软件：http://www.stanford.edu/group/rosenberglab/distruct.html。

（10）有关 R 软件的更多信息：http://www.r-project.org/[7]。

19.3 方法

19.3.1 使用 SPSmart 浏览器收集祖先参考数据

分型图谱的统计分析需要用到参考训练集，即用于对个案图谱进行分类的亲源群体。以前收集这些数据需要对 dbSNP 或 HapMap SNP 数据库[8]中的位点逐个审查，幸运的是，SNP 人群研究（SNPs for population studies，SPS）使这项任务对于任意数量的 AIM－SNP 以及多达 52 个法医常规 STR 的使用更加简单。

SPS 包括以下基因组变体浏览器：

- SPSmart 网站：http://spsmart.cesga.es/[9]。
- SPSmart SNP*for*ID 52－plex 和 34－plex 变体浏览器：http://spsmart.cesga.es/snpforid.php[10]。
- ENGINES（Entire Genome Interface for Exploring SNPs，探索 SNP 的全基因组界面）是一个千人基因组变体浏览器，其中包含从 1 092 个完整基因组序列中发现的所有 SNP 位点（千人基因组第一阶段）：http://spsmart.cesga.es/engines.php?dataSet=engines[11]。
- pop.STR：http://spsmart.cesga.es/popstr.php[12]。

SPSmart[9]是一个简单的预处理引擎，包括 5 个不同人群的基因型数据库：1）千人基因组第一阶段（2011 年 5 月）；2）HapMap Release #28；3）Perlegen 完整数据集；

4）HGDP－CEPH（斯坦福的研究）；5）HGDP－CEPH（NIH－密歇根州的研究）（见注释1）。*SPSmart* 还生成常见的群体遗传指数，例如，等位基因频率、杂合度、F_{ST}，或 *In*（汇总于每个查询的下载选项中）。

（1）选择要搜索的数据库或在 SNP*for*ID 的“global map”页面搜索。

（2）最多可选择5个群体将其合并为一组。如果从多个数据库选择，例如，HapMap 和 Perlegen，则只能选择一个种群进行分组。基于罗森博格指数对 HGDP－CEPH 群体[3,13]的原始分析，群体已经按遗传多样性进行了排列，需注意，欧亚人又细分为欧洲、南亚和中东亚群。

（3）在 SNP 搜索窗口输入 SNP RefSeq 标识（rs 编号）。也可以通过染色体区域或基因名称进行搜索。点击下面的“下一步”按钮。

（4）在筛选选项中，MAF 指最小等位基因频率，*In* 罗森博格指数是祖先信息度量[14]。当查询来自多个数据库的 SNP 数据时，最好不要勾选选项：“过滤每个比较数据集上未基因分型的 SNP”。

（5）当查询结果中没有 SNP 时，会出现一个缺少 rs 编号的消息选项。

（6）在下载选项中，基因型文件可以随时准备下载、复制和粘贴到 Excel 或 txt 中（见注释2）。推荐步骤是：下载，选择所有，复制到 Excel，将数据转置粘贴（行＝样本、列＝SNP，具体操作是：编辑菜单>复制文本>选择新单元格>选择性粘贴>转置）。必须为每一组完成该操作，同时注意用适当的描述（如非洲人、南亚人等）标记每组样本行。另一种方法是一次性查询和下载所有种群组——按照前面描述的步骤进行基因型分析，然后下载样本列表文件。该文件包括样本、亚种群和种群组信息。打开、选择全部、粘贴到基因型 Excel 文件中，确认样本顺序一致，删除重复的样本名称列（图19.1）。

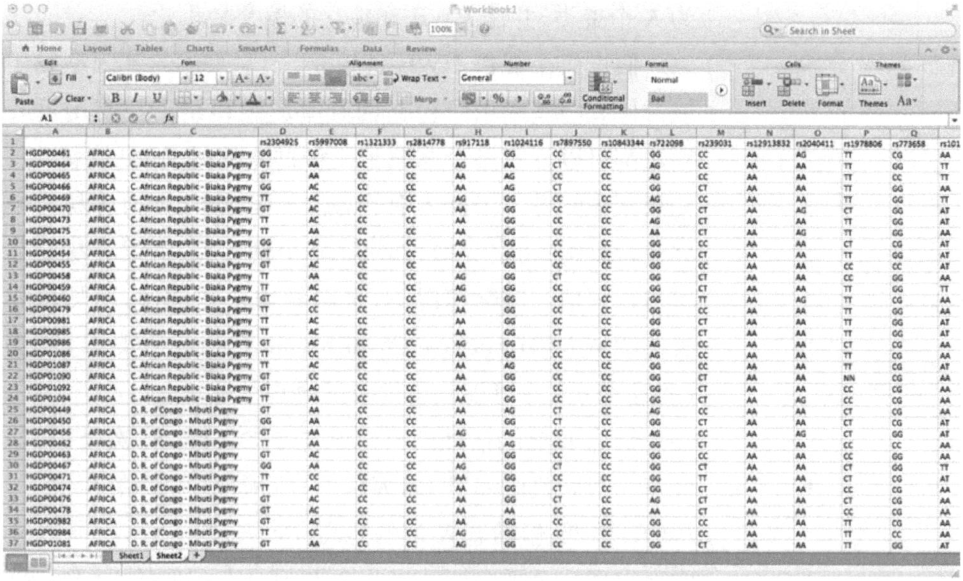

图 19.1　从 *SPSmart* 获得的参考祖先基因型数据文件示例。对从 *SPSmart* 获得的数据进行重新排列（转置原始数据，使样本按行、标记按列排列），并添加种群信息（从 *SPSmart* 的单独文件中下载）。

（7）基因型可以格式化后输入 *STRUCTURE*、*Snipper*、或 PCA 自定义数据分析（稍后概述）。如果 SNaPshot 基因型来自不同的分型平台，则可能需要对参考数据进行检查，例如，一个 SNaPshot C/T SNP 在 HapMap 中可能是 A/G SNP，则需要对数据集进行碱基倒置。因此，对称 SNP（C/G 和 A/T）需要特别注意（见注释 3）。

19.3.2 *STRUCTURE* 软件

19.3.2.1 *STRUCTURE* 分析背景

STRUCTURE 使用位点的基因型数据可应用于：1）推断种群结构；2）识别亚种群（具有不同等位基因频率的样本子集）；3）将个体分配到亚种群（基于概率）；4）种群之间的混合研究。*STRUCTURE* 使用一个群体结构模型，其中研究的样本代表 *K* 个未知群体的混合物，每个群体都以所使用基因座的未知等位基因频率为特征，并且假设该模型处于哈代-温伯格平衡（Hardy-Weinberg equilibrium，HWE）且独立（连锁平衡）。旨在将个体划分

为 K 个聚类,并使 HWE 和独立的偏差最小化。

假设每个亚群 HWE 且独立,一个个体的基因型属于亚群体 k 的概率由等位基因频率的乘积给出。使用贝叶斯法则可以计算出个体属于亚种群 k 的概率(见注释 4)。如果预先知道一个群体中的等位基因频率,则很容易对个体进行分配;与之类似,如果已知个别分配,则很容易对频率进行评估。实际情况下,这两者均未知,但运用马尔科夫链蒙特卡洛(Markov Chain Monte Carlo, MCMC)算法(见注释 5),有可能获得两者的合理估计。

最优 K 值的估计以一种独立方式进行:每次模拟,均计算一个后验概率值 $Pr(K)$。一般来说,在最优 K 值下,$Pr(K)$ 较低,但随着 K 值的升高,$Pr(K)$ 趋于稳定,所以通常会出现一个平台期。当几个 K 值具有相似的 $Ln\ Pr(K)$ 估计值时,其中最小值通常是最合适的估计值,对应于概率图的拐点。然而,并不是总能知道真正的 K 值,所以最好选择捕获数据中出现最大结构时的最小值[15]。Evanno 等人[16]描述了一种基于概率值的二阶变化来估计 K 值的方法,并考虑了每个 K 值不同重复之间的概率值变化(*delta K*)。该方法在 *Structure Harvester* 中实现(见注释 6)[17]。然而,K 并不是一个绝对值,定义该值应仔细考虑到研究人群的任何已知特征。影响样本聚类的因素有以下几个:1)基因座数量,2)样本数量,3)聚类数量,4)等位基因频率相关性。同系配合或基因分型错误可以产生与真实种群结构相同的影响,因为它们可以模拟非连锁标记的连锁失衡和 HWE 偏差。

STRUCTURE 包括几个祖先模型(见图 19.2 和注释 7)和等位基因频率模型(见注释 8)。要了解更多细节请参阅 *STRUCTURE* 手册或描述不同模型的文献[2,18~20]。考虑到在法医环境所需的分析类型,祖先模型 *admixture POPFLAG* 更适用。该模型结合了两个重要特征:考虑种群间的混合(个体可以有来自多个种群的近代祖先,因此

可以计算出每个祖先种群的成员比例）以及一些个体可以作为参考来帮助推断研究样本的祖先。关于等位基因频率模型，建议使用相关的等位基因频率模型，因为它可以保证未检测到的相关性被识别出来，如果不存在则无影响。

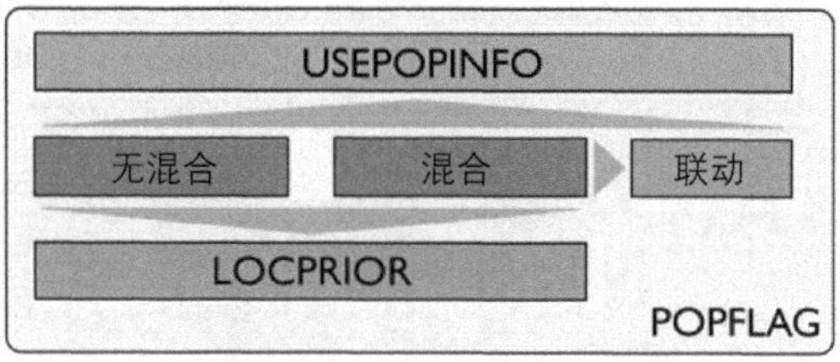

图 19.2　*STRUCTURE* 祖先模型及其关系示意图。中心模型是无混合和混合；两者都可以与 LOCPRIOR 信息一起使用。混合模型是联动模型的基础。所有三种模型（无混合、混合和联动）都可以与 USEPOPINFO 模型一起使用。以上所有模型都可以考虑到 POPFLAG 的信息。

19.3.2.2　准备 *STRUCTURE* 输入文件

运用 *STRUCTURE* 进行分析的数据需要组织在单个矩阵中（txt 文件），其中的可选信息可以用来补充基因型数据。这些信息应按预定义的顺序包括在内，重要的是强调，需要分析的基因型数据。在分析个案图谱时，应将输入文件的重点放在更相关信息的构建上（表 19.1 和 S1）。想要了解 *STRUCTURE* 输入文件的更多信息（特别是关于隐性等位基因、标记距离、相位信息或表型的格式化信息），请参阅 *STRUCTURE* 手册或综述文献[20]。

- 第一行：标题行；标题只包含在标记一列。
- 第一列：样本名称信息；可以是一个"字母-数字代码"，运行 *CLUMPP* 时可能会引入错误名称，该问题可在 *Structure Harvester* 中有效解决（见注释 6）。
- 第二列：由研究人员定义的表示起源人群的"数字代码"；默认情况下，聚类算法不使用此信息，但可以帮助组织输出文件。

表 19.1　*STRUCTURE* 输入文件格式

						M1	M2	M*n*
S1	1	1	1	Extra	Extra	1	2	1
S1	1	1	1	Extra	Extra	3	4	1
S2	1	1	2	Extra	Extra	3	2	2
S2	1	1	2	Extra	Extra	3	2	3
⋮	⋮	⋮	⋮	⋮	⋮	⋮	⋮	⋮
S10	1	1	3	Extra	Extra	1	4	1
S10	1	1	3	Extra	Extra	1	4	2
S11	2	1	4	Extra	Extra	1	2	2
S11	2	1	4	Extra	Extra	3	4	2
S12	2	1	5	Extra	Extra	3	2	1
S12	2	1	5	Extra	Extra	3	2	2
⋮	⋮	⋮	⋮	⋮	⋮	⋮	⋮	⋮
S20	2	1	6	Extra	Extra	1	4	2
S20	2	1	6	Extra	Extra	1	4	2
S21	*n*	0	7	Extra	Extra	1	2	1
S21	*n*	0	7	Extra	Extra	2	4	1
S22	*n*	0	8	Extra	Extra	2	2	2
S22	*n*	0	8	Extra	Extra	2	2	2
⋮	⋮	⋮	⋮	⋮	⋮	⋮	⋮	⋮
S*n*	*n*	0	9	Extra	Extra	1	4	**−9**
S*n*	*n*	0	9	Extra	Extra	1	4	**−9**

用标记 M1…M*n* 对来自群体 1…*n* 的样本 S1…S*n* 进行基因型数据分析。样本 1…10 属于群体 1，可分为三个位置（1~3）。样本 11…20 属于群体 2，可分为三个位置（4~6）。样本 21…S*n* 属于群体 *n*，可分为三个位置（7~9）。群体 1 和 2 的样本为参考样本（*POPFLAG*=1），研究样本来自群体 *n*（*POPFLAG*=0）。

- 第三列：*PopFlag* 信息；这是一个布尔变量，其中 1（TRUE）表示参考样本，0（FALSE）表示案例样本/研究样本。
- 第四列：位置优先级（*LocPrior*）信息；一种“数字代码”，表示在第二列中定义的种群组内的亚种群组、地理位置或个体之间的其他共享特征。当选择 *LocPrior* 祖先模型时，将使用此信息。
- 可增加额外的列以显示对研究人员有用的信息。例如，种群和 *LocPrior* 信息属于数字类型，则可以增加包含名称的额外列，以便稍后交叉检查数据。

- 以下列包括任意数量标记（SNP、InDel，或多等位基因标记如 STR）的基因型数据为例。基因型应该用数字来编码，例如，通常将 SNP 编码为：A = 1、C = 2、G = 3 和 T = 4；STR 用数字编码，但中间等位基因的“.”应删除，例如 19.3 = 193（见注释 9）。
- 缺失数据通常被编码为-9，或编码为文件中未使用的任何其他代码。
- 每个等位基因都需要在一个单独的单元格中表示：两个等位基因可以是同行不同列，或同列不同行（以后者为例，如表 19.1 所示）。
- 不应包含空格。

19.3.2.3　如何运行 STRUCTURE 软件

运行 *STRUCTURE*（http://pritchardlab.stanford.edu/structure.html）的第一阶段是创建一个新项目（文件>新项目），遵循以下四个既定步骤：

- 步骤 1——项目信息：项目名称、项目保存目录和输入文件。
- 步骤 2——输入数据集的信息（见注释 10）：个体数量、数据倍性、标记数量和缺失数据值。
- 步骤 3 和步骤 4——输入数据集的格式（见注释 11）：行和列中包含的信息（例如，一行每个个体的标记名称或个体 ID）。

在创建项目之前，*STRUCTURE* 会显示一个摘要，可以在其中确认所选选项。如果没有错误，则项目打开，数据可见。

下一步是创建一个新参数集（参数集>新）：

- 运行长度——*burnin* 运行 100 000 次迭代分析后，足以使每个种群中的等位基因频率估计值和个体在群体中的成员概率逐步收敛到平稳分布。利用假定种群数量的测量使用 MCMC 估计,并与 *burnin* 分开进行。已证明 MCMC 在进行 100 000 次迭代分析后可提供良好的祖先成员比例估计。但 *burnin* 和 MCMC 迭代次数应根据研究目标和数据集中包含的信息进行调整(见注释 12)。

- 选择祖先模型——根据研究目标和数据分析类型,选择不同的祖先模型。对于 admixture POPFLAG 模型,在"祖先模型"选项卡下选择"使用混合模型",在"高级"选项卡下选择"仅使用 POPFLAG=1 数据的个体更新等位基因频率"。
- 选择等位基因频率模型——对于相关的等位基因频率模型,在"等位基因频率模型"选项卡下选择"等位基因频率相关"选项。
- 选择"高级"选项卡下的"计算数据概率(用于估计 *K*)"选项,以便计算后验 *Ln Pr*(*K*)值,这些值将用于估计最优 *K* 值。
- 保存新参数集,并在保存后打开摘要窗口确认所选选项。屏幕左侧的树状图将包含已创建的所有参数集,并指出当前正在使用的参数集。

有两种方法可以启动模拟:

- 运行单个 *K* 值——在"参数集"菜单中选择"运行",并设置假定的种群数量(*K*)。此选项只允许单个 *K* 值和单次复制。
- 计划多次运行——在"项目"菜单中选择"开始作业"。打开一个新窗口:选择要分析的参数集、*K* 值以及每个 *K* 的迭代次数(见注释 13)。例如,可以编程两个不同的参数集,从 *K*=2 到 *K*=6,每个 *K* 重复三次——总计 30 次计划运行。该选项在大型项目分析中非常有优势,即前一个运行完成后新运行会自动开始,因此不需要持续关注作业进度(见注释 14)。

19.3.2.4 *STRUCTURE* 关联软件

与 *STRUCTURE* 相关联的软件，例如，*CLUMPP*[21]，包含三种算法，用于对齐同一数据集的多次迭代分析，可在单个数据集中对每个 *K* 进行任意数量的复制模拟转换(见注释 15)。这些数据适用于另一个支持程序 *distruct* 的分析[22]，该程序允许可视化估计的隶属度系数：种群用颜色表示，个体用柱子表示，柱子被划分成与隶属度系数相对应的颜色片段(见注释 16)。

19.3.2.5 *STRUCTURE* 可获取的信息类型

STRUCTURE 输出文件包括关于聚类估计的信息，例如，生成种群组，而不是输入种群。然而，当种群的定义与计算出的聚类密切相关时，每个预定义聚类中种群祖先成员比例的推断可以被认为是输入种群的比例。当试图对一个种群或个体进行分类时，使用与推断的聚类密切匹配的参考种群非常重要，特别是在分析混合样本时，关键是对贡献亲源种群的定义。每个聚类中每个个体的祖先成员比例也通过 *STRUCTURE* 计算。

计算群体间等位基因频率的差异、同一聚类中个体间的平均距离(期望杂合度)、平均 F_{ST} 值以及每个聚类中估计的等位基因频率(包括估计的祖先频率)。作为一种定量特定 *STRUCTURE* 运行信息并估计最优 *K* 值的方法，它计算数据的估计概率、平均似然值和相关方差。它计算了 *alpha*(α)的平均值，作为种群之间相对混合水平的衡量标准——当 $\alpha \gg 1$ 时，个体高度混合；当 $\alpha \ll 1$ 时，推断个体主要起源于一个群体(根据对 HGDP - CEPH 样本面板的经验，$\alpha < 0.05$——该值取决于纳入的种群组及所用标记集的区分能力)。

种群和个体祖先成员比例可以用两种不同图形表示：

- 柱状图，数据集的每个个体由一条分为 *K* 个彩色片段的柱子表示，对应于 *K* 个推断聚类中的估计隶属度。可视化 *STRUCTURE* 柱状图，需在窗口左侧的树状图中选择适当的结果文件——在模拟结果窗口菜单上选择柱状图>显示。

- 三角图，每个个体以三角形中的彩色点表示（在模拟结果窗口菜单中选择三角图>显示）。颜色与输入文件中的种群标签相对应。一个个体的估计祖先向量由总和为 1 的 K 个分量组成。因为向量可以表示在一个三角图中，所以这种类型的图对表示 $K=3$ 的数据特别有用。对每个点到三角形顶点的距离给出三个分量，位于其中一个顶点的个体被完全分配给它所代表的种群。

尽管三角图在可视化 $K=3$ 数据时具有优势，但柱状图通常更容易解释，特别是对于 $K>3$ 的数据。

在法医案件分析中，*STRUCTURE* 提供了训练集的信息（可评估所使用的参考数据集——最优 K 值与参考种群的数量相匹配，该值在参考种群间完全不同），以及个体祖先成员比例（此类信息在指导调查人员更明确地界定嫌疑人库方面有巨大潜力，尤其在没有目击者或 STR 图谱无法匹配 DNA 数据库记录时）。详细说明见 19.3.5 节。

19.3.3 *Snipper* 网站

19.3.3.1 *Snipper* 分析背景

Snipper 网站包括一个简单的贝叶斯系统，用于预测祖先起源和估计误分类率。该系统使用每个种群的一组样本作为训练集，并将个体分配到后验概率最大（最大似然计算）的种群中[3]。似然参数根据训练集等位基因频率估计，假设所用基因座具有 HWE 且独立（见注释 17）。

Snipper 的设计初衷是参考“非洲-欧洲-东亚”默认预分型训练集为 34 - plex 图谱提供一个实时祖先分配系统，这仍然是评估个案图谱文件以获得即时祖先推断的最简单方法。该网站已经更新了用于非洲-欧洲-东亚-美洲-大洋洲（AFR - EUR - EASN - AME - OCE）等 5 个种群分类的包括 34 - plex[3,4] 和 AIM - InDel[5] 的固定参考数据。

但祖先分析可以扩展到默认设置之外；例如，将自定义Excel文件（包括研究人员关注的任何二进制标记）或基于频率的Excel文件（在使用STR或单倍型时很有帮助）作为参考训练集。

新版*Snipper*（*Snipper* 2.0版）包括开启/关闭HWE假设、混合成分预测、批量分析（多个图谱）、训练集微调、单个图谱分类、以及通过多项逻辑回归（beta版本）分析训练集等新功能。本书撰写时，作者团队也在同时准备一本关于《Snipper 2.0》的书籍。

19.3.3.2　准备*Snipper*输入文件

仔细准备包含自定义训练集图谱的Excel文件，并且精确匹配未知图谱与训练集数据的碱基和基因座顺序非常重要。因此，建议将SNP/InDel片段按升序排序，以帮助数据检查。

对于使用二进制标记的*Snipper*分析，需要一份包含样本、种群和基因型信息的.xlsx Excel文件（.xls仍可用于以前的某些选项）（表19.2和S2）。信息的组织方式也很重要，因此应考虑以下因素：

- 单元格1A表示样本数量，1B表示标记数量，1C表示种群数量。
- 第1行（从D列开始）指定标记名称（用“字母-数字”代码表示）。
- 第2~5行可以留空，也可以用于添加其他有用信息（例如，其中一行可用于储存研究/案件样本文件，另一行可用于连接该文件，以便复制和粘贴，即，如果文件在第3行，则可在所需单元格中输入=D3&E3&F3…）。
- A列（从第6行开始）通常为样本数值。
- B列（从第6行开始）为种群名称。
- C列（从第6行开始）为样本名称（可用“字母-数字”代码表示）。

表 19.2 Snipper 的输入文件格式

	A	B	C	D	E	…	XFC	XFD
1	#样本	#标记	#群体	M1	M2	…	M*n*	
2								
3			文件	AG	TT	…	AC	
4			连接	=D3&E3&…&XFC3				
5								
6	1	P1	S1	AG	CT	…	AA	1
7	2	P1	S2	GG	CC	…	CG	1
8	3	⋮	⋮	⋮	⋮	…	⋮	⋮
9	4	P1	S10	AA	TT	…	AG	1
10	5	P2	S11	AG	CT	…	GG	1
11	6	P2	S12	GG	CC	…	AC	1
12	7	⋮	⋮	⋮	⋮	…	⋮	⋮
13	8	P2	S20	AA	TT	…	CC	1
14	9	P*n*	S21	AG	CT	…	AA	0
15	10	P*n*	S22	GG	CC	…	GG	0
⋮	⋮	⋮	⋮	⋮	⋮	…	⋮	⋮
1048576	*n*	P*n*	S*n*	AA	TT	…	NN	0

用标记 M1…M*n* 对来自群体 P1…P*n* 的样本 S1…S*n* 进行基因型数据分析。样本 1…10 属于群体 1,样本 11…20 属于群体 2,样本 21…S*n* 属于群体 P*n*。如果同时对多个研究样本进行分类,应在最后一个标记后增加一列(上表为 XFD 列)。群体 1 和 2 的样本为参考样本(标记为 1),群体 P*n* 的样本为未知研究样本(标记为 0)。第 2~5 行可用来添加其他有用的信息;例如,当对单个图谱文件进行分类时,可添加文件(这里是第 3 行)并连接到单元格 D4,然后可以将连接的图谱文件直接复制粘贴到 *Snipper* 中。

- D 列开始(从第 6 行开始)为基因型(编码为核苷酸碱基 ACGT)。缺失数据应编码为 NN。文件中的其他符号(如"?"或空格等)无法识别。分析中可包含三等位基因标记。
- 在 *Snipper* v2.0 中实现了一个新的批处理分析选项,可同时分类多个图谱文件。在这种情况下,输入文件应该按照前面几点中所描述的方法来构造。最后一个标记之后需添加额外一列(从第 6 行开始没有标题):训练样本标记为 1,研究样本标记为 0。

19.3.3.3　如何运行 *Snipper*

Snipper 包括了几个分类个体和分析种群的选项。对法医分析来说，最适用的两个选项是："分类为欧洲-东亚-非洲-美洲-大洋洲（34 个 SNP、46 个 InDel，或两者都有）"和"使用自定义 Excel 种群文件分类"。还有一个附加选项可以以同样的方式工作，但可以批量分析："使用自定义 Excel 种群文件对多个图谱文件分类"。

（1）"分类为欧洲-东亚-非洲-美洲-大洋洲（34 个 SNP、46 个 InDel，或两者都有）"选项使用固定训练集，并提供了一个简单的系统来分类单个图谱文件。

- 步骤 1：访问 http://mathgene.usc.es/snipper/popchoosing5groups.html。
- 步骤 2：从以下三个选项中选择标记集；即 34 - plex SNP（可选择原始标记集[3]或修订集[4]）、46 - plex AIM - InDel[5] 或 80 个二进制标记组合（AIM - InDel 结合 34 - plex 修订集）。SNP 按 rs -编号顺序排列，AIM - InDel 按电泳顺序排列（左侧的链接给出了每个选项中的标记顺序）。
- 步骤 3：选择人群；有 3~5 个主要群体（非洲、欧洲、东亚、美洲和大洋洲）可供选择。
- 步骤 4：选择分类器；有四个选项可用——朴素贝叶斯分析（分是否适用哈代-温伯格原理）、多项逻辑回归和遗传距离算法。
- 步骤 5：数据输入；根据步骤 1 中选择的选项，键入一个包含 34、46 或 80 个标记（分别为 68、92 或 160 个碱基）的图谱文件（见注释 18）。如前所述，在直接复制粘贴到"分类"按钮左侧的查询窗口之前，可以通过在 Excel 连接数据（使用"&"操作数）来构建图谱文件，可以对复合基因型进行单独检查（见注释 19）。

（2）"使用自定义 Excel 文件分类"选项可以扩展祖先分析，超出默认的 5 个种群比较或使用 *Snipper* 的 34、46 或 80 个二进制标记范围。

- 步骤 1：访问 http://mathgene.usc.es/snipper/analysispopfile_new.html。
- 步骤 2：数据输入（群体）；上传的 Excel 文件如上文所述（表 19.2 不包含最后一列）。
- 步骤 3：选择分类器；如上文所述选项。
- 步骤 4：数据输入（个体）；在查询窗口输入一个图谱文件字符串，其中包含与步骤 1（见注释 18）上传的数据文件中数量、顺序均相同的标记。

（3）“使用自定义 Excel 种群文件对多个图谱文件分类”应访问 http://mathgene.usc.es/snipper/analysismultipleprofiles.html。此选项的工作原理如上所述，但不提交个体图谱文件。要分类的图谱文件如前所述（表 19.2）。多项式逻辑回归分类器函数目前不适用于此选项。

Snipper 还包括一个分析训练集的选项，以衡量二进制标记的特征——“对自定义 Excel 文件的群体数据进行彻底分析”（http://mathgene.usc.es/snipper/analysispopfile2_new.html）。将有助于评估用于祖先推断的新候选 AIM 二进制标记的信息量。在上传自定义数据的 Excel 文件并定义哈代-温伯格后，选择“使用最优 SNP 对本种群数据执行冗长交叉验证分析”，添加相关数量的标记进行评估。交叉验证依次删除每个组件样本、重新计算训练集等位基因频率，然后为被删除的图谱文件分配祖先。其他选项包括“尝试对样本中的所有个体进行分类”、“对种群数据进行非冗长的交叉验证分析”和“计算本种群数据的自举误差”提供了替代分配误差估计器的选择。多项式逻辑回归也可以应用于种群数据，在这种情况下，步骤 2 中给出的关于 HWE 的信息可忽略。训练集的信息量一经评估，用户即可选择如上文（2）和（3）中所述的一些选项。将来自未知样本的单个或多个图谱文件与自定义参考数据进行比较，并以与固定训练集相同的方式分配祖先。

19.3.3.4　评估 *Snipper* 的输出

文件分析结果包括提交的图谱文件，假设分类器，训练集种群的对数似然值（使用对数似然值比通常较小的似然比数字更容易比较）和百分比，冗长格式的似然比以及混合成分和祖先，一组总分类总结图，明显成功的分类图以及按差异度降序排列的标记列表（见注释 20）。为评估图谱中碱基缺口的潜在贡献，在差异列表中用红色标记缺失基因型。换句话说，在列表顶部有几个红色标记的分配将远不如底部有缺口的分配可靠，尽管这将在获得概率中清楚的看到。表观成功率是衡量使用标记图谱对训练集样本的正确分配率。对于完整标记，该值为 100%，但当提交的图谱文件中出现大量碱基缺口时，这些值就会下降（在三组 34 - plex 固定训练集，尤其是欧洲与东亚人群的比较）。

19.3.4　主成分分析（PCA）

19.3.4.1　PCA 背景

主成分分析（PCA）是一种降维的多元数据分析方法，即，使用更少的变量，同时保留数据中的大部分信息。通常由两个或三个主成分组成原始变量的线性组合。仅使用两个或三个变量就可以在 2D 平面或 3D 图形中以图形方式表示数据，从而提供模式或集群的快速视觉识别。当使用数值变量时，有许多软件包可用于执行 PCA 分析。当分析 SNP 数据时，需要进行一个初始转换（或重新编码）来访问现有软件。下一节将详细介绍基于统计软件包 R 的 SNP 数据分析。

19.3.4.2　PCA 输入文件准备

基于 PCA 的 SNP 分析需要两个包含样本、群体和基因型信息的文本文件。其中一个文件应包括训练集数据，另一个文件应包括需要比较的研究样本。两个文件具有相同格式（表 19.3、S3 和 S4）——组织这些数据的文件很重要，因此应仔细考虑以下因素：

- 第一列包含字母-数字代码形式的样本名称信息；标题为“样本”。

- 第二列包含种群/组的名称;标题为“种群”。
- 后面的列包含基因型数据,每列有一个标记;标题为标记名称相应的字母-数字代码。基因型以核苷酸碱基编码(ACGT),缺失数据编码为NN。注意,两个输入文件中标记的顺序必须相同。
- 文件中可以包含空格,除了基因型数据部分(空格将被视为一个新的基因型,例如TT≠T T)。
- 输入文件中可以包含三等位基因标记,但PCA中不对该部分进行分析。

表 19.3 SNP 数据文件主成分分析示例

样本	群体	M1	M2	M*n*
S1	P1	AG	CT	AA
S2	P1	GG	CC	CG
⋮	⋮	⋮	⋮	⋮
S10	P1	AA	TT	AG
S11	P2	AG	CT	GG
S12	P2	GG	CC	AC
⋮	⋮	⋮	⋮	⋮
S20	P2	AA	TT	CC
S21	P*n*	AG	CT	AA
S22	P*n*	GG	CC	GG
⋮	⋮	⋮	⋮	⋮
S*n*	P*n*	AA	TT	NN

用标记M1…M*n*对来自群体P1…P*n*的样本S1…S*n*进行基因型数据分析。

19.3.4.3 创建PCA图

下文列出了可用于生成2D主成分图的R脚本[仅在变量(SNP)数量小于样本数量时]。脚本命令可以复制并粘贴到R控制台。由于主要关注的是图形,R提供了一系列选项来操作数据并生成适应用户需求的图形。在此脚本中,添加了可以改变代表个体的颜色、形状和大小符号的命令行(见注释21)。

#号之后的所有文本均为用户的注释,不进行计算。该脚本的R版本包含在本章的在线版本中。

```
################################
### Script to make a 2D PCA ###
################################

# Important Note: this script can only be used when the number of samples is equal to, or higher than, the
 number of SNPs.

# First open SNPassoc library - this is an association package that allows you to recode SNP data

library(SNPassoc)

TEST<-function(x){try(snp(x,sep=""),silent=TRUE)} # homemade function that detects if a SNP is bi- or tri-
 allelic

################################
# To read the data from two input files. The computer will prompt for the location of the reference samples
 file and the study samples file, in that order
################################

RefData<-read.table(file.choose(), sep="\t",header=TRUE,na.strings=c("NN")) # function that reads the
 reference data input file and stores it in the dat object

NRefSamples<-dim(RefData)[1] # get the number of reference samples

StudyData<-read.table(file.choose(), sep="\t",header=TRUE,na.strings=c("NN")) # function that reads the file
 with the study samples and stores it in the StudyData object

NStudySamples<-dim(StudyData)[1] # get the number of study samples

### Because tri-allelics are not considered when making the PCA, they are removed from both data sets using
 the function TEST.

apply(RefData,2,TEST)->RT

deletedSNPs<-which(as.numeric(summary(RT)[,1])==1) # defines which SNPs have to be removed

RefData2<-RefData[,-deletedSNPs] # for the reference samples, only the columns with bi-allelic SNP data are
 kept

StudyData2<-StudyData[,-deletedSNPs] # for the study samples, only the columns with bi-allelic SNP data are
 kept
# this removes tri-allelic SNPs if there were any

################################
# To recode and typify the data
################################

ComData<-rbind(RefData2,StudyData2) # combines the reference and study samples in one variable (ComData) -
 this needs to be done prior recoding the SNP data to guarantee the coding uniformity

datSNPT<-apply(ComData,2,function(x) {additive(snp(x,sep=""))}) # the additive function recodes each bi-
 allelic SNP in the data as numeric (0=homozygous for the most frequent allele, 1=heterozygous, 2=
 homozygous for the least frequent allele)

datSNP<-datSNPT[1:NRefSamples,] # after recoding, the reference data set is temporarily isolated into a new
 variable (datSNP) to make some computations

m<-apply(datSNP,2,mean,na.rm=TRUE) # this calculates a vector with the mean value of each "numeric" SNP

s<-apply(datSNP,2,sum,na.rm=TRUE) # this calculates a vector with the number of occurrences of the least
 frequent allele for each SNP

n<-apply(datSNP,2,function(x) sum(!is.na(x))) # this calculates a vector with the number of valid genotypes
 for each SNP (NN genotypes are not considered valid)

p<-s/(2*n) # vector with the frequency of least frequent allele for each SNP

XT<-scale(datSNPT,center=m,scale=sqrt(p*(1-p))) # this typifies the SNPs (to each "numeric" SNP value the
 average is subtracted and then divides by the standard deviation)
```

```
XT[is.na(XT)]<-0 # replaces missing values with 0

X<-XT[1:NRefSamples,] # after recoding and typifying, the reference data set is isolated into a new variable
 (X)

Y<-XT[-c(1:NRefSamples),] # after recoding and typifying, the study data set is isolated into a new variable
 (Y)

if(NStudySamples==1){ # this forces Y to be a matrix if there is only one study sample

            dim(Y)<-c(NStudySamples,length(Y))
           colnames(Y)<-colnames(X)

   }
##############################################
# Some computations before preparing the plot
##############################################

princomp(X, scale = FALSE)->X.PCA # computes the PC of the reference samples

X.PCA$loadings->M # gets the rotation matrix

(Y%*%M)[,1:2]->StudyCoordinates # computes the new coordinates of the study samples


if(NStudySamples==1){StudyCoordinates<-t(StudyCoordinates)} # forces StudyCoordinates to be a matrix

per<-eigen(cov(X))$values/sum(eigen(cov(X))$values) # this calculates the percentage of explained variance
 for each principal component

per<-round(per*100,2) # values are rounded to two decimal positions

# In this part colours in the plot must be chosen (if you have more than three populations)

mycolours<-c("orange","pink","skyblue2") # choose the colours you want to use for each population
 (considering that populations are in alphabetic order). A complete list of colour names can be obtained
 with the command colours() or with the help of the Chart of R colours available at http://research.stowers-
 institute.org/efg/R/Color/Chart/

colours<-as.character(factor(RefData$Population,labels=mycolours)) # population names are converted to the
 corresponding colour name


######################
# The plot starts here
######################

quartz() # opens a new graphic display window if you use MacOS
# windows() # is the alternative command for windows OS that opens a new graphic display window if you use a
 Windows PC (remove # here and replace # in front of previous line)

plot(X.PCA$scores[,1:2],col=colours,pch=20,main="put here your plot title",xlab=paste("PC1
 ",per[1],"%",sep=""),ylab=paste("PC2  ",per[2],"%",sep=""),cex=1.5)
# this plots the two first principal components. The plot title, pch and cex values can be changed

legend("topleft",legend=levels(factor(RefData$Population)),col=mycolours,pch=20,cex=0.5,y.intersp=1)
# this adds a legend to the plot. Its position can be changed using "topleft", "topright", "bottomleft" or
 "bottomright". Pch should match the one used in the plot.

### With the next set of commands it is possible to include the study individuals superimposed onto the
 previously plotted principal components graphic.

points(StudyCoordinates,col="black",pch=20,cex=2)
# this estimates the coordinates for the study individuals and plots them onto the previously generated
 principal component graphic. colour, pch and cex can be adjusted.

text(StudyCoordinates,as.character(StudyData[,1]),cex=1,pos=1)
# this adds study individual's descriptors to the plot
```

19.3.4.4　从 PCA 中获得的信息

PCA 可以对数据集进行探索，并显示个体之间的相关性。事实上，可以在参考人群生成的 PCA 图中纳入一个案件样本，通过可视化结果，帮助推断该个体最可能的分类（图 19.3）。

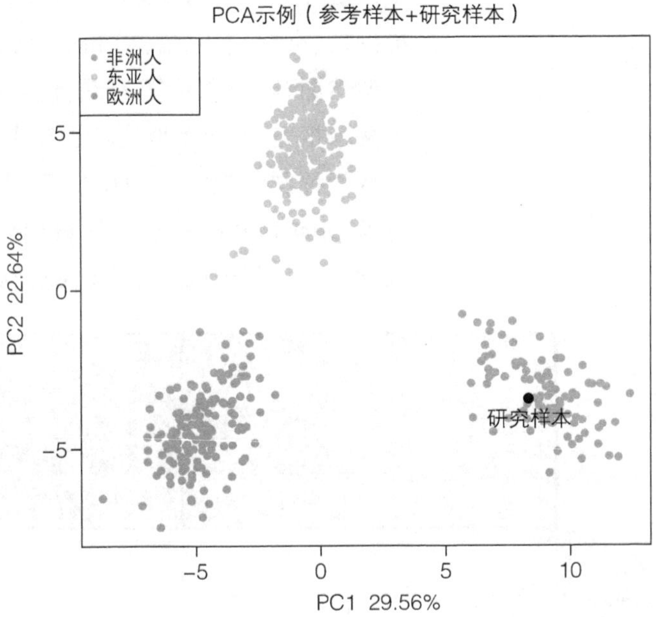

图 19.3　利用 19.3.4.3 中描述的 R 脚本生成的 PCA 图。将来自 HGDP－CEPH 样本组的三个人群作为参考数据：非洲（橙色）、欧洲（蓝色）和东亚（粉红色）。并在参考 PCA 中绘制一个研究样本（黑色）。根据结果推断，该研究样本很可能是非洲人。参考样本和研究样本的基因型都作为文本资料补充在本章在线版本中。

19.3.5　祖先推断案件示例：11－M 马德里炸弹袭击案

在 11－M 马德里炸弹袭击案中，大多数样本的 DNA 分析，除了标准 STR 分析外还补充了 Y－filer 和标准 mtDNA 分析。但采集自 5 个个人物品以及装有未引爆装置袋子手柄上手印的 7 个完整 STR 图谱中，均未能与任何嫌疑人匹配，因此这些 DNA 的祖先推断成为专家基因分型的重点，特别是限于欧洲与北非差异性的比较。由于欧洲和北非数据在数据库范围和深度上存在差异，Y 染色体和 mtDNA 很难实现这种区分，因此选择 34 - plex AIM SNP 集[24]。

该案例所采用的方法很好的整合了本章描述的不同技术。两个训练集分别包含 48 名摩洛哥人和 48 名马德里西班牙人。使用 *Snipper* 进行交叉验证，评估训练集的准确性（分配成功/错误）和性能（似然值范围），并生成成对似然图，以评估可能的混合模式（图 19.4）。该图比较了两个祖先，并简单地比较了在未知样本的最近亲缘种群和替代种群中观察到的似然范围。图表在 Excel 中通过将 *Snipper* 似然值转换为整数（使用 Excel 中的 = EXP 公式）绘制，使每个成对比率（在本例中，1 k 摩洛哥人/1 k 西

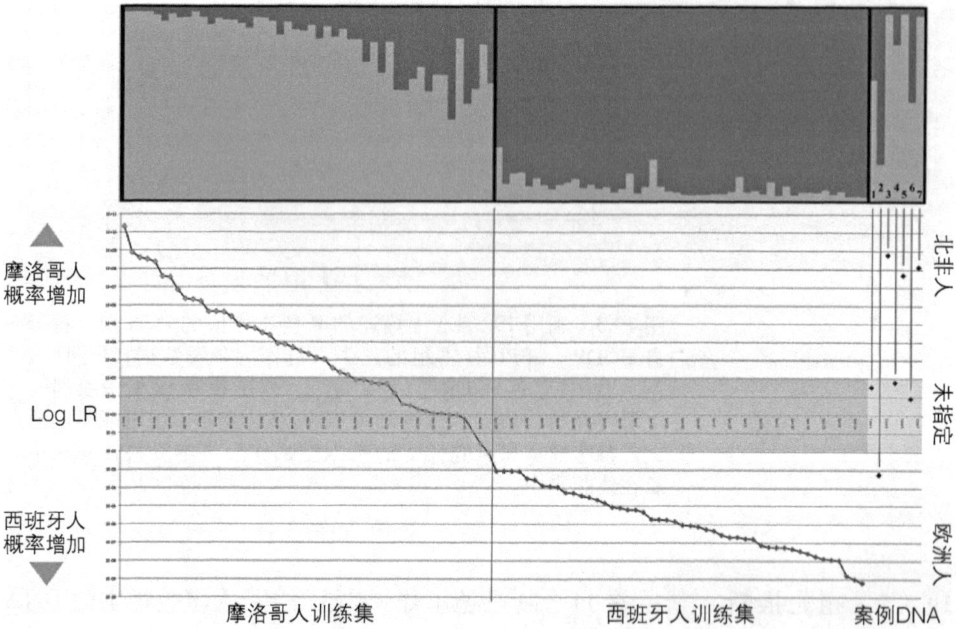

图 19.4 11 - M 马德里炸弹袭击事件的 *STRUCTURE* 和 *Snipper* 分析结果。*STRUCTURE* 分析旨在比较 *Snipper* 成对图和构建替代祖先评估系统。*STRUCTURE* 是在 200 000 长度的 burnin 之后，使用混合祖先模型中的 200 000 MCMC 步骤运行。在 *Snipper* 成对图中，样本从最可能的摩洛哥人到最可能的西班牙人，定义了与对数刻度上表示的似然比的分离，比值大于 1 = 高概率北非人，比值小于 1 = 高概率欧洲人。*STRUCTURE* 图中的个体与 *Snipper* 成对图的顺序相同，可直接比较两种分析。存在一些混合模式，这有助于建立一个不确定区域（比值在 0.01 和 100 之间），该区域内，个体被错误分类的可能性更大，因此对该区域不进行分类。

班牙人)按降序排列。用对数刻度绘制这些图表,提供简单的可视化检查,比较种群之间的差异范围,作为与中线1不同距离的点(相当于两个种群祖先分配的平衡概率)。离中线最远的点代表最强赋值。在未发生混合的人群中,各点是完全分离的;当混合发生时,有相当大比例的值接近或穿过中线。使用 *STRUCTURE*,在训练集中评估混合模式。一些个体,对应的似然比在 0.01~100 之间,呈现出混合祖先。鉴于这一信息,还定义了一个不确定的区域,属于该区域的个体未被分配到特定群体。

当比较 PCA 时(见参考文献[24]中的图 2),*STRUCTURE* 和 *Snipper* 结果(图 19.4)在所有案件样本中均一致:3 例被归类为北非人,1 例被归类为欧洲人,3 例未分配。三个未分配的谱系可能代表了具有高度混合血统和基因组背景的个体,而鉴于南欧和北非的近邻关系,该推测非常合理。

一个 34 - plex 的分配与单亲本分析相矛盾——尽管 mtDNA 和 Y 染色体标记通常显示出信息丰富的地理差异,但是当最近发生过基因流动或群体显示出强烈的性别偏见时(例如,男性主要来自一个种群,而女性主要来自另一个种群),就容易出现错误。基于单亲本数据推断该个体为欧洲人,基于 34 个 SNP 基因型结果强烈表明该个体是北非人,后来经调查确定为阿尔及利亚人。

19.4　注释

(1) 在 *SPSmart* 包含的所有数据库中,千人数据组和 HapMap 由于具备更多的标记和更大的样本量(包括混合祖先群体),而最实用。千人基因组尤其如此——ENGINES 浏览器中可查看先前在 HapMap 使用过的非洲人、欧洲人和东亚人的整个基因组的 SNP 变体(等位基因频率约为 1%)。相比之下,HGDP - CEPH(人类基因组多样性面板)的 1 050 个个体样本在群体遗传学研究中广泛使用[25,26]。在某些区域,地理覆盖范围不完整,但所有大陆和所有由变异研究定义的主要遗传祖先群体都有代表性。最小样本集是来自两个群体的 28 个大洋洲人以及只有 6 个人的纳米比亚桑人。*SPSmart* 中提供了来自斯坦福大学研究项目 HGDP－CEPH 样本的 650 000 个 SNP(通过 Illumina 650K 阵列获得[27])免费下载的基因型数据。

(2) 使用 Excel 软件,或其他任何电子表格软件,如 MacOS 中的“Numbers”或免费开放的 OpenOffice Calc 或 LibreOffice Calc 软件等均可替代。

(3) 对称碱基 SNP,由一条链上的 A/C 和另一条链上的 T/G 组成,是比较来自不同平台或数据库基因型的一个特殊问题和错误来源。*SPSmart* SNP*for*ID 浏览器可以显示 HapMap(或其他)上具有不同等位基因片段的等位基因频率汇总图,如果这些片段与 34－plex 和 52－plex 引物延伸链不同,则会对其进行碱基倒置。例如,rs2304925 在 SNP*for*ID 上为 GT SNP,而在 HapMap 上为 AC SNP,同理,rs10141763 位点为 GC 或 AT SNP。*SPSmart* 帮助文件在“对称碱基”部分提供了详尽指南。在 34－plex 中有 4 个对称碱基:rs773658、rs10141763、rs1335873 和 rs16891982;最后一个是区分欧亚大陆群体的信息量最丰富的 SNP,因此明确该基因座在 SNaPshot 和其他等位基因数据库之间的差异尤为重要。

(4) 贝叶斯群体分析方法计算了在检测群体内或个体间观察到的等位基因频率之间的简单关系。*STRUCTURE* 通过迭代贝叶斯算法分析种群间遗传变异分布的差异,该算法试图将样本划分至具有相似变异模式的聚类中。贝叶斯方法的优点在于可以使用样本的先验信息进行分析。但是,当使用少量样本和/或标记时,在样本集中区分群体的能力可能会受到限制。

（5）*STRUCTURE* 使用 MCMC 算法，首先将个体随机分配到预定数量的 *K* 个种群中。根据分配给每个种群的个体估计每个群体的等位基因频率。然后将个体重新分配到种群中，鉴于每个种群的估计频率，迭代次数为 10 000～100 000 次。

（6）*Structure Harvester* 采用了 Evanno 等人[16]的 *delta K* 方法来估计最优 *K* 值[16,17]。运行 *STRUCTURE* 后，将包含结果文件（名为 *x_run_y_f*，其中 *x* 表示参数集名称，*y* 表示运行编号）的压缩文件夹上传到 *Structure Harvester* 浏览器，然后单击"Harvest!"开始分析。条件是：至少包括三个连续的 *K* 值，每个 *K* 值都有多个重复（所有 *K* 值的重复次数相同）。后验概率和 *delta K* 图可以下载（图 19.5），最优 *K* 值通常是 *delta K* 值的最高点或紧接在 *Ln Pr*（*K*）平台之前的点。该软件还可自动生成运行 *CLUMPP* 的输入文件。

（7）有两种基本祖先模型：无混合和混合模型[2]。如果关于研究种群起源的先验知识缺乏，或者如果有理由认为每个种群都是完全离散的，则使用第一种方法。由于种群间的混合是一个常见特征，因此，了解每个个体及其

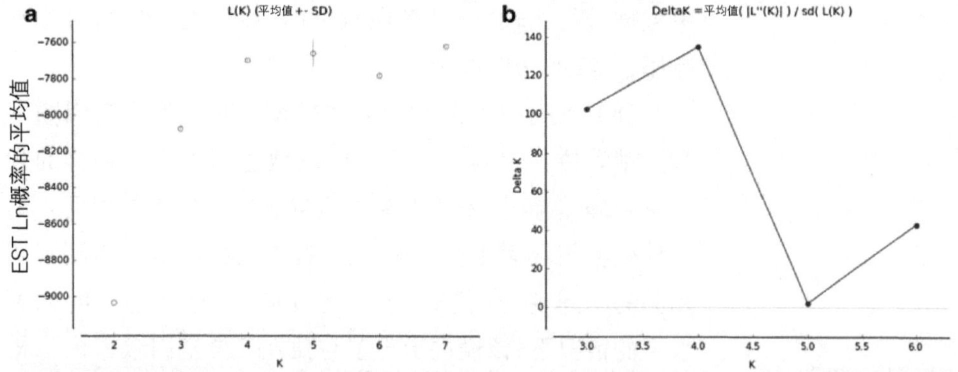

图 19.5　通过 *Structure Harvester* 得到的后验概率和 *delta K* 图示例。图中，最优 *K* 值为 4，后验概率平台期以最大 *delta K* 值为起始点。

起源种群的祖先种群比例的近似中值对研究种群或法医背景下案件样本的特征描述非常重要。在这种情况下,混合模型更适用。当有额外的样本特征数据可用时,例如,语言、地理、文化或表型信息等,则可以使用位置先验选项[19]。当存在较弱的种群结构信号时,位置先验参数特别有用——可能由使用的标记量少、样本量小或种群之间的密切关系造成。它有两个主要优点:1)通常当种群结构不存在时,则不会发现;2)当个体祖先与位置信息无关时,则可以忽略位置信息。当存在混合LD时,可以应用连锁模型[18](基于混合模型),通过使用连锁标记获得更准确的统计不确定性估计。种群标签可用于计算每个个体来源于假定种群的概率——低概率个体推测为移民或具有较高的共同祖先。该选项包含在用户信息模型(USEPOPINFO模型)[2]中,只有当预先定义了群体标签并且几乎完全对应于*STRUCTURE*结果中的最终定义时才应该使用。最后一个模型——POPFLAG模型——分析关于部分个体种群起源的特定信息,以帮助推断其他未知起源样本的祖先[2]。此选项需要谨慎,因为所选样本被视为"参考集"(预先设定 *POPFLAG* = 0),表明等位基因频率估计是基于一个减少的样本子集,并将直接影响未知的分组(预先设定 *POPFLAG* = 0)。通过与定义非常明确的参考数据进行比较,该模型在对个体/种群进行分组时非常有用,尤其对法医应用。

(8) 有两种等位基因频率模型:独立等位基因频率和连锁等位基因频率。第一种模型适用于不同种群的频率有合理差异时,表明需要了解整个种群的相关程度。第二种模型假设为非独立水平,并提供更强的能力检测密切相关的不同种群(例如,中国和日本)。在缺乏高度相关水平的情况下,该模型给出了与独立等位基因频率模型相同的结果。

(9) *STRUCTURE*没有假定一个特定的突变过程,不考虑 STR 中重复单元数量的规模（只注重等位基因频率）。因此，不需要将所有其他等位基因乘以 10（19.3 = 193）来补偿中间等位基因的转化。

（10）确认标记和个体的数量，请选择“显示数据文件格式”显示总行和列。例如，表 19.1 的数据文件格式信息表明：一行有 *m* 列（*m* 对应标记的数量），*n* 行有 *m*+6 列（4 列为先验信息，2 列为额外信息），有 *n*/2 个个体（每个基因型 2 行）。

（11）当按照表 19.1 的示例准备输入文件时，不需要选择“特殊格式”选项，因为默认情况下，*STRUCTURE* 假设每个个体的基因型排列为连续两行（二倍体物种）。如果两个等位基因在同一行中，但在连续的列中，请选择“数据文件存储个人数据在一行中”。

（12）*burnin* 运行 10 000～100 000 次迭代分析后足以观察到参数收敛到平衡点，如 α——种群之间的相对混合水平。要检查参数值的变化，请转到模拟结果窗口中的“数据图”选项。*burnin* 运行结束后观察到过度变化时，有必要增加其长度。为了在 *burnin* 后选择一个适当的 MCMC 迭代次数，建议对每个 *K* 值执行多次模拟，根据不同长度，通常 MCMC 运行 10 000～100 000 次迭代后，结果可达到一致，但要获得精确的后验概率估计则可能需要更长的模拟。

（13）*STRUCTURE* 对每个假设的种群数量进行个体分析，从 1 抽样到合理数量（至少比预期种群数量多三个 *K* 值）。如果未达到后验概率平台期，则可能需要更大的 *K* 值。此外，聚类算法（*STRUCTURE* 中可实现）可以显示模拟的随机变化。为了降低影响，应该对每个 *K* 值进行多次模拟（建议至少重复 3～5 次）。

（14）计算时间取决于待分析的标记和样本数量，也取决于所选择的分析参数。作为一个参考点，使用本章在线版本补充的示例输入文件，使用配有 2.7 GHz 英特尔酷睿 i7 处理器的计算机运行项目，大约需要耗费 3 h 45 min。该项目包括两个参数集：混合和无混合 POPFLAG，两者均运行 100 000 次 *burnin* 迭代分析、100 000 次 MCMC 迭代分析、从 $K=2$ 到 $K=6$ 的 3 次重复，以及相关的等位基因频率。

（15）独立于聚类结果之间的差异来源，需要一种处理重复结果的方法。*CLUMPP* 对任何 K 值使用估计隶属度比例矩阵的重复——结果是一组排列矩阵，以便所有重复都具有最佳对应关系。它还生成一个与置换矩阵中位数相对应的矩阵，这是对种群和个体比例矩阵所做的。目前，为 *CLUMPP* 准备输入文件最简单的方法是使用 *Structure Harvester*（见注释 6）。需要使用两个文件：*.indfile*文件包括每个 K 值所有重复的个体祖先成员比例表，*.popfile* 文件包括每个 K 值所有重复的群体祖先成员比例表。如果手动准备输入文件，需注意样本名称必须是数字；如果是字母-数字，则会出现错误信息。*.indfile* 和*.popfile* 文件，以及参数文件和其他文件必须与可执行文件一起保存在软件文件夹中。参数文件包括必须调整的重要参数：数据类型定义待分析数据（0 = 个体，1 = 种群）；K 是聚类数量；C 是个体或种群数量（取决于所选的数据类型）；R 是重复数量；M 是使用算法。通常建议使用 $M=1$，以便执行所有可能的排列；但对于较大的 K 或 R 值，选择 $M=2$（10 000 次随机输入重复）足够；当 K 值超过 15 后，可选择 $M=3$。度量 S 是成对矩阵相似度统计量，推荐标准化的 G′（选择 $S=2$）。需要注意的是，要获得群体和个体平均矩阵，需要运行两次，在两次运行之间调整. *oupur* 文件名（不更改名称会覆盖第一次运行）、数据类型和 C。在 Windows 版本中，只需执行 *CLUMPP.exe* 文件：打开 *cmd* 窗口，显示模拟进度。MacOS 版本通过终端命令行执行软件：将目录更改为 *CLUMPP* 文件夹位置（输入 cd > 将文件夹拖入终端 > 输入），然后输入

./*CLUMPP*>回车运行软件。

（16）可视化 *STRUCTURE* 结果（特别是 *K*>3）的一种便捷方法是将每个个体显示为被分成 *K* 个颜色的直线段，这些颜色表示估计的祖先成员比例。*STRUCTURE* 给出的柱状图格式不能改变，并且只显示一个 *K* 值的重复结果；*Distruct* 提供了各种各样的选项以生成信息更丰富的集群图。与 *CLUMPP* 一样，*distruct* 使用存储在与可执行文件同一文件夹中的一组文件。输入文件包括群体 Q-矩阵（*.popqfile* 文件）和个体 Q-矩阵（*.indivqfile* 文件），可直接从 *STRUCTURE*（单个 *K* 值重复）或 *CLUMPP* 获得。文件：*.names* 和 *.languages* 定义了图形上方和下方的标签，这两个文件具有相同的格式：在每一行中写入群体数字代码、空格和首选名称。定义每个聚类的颜色，请打开 *.perm* 文件——至少使用 *K* 行定义一种颜色。颜色分配给每个聚类，而不是分配给每个预定义的群体，如果群体 1 以橙色出现，并且该群体在 *.perm* 的聚类 3 中定义，则定义"3 个橙色"，而不是"1 个橙色"。绘制参数文件有几个需要修改的参数，特别是：*K*、*NUMPOPS*（种群数量）和 *NUMINDS*（个体数量）。其余参数调整绘图的图形内容，包括：字母大小、文本与图之间的距离、绘图高度、代表个体的柱子厚度、等高线厚度、水平/垂直方向等（图 19.6）。"//"符号表示下面的文本是描述参数函数的注释，软件不调用。当计算完成时，将创建一个包含绘图的 PostScript（.ps）文件，在 Windows 上可视化绘图，需要特定的软件，如 GhostView（在线免费获得）、Acrobat Distiller 或 Illustrator。在 MacOS 中可以预览绘图并导出为 pdf 格式。

（17）在 *Snipper* 中增加了一个新选项：应用或不应用 HWE 原则的能力。如果 HWE 假设不成立，则可能导致不准确的基因型频率估计，进而导致不准确的分类。

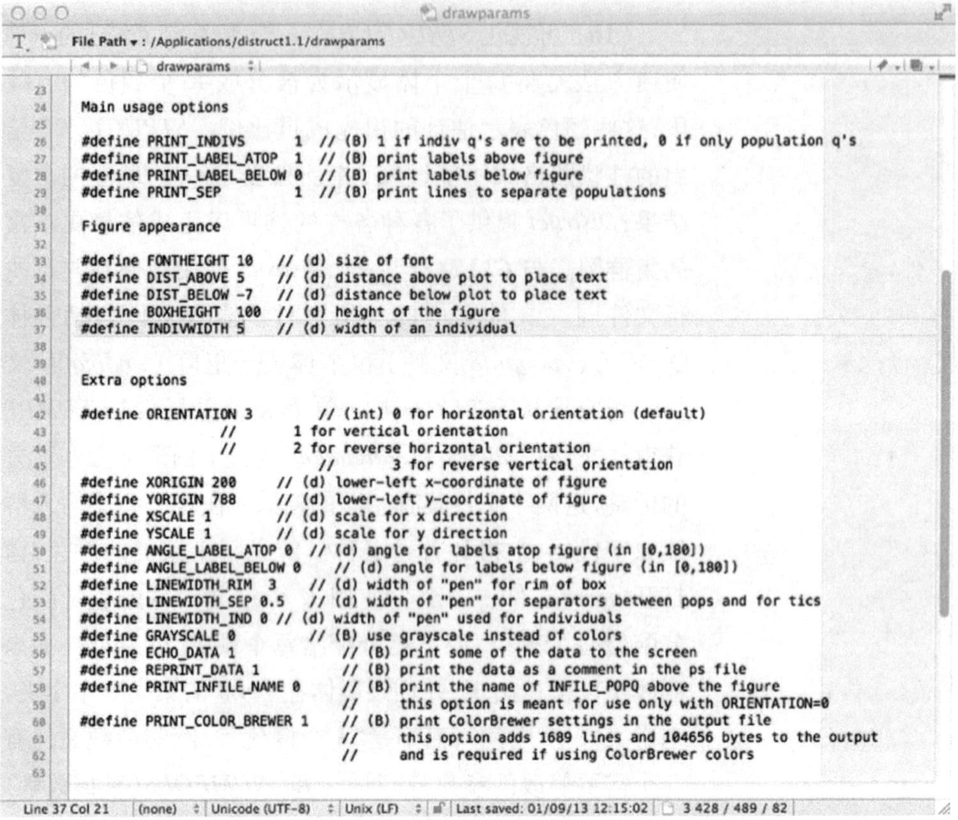


```
Main usage options

#define PRINT_INDIVS      1  // (B) 1 if indiv q's are to be printed, 0 if only population q's
#define PRINT_LABEL_ATOP  1  // (B) print labels above figure
#define PRINT_LABEL_BELOW 0  // (B) print labels below figure
#define PRINT_SEP         1  // (B) print lines to separate populations

Figure appearance

#define FONTHEIGHT 10   // (d) size of font
#define DIST_ABOVE 5    // (d) distance above plot to place text
#define DIST_BELOW -7   // (d) distance below plot to place text
#define BOXHEIGHT  100  // (d) height of the figure
#define INDIVWIDTH 5    // (d) width of an individual


Extra options

#define ORIENTATION 3        // (int) 0 for horizontal orientation (default)
                //       1 for vertical orientation
                //       2 for reverse horizontal orientation
                              //       3 for reverse vertical orientation
#define XORIGIN 200     // (d) lower-left x-coordinate of figure
#define YORIGIN 788     // (d) lower-left y-coordinate of figure
#define XSCALE 1        // (d) scale for x direction
#define YSCALE 1        // (d) scale for y direction
#define ANGLE_LABEL_ATOP 0  // (d) angle for labels atop figure (in [0,180])
#define ANGLE_LABEL_BELOW 0    // (d) angle for labels below figure (in [0,180])
#define LINEWIDTH_RIM  3    // (d) width of "pen" for rim of box
#define LINEWIDTH_SEP 0.5   // (d) width of "pen" for separators between pops and for tics
#define LINEWIDTH_IND 0 // (d) width of "pen" used for individuals
#define GRAYSCALE 0        // (B) use grayscale instead of colors
#define ECHO_DATA 1            // (B) print some of the data to the screen
#define REPRINT_DATA 1         // (B) print the data as a comment in the ps file
#define PRINT_INFILE_NAME 0    // (B) print the name of INFILE_POPQ above the figure
                               //     this option is meant for use only with ORIENTATION=0
#define PRINT_COLOR_BREWER 1   // (B) print ColorBrewer settings in the output file
                               //     this option adds 1689 lines and 104656 bytes to the output
                               //     and is required if using ColorBrewer colors
```

图 19.6 分布参数示例。考虑到该输出文件类似水平放置的 A4 表(较长的一侧向下),并且根据样本数量和期望效果,利用可用空间是值得的。反向水平方向使用虚拟表的最长一侧。改变 XORIGIN 和 YORIGIN 值也有帮助——例如,XORIGIN = 200 会使图形远离纸张边缘,YORIGIN = 788 会留出足够空间让图形与边缘分开,而不会留下太多未用空间。然后可以将每个条形图的宽度(INDIWIDTH)调整到适当数值,使所有个体均包含在虚拟图纸中。

(18) 每个缺失的基因型以每个 SNP 两个 N 的形式输入,因此只能使用 ACGTN 字符样忽略空格。*Snipper* 将标记由错误碱基引起的格式错误(包括错误的 SNP 顺序或倒置碱基),并对相关 SNP 位置发出警告。

(19) 本章在线版本包含的补充 Excel 输入文件中,给出了一个连接图谱文件的示例。如上所述,该个体将在 *Snipper* 中被归类为非洲人,使用选项 1 或选项

2（选项 2 使用补充 Excel 文件作为群体数据输入，删除最后两个样本［未知祖先］和最后一列；将单元格 1A 中的个体数量调整为 479，单元格 1C 中的群体数量调整为 3）。注意，返回的值为对数似然值，因此值越低越好。

（20）差异根据比较中所包含的群体数量计算。例如，在固定训练集选项下，根据步骤 2 中选择的选项，基于 3、4 或 5 组计算差异。

（21）生成 PCA 图时，可根据用户需求更改图形参数。R 脚本中，包含了使用“群体”信息定义图中符号颜色的命令行。在这种情况下，群体名称转化为颜色名称，按群体字母顺序排列，而不是按输入顺序排列（R 中可用的完整颜色列表可通过命令 colours（）（或 colors（））获得或借助于 R 颜色图表（http://research.stowers-institute.org/efg/R/Color/Chart/）。符号形状也可以改变——关于可用符号的信息，请使用在 R 控制台中输入（?pch）的 pch 帮助页面（图 19.7）。cex 命令可以更改点的大小。

图 19.7　R 语言可用于显示图中符号的 pch 命令

（22）如果第一次使用 *SNPsasoc* 软件包，则需要在 R 中安装。有两种选择：1）从 R 控制台的软件包安装程序选项中安装；2）从 http://cran.r-project.org/web/packages/SNPsassoc/index.html 下载软件压缩包文件，并在本地安装。

参考文献

[1] Jobling M, Hollox E, Hurles M et al (2014) Human evolutionary genetics: origins, peoples & disease, 2nd edn. Garland Science — Taylor & Francis Group, New York.

[2] Pritchard JK, Stephens M, Donnelly P (2000) Inference of population structure using multi- locus genotype data. Genetics 155(2): 945 - 959.

[3] Phillips C, Salas A, Sánchez JJ et al (2007) Inferring ancestral origin using a single multi- plex assay of ancestry-informative marker SNPss. Forensic Sci Int Genet 1(3 - 4): 273 - 280.

[4] Fondevila M, Phillips C, Santos C et al (2013) Revision of the SNPsforID 34 - plex forensic ancestry test: assay enhancements, standard ref- erence sample genotypes and extended popula- tion studies. Forensic Sci Int Genet 7(1):63 - 74.

[5] Pereira R, Phillips C, Pinto N et al (2012) Straightforward inference of ancestry and admixture proportions through ancestry-informative insertion deletion multiplexing. PLoS One 7(1):e29684.

[6] Jolliffe I (2002) Principal component analysis. Springer, New York.

[7] R Development Core Team (2011) R: a lan- guage and environment for statistical comput- ing. http://www.r-project.org.

[8] Phillips C (2009) SNPs databases. In: Komar AA (ed) Single nucleotide polymorphisms, vol 578, Methods in molecular biology. Humana, New York, pp. 43 - 71.

[9] Amigo J, Salas A, Phillips C et al (2008) SPSmart: adapting population based SNPs gen-otype databases for fast and comprehensive web access. BMC Bioinformatics 9: 428.

[10] Amigo J, Phillips C, Lareu MV et al (2008) The SNPsforID browser: an online tool for query and display of frequency data from the SNPsforID project. Int J Legal Med 122(5): 435 - 440.

[11] Amigo J, Salas A, Phillips C (2011) ENGINES: exploring single nucleotide variation in entire human genomes. BMC Bioinformatics 12:105.

[12] Amigo J, Phillips C, Salas A et al (2009) pop. STR—an online population frequency browser for established and new forensic STRs. Forensic Sci Int Genet Suppl Ser 2 (1):361 - 362.

[13] Rosenberg NA, Pritchard JK, Weber JL et al (2002) Genetic structure of human popula- tions. Science 298(5602): 2381 - 2385.

[14] Rosenberg NA, Li LM, Ward R et al (2003) Informativeness of genetic markers for infer- ence of ancestry. Am J Hum Genet 73(6): 1402 - 1422.

[15] Kalinowski ST (2011) The computer program STRUCTURE does not reliably identify the main genetic clusters within species: simula- tions and implications for human population structure. Heredity 106 (4):625 - 632.

[16] Evanno G, Regnaut S, Goudet J (2005) Detecting the number of clusters ofindividuals using the software STRUCTURE: a simula-

tion study. Mol Ecol 14(8):2611 - 2620.
[17] Earl DA, vonHoldt BM (2012) STRUCTURE HARVESTER: a website and program for visualizing STRUCTURE output and imple- menting the Evanno method. Conserv Genet Resour 4(2):359 - 361.
[18] Falush D, Stephens M, Pritchard JK (2003) Inference of population structure using multi- locus genotype data: linked loci and correlated allele frequencies. Genetics 164(4):1567 - 1587.
[19] Hubisz MJ, Falush D, Stephens M et al (2009) Inferring weak population structure with the assistance of sample group information. Mol Ecol Resour 9(5):1322 - 1332.
[20] Porras-Hurtado L, Ruiz Y, Santos C et al (2013) An overview of STRUCTURE: appli- cations, parameter settings and supporting software. Front Genet 4:98.
[21] Jakobsson M, Rosenberg NA (2007) CLUMPP: a cluster matching and permutation program for dealing with label switching and multimodality in analysis of population structure. Bioinformatics 23 (14):1801 - 1806.
[22] Rosenberg NA (2004) DISTRUCT: a program for the graphical display of population structure. Mol Ecol Notes 4(1):137 - 138.
[23] Gonzalez JR, Armengol L, Sole X et al (2007) SNPsassoc: an R package to perform whole genome association studies. Bioinformatics 23(5):644 - 645
[24] Phillips C, Prieto L, Fondevila M et al (2009) Ancestry analysis in the 11-M Madrid bomb attack investigation. PLoS One 4(8):e6583.
[25] Cann HM, de Toma C, Cazes L et al (2002) A human genome diversity cell line panel. Science 296(5566):261 - 262.
[26] Rosenberg NA (2006) Standardized subsets of the HGDP-CEPH human genome diversity cell line panel, accounting for atypical and duplicated samples and pairs of close relatives. Ann Hum Genet 70:841 - 847.
[27] Li JZ, Absher DM, Tang H et al (2008) Worldwide human relationships inferred from genome-wide patterns of variation. Science 319(5866):1100 - 1104.

第二十章

种属确定：细胞色素 b 基因的功能与应用

Adrian Linacre 和 James Chun-I Lee

摘要：象牙和犀牛角的非法贸易已经导致世界范围内大象和犀牛数量的灾难性下降。这些标志性的濒危物种是野生动物产品非法贸易的一部分，威胁着这些物种及其栖息地的生态平衡。为了确定该贸易为违反国家法律的非法贸易，则需对现存物种进行鉴定。本章详细介绍了一种利用线粒体基因组部分细胞色素 b 基因的强大 DNA 技术，该技术对质量较差的样本，如角粉或象牙制品，包括雕像和雕刻品，均能发挥作用。该方法需要采用适当的 DNA 提取技术以获得至少 1 ng 的 DNA，然后使用通用引物扩增部分细胞色素 b 基因。获得一个大小为 486 bp 的片段，使用标准技术进行测序，将得到的序列与数据库中的样本或序列进行比对。对数据的分析有助于确定物种。

关键词：CITES，DNA，线粒体，细胞色素 b，物种鉴定，野生动物

20.1 引言

在全世界许多地方，濒危物种贸易是一个严重问题，影响到许多稀有动植物物种。代表性的例子包括在假药和象牙贸易中发挥重要作用的老虎和大象的身体部位。野生动物非法贸易的价值以犀牛角为例，据估计每公斤犀牛角的价值在 65 000 至 100 000 美元之间，比黄金还贵。象牙同样受到追捧，导致大象被屠杀；老虎被认为是一种活药材，以致它们在以前的许多栖息地急剧减少和灭绝。此外，濒危灭绝的外来鸟类、爬行动物和硬木的非法贸易带来野生动物犯罪的高额利润，但对被交易的物种来说是灾难性的（例如，见参考文献[2]）。《濒危野生动植物种国际

贸易公约》(Convention on international trade in endangered species of wild flora and fauna, CITES)列出了越来越多的野生濒危物种(见 www.cites.org)。如此之多的动物物种被非法交易,往往是为了它们的皮毛或所谓的药用价值,因此,实验室的作用是确定缴获的样本是否来自受保护物种。

本章将重点介绍 DNA 测序技术,该技术能有效应用于痕量物质的检测。DNA 位点的选择是检测成功的关键,而且必须满足一定的标准。首先,选择的位点必须足够保守,使同一物种所有成员的基因座都非常相似;其次,该位点必须具有足够的多态性,以便能够区分密切相关的不同物种成员;再次,基因座必须位于可以从低质量样本中扩增出来的 DNA 片段上;最后,要保证可以使用相同的分型方法分析来自广泛物种的基因座。目前,常规使用的基因座包括来自线粒体基因组上的细胞色素 *b* (cytochrome *b*, cyt *b*)[3~12] 和细胞色素氧化酶 1(cytochrome oxidase 1, COI)[13~16] 两个位点。虽然本章重点介绍 cyt *b* 基因座,但同样的方法可以应用于任何大小相当的基因座。

cyt *b* 基因是参与氧化磷酸化复合基因的一部分[17]。完整的 cyt *b* 基因约为 1 140 bp,编码一个长度为 380 个氨基酸的蛋白质。从加工过的样品中扩增出如此大的片段不一定成功。但根据已公布的一系列引物,可从任何哺乳动物的 DNA 中扩增出该基因座 486 bp 长度的片段(表 20.1)。如果使用其他基因座进行物种鉴定,则必须保证目标序列有足够的种间差异,并且有可供比较的综合 DNA 序列数据库(见注释 1)。本章使用的引物设计可用于扩增 486 bp 的产物,其中 402 bp 用于序列比对。cyt *b* 基因的结构如图 20.1 所示。

表 20.1 列出了用于扩增 cyt *b* 基因片段以进行物种鉴定的引物列表。表中所列引物均为已发表论文中用于物种鉴定的引物。表中最后两行是专门用于鉴定哺乳动物物种的引物组。注意引物的 3′端位置是基于人类 DNA 序列[18],其他哺乳动物物种的引物位置会有所不同。

表 20.1 用于扩增部分 Cyt *b* 基因的引物

位 置	序列(5′-3′)	长度(bp)	参考文献
L14841 H15149	AAAAAGCTTCCATCCAACATCTCAGCATGATGAAA AAACTGCAGCCCCTCAGAATGATATTTGTCCTCA	308	[19]
L14724 H15149	CGAAGCTTGATATGAAAAACCATCGTTG AAACTGCAGCCCCTCAGAATGATATTTGTCCTCA	425	[17]
L14816 H15173	CCATCCAACATCTCAGCATGATGAAA CCCCTCAGAATGATATTTGTCCTCA	358	[20]
L14724 H15149	CGAAGCTTGATATGAAAAACCATCGTTG AAACTGCAGCCCCTCAGAATGATATTTGTCCTCA	425	[5]

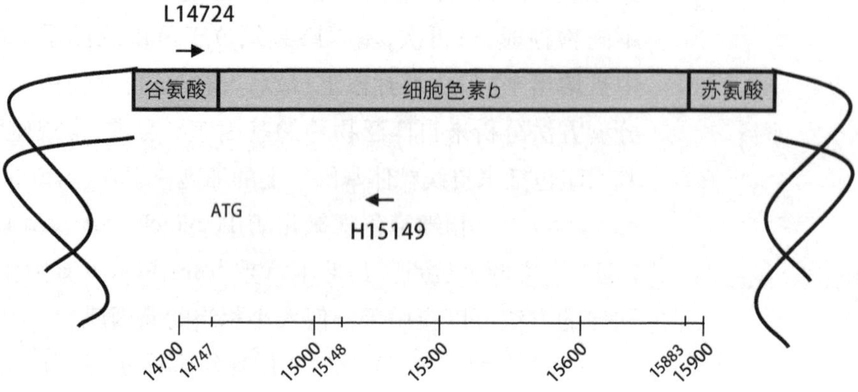

图 20.1 引物 L14724 和 H15149 在线粒体 DNA 上的位置。编号依据人类 mtDNA 的序列位置[18]。

20.2 材料

(1) L14724(7.5 μmol/L): 5′-CGAAGCTTGATATGAAAAACCATCGTTG-3′。

(2) H15149(7.5 μmol/L): 5′-AAACTGCAGCCCCTCAGAATGATATTTGTCCTCA-3′。

(3) AmpliTaq Gold DNA 聚合酶(5 U/μL Applied Biosystems 公司)。

(4) AmpliTaq Gold PCR 缓冲液(10×Applied Biosystems 公司)。

（5）dNTP（将 10 mmol/L 的 dATP、dCTP、dGTP 和 dTTP 在无菌水中稀释）。

（6）DNA Terminator 测序试剂盒（ABI PRISM™ BigDye™循环测序试剂盒，Applied Biosystems 公司）。

（7）吸附柱（Boehringer-Mannheim 公司）。

（8）模板抑制试剂（Applied Biosystems 公司）。

（9）热循环仪。

（10）ABI 310 遗传分析仪（Applied Biosystems 公司）。

（11）真空抽吸器。

（12）MicroAmp 反应管。

（13）EXO-Sap（Illustar™，GE Healthcare 公司）。

20.3　方法

20.3.1　PCR 扩增部分细胞 b 基因座

（1）将大约 1 ng DNA 加入 0.2 mL 无菌 PCR 管中（见注释 2 和 3）。

（2）每种引物加 1 μL（最终每个引物为 0.15 μmol/L）（见注释 4）。

（3）加入 5 μL PCR 缓冲液。

（4）加入 5 μL dNTP。

（5）加入 0.5 μL AmpliTaq Gold。

（6）加水至 50 μL。

（7）使用以下程序进行 PCR 扩增：95℃ 11 min；95℃ 45 s，50℃ 45 s，72℃ 90 s，运行 35 个循环；72℃ 30 min（见注释 5 和 6）。

20.3.2　PCR 确征

样品可以在琼脂糖凝胶上分离，以确认扩增成功。在 1×TAE 中加入 1 μg/mL 溴化乙锭以制备 2%琼脂糖凝胶。一个小尺寸的凝胶通常需要 50 mL 琼脂糖混合物就足够了。

（1）将 1 g 琼脂糖加入 50 mL 1×TAE 中。

（2）在微波炉中加热琼脂糖混合物，使其完全溶解，并在浇铸凝胶前冷却至 55℃。

（3）凝胶凝固后，使用 5 μL 的样品和 DNA 梯带在约 80 V 的电压下运行 20 min，然后在紫外线透射器（245 nm）上观察条带。PCR 产物的长度大约为 486 bp。图 20.2 显示了一个成功扩增的例子。如无 PCR 产物，请参见注释 7。

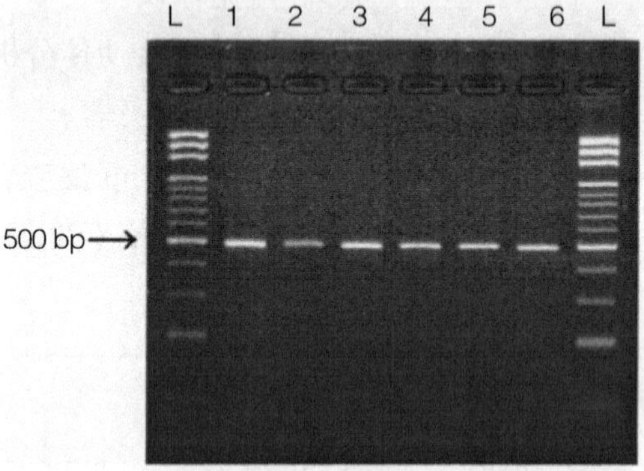

图 20.2　扩增部分 cyt *b* 基因后 PCR 产物的琼脂糖凝胶图谱。L 道是 100 bp 梯带；1～6 道分别是来自人、猕猴、亚洲象、老鼠、白犀牛和猪的 PCR 产物。产物的预期大小为 486 bp。

20.3.3　PCR 产物测序

20.3.3.1　PCR 纯化

PCR 产物可直接进行测序。由于大小为 486 bp，只要 PCR 产物足够纯，就可以在一个反应中确定完整的序列。在 PCR 中使用的引物仍可用于测序反应，但测序所用缓冲液与 PCR 不同，需要去除未使用的 dNTP。一个标准方法是使用外核酸酶消化单链引物，并用虾碱式磷酸酶（SAP）消化游离的 dNTP。由于这两种酶可以联合使用，因此，这一过程通常被称为 Exo－SAP。下述方法仅针对一个反应，如果分别用正向和反向引物测序（即测序两条链），只需将 Exo－SAP 反应体积翻倍。

（1）将 5 μL PCR 产物与 2 μL Exo－SAP（通常为 1U 酶）在 37℃下孵育 15 min。

(2) 将管子转移到 80℃的温控器中，孵育 15 min，使两种酶变性。加入用于测序反应的单引物。

20.3.3.2　循环测序方法

DNA 测序方法是一种标准的染料标记终止剂方法，使用一个已成功应用的商业试剂盒（ABI PRISM™ BigDye™ Terminator）。模板 DNA 的最佳量约为 50 ng——DNA 浓度在 10~80 ng 之间仍然可以产生高质量的序列数据。DNA 测序反应与扩增所用引物相同。DNA 序列的两条链均进行测定和比较，以确保没有因测序反应而产生的差异。

(1) 将含有纯化 PCR 产物的 7 μL 模板溶液（见注释 8）放入两个单独的管中。用无菌水补足至 10 μL。

(2) 向管中加入 8 μL 测序反应混合物。

(3) 在一管中加入 2 μL 引物 L14724，另一管中加入引物 H15149。每个引物的最终浓度为 0.25 μmol/L。

(4) 将 PCR 管密封放入热循环仪中。

(5) 使用以下程序进行循环测序反应：96℃ 1 min；96℃ 10 s，50℃ 5 s，运行 25 个循环；60℃ 4 min；4℃保持到准备纯化为止。

20.3.3.3　分离测序片段

(1) DNA 测序反应的提取物必须经过处理，以去除未结合的引物。有许多方法可以做到这一点，大多数使用简单的吸附柱。将含有测序 DNA 的液体移液至吸附柱中，13 000×*g* 离心 10 min（不同吸附柱可能有所不同，详见制造商的说明书），以去除未结合的引物和游离碱基。最终体积在 5 μL 最理想。

(2) 用移液器将此体积移入一个新的 1.5 mL 管中。

(3) 将样品置于真空泵中，让样品干燥（见注释 9）。

(4) 将干燥后的颗粒垂悬于 25 μL 的模板抑制试剂中。

(5) 此时的样品可用于分离。可使用任何合适的平台（例如 ABI 3500）进行毛细管电泳。

20.3.4 结果分析

（1）根据 cyt *b* 基因的长度，序列产物的预期大小应为 486 bp（见注释 10）。

（2）删除从引物 L14724 的 5′端到线粒体 14 746 位置的序列，使序列从 cyt *b* 基因的起始位置（14 747 位置）开始（见注释 11）。如果原始产物为 486 bp，则序列长度应为 402 bp。

（3）将两个引物的序列数据进行比对，以确定基因的一致性 DNA 序列。有一系列软件（如 Sequencher 和 Geneile）可用。理想情况下，DNA 测序应双向进行，任何异常情况或在一条链上不能明确识别的碱基均可通过对互补链的测序来确认。

（4）将 DNA 序列导出至 GCG 或 MEGA 等软件程序中（见注释 12）。

20.3.5 DNA 数据分析

（1）如果确定了 402 bp 的完整序列，并且所有碱基均可信，那么该序列应与 DNA 序列数据库或凭证标本上的已知 DNA 序列进行比对（图 20.3）。

（2）记录未知序列和已知序列之间的相似性百分比。本章的例子分析了一种哺乳动物的 DNA 序列，已知种间变异最小为 2.5%，种内变异最大为 1.5%[21]。

（3）基于上述假设，在已知和未知 DNA 序列的 402 个碱基上不应该出现多于 6 个碱基的差异。如果记录到这种相似性，则有 99.9%的概率表明未知物种与已知物种来自同一物种（见注释 13）。

20.4 注释

（1）cyt *b* 和 COI 在 DNA 数据库中都有广泛的覆盖，如 GenBank（www.ncbi.nlm.nih.gov/genbank），COI 还有生命条形码联盟（www.barcodinglife.com）。

（2）应使用标准方法对 DNA 进行提取、纯化和定量。

```
                                1                                                  50
                H. sapiens 1    ......cca. .a..c...at ta....c... ......c.a. .t...c....
                H. sapiens 2    ......cca. .a..c...at ta....c... ......t.a. .t...c....
               M. cyclopis 1    .....tcca. .a..c..... .a.....a.c .......ca. .c..tc....
               M. cyclopis 2    ....ttcca. .a..c..... .a.....a.c ........a. .t..tcg...
                  E. maximus    ......c... cc........ t.....c..g t.t.....c. .c.....a..
                 L. africana    ......g... .......... t.....ct.. c.t.....c. .c..t..a..
             M. domesticus 1    .....a.... .a......a. a......t.. t.t....... .t...c....
             M. domesticus 2    .....a.... .a......a. a......t.. t.t....... .t...c....
                    C. simum    .....t.... .c..t..... .......... ..c....... .c...c....
                 D. bicornis    .....t.... .c..t..... .......... ..c....... .c..tc....
                 S. scrofa 1    .......... .c........ a......... .......... .c......g.
                 S. scrofa 2    .......... .c........ a......... .......... .c......g.
              B. namadicus 1    .....t.... .......g.. .......... .........g .......tg.
              B. namadicus 2    .....t.... .......g.. .......... .........g .......tg.
       C. nippon taiouarus 1    ........t. .c......a. ......g... .........g ........g.
       C. nippon taiouarus 2    ........t. .c......a. ......g... .........g ........g.
       M. reevesi micrucus 1    .....a..t. .c......a. .......... .........g ........g.
       M. reevesi micrucus 2    .....a..t. .c......a. .......... .........g ........g.
                   O. aries 1   ....t..... .c......a. .......... .........g ........g.
                   O. aries 2   ....t..... .c......a. .......... .........g ........g.
       C. crispus swinhoei 1    .......... ........a. .......... .........g ....t...g.
       C. crispus swinhoei 2    .......... ........a. .......... .........g ....t...g.
            C. familiaris 1     .......... ........a. .......... gcc......g .t..t.....
            C. familiaris 2     .......... ........a. .......... gcc......g .t..t.....
   M. pentadactyla Linnaeus 1   .....t.... ........a. a.....c... c.c.....cg .....g....
   M. pentadactyla Linnaeus 2   .....t.... ........a. a.....c... c.c.....cg .....g....
       P. laruata taiuana 1     .......... .......... t........c gct....... .c..tg.a..
       P. laruata taiuana 2     .......... .......... t........c gct....... .c..tg.a..
                P. tigris 1     .......... .......... a.....c..t ..c....... .t...c....
                P. tigris 2     .......... .......... a.....c..t ..c....... .t...c....
F. bengalensis chinensis 1      .......... .......... a.....c..t ..c.....c. .c...c....
F. bengalensis chinensis 2      .......... .......... a.....c..t ..c.....c. .c...c....
                 F. catus 1     .......... .......... a.....c..t ..c....... .t..tc....
                 F. catus 2     .......... .......... a.....c..t ..c....... .t..tc....
```

图 20.3　19 种不同哺乳动物 cyt *b* 基因 PCR 产物的前 50 bp 序列比对。序列比对采用 GCG 计算机软件包的 PileUp 程序,一致性序列采用 Pretty 程序确定。“.”表示与一致性序列相同的碱基。

使用 Chelex 等螯合剂简单且安全,并一定能产生无抑制剂的 DNA。已有证据表明使用二氧化硅膜(如 QIAGEN 公司的 QIAamp 微型试剂盒)或树脂(如 Promega 公司的 DNA IQ)的固相萃取是从各种组织类型中提取 DNA 的有效方法。骨头中的 DNA 提取也可使用盐氯仿法。阴性提取对照应与未知样品同时进行。任何参考样品的分析应在不同实验室或不同时间进行,可最大限度地降低污染机会。类群外对照 DNA 可以与未知 DNA 同时使用。好的对照 DNA 可来自不太可能与未知物种相同的家养或饲养动物。牛(*Bos namadicus*)或小鼠(*Mus domesticus*)DNA 是理想选择。

（3）该方案使用 1 ng 总 DNA 提取。由于要扩增的 DNA 在线粒体基因组上，相对于核基因组，该 DNA 有更多拷贝，因此显著减少（100 pg）的模板 DNA 仍可产生高质量 DNA 的 PCR 产物。然而，如果该 DNA 高度降解，则建议添加超过 1 ng 的 DNA 模板。

（4）该方法中使用的引物可扩增 486 bp 的片段。已有研究表明该引物组有助于从高度降解的样本中扩增产物，也可有效应用于物种鉴定。使用参考文献[5]所述的引物组，可从高质量的样本中扩增出完整的 cyt *b* 基因位点。

（5）如果准备三个以上的样品，最好创建一个反应母液。每个样品分别加入 1.1 μL 每个引物、5.5 μL 缓冲液、5.5 μL dNTP、0.5 μL 酶，再加 dH_2O 至每个样品 50 μL 的最终体积。将适当的体积放入对应的管中，然后加入 1～10 ng 模板 DNA。

（6）该循环参数指定使用 Applied Biosystems 9600。如使用其他热循环仪，则可能需要更改参数。

（7）如果凝胶上看不到 PCR 产物，很可能没有足够 DNA 作为 DNA 测序的模板。首先检查阳性对照是否有效。如果使用反应母液（见注释 5），那么阳性对照如果显示高质量和足够数量的 DNA 产物，则证明反应有效。表明可能需要更多的 DNA 模板。不建议将循环次数增加到 35 次以上。

（8）生成最佳序列数据所需的 DNA 模板数量为 50 ng。稀释体积至 10 μL。但 20 ng 至 100 ng DNA 模板量均能获得足够的序列数据。建议以 10 μL 的体积稀释或浓缩样品至 20～100 ng 之间。

（9）真空泵是干燥 DNA 样品的常规方法，如果没有，可以将用于收集纯化样品的开放反应管放置在温控器中，在加热块的孔中注水。将温控器保持在 95℃以去除液体。

（10）使用本章列出的引物大多数哺乳动物会产生一

个 486 bp 的片段。但也有例外情况，比如非洲狮（*Panthera leo*），有 21 个碱基被删除，导致片段大小为 464 bp。

（11）人类共识序列从第 14 747 位开始，序列为 5′-ATGACCCCAAT-3′。编辑这个特定 DNA 序列的 5′端序列。

（12）有一系列免费和商业软件程序可进行序列比对。Sequencher 和 Geneious 是收费软件。MEGA 执行一系列序列比对，一旦验证序列被确认，它将继续执行后续操作。

（13）如果一个未知样本和一个已知物种的可靠序列相匹配，并且在 cyt *b* 位点的相似性超过 400 bp，则有以下三种可能性：1）未知样本与已知样本来自同一物种；2）未知样本来自数据库的另一个物种，但存在巨大的物种间变异（根据参考文献[21]的数据，这种可能性非常小）；3）未知样本来自数据库中未收录的物种（这取决于数据库的覆盖率）。

参考文献

[1] Linacre AM, Tobe SS. Wildlife DNA analysis. Wiley, Chichester, UK, 2013.

[2] Wilson-Wilde L, Norman J, Robertson J, Sarre S, georges A. Current issues in species identification for forensic science and the validity of using the cytochrome oxidase I (COI) gene. Forensic Sci Med Pathol, 2010, 6: 233-241.

[3] Coghlan mL, White NE, Parkinson L, Haile J, Spencer PBS, Bunce M. Egg forensics: an appraisal of DNA sequencing to assist in species identification of illegally smuggled eggs. Forensic Sci Int genet, 2012, 6: 268-273.

[4] Hsieh HM, Huang LH, Tsai LC, Liu CL, Kuo YC, Hsiao CT, Linacre A, Lee JCI. Species identification of Kachuga tecta using the cytochrome b gene. J Forensic Sci, 2006, 51: 52-56.

[5] Hsieh H-M, Chiang H-L, Tsai L-C, Lai S-Y, Huang N-E, Linacre A, Lee JC-I (2001) Cytochrome b gene for species identification of the conservation animals. Forensic Sci Int 122: 7-18.

[6] Hsieh H-M, Huang L-H, Tsai L-C, Kuo Y-C, Meng H-H, Linacre A, Lee JC-I. Species identification of rhinoceros horns using the cytochrome b gene. Forensic Sci Int, 2003, 136: 1-11.

[7] Lee J, Hsieh HM, Huang LH, Kuo YC, Wu JH, Chin SC, Lee AH, Linacre A, Tsai LC. Ivory identification by DNA profiling of cytochrome b gene. Int J Leg Med , 2009, 123: 117-121.

[8] Lee JCI, Tsai LC, Liao SP, Linacre A, Hsieh HM. Species identification using the

cytochrome b gene of commercial turtle shells. Forensic Sci Int genet, 2009, 3: 67-73.

[9] Lee JCI, Tsai LC, Yang CY, Liu CL, Huang LH, Linacre A, Hsieh HM. DNA pro-filing of shahtoosh. Electrophoresis, 2006, 27: 3359-3362.

[10] Lee JC-I, Tsai L-C, Huang M-T, Jhuang J-A, Yao C-T, Chin S-C, Wang L-C, Linacre A, Hsieh H-M. A novel strategy for avian species identification by cytochrome b gene. Electrophoresis, 2008, 29: 2413-2418.

[11] Linacre A. Application of mitochon-drial DNA technologies in wildlife investiga-tions—species identification. Forensic Sci Rev, 2006, 18: 1-8.

[12] Linacre A, Lee JC-I. Species identifica-tion: the role of the cytochrome b gene. In: Carracedo A (ed) Forensic DNA typing proto-cols. Humana, Totowa, NJ, pp , 2005, 45-53.

[13] Dawnay N, Ogden R, McEwing R, Carvalho gR, Thorpe RS. Validation of the bar-coding gene COI for use in forensic genetic species identification. Forensic Sci Int, 2007, 173: 1-6.

[14] Hebert PDN, Cywinska A, Ball SL, DeWaard JR. Biological identifications through DNA barcodes. Proc R Soc B Biol Sci, 2003, 270: 313-321.

[15] Hebert PDN, Ratnasingham S, de Waard JR. Barcoding animal life: cytochrome c oxidase subunit 1 divergences among closely related species. Proc R Soc Lond B Biol Sci, 2003, 270: S96-S99.

[16] Hebert PDN, Stoeckle MY, ZemLak TS, Francis CM. Identification of birds through DNA barcodes. PLoS Biol, 2004, 2: 1657-1663.

[17] Irwin D, Kocher T, Wilson A. Evolution of the cytochrome b gene of mammals. J Mol Evol, 1991, 32: 128-144.

[18] Andrews RM, Kubacka I, Chinnery PF, Lightowlers RN, Turnbull DM, Howell N. Reanalysis and revision of the Cambridge reference sequence for human mitochondrial DNA. Nat genet, 1999, 23: 147.

[19] Kocher TD, Thomas WK, Meyer A, Edwards SV, Paabo S, Villablanca FX, Wilson AC. Dynamics of mitochondrial-DNA evo-lution in animals—amplification and sequenc-ing with conserved primers. Proc Natl Acad Sci USA, 1989, 86: 6196-6200.

[20] Parson W, Pegoraro K, Niederstatter H, Foger M, Steinlechner M. Species identifica-tion by means of the cytochrome b gene. Int J Leg Med, 2000, 114: 23-28.

[21] Tobe SS, Kitchener AC, Linacre AMT. Reconstructing mammalian phylogenies: a detailed comparison of the cytochrome b and cytochrome oxidase subunit I mitochondrial genes. PLoS One, 2010, 5: e14156.